西方经济学

主　　编　王惠清
副主编　柏　凌　马轶群　张　燕

东南大学出版社
·南京·

内容提要

本教材是一本介绍现代经济学理论的教科书，书中对微观经济学和宏观经济学的基本原理进行了介绍。微观部分主要分析单个经济单位如厂商和消费者的经济行为，以及单个市场的经济现象等，主要内容包括：需求、供给和价格决定理论，消费者行为理论，生产理论，成本理论，市场理论，分配理论，市场失灵和微观经济政策等。宏观部分主要以整个国民经济活动为考察对象，研究经济中各有关总量的决定及其变动，以解决失业、通货膨胀、经济波动与经济增长，以及国际收支和汇率等总体经济问题，主要内容包括：国民收入核算理论与方法、国民收入决定理论、失业与通货膨胀理论、经济周期理论、经济增长理论、宏观经济政策等。

图书在版编目(CIP)数据

西方经济学/王惠清主编. —南京：东南大学出版社，2009. 8(2015. 1 重印)

ISBN 978 - 7 - 5641 - 1795 - 5

Ⅰ. 西… Ⅱ. 王… Ⅲ. 现代资产阶级经济学 Ⅳ. F091. 3

中国版本图书馆 CIP 数据核字(2009)第 134281 号

西方经济学

出版发行：东南大学出版社
社　　址：南京四牌楼 2 号　邮编：210096
出 版 人：江建中
网　　址：http://press. seu. edu. cn
电子邮件：press@ seu. edu. cn
经　　销：全国各地新华书店
印　　刷：丹阳市兴华印刷厂印刷
开　　本：787mm × 1092mm　1/16
印　　张：19. 75
字　　数：480 千字
版　　次：2009 年 8 月第 1 版
印　　次：2015 年 1 月第 4 次印刷
书　　号：ISBN 978 - 7 - 5641 - 1795 - 5
印　　数：7 001 - 9 000 册
定　　价：32. 00 元

本社图书若有印装质量问题，请直接与读者服务部联系。电话(传真)：025 - 83792328

前　言

西方经济学产生于西方资本主义世界，服务于资本主义市场经济，两百年来经历了一个发展、演变的过程。当代西方经济学自 20 世纪 30 年代凯恩斯主义出现之后得到更为广泛的发展。它包括许多学派，没有统一的理论体系，但适应了现代化大生产发展的要求，从不同角度和不同方面反映了市场经济发展的某些规律和特点，也包含了当代西方国家政府在管理市场经济中的经验总结。进入 21 世纪，世界在注视中国。经过 30 多年的改革开放，中国社会主义市场经济体制正在逐步建立和完善。中国经济改革目标就是建立和完善社会主义市场经济体系，加速发展经济，提高人民生活水平。要完成这一历史使命，需要我们更好地掌握、理解和运用市场经济运行规则。因此，学习经济学的基本知识成为当今时代对我们的必然要求。

本教材从培养应用型经济管理人才的目标出发，力求在知识点的讲授上，增加经典的案例，突出理论联系实际的特点。在案例的选择上，把身边发生的事、相关的寓言、文学典故、新闻报道等进行加工，使之符合经济学教学的需要，进一步培养学生分析问题、解决问题的能力。另外，增加了一些在我国经济社会中正在发生的变革，启发学生思考，提高他们对社会的认识能力。在知识难度的选择上，删除了繁琐的经济学模型的数学推导过程和大量的理论叙述，以简单的经济学语言进行描述，增加了读者自学经济学的乐趣。

本教材非常适合以培养应用型人才为目标的普通本科院校经济管理类专业及相关专业的读者使用，也适合高职高专经济管理类专业的读者使用，同时也是广大对经济学感兴趣的自学者可以选择的一本入门级教材。

编者

2009.6

前言

目　录

第1章 绪 论

本章学习目标

- 了解经济学的产生和发展；
- 掌握经济学的研究对象；
- 理解经济学的研究方法；
- 明确学习经济学的意义和作用。

1.1 经济学的演变

西方经济学作为一门独立的学科，它的理论体系是在长期的历史过程中，经过几代人的努力，不断丰富和完善起来的，它的产生与发展是与资本主义生产方式的产生与发展相伴随的。总的来看它的发展，经历了重商主义、古典经济学、庸俗经济学、新古典经济学和当代经济学五个重要发展阶段。

1.1.1 重商主义——经济学的萌芽时期

重商主义产生于15世纪，终止于17世纪中期。这一时期正是资本主义生产方式的形成和确立时期，重商主义的主要代表人物主要有英国经济学家约翰·海尔斯、托马斯·孟，法国经济学家让·巴蒂斯特、柯尔培尔等。其代表作是托马斯·孟的《英国得自对外贸易的财富》。

重商主义的经济学说，主要体现在：① 特别强调国家财富的重要性，并把货币财富作为财富的唯一形态；② 对外贸易是一国财富的唯一来源，只有通过对外贸易吸收他国财富（金银）才能增加本国财富；③ 民穷国富论。私人财富的增加，会导致国家财富的减少。基于以上理论，重商主义者主张国家对国内外经济生活严格地实行全面干预。主张实行贸易保护主义以谋求贸易顺差，主张实行重出口产业的产业政策和低工资的消费政策，限制国内非生产部门的发展和工人生活水平的提高，增加国家和商业资本的财富积累。

重商主义经济思想是典型的原始国家干预主义，它反映了资本原始积累时期商业资本的意识形态。重商主义是对“近代生产方式的最早的理论研究”。但重商主义仅限于对流通领域的研究，并没有形成完整的经济学体系，只能说是经济学的萌芽时期，真正的经济科学只有其研究从流通领域转到生产领域时才会出现。

1.1.2 古典经济学——经济学的形成时期

古典经济学产生于17世纪中期，完成于19世纪70年代，其创始人是英国经济学家威廉·配第，主要代表人物有英国的亚当·斯密和大卫·李嘉图。主要代表作有亚当·斯密的《国民财富的性质和原因研究》及李嘉图的《政治经济学及赋税原理》。

古典经济学把经济研究从流通领域转移到生产领域，研究的中心问题是国民财富如何增长的问题。他们认为，国民财富增长的主要途径是发展生产。而社会生产和整个社会的经济运动"受一只看不见的手的指导"。这只看不见的手，把无数个人的盲目的、相互矛盾的经济行为纳入整个经济有秩序的运动中。因此，他们主张自由放任、自由竞争，反对国家对经济生活的干预。斯密这里所论述的"看不见的手"实际上就是市场机制或价格机制思想的最早表述，从而奠定了微观经济学的理论基础。

古典经济学反映了自由竞争时期资本主义经济发展的要求，此时经济学已逐步成为一门具有独立体系的科学。真正意义的经济学便从此时产生。

1.1.3 庸俗经济学——现代西方经济学的理论渊源

西方庸俗经济学产生于18世纪和19世纪之交的英国和法国，初步发展于19世纪中叶，其主要代表人物是法国的萨伊、英国的马尔萨斯以及詹姆士·穆勒和麦克库洛赫。

西方庸俗经济学抛弃了古典经济学的科学和合理的成分，将其理论体系中庸俗部分分离出来，拼凑成庸俗经济学体系，为资产阶级的统治和剥削辩护，掩盖资产阶级对雇佣工人的剥削。

西方庸俗经济学的庸俗理论主要是：用庸俗的效用价值论、稀缺价值论、生产费用价值论和供求均衡价值论取代科学的劳动价值论。他们认为，商品的价值不是由生产商品的劳动所创造的，而是决定于商品的效用，决定于生产商品所耗费的生产费用，决定于商品的稀缺性，决定于商品的供给与需求。他们提出三要素价格分配论，认为商品的价值是由生产三要素创造的：劳动创造工资；资本创造利润；土地创造地租。因此，工资是劳动的价格，利润是资本的价格，地租是土地的价格。以上这样一些庸俗的经济理论对后世西方经济学产生了很大的影响，成为现代西方经济学的基本概念，奠定了现代西方经济学的基本理论路线和基本理论框架。

1.1.4 新古典经济学——现代西方经济学理论基础的奠定

从19世纪晚期到20世纪初期的半个世纪是西方庸俗经济学发展的一个重要时期，这就是所谓的"边际革命"时期。在这一时期，西方经济学以萨伊、西尼尔、约翰·穆勒的庸俗经济学理论为基础，吸收当时心理学和数学发展的某些成果，将心理分析和增量分析引进经济学研究领域，从而奠定了现代西方经济学特别是微观经济学的理论基础。

边际主义经济学的创始人是英国的杰文斯(W. S. Jevons)、奥地利的门格尔(C. Menger)、法国的瓦尔拉斯(L. Walras)。主要代表人物有奥地利的维塞尔(Wieser)和庞巴维克(E. Vbohm-Bawerk)、美国的克拉克(G. N. Clark)和英国的马歇尔(A. Marshall)，其中马歇尔是边际主义经济学的集大成者。

边际主义经济学的基本理论主要包括边际效用分析和边际效用价值论、边际生产力分析和边际生产力分配论、一般均衡理论三部分。这些理论成为现代西方经济学特别是微观经济学的基础，标志着现代微观经济学的产生。20 世纪 30 年代，美国的张伯伦和英国的琼·罗宾逊同时提出内容基本相同的“垄断竞争理论”，论述了不同市场类型下产量与价格的决定及资源优化配置问题，弥补了马歇尔经济理论的最大缺陷，使现代微观经济学的理论体系得以最终完成。

1.1.5　当代经济学——现代宏观经济学的建立和发展

在 20 世纪 30 年代前，在古典经济学中占统治地位的是萨伊定律。在理论上，他们认为，资本主义市场经济的“供给能够自动创造需求”，资本主义经济能够自动达到并经常处于充分就业的均衡状态，从而在政策上主张实行自由放任主义。但是，20 世纪 30 年代的资本主义世界大危机打破了这种神话，经济理论与经济现实发生了尖锐的冲突，经济学面临着它的第一次大危机。在这种情况下，英国经济学家 J·M·凯恩斯发表了他的划时代的著作《就业、利息和货币通论》。在这本著作中，凯恩斯抛弃了以萨伊为代表的新古典经济学的传统理论和政策主张。在理论上，凯恩斯抛弃统治西方经济学达 150 年之久的萨伊定律，指出在资本主义市场经济中，由于存在边际消费倾向递减、资本边际效用递减和灵活偏好三大基本心理规律，导致消费需求和投资需求不足，经常存在“非自愿失业”，从而提出了“非充分就业的均衡论”以反对新古典学派的“充分就业均衡论”。在政策主张上，主张实行国家干预，以反对新古典学派的自由放任主义。他认为只有通过国家干预，实行“需求管理”，才能有效地克服经济萧条和通货膨胀，实现经济稳定。

凯恩斯的上述理论观点，分析方法及政策主张与传统经济学完全不同，被称为“凯恩斯革命”。这次革命形成了凯恩斯主义，产生了“凯恩斯时代”，诞生了现代西方宏观经济学。凯恩斯被称为“现代宏观经济学之父”。

凯恩斯《就业、利息和货币通论》发表之后，西方宏观经济理论的发展表现在两个方面：一是对凯恩斯宏观经济理论的补充和发展；二是各种非凯恩斯宏观经济学说的发展和自由放任思潮的复兴。

二次世界大战以后，凯恩斯的追随者和信徒对凯恩斯经济学进行了重要的补充和发展，形成了新凯恩斯主义的两个重要派别：一个是以美国著名经济学家萨缪尔逊和汉森为首的，以美国麻省理工学院为中心的新古典综合派；一个是以琼·罗宾逊为首的，以英国剑桥大学为核心的新剑桥学派。新古典综合派将新古典经济学的微观经济理论与分析方法同凯恩斯的宏观经济理论及分析方法综合在一起，对凯恩斯经济学说进行了重要的补充和发展。以琼·罗宾逊为首的新剑桥学派则反对以新古典经济学作为宏观经济学的微观基础，他们认为，宏观经济分析应该以老的古典经济学特别是李嘉图的经济理论作为其微观基础。在分析方法上，他们坚持凯恩斯主义的历史观，反对新古典综合派的均衡观。新古典综合派和新剑桥学派虽然都从凯恩斯的《就业、利息和货币通论》出发，以解释和发展凯恩斯经济学说为目的，但从一开始他们就朝着相反的方向发展，他们在分析方法、理论观点和体系上存在着原则性的分歧。新古典综合派是战后凯恩斯主义经济学中占主导地位的经济学，在战后经济理论中起主导作用。

进入 60 年代以后，西方各国经济出现了停滞和通货膨胀同时并存的“滞胀”局面，凯恩斯主义失灵，引发了凯恩斯主义的危机，危机打破了凯恩斯主义一统天下的局面，各种非凯恩斯主义宏观经济理论迅速产生和发展，其中占重要地位的是自由放任经济学思想和流派的发展。如形成于60年代的，以美国著名经济学家弗里德曼为首的现代货币主义学派；形成于70年代的，以美国经济学家卢卡斯为首的理性预期学派。这些学派都把凯恩斯主义的国家干预作为经济滞胀的根源。他们论述了市场机制的完善性，说明了国家干预经济政策的局限性，主张减少国家干预，充分发挥市场机制的作用，实行自由放任。70年代以后，西方各国采用了这些主张，逐步实行了经济自由化的政策，这便是现代西方经济学史上的“自由放任”复兴时期。自由放任经济学流派的理论在现代宏观经济理论中占有非常重要的地位，成为现代宏观经济学的一个重要组成部分。

但是，自由放任经济学说并没有完全取代凯恩斯主义经济学说，在20世纪70年代之后，凯恩斯主义经济学仍有重要影响。凯恩斯主义自身的发展，自由放任经济学流派的形成与发展，以及其他各种宏观经济理论的产生与发展(如经济发展理论、经济增长理论)，形成了现代宏观经济学色彩斑斓的世界。

【经济学小贴士1-1】 哥白尼也是经济学家

哥白尼是以提出“地球围绕太阳运转”而闻名的。但是，很少有人知道他也是一位经济学家。

在16世纪，欧洲发生价格革命，短期内物价上涨1～2倍，与人类历史上物价的长期下降趋势正好相反。哥白尼指出，当货币过多时，币值就会下落。他把地理大发现和美洲金银大量流入欧洲与欧洲物价上涨联系起来，成为货币数量论的奠基者之一。

哥白尼向我们证明，经济学的建立和发展并非少数经济学家努力的结果。每一个注意观察和认真思考的人，都可能对经济学作出自己的贡献。

1.2 经济学的研究对象

1.2.1 经济资源的稀缺性

自1776年英国著名经济学家亚当·斯密出版《国民财富的性质和原因研究》使经济学成为一门独立科学以来，经济学已有200多年的历史了。那么，什么是经济学呢，它是如何产生的呢？西方经济学家认为，经济学产生于客观存在的“稀缺性(Scarcity)以及由此引起的选择的需要”。他们认为，人们从事生产活动的目的，就是为了满足人类自身的欲望(Wants)或消费需要，欲望是经济研究的出发点。人类的欲望必须通过物品的消费来满足，但人类欲望的满足是相对的，原有的欲望得到满足以后，会产生新的、更高层次的欲望，因此，欲望又是无限的。满足人类欲望的物品可以分为两类：一类是“自由物品”(Free Goods)，它是指自然界存在的，人类可以不付任何代价就能自由取用的物品，如空气、阳光等。“自由物品”是无限的，但它在人类需要中所占的比重很小。另一类是“经济物品”(Economic Goods)，它是人类必须付出代价方可得到的物品，即必须耗费一定的资源、借助生产工具通过人类劳动加工生产出来的物品。“经济物品”在人类生活中占有十分重要的地位。

“经济物品”要使用和消耗各种资源(如资本、自然资源、劳动等)才能生产出来。相对于人的多方面的、无穷的欲望而言，资源和经济物品是相对不足的，这就引出了经济学的一个重要的概念：稀缺性。稀缺性是相对的，它不是指物品和资源的绝对量的多少，而是相对于人的欲望而言的，即相对于人的无穷欲望而言，再多的资源和物品也是不足的。另一方面，稀缺性又是绝对的，因为物品和资源的稀缺性在一切时代、一切社会、一切国家和地区都是存在的，即稀缺性存在于一切时间和空间。

【经济学小贴士1-2】 资源的分类

资源除了按照使用时是否需要付出代价进行分类外，还可以按照其他标准进行分类。如按照资源的物质形态可分为三类：① 自然资源，如土地、森林、矿藏、河流等；② 人力资源，即人的智力和体力的总和——劳动；③ 资本资源，人们制造出来用于生产过程中的生产工具、机器和设备等。

人的欲望是无穷的，同时又是有轻重缓急的；物品或资源是有限的，同时又是有各种用途的，可以用来生产不同的产品，满足不同的欲望或需要。如何用有限的但有多种用途的物品去满足无限的但有轻重缓急之分的人的欲望呢？这就是人类经济生活所面临的首要问题。要解决这个问题，就必须进行选择。所谓选择，就是研究如何利用现有的资源去生产"经济物品"来更有效地满足人类的欲望。因此，经济学的实质就是关于"选择"的科学，它主要研究人类和社会如何作出选择，使有限的资源和物品能更有效地满足多方面的需要。

由于资源和物品的稀缺性，决定了对资源的使用必须进行选择。这种选择包括以下几个方面：① 如何利用现有的经济资源；② 如何利用有限的时间；③ 如何选择满足欲望的方式；④ 在必要时如何牺牲某些欲望来满足另一些欲望。为此，西方经济学试图解决以下几个问题：

(1) 总量是既定的生产资源用来生产哪些产品，即生产什么，生产多少的问题。既然人的欲望或需要是无限的，而满足欲望的资源和物品是有限的，因此，人们就必须根据各种需要的轻重缓急进行取舍，来决定生产哪些产品，不生产哪些产品，或先生产哪些产品，然后生产哪些产品；其次，人们必须根据各种需要的强度来决定各种产品应该生产多少数量，即确定每种产品的产量。

(2) 采用什么生产方法，即怎样生产的问题。每种生产要素一般可以有多种用途，而任何一种产品一般也可采用多种生产方法。例如，同一种产品，既可采用多用劳动少用资本的劳动密集型生产方法，也可采用少用劳动多用资本的资本密集型生产方法。生产方法的选择涉及经济效益问题，即如何组织生产才能使生产要素得到最有效率的利用。这又涉及两个方面的考虑：一是技术可行性问题；二是生产费用即生产成本问题。这是本书的生产理论所要讨论的问题。

(3) 被生产出来的产品如何在社会成员之间进行分配，即收入分配问题。它主要确定生产出来的产品和收入按什么原则进行分配、社会各阶级与各成员应获得多少收入等。即主要解决为谁而生产的问题。

以上三个问题，即生产什么，怎样生产，为谁生产，是西方经济学的两大分支之一的微观经济学所试图研究和解决的问题。

第四个问题即如何实现宏观资源有效和优化配置问题，是西方经济学的另一分支宏观经济学所要研究和解决的问题。

人类社会往往还会面临着资源得不到充分利用的矛盾。这是资源稀缺性引出的另一个问题：资源利用。所谓资源利用，就是人类社会如何更好地利用现有的稀缺资源生产出更多的产品。资源利用包括三个问题：

(1) 充分就业问题。资源是否得到充分利用，是否存在资源的闲置和浪费现象，也就是说如何使资源得到充分利用，从而使产量达到最大，这就是一般所说的就业问题。

(2) 货币的购买力问题。货币购买力的变动影响着资源的配置与利用。因此，经济学研究的货币购买力问题即一般所说的通货膨胀问题。

(3) 经济波动与经济增长问题。一国经济为什么会发生波动？即资源没变，产量却忽高忽低。与此相关的是如何使产量保持持续稳定增长，即一般所说的经济稳定与经济增长的问题。

可见，经济学产生于资源的稀缺性，资源的稀缺性不仅引起人们的选择即资源的配置问题，而且还涉及资源的利用问题。

1.2.2 机会成本与生产可能性边界

从资源的稀缺性这一概念出发，如果进一步思考就会发现，人的欲望和满足欲望的手段即生产资源和物质产品，一般具有以下几个特征：① 人的欲望或需要是无限的；② 这些需要的轻重缓急是各不相同的；③ 满足人的欲望或需要的手段，即可以支配的生产资源是有限的，从而可生产的产品是有限的；④ 每一种资源在大多数情况下是可以有多种用途的。人的欲望和生产资源的上述四个特征给人们提出了这样一个问题，即怎样使用和分配这些可以有多方面用途但数量有限的资源，来满足轻重缓急各不相同的无限的欲望或需要呢？要回答这个问题，就必须处理好这样两个方面的关系：一是各种需要的轻重缓急；二是为了实现某种既定的需要所需付出的代价。由此，西方经济学家在他们的分析中提出了两个重要的概念和工具：机会成本和生产可能性曲线。

1. 机会成本(Opportunity Cost)

经济资源一般是可以有多种用途的，但一定的资源用来生产某种产品后就不可能用来生产其他产品，这就意味着，一定数量的资源用来生产某种产品时就必须放弃别种产品的生产。当把一定的资源用来生产某种产品时所放弃的别种产品的最大产量(产值)，就是这种产品的机会成本。例如，土地可以有多种用途，既可以种稻谷，也可以种棉花、蔬菜或其他农作物。假如有一亩土地，用来种粮食，可产稻谷 500 公斤，价值 800 元；如果用来种棉花，投入同样多的资本与劳动可产棉花 100 公斤，价值 700 元，则这一亩土地用来生产粮食的机会成本是 100 公斤棉花或 700 元。同样，用来生产棉花的机会成本就是 500 公斤稻谷或 800 元。机会成本还可表述为，一种资源用来获得某种收入时所放弃的另一种收入。例如某学生大学毕业后面临多种选择，可以去银行工作，年薪 20 000 元；去某公司工作，年薪 28 000 元；继续深造，读研究生，收入为零。那么，如果去公司工作，机会成本就是所放弃的到银行工作可能获得的收入 20 000 元。如果继续读研究生，三年研究生学习的机会成本就是放弃去公司工作可能获得的收入 84 000 元。

由此可见，所谓机会成本，实质上是指选择的代价，即“选择成本”。他可以帮助人们进行可行性研究和最优化决策。当然，运用机会成本概念时要适合以下三个条件：① 资源本身要有多种用途；② 资源可以自由流动且不受限制；③ 资源能够充分利用。如果以上条件不具备，机会成本便毫无意义。

2. 生产可能性曲线(Production Possibility Curve)

资源的稀缺性决定了在一定社会的一定时期内可以利用的资源是有限的，从而可以生产的产品数量也是有限的。生产可能性是指在一定的资源条件下，利用现有资源可能生产的最大产量组合。

生产可能性曲线主要用来考察一个国家应该怎样分配其相对稀缺的生产资源问题。我们知道，一国可利用的资源，按用途来说，主要用来生产资本品和消费品。由于资源总量是一定的。因此，要多生产消费品就必须减少资本品的产量。那么，一个国家如何兼顾目前利益和长远利益，把有限的资本分配使用于消费品和资本品的生产，是经济学必须回答的一个重要问题。这个问题可以用生产可能性曲线来解释和回答。

现在，假定一国现有资源用来生产两种产品：坦克(资本品)和面包(消费品)。如果资源全部用来生产坦克，可生产 5 万辆；如果全部用来生产面包，可生产 15 万吨；如果同时用来生产坦克和面包两种产品，则可能有各种不同的坦克和面包的产量组合，如表 1-1 所示。

表 1-1　可供选择的生产可能性

可能性	坦克(万辆)	面包(万吨)
A	0	15
B	1	14
C	2	12
D	3	9
E	4	5
F	5	0

将坦克和面包的各种不同的产量组合描绘在坐标图上，便可得出生产可能性曲线。如图 1-1 所示。

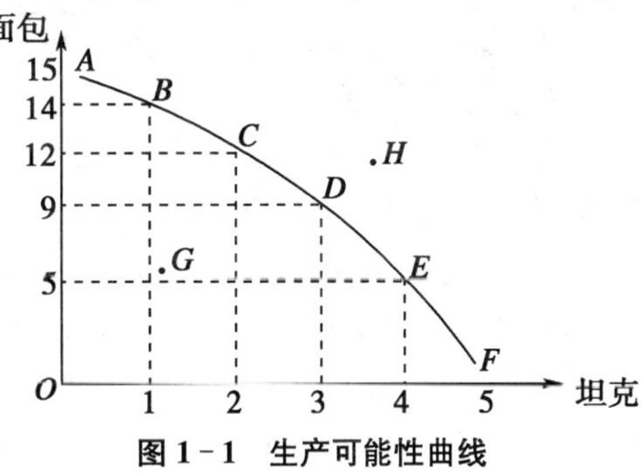

图 1-1　生产可能性曲线

图中的 *AF* 线即生产可能性曲线，或称生产可能性边界。

一个国家关于消费品和资本品这两大部类的生产，到底是选择 *B* 点还是 *D* 点？或者是 *AF* 线上的任何其他一点？这就是经济学所面临和必须回答的问题。

1.3　微观经济学与宏观经济学

西方经济学按照研究领域的不同分为微观经济学和宏观经济学两个方面。微观经济学研究家庭、企业等个体的经济决策，宏观经济学研究国家等经济整体的经济现象。

1.3.1　微观经济学

微观经济学(Microeconomics)又称个量经济学，其研究对象是个体经济单位。通过研究单个经济单位的经济行为和相应的经济变量的决定来说明价格机制如何解决社会的资源配置问题。

微观经济学的基本内容包括以下五个方面：

1. 价格理论

研究商品的价格如何决定，以及价格如何调节整个经济的运行，这是微观经济学的中心。

2. 消费者行为理论

该理论主要研究消费者如何把有限的收入分配于各种物品的消费上，以实现效用最大化。

3. 生产者行为理论

该理论主要研究生产者如何把有限的资源用于各种物品的生产上以实现利润最大化。这部分包括研究生产要素与产量之间关系的生产理论，研究成本与收益的成本理论，以及研究不同市场条件下厂商行为的市场理论。

4. 分配理论

该理论研究产品按什么原则分配给社会各成员，即工资、利息、地租和利润如何决定。

5. 微观经济政策

该理论研究政府有关价格管理、消费与生产调节，以及实现收入分配平等化的政策。这些政策属于国家对价格调节经济作用的干预，是以微观经济理论为基础的。

1.3.2 宏观经济学

宏观经济学(Macroeconomics)以整个国民经济为研究对象，通过研究经济中各有关总量的决定及其变化来说明资源如何才能得到充分利用。

宏观经济学的基本内容包括以下五个方面：

1. 国民收入核算理论

国民收入是衡量一国经济绩效的重要指标。该理论说明了这一重要指标的核算方法和核算体系。

2. 国民收入决定理论

该理论就是从总需求和总供给的角度出发，分析国民收入决定及其变动的规律，它是宏观经济学的中心。

3. 失业与通货膨胀理论

失业与通货膨胀是各国经济中的主要问题。宏观经济学把失业与通货膨胀和国民收入联系起来，分析其原因和相互关系，以便找出解决这两个问题的途径。

4. 经济周期与经济增长理论

经济周期是指国民收入的短期波动，经济增长是国民收入的长期增加趋势。这一理论要分析国民收入短期波动的原因、长期增长的源泉等，以期实现长期稳定地增长。

5. 宏观经济政策

宏观经济学是为国家干预经济服务并为其提供理论依据，而宏观经济政策是要为这种干预提供具体的措施。政策问题包括政策目标、政策工具和政策效应。

【经济学小贴士 1-3】 蝴蝶效应(Butterfly Effect)

蝴蝶效应是麻省理工学院气象学家洛仑兹(Lorenz)在1963年提出来的。为了提高长期天气预报的准确性，洛仑兹用计算机求解仿真地球大气的13个方程式。为了更细致地考察结果，他在试验中把一个中间解0.506取出，提高精度到0.506 127再送回。而当他到咖啡馆喝了杯咖啡以后回来再看时却大吃一惊：本来很小的差异，结果却偏离了十万八千里！再次验算，发现计算机并没有毛病。洛仑兹发现，由于误差会以指数形式增长，在这种情况下，一个微小的误差随着不断推移造成了巨大的后果。于是他认定这是“对初始值的极端不稳定性”，即“混沌”，又称“蝴蝶效应”，亚洲的蝴蝶拍拍翅膀，将使美洲几个月后出现比狂风还厉害的龙卷风！

其原因在于：蝴蝶翅膀的运动，导致其身边的空气系统发生变化，并引起微弱气流的产生，而微弱气流的产生又会引起四周空气或其他系统产生相应的变化，由此引起连锁反应，最终导致其他系统的极大变化。

此效应说明，事物发展的结果对初始条件具有极为敏感的依赖性，初始条件的极小偏差将会引起结果的极大差异。

“蝴蝶效应”在社会学界用来说明：一个坏的微小机制，如果不加以及时地引导、调节，将会给社会带来非常大的危害，戏称为“龙卷风”或“风暴”；一个好的微小机制，只要正确指引，经过一段时间的努力，将会产生轰动效应，或称为“革命”。

1.3.3 微观经济学与宏观经济学的区别与联系

1. 微观经济学与宏观经济学的区别

微观经济学与宏观经济学的区别主要反映在研究内容、核心理论、考察对象和研究方法四个方面，见表1-2。

表1-2 微观经济学与宏观经济学的区别

区　　别	微观经济学	宏观经济学
考察对象	单个经济单位	整个经济
核心理论	价格决定	国民收入决定
研究内容	资源配置	资源利用
研究方法	个量分析	总量分析

2. 微观经济学与宏观经济学的联系

虽然微观经济学与宏观经济学存在着以上四个方面的区别，但是它们之间又有着密切的联系，主要表现在：

(1) 微观经济学与宏观经济学是相互补充的。

经济学的目的是要实现社会经济福利的最大化。为了达到这一目的，既要实现资源的最优配置，又要实现资源的充分利用。微观经济学是在假定资源已实现充分利用的前提下分析如何达到最优配置的问题；宏观经济学在假定资源已实现最优配置的前提下分析如何达到充分利用的问题。它们从不同的角度分析社会经济问题。从这一意义上说，微观经济学与宏观经济学不是互相排斥，而是互相补充的，它们共同组成经济学的基本原理。

(2) 微观经济学是宏观经济学的基础。

宏观经济学分析总是以一定的微观经济分析为基础。比如就业理论和通货膨胀理论作为宏观经济学的重要组成部分，总是要涉及劳动的供求和工资的决定理论以及商品价格如何决定的理论，而充分就业的宏观经济模型正是建立在以完全竞争为假定前提的价格理论和工资理论基础上的。

1.4 经济学的研究方法

1.4.1 实证经济学与规范经济学

西方经济学的分析方法有实证分析方法和规范分析方法之分，相应的经济学也有实证经济学(Positive Economics)和规范经济学(Normative Economics)之分。

实证分析方法是在分析经济问题和建立经济理论时，撇开对社会经济活动的价值判断，只研究经济活动中各种经济现象之间的相互联系，运用“大胆假设，小心求证，在求证中检验假设”的方法，在作出与经济行为有关的假定前提下分析和预测人们经济行为的后果。

实证经济学所力图说明和回答的问题是：① 经济现象是什么，经济事物的现状如何；② 有几种可供选择的方案，将会带来什么后果。它不回答是不是应该作出这样的选择的问题。即它企图超脱和排斥价值判断(即关于社会的目标应该是什么，经济事物是好是坏，对社会有无意义的价值判断)，实证经济学所研究的内容具有客观性，是说明客观事物是怎样的实证科学。

经济学的实证倾向产生于资产阶级庸俗经济学时期，最早区分实证经济学与规范经济学，认为政治经济学是一门实证经济学的是19世纪上半叶的英国经济学家西尼尔。19世纪70年代以后，奥地利的门格尔、英国的杰文斯、法国的瓦尔拉斯提出了边际效用论，使经济学的实证分析跨出了从纯粹逻辑推理到数学公式演绎的一大步。20世纪30年代以后，实证经济学获得了进一步的发展。从凯恩斯到现在，西方经济学的主流一直是实证经济学。

规范分析方法是以一定的价值判断作为出发点和基础，提出行为标准，并以此作为处理经济问题和制定经济政策的依据，探讨如何才能符合这些标准的分析和研究方法。

规范经济学研究和回答的经济问题是：① 经济活动“应该是什么”或社会面临的经济问题应该怎样解决；② 什么方案是好的，什么方案是不好的；③ 采用某种方案是否应该，是否合理，为什么要作出这样的选择。

规范经济学涉及经济行为和经济政策对人们福利的影响和评价问题，涉及是非善恶、合理与否问题，与伦理学、道德学相似，具有根据某种原则规范人们行为的性质。由于人们的立场、伦理和道德观念不同，对同一经济事物、经济政策、经济问题会有迥然不同的意见和价值判断。对于应该做什么，应该怎么办的问题，不同的经济学家可能会有完全不同的结论。

经济学究竟是实证经济学还是规范经济学，西方经济学界目前仍在争论。一般来说，西方经济学的正统学派，如凯恩斯主义学派和货币主义学派，比较重视实证分析方法；而非正统学派，如新制度经济学则比较强调规范经济分析。其原因是正统学派经济学是大垄断资产阶级的意识形态，它的任务是为垄断资产阶级及其政党出谋划策，它不愿意也不可能揭露资本主义经济制度的弊端。非正统经济学派基本上是小资产阶级的意识形态，它奉行改良主义路线，试图按小资产阶级面目来改造资本主义世界，因此，它不可避免地揭露资本主义制度的某些弊端，不可避免地要涉及是非善恶，亦即价值判断问题，涉及经济伦理。

*1.4.2　实证分析

1. 局部均衡分析与一般均衡分析

均衡分析法是西方经济学采用的基本分析方法，在西方经济学，特别是西方微观经济学中占有十分重要的地位。

均衡(Equilibrium)，亦称平衡，原来是一个力学概念，是指一个物体受到同一直线上两个方向相反大小相等的外力的作用，该物体因受力均衡处于静止不动状态，这种状态就是均衡。英国经济学家马歇尔将均衡概念应用于经济分析，即经济均衡。所谓经济均衡是指经济中各种对立的、变动着的力量势均力敌，所考察的经济事物处于相对静止、不再变动的境界，或经济决策者(消费者个人、厂商等)在权衡决策其使用资源的方式时，认为重新调整其资源配置的方式已不可能获得更多的好处，从而不再改变其经济行为，则称所研究的经济事物达到均衡状态。

均衡分析方法是在对研究的问题所涉及的诸经济变量(因素)中，假定自变量是已知的或不变的，然后，分析当因变量达到均衡状态时会出现的情况以及需具备的条件，即所谓均衡条件。例如，在消费者行为理论中，就假定消费品的价格、消费者的偏好和消费者的支出是已知的和不变的，同时还假定消费者的目标是实现满足最大化，而待求解的因变量则是消费者实现既定目标所需购买各种商品的数量组合和实现满足最大化所需具备的条件。

均衡分析可分为局部均衡分析和一般均衡分析。

局部均衡是指某一时间、某一市场的某种商品(或生产要素)的价格或供求量所达到的均衡，是一个市场上的均衡。如果假定某一市场对其他市场不产生影响，其他市场对这一市场也不发生影响，即孤立地考察某一市场的某种商品(或生产要素)的价格或供求量达到均衡的情况，就是局部均衡分析，或称局部均衡论。

马歇尔是局部均衡论的代表人物，他在其价值论和分配论中广泛运用了局部均衡分析方法。例如，他的均衡价格论，就是假定其他条件不变，即假定某一商品的价格只取决于该商品本身的供求状况，而不受其他商品价格、供求状况等因素的影响，这一商品的价格如何由供给和需求两种相反力量的作用而达到均衡。

同局部均衡论相反，一般均衡论是研究整个经济体系的价格和产量结构如何实现均衡的一种经济理论，所以也称为总均衡分析。它由19世纪末里昂·瓦尔拉斯提出。一般均衡分析把整个经济体系视为一个整体，从市场上所有各种商品的价格、供求是相互影响、相互依存的前提出发，考察各种商品的价格、供求同时达到均衡状态条件下的价格决定问题。也就是说，一种商品的价格不仅取决于它本身的供求，而且受其他商品的价格和供求的影响，因而一种商品的价格和供求的均衡，只有在所有商品的价格和供求都达到均衡时才能决定。

一般均衡分析重视不同市场中的商品的产量和价格的关系，强调经济体系中各部门、各市场的相互作用，是一种比较全面的分析方法。但由于一般均衡分析涉及的经济变量太多，而这些经济变量又是错综复杂和瞬息万变的，因而使用起来十分复杂和困难。所以，在西方经济学中，大多采用局部均衡分析方法。

2. 静态分析、比较静态分析与动态分析

静态分析、比较静态分析和动态分析与均衡分析是密切相关的，西方经济学所采用的分析方法，从一个角度来看是均衡分析，从另一个角度来看就是静态分析、比较静态分析和动态分析。

静态分析(Static Analysis),就是分析经济现象的均衡状态以及有关的经济变量达到均衡状态所具备的条件,它完全抽象掉了时间因素和具体的变化过程,是一种静止地、孤立地考察某种经济事物的方法。如研究均衡价格时,舍掉时间、地点等因素,并假定影响均衡价格的其他因素,如消费者偏好、收入及相关商品的价格等静止不变,单纯分析该商品的供求达到均衡状态的产量和价格的决定。

比较静态分析(Compartive Static Analysis)就是分析在已知条件发生变化以后经济现象均衡状态的相应变化,以及有关的经济变量在达到均衡状态时的相应变化,即对经济现象有关变量一次变动(而不是连续变动)的前后进行比较。比较静态分析不考虑经济变化过程中所包含的时间阻滞。例如,已知某商品的供求状况,可以考察其供求达到均衡时的价格和产量。现在,由于消费者的收入增加而导致对该商品的需求增加,从而产生新的均衡,使价格和产量都较以前提高。这里,只把新的均衡所达到的价格和产量与原均衡的价格和产量进行比较,这便是比较静态分析。

动态分析(Dynamic Analysis)是对经济变动的实际过程所进行的分析,其中包括分析有关变量在一定时间过程中的变动,这些经济变量在变动过程中的相互影响和彼此制约的关系,以及它们在每一个时点上变动的速率等等。动态分析法的一个重要特点是考虑时间因素的影响,并把经济现象的变化当作一个连续的过程来看待。

动态分析因为考虑各种经济变量随时间延伸而变化对整个经济体系的影响,因而难度较大,在微观经济学中,迄今占有重要地位的仍是静态分析和比较静态分析方法。在宏观经济学中,特别是在经济周期和经济增长研究中,动态分析方法占有重要的地位。

3. 经济模型分析

经济模型(Economic Model)也是一种分析经济问题的方法,是指用来描述同研究的对象有关的经济变量之间的依存关系的理论结构。简单地说,经济模型就是用变量的函数关系来说明经济理论,是经济理论的简单表达。经济模型可以用文字说明,也可以用代数方程式和几何图形来表达。

一般的经济模型通常包括四部分:定义、假设、假说、预测。

(1) 定义。是指对经济模型所包括的各种变量给出明确的定义。经济变量一般包括四类:一是内生变量和外生变量。内生变量是由模型本身决定并要加以说明的变量,是由经济体系内在因素决定的未知变量。外生变量由经济体系外或模型之外因素决定的已知变量。二是存量与流量。按决定变量的时间维度差异来划分,变量可分为存量和流量,存量是指某一时点所测定变量的值,流量是指一定时期内所测定变量的值。三是自变量和因变量。自变量是由模型外的力量决定、自已可以变化的量;因变量是由模型决定的经济变量,或被决定的变量。四是常数与参数。常数是一个不变的量,与变量相连的常数叫系数;参数是可以变化的常数。

(2) 假设。假设是建立经济模型的前提条件,或者指某一种理论成立或运用的条件。任何一种理论都是相对的、有条件的。因此,假设在理论分析中非常重要,甚至可以说不存在没有假设的理论和规律。例如,需求规律就是在假定消费者的收入、偏好和其他商品价格不变的前提条件下来研究商品需求量与商品价格之间的相互关系的,如果没有或离开这些假设条件,需求量与商品价格成反比这一需求规律便不能成立。

(3) 假说。假说是根据一定的事实和理论对未知对象所做的推测性的带假定意义的理论解释。或者说,假说是在一定假设条件下,运用定义去说明变量之间的关系,提出未被证明的理论。假说在理论形成中有着重要的作用:一是可以使研究目标明确;二是为建立科学的理论铺路架桥;三是把研究引向深入并开拓新领域。假说不是空想,而是源于实际,假说是构建经济模型的关键与核心部分。

(4) 预测。预测是根据假说提出的对经济现象和经济事物未来发展趋势的看法,是根据假说所推论的结论。预测在经济模型建立中的作用和意义,一是应用,经济模型的应用是通过预测而实现的;二是检验,观察预测与实际情况的符合程度,验证经济模型的正误。

1.4.3　理性人假设

经济人假设也叫理性人假设,是指经济决策主体(消费者、生产者等)的经济行为都是理性的或合乎理性的,他们在经济活动中不会感情用事,而是精于判断和计算,总是以利己为动机,力图以最小的经济代价去追逐和获得自身的最大利益。对消费者来说,总是以自身的满足最大化为目标;对生产者来说,总是以利润最大化为目标;对要素所有者来说,总是以自身报酬最大化为目标。

案例1-1　莎翁情史——一只看不见的手

我看过由美貌与演技兼具的女影星格温尼丝·帕尔特罗主演的《莎翁情史》,这部在1999年度奥斯卡国际电影节上大放异彩的电影以大文豪莎士比亚为背景,揭示了莎翁灵感的源泉。

当时陷入萎靡、颓废之中的不为人知的莎士比亚为何能够写出惊世巨著《罗密欧与朱丽叶》?电影以细腻的影像记录了莎士比亚如何控制自己暴躁的情感,从自己与出身富有家庭的维奥拉之间悲剧性的爱情故事中获得的灵感,结合他在文学上的天赋,创作出《罗密欧与朱丽叶》的过程。实际上,如果你参观过英国斯特拉斯福的莎士比亚纪念馆,就一定会对莎翁悲剧性的爱情感到疑团重重。

撇开《莎翁情史》这部电影的真实性不谈,我们换一个角度,从莎士比亚这部惊世之作诞生的可能性方面来思考一下莎翁灵感的源泉。莎士比亚之所以能够创作出凄美绝伦、流芳千古的《罗密欧与朱丽叶》,是因为"冥冥之中有种看不见的力量"让其思如泉涌,这是一种神秘的力量。在历史长河中,"这种看不见的力量"能够给予艺术家神秘的创作灵感,给予一个倒霉蛋偶尔意想不到的运气,或帮助某位科学家对人类的发展做出巨大贡献。

那么,经济秩序又是依靠何种力量才得以实现均衡的呢?从路边待售的红瓤西瓜,到实现了数以万计商品和货币交换的国民经济,是何种力量让它们实现了均衡交换?世界各地的无数财货和各种服务又是如何不失毫厘地分配给数十亿计的消费者呢?与文学创作时需要的幻想和灵感不同,在经济生活分配中,消费者也好,生产者也罢,最终都不可能按照掌权者的命令或想象中的灵感来行动,而是在相互满足的过程中实现交换,实现经济的繁荣。倘若你这样想的话,经济秩序就一点也不神秘。

"近代经济学之父"亚当·斯密提出实现市场秩序井然有序的神秘力量就是有"一只看不见的手"在掌控着市场,亚当·斯密的发现是经济学史上最伟大的成就。人们在追逐利益的本性之下对经济事项各种决策的结果就是,整个社会通过"一只看不见的手"来实现调和,实现均衡。说得更通俗化一些，消费者或生产者为了追逐自身的利益，双方都在为买卖物美价廉的商品而努力，在市场上用“一只看不见的手”来实现彼此间的均衡。这只手就是追逐经济利益的我们的心，通过市场价格机制来实现。

由利己性的决策而总结出来的这个理论成为支撑市场经济效益的根据。“看不见的手”使市场的价格机制获得了成功；相反，“看不见的手”也使完全依靠政府命令来维持经济秩序的某些国家经济崩溃。当然，这世上不乏不能用市场机制解决的领域，不过可以肯定的是，随着时间的流逝，“看不见的手”在非经济领域的力量也将越来越大。

从违反交通规则被处以罚款到银行通过证券市场实现资金流动，只要有利可图，就有人心甘情愿地被“这只手”拉动着。置高高在上的“看不见的手”的秩序于不顾，用政策强行推进的政府经济最终会以失败而告终，即使暂时能移动，但后果除了效率低下及诱发社会性的费用之外再无其他。

不过，亚当·斯密甚至极端地认为政府只需充当经济“守夜人”的角色就行了，即政府管好国防，承担“治河”、“救灾”、“市政建设”等公共工程和社会事业即可，其他经济活动都交由“一只看不见的手”来自行调节。

事实上，就连亚当·斯密本人都是凭借着“一只看不见的手”才一跃成为大经济学家的。他在早期曾梦想成为一位伟大的文学评论家，并付出了很多努力，但由于他过度批评莎士比亚而招致他人“在苏格兰（亚当·斯密的故乡），这种杂草（暗喻亚当·斯密）依然很茂盛”的嘲讽。倘若莎士比亚没有成为大文豪，说不定亚当·斯密还会在评论史上留下一席之地。万幸的是，亚当·斯密因为没有能够抵挡巨额工资的诱惑，辞去了伦理学教授一职，成为博格鲁公爵的私人教师，并趁休息时间钻研了一下经济，最终写出了经典经济学著作《国富论》。所以说，他的戏剧性的经历说明“看不见的手”在很早之前就已经控制了他。

来源：《10 不如 9 大》 ［韩］郑甲泳著　徐涛译　电子工业出版社

思考题：

1. 你认为经济能够有秩序地运转靠的是什么？

2. “看不见的手”是指什么？它能解决哪些问题？不能解决的问题有哪些？

案例 1－2　理性成就快乐：向经济学家那样思考

在日常生活中，每个人其实都在自觉不自觉地运用着经济学知识。比如在自由市场里买东西，我们喜欢与小商小贩讨价还价；到银行存钱，我们要想好是存定期还是活期。经济学对日常生活到底有多大作用，有一则关于经济学家和数学家的故事可以参考。

故事说的是三个经济学家和三个数学家一起乘火车去旅行。数学家讥笑经济学家没有真才实学，弄出的学问还摆了一堆诸如“人都是理性的”之类的假设条件；而经济学家则笑话数学家们过于迂腐，脑子不会拐弯，缺乏理性选择。最后经济学家和数学家打赌看谁完成旅行花的钱最少。于是三个数学家每个人买了一张票上车，而三个经济学家却只买了一张火车票。列车员来查票时，三个经济学家就躲到了厕所里，列车员敲厕所门查票时，经济学家们从门缝里递出一张票说，买了票了，就这样蒙混过关了。三个数学家一看经济学家们这样就省了两张车票钱，很不服气，于是在回程时也如法炮制，只买了一张票，可三个经济学家一张票也没有买就跟着上了车。数学家们心想，一张票也没买，看你们怎么混过去。等到列车员开始查票的时候，三个数学家也像经济学家们上次一样，躲到厕所里去了，而经济学家们却坐在座位上没动。过了一会儿,厕所门外响起了敲门声,并传来了查票的声音。数学家们乖乖地递出车票,却不见查票员把票递回来。原来是经济学家们冒充查票员,把数学家们的票骗走,躲到另外一个厕所去了。数学家们最后还是被列车员查到了,乖乖的补了三张票,而经济学家们却只掏了一张票的钱就完成了这次往返旅行。

这个故事经常被经济学教授们当作笑话讲给刚入门的大学生听,以此来激发学生们学习经济学的兴趣。但在包括经济学初学者在内的大多数人看来,经济学既枯燥又乏味,充满了统计数字和专业术语,远没有这则故事生动有趣;而且经济学总是与货币有割舍不断的联系,因此,人们普遍认为,经济学的主题内容是货币。其实,这是一种误解。经济学真正的主题内容是理性,其隐而不彰的深刻内涵就是人们理性地采取行动的事实。经济学关于理性的假设是针对个人而不是团体。经济学是理解人们行为的方法,它源自这样的假设:每个人不仅有自己的目标,而且还会主动地选择正确的方式来实现这些目标。这样的假设虽然未必总是正确,但很实用。在这样的假设下发展出来的经济学,不仅有实用价值,能够指导我们的日常生活,而且这样的学问本身也由于充满了理性而足以娱人心智,令人乐而忘返。尽管我们在日常生活中时常有意无意地运用了一些经济学知识,但如果对经济学知识缺乏基本的了解,就容易在处理日常事务时理性不足,给自己的生活平添许多不必要的烦扰。比如,刚刚买回车子,没过两天,这款车子却降价了,大部分人遇到这种情况的时候都垂头丧气,心里郁闷得很;倘若前不久刚刚买了房子,该小区的房价最近上涨了,兴高采烈是一般购房者的正常反应。这些反应虽然符合人之常情,但跌价带来的郁闷感觉却是错误的。

经济学认为,正确的反应应该是:无论是跌价,还是涨价,都应该感觉更好。经济学认为,对消费者而言,最重要的是你消费的是什么——房价、车价是多少以及其他商品的价格是多少。在价格变动以前,你所选择的商品组合(房子、车子加上用收入余款购买的其他商品)对你来说是最好的东西。如果价格没有改变,你会继续这样的消费组合。在价格变化以后,你仍然可以选择消费同样的商品,因为房子、车子已经属于你了,所以,你不可能因为价格变化而感觉更糟糕。但是,由于房子、车子与其他商品的最佳组合取决于房价、车价,所以,过去的商品组合仍然为最佳是不可能的。这就意味着现在还有一些更加吸引人的选择,因此,你的感觉应该更好。新的选择虽然存在,但你却更钟情于原来的最佳选择(原来的商品组合)。

在日常生活中,我们还常常烦扰于别人为什么挣得比我多,总是觉得自己得到的比应得的少,而经济学却告诉我们这样的感觉是庸人自扰,也是错误的。经济学认为别人比自己挣得多是正常的,自己得到的就是应得的,如果自己不能理性地坦然面对,只会给自己的生活带来不必要的烦扰和忧愁。

我们之所以在日常生活中遇到这样那样的烦扰,主要还是因为对经济学有一些误解,这可能是经济学说起来比较简单的缘故。“供给与需求”、“价格”、“效率”、“竞争”等都是大家耳熟能详的经济学词汇,而且这些词汇的意思也是显而易见的,因此,很多时候,似乎人人都是经济学家。人们不敢随便在一个物理学家或数学家面前班门弄斧,但在一个经济学家面前,谁都可以就车价跌了该高兴还是该郁闷等实际问题随意发表自己的见解。其实,经济学中有许多并非显而易见的内容,并不是每个人想象的那么简单。在经济学领域,要想从“我听说过”进入到“我懂得”的境界并不是件轻而易举的事情。

因此,掌握正确的经济学知识,将经济学思考问题的方法运用到日常生活中去,使我们能够更加理性地面对生活中的各种琐事，小到油盐酱醋，大到谈婚论嫁，就会减少生活中的诸多郁闷和不快，多一些开心，多一些欢笑。

思考题：

什么是理性的思考？有没有不理性的人存在？结合身边的事例谈谈自己的切身体会。

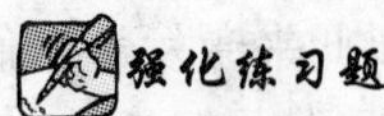

强化练习题

一、单项选择题

1. 经济学产生的原因是（　　）。

A. 生产的需要　B. 欲望满足的需要　C. 稀缺性的存在与选择的必要　D. 选择的需要　E. 社会发展的需要

2. 经济学的研究对象是（　　）。

A. 资源配置　B. 资源配置和资源利用　C. 经济体制　D. 资源的稀缺性　E. 资源利用

3. 微观经济学的内容包括（　　）。

A. 价格决定　B. 产量决定　C. 成本决定　D. 利润决定　E. A、B、C、D

4. （　　）不是宏观经济学的内容。

A. 收入决定　B. 物价水平　C. 经济增长　D. 厂商均衡　E. 国际收支

5. 经济学的研究方法包括（　　）。

A. 经济模型　B. 静态分析、比较静态分析和动态分析　C. 局部均衡分析与一般均衡分析　D. 个量分析与总量分析　E. A、B、C、D

6. 经济物品是指（　　）。

A. 有用的物品　B. 稀缺的物品　C. 要用钱购买的物品　D. 有用且稀缺的物品

7. 下列命题中，不是实证经济学命题的是（　　）。

A. 1982 年 8 月联储把贴现率降到 10%　B. 1981 年失业率超过 9%　C. 联邦所得税对中等收入家庭是不公平的　D. 社会保险税的课税依据已超过 30 000 美元

二、判断题

1. （　　）因为资源是稀缺的，所以产量是既定的，永远无法增加。

2. （　　）“2008 年 4 月的 CPI 指数是 8.5%”，这是一个规范的命题。

3. （　　）微观经济学的基本假定是市场失灵。

4. （　　）凯恩斯的主要经济思想是“国家干预经济”。

5. （　　）如果社会不存在资源的稀缺性，也就不会产生经济学。

6. （　　）宏观经济学只研究资源的利用问题。

7. （　　）经济学产生于重商主义。

8. （　　）不需要花钱购买的物品是自由物品，如空气、阳光等。

三、分析题

1. 机会成本概念与一般理解的成本概念有何区别与联系？试分析你学习的成本与机会成本。

2. 举例说明实证分析和规范分析。

第2章 需求、供给和价格决定理论

本章学习目标

- 掌握需求、供给的概念以及影响需求、供给的因素；
- 理解需求规律与供给规律；
- 掌握均衡价格形成过程以及供求变动对均衡价格的影响；
- 理解弹性定理，能够运用其解释经济现象、分析经济问题。

2.1 需　　求

2.1.1 需求与需求表

一种商品的需求(Demand)是指一定时期内消费者在每一个价格水平下愿意而且能够购买的商品和劳务的数量。可见，需求这个概念具有如下几个含义：① 限定了特定的时期和市场；② 它是指既有购买欲望又有购买能力的有效需求；③ 它总是涉及价格和数量两个变量，不是指实际的购买量，而是指人们想要进行的购买量。

需求表是用来描述某种商品的价格与需求量相互对应关系的表格。表 2-1 是描述某一市场一定时期对某种商品的需求状况的需求表，它描述了某一市场某种商品在各种不同价格下需求量的变化状况。例如，当价格为 9 元时，消费者对该商品的需求量是 150 元；当价格下降为 7 元时，消费者对该商品的需求量上升到 300 个，如此等等。

表 2-1 需求表

价格数量组合	价格(元)	需求量(个)
A	9	150
B	8	200
C	7	300
D	6	500
E	5	700
F	4	1 000
G	3	2 000

2.1.2 需求曲线与需求规律

根据上述需求表中给定的需求量和商品价格之间关系的数据，可以在坐标图上绘出需求曲线。因此，需求曲线是在坐标上用来描述商品需求量与价格相互对应关系的曲线。其中，横轴表示商品的需求量，纵轴表示商品的价格水平。根据表 2－1 可以画出如图 2－1 所示的需求曲线。

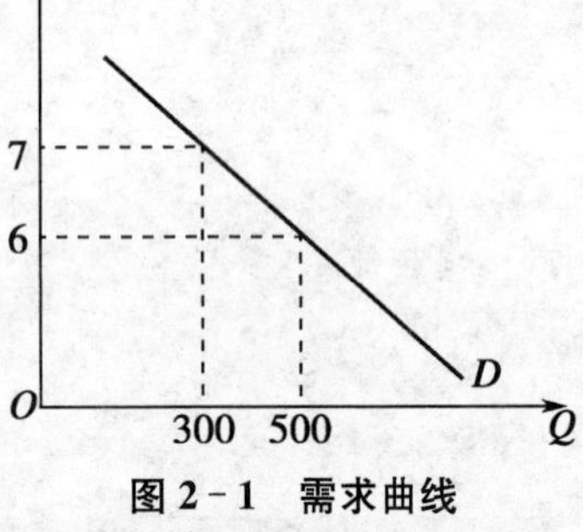

图 2－1 需求曲线

商品的需求量随着商品价格的上升而减少，即需求曲线是向右下方倾斜的，斜率为负值。这说明，在影响需求的其他因素既定不变的条件下，商品的需求量与价格成反方向变动的关系，这就是需求规律。为什么会有这样的规律呢？经济学家认为是理性的消费者追求效用最大化的结果。

值得指出的是，上述需求规律是对一般情况和一般商品而言的。在现实生活中，也有一些例外的情形，即需求曲线是向左上方倾斜的，如吉芬商品。英国人吉芬发现，1845 年爱尔兰发生灾荒时，土豆价格上涨，而土豆的需求量却反而增加。这一现象当时被称为“吉芬难题”。造成这种现象的原因是灾荒造成食品价格普遍上涨，人们的实际收入急剧下降，无力购买较贵的食品，转而大量购买价格相对便宜的土豆维持生存。另外，某些用于表示人们社会地位和身份的炫耀性消费品，如珠宝、名贵邮票、古董等商品，其需求量与价格之间的关系也有类似情况。再如，有些商品的需求曲线呈现出不规则变化，如证券、黄金等。

2.1.3 需求函数

从需求的概念可知，需求涉及两个变量，把商品的价格作为自变量，把商品的需求量作为因变量，则可用函数关系来表示价格与需求量之间的关系，这种函数就是需求函数，可表示为

$$Q_d = f(P)$$

在这种函数形式下，只有价格是影响商品需求量的因素，其他影响商品需求的因素被假定不变。事实上，影响商品需求的因素有许多，如用 $X_1, X_2, X_3, \cdots, X_n$ 代表影响需求的诸因素，则需求函数可表示为

$$Q_d = f(X_1, X_2, X_3, \cdots, X_n)$$

值得注意的是，微观经济学在论述需求函数时，一般都假定商品的价格和相应的需求量之间的变化具有无限可分性。正因为如此，需求曲线才能成为一条光滑的连续的曲线。需求函数和需求曲线可以是线性的，也可以是非线性的。为简明起见，微观经济分析中大多用线性需求函数和线性需求曲线。线性需求函数的通常形式为

$$Q_d = a - bP$$

式中：a、b 为常数，且 a、$b>0$，a 表示需求曲线在横轴上的截距，$-b$ 表示需求曲线相对于价格轴的斜率。

影响某种商品需求的因素，除了其自身的价格以外，还有下述一些主要因素：

(1) 消费者的收入。一般来说，在其他条件不变的情况下，消费者的收入越高，对商品的需求越多。但随着人们收入水平的不断提高，消费需求结构会发生变化，即随着收入的提高，对有些商品的需求会增加，而对有些商品的需求会减少。经济学把需求数量的变动与消费者收入同方向变化的物品称为正常品，把需求数量的变动与消费者收入反方向变化的物品称为劣等品。

(2) 消费者的偏好。当消费者对某种商品的偏好程度增强时，对该商品的需求数量就会增加。相反，当偏好程度减弱时，需求数量就会减少。人们的偏好一般与所处的社会环境及当时当地的社会风俗习惯等因素有关。

(3) 相关商品的价格。当一种商品本身的价格不变，而和它相关的其他商品的价格发生变化时，这种商品的需求数量也会发生变化。如果其他商品和被考察的商品是替代品，如牛肉和猪肉、苹果和梨子等，由于它们在消费中可以相互替代以满足消费者的某种欲望，故一种商品的需求与它的替代品价格成同方向变化，即替代品价格的提高将引起该商品需求的增加，替代品价格的降低将引起该商品需求的减少。如果其他商品和被考察的商品是互补品，如汽车与汽油、影碟与影碟机等，由于它们必须相互结合才能满足消费者的某种欲望，故一种商品的需求与它的互补品的价格成反方向变化，即互补品价格的提高将引起该商品需求的降低，互补品价格的下降将引起该商品需求的增加。

(4) 消费者对商品价格的预期。当消费者预期某种商品的价格在将来某一时期会上升时就会增加目前的需求，当消费者预期某商品的价格在将来某一时期会下降时就会减少对该商品的现期需求。

此外，还有很多因素会影响商品的需求，如人口的数量、结构和年龄，政府的消费政策等。

2.1.4 需求量的变动与需求的变动

影响需求的因素，既会影响需求又会影响需求量，并且会使两者发生变动。但是需求量的变动与需求的变动有着根本的区别。为了区别需求量的变动与需求的变动，我们首先要明确需求量与需求的区别。

1. 需求量与需求的区别

需求量是指消费者在某一时期内，在某一特定价格水平上，愿意并且能够购买的商品的数量，在图形上它表现为需求曲线上的一个点。

需求是指消费者在某一时期内，在每一个价格水平上，愿意并且能够购买的商品的数量。在图形上，它表现为整个需求曲线。

2. 需求量的变动与需求的变动的区别

(1) 引起变动的原因不同。需求量的变动是指在其他因素不变的条件下，由于商品的自身价格发生变化而引起的需求数量的变化。也就是说，需求量变动的原因在于商品自身价格的变动，与其他因素无关。需求的变动是指商品的自身价格不变的条件下，由于其他因素(相关商品的价格、消费者的收入水平、消费者的偏好、国家的政策等)发生变化而引起的需求数量的变化。也就是说，需求变动的原因在于除商品自身价格以外的其他因素变化，与商品的自身价格变动无关。

(2) 在图形的表现上不同。需求量的变动在图形上表现为同一条需求曲线上的点的位置的移动。当商品自身价格上升时,需求量减少;商品自身价格下降时,需求量增加。如图2-2所示,价格从 P_1 降到 P_2 时,需求量增加,从 Q_1 增加到 Q_2,表现为需求曲线上 A 点移动到 B 点。而需求的变动在图形上表现为整个需求曲线的平行移动。商品自身的价格不变,由于其他原因造成需求增加时,需求曲线往右移;造成需求减少时,需求曲线往左移。如图2-3所示,商品价格未改变,由于其他原因,需求量从 Q_1 增加到 Q_2,与每一个价格水平相对应的需求量都发生了增加,整条需求曲线从 D_1 往右平移到 D_2。

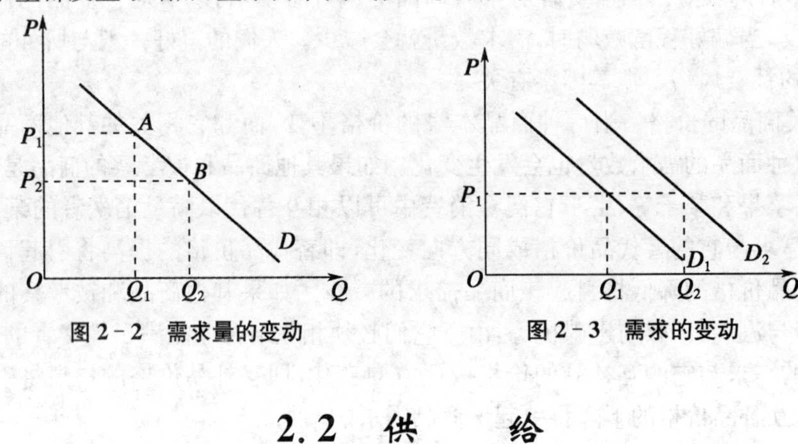

图2-2 需求量的变动　　图2-3 需求的变动

2.2 供　　给

2.2.1 供给与供给表

一种商品的供给(Supply)是指一定时期内生产者在每一个价格水平下愿意而且能够提供出售的商品和劳务的数量。根据上述定义,要形成有效供给,生产者必须既有提供出售的愿望,又有可供出售的能力。

把某种商品每一可能价格下与之相对应的供给量排列起来,可以得到一个表。这种表示供给量和商品价格之间关系的表格就是供给表。如表2-2所示,它描述了某一市场某种商品在各种不同价格下需求供给量的变化状况。例如,当价格为9元时,生产者对该商品的供给量是1 300个;当价格下降为7元时,生产者对该商品的供给量下降到800个,如此等等。

表2-2 供给表

价格数量组合	价格(元)	供给量(个)
A	9	1 300
B	8	1 200
C	7	800
D	6	500
E	5	300
F	4	200
G	3	100

2.2.2 供给曲线与供给规律

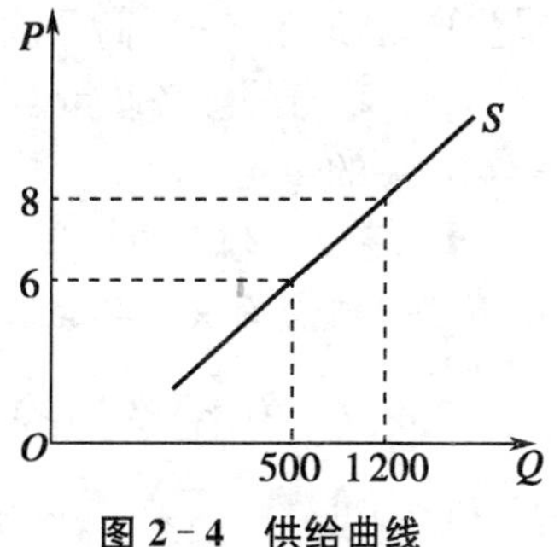

图 2-4　供给曲线

供给曲线是在坐标图上描绘的商品的供给量与商品价格相互对应关系的曲线。如图 2-4 所示，横坐标表示供给量，纵坐标表示价格，供给曲线为 S。通常情况下，供给曲线呈现出向右上方倾斜的特征。供给曲线可以是直线型，也可以是曲线型的，在微观经济分析中通常使用直线型供给曲线。见图 2-4。

供给曲线和供给函数所表示的商品供给量与其价格的对应关系中可以看出，一般商品的供给量是随着其价格的变化而同方向变化的，即供给曲线在一般情况下是一条向右上方倾斜、斜率为正值的曲线。它表示价格上升时供给量会增加，价格下降时供给量会减少。供给量与商品价格同方向变化的依存关系被称为供给规律。供给规律是由厂商追求利润最大化目标决定的。

供给规律也有例外情况，如劳动的供给、土地的供给、证券与黄金等，这些物品的供给不符合一般的供给规律。

【思考 2-1】　土地的供给、证券与黄金的供给曲线会是怎样的？

2.2.3 供给函数

供给的概念表明，在其他条件不变的情况下，供给只涉及两个变量，即供给量和商品价格。如果把商品的价格作为自变量，供给量作为因变量，则可用函数关系表示商品价格和供给量的关系，这种函数就是供给函数，可表示为

$$Q_s = f(P)$$

在这种函数形式中，只有商品价格是影响供给量的因素，其他影响供给的因素被假定不变。事实上，除价格外，还有许多因素会影响商品的供给。如用 $X_1, X_2, X_3, \cdots, X_n$ 代表影响供给的诸因素，则供给函数可表示为

$$Q_s = f(X_1, X_2, X_3, \cdots, X_n)$$

供给函数可以是线性的，也可以是非线性的，但常用线性的供给函数的一般形式为

$$Q_s = -c + dP$$

式中：$-c$ 表示供给曲线的延长线在横坐标上的截距，即价格为零时的供给量。

影响商品供给的因素很多，除商品自身的价格外，主要有以下因素：

(1) 生产成本。在商品自身价格不变的条件下，生产成本上升会减少利润，从而生产者会减少生产，导致商品的供给量减少。相反，生产成本的下降会增加厂商利润，从而促使生产者增加生产，导致商品供给的增加。

(2) 生产技术和管理水平。生产技术和管理水平的提高会提高生产效率，降低生产成本，增加生产者的利润，从而导致商品供给量的增加。

(3) 相关商品的价格。其他商品价格的变化会改变商品间的相对价格，使生产者改变生产经营决策，导致该商品供给发生变化。

(4) 生产者对未来的预期。如果生产者预期某种商品价格将要上涨,就会扩大生产规模,增加未来的产品供给。但如果生产者囤积商品,待价而售,则会使目前的供给减少。如果生产者预期未来的商品价格下降,生产者会减少产品未来的供给。

(5) 政府的经济政策。如政府通过税收或补贴等政策手段调节某些产品的生产,就会影响产品的供给。

【思考2-2】 相关商品(互补品和替代品)的价格如何影响该商品的供给?政府的减税政策会如何影响该商品的供给?

2.2.4 供给数量的变动

影响供给的因素,既会影响供给又会影响供给量,并且会使二者发生变动。但是供给量的变动与供给的变动有着根本的区别。为了区别供给量的变动与供给的变动,我们首先要明确供给量与供给的区别。

1. 供给量与供给的区别

供给量是指生产者在某一时期内,在某一特定价格水平上,愿意并且能够供给的商品的数量,在图形上,它表现为供给曲线上的一个点。

供给是指生产者在某一时期内,在每一个价格水平上,愿意并且能够供给的商品的数量,在图形上,它表现为整个供给曲线。

2. 供给量的变动与供给的变动的区别

(1) 引起变动的原因不同。供给量的变动是指在其他因素不变的条件下,由于商品的自身价格发生变化而引起的供给数量的变化。也就是说,供给量变动的原因在于商品自身价格的变动,与其他因素无关。供给的变动是指商品的自身价格不变的条件下,由于其他因素(生产成本、技术进步、相关商品价格、生产者对未来价格的预期等)发生变化而引起的供给数量的变化。也就是说,供给变动的原因在于除商品自身的价格以外的其他因素变化,与商品的自身价格变动无关。

(2) 在图形的表现上不同。供给量的变动在图形上表现为同一条供给曲线上的点的位置的移动。当商品自身价格上升时,供给量增加;商品自身价格下降时,供给量减少。如图2-5所示,价格从P_1上升到P_2时,供给量增加,从Q_1增加到Q_2时,表现为供给曲线上A点移动到B点。而供给的变动在图形上表现为整个供给曲线的平行移动。商品自身的价格不变,由于其他原因造成供给增加时,供给曲线往右移;造成供给减少时,供给曲线往左移。如图2-6所示,商品价格未改变,由于其他原因,供给量从Q_1增加到Q_2,与每一个价格水平相对应的供给量都发生了增加,整条供给曲线从S_1往右平移到S_2。

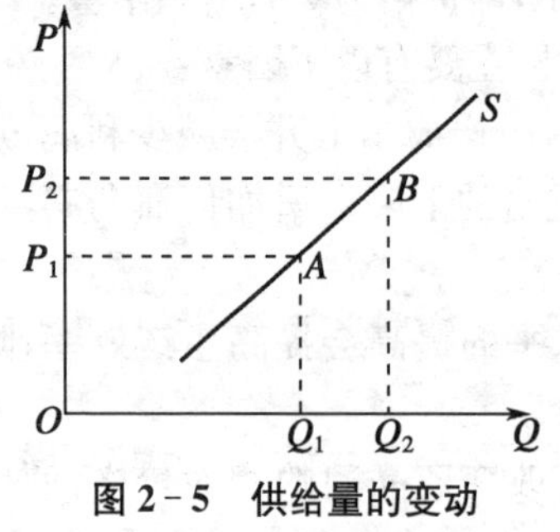

图2-5 供给量的变动

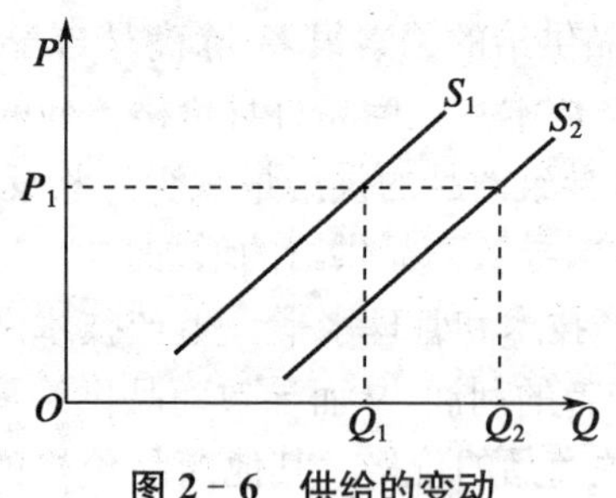

图2-6 供给的变动

2.3 均衡价格

2.3.1 均衡价格

1. 市场均衡

均衡是指一种相对静止的状态。当市场供给量恰好等于市场需求量时，便实现了市场均衡。当市场需求量不等于供给量时，要么出现过度供给，要么出现过度需求，这便是市场非均衡。

2. 均衡价格

所谓均衡价格是指当一种商品的市场需求量与其市场供给量相等时的价格。当市场出现过度需求时，价格有上升的趋势；当市场出现过度供给时，价格有下降的趋势；在其他因素不变的情况下，只有当需求量与供给量相等时，价格才不再改变。如图 2－7 所示，D 表示需求曲线，S 表示供给曲线，二者相交于 E 点，则 E 点就是市场达到均衡状态时的均衡点，与 E 点对应的价格 P_0 就是均衡价格，对应的产量 Q_0 就是均衡产量。

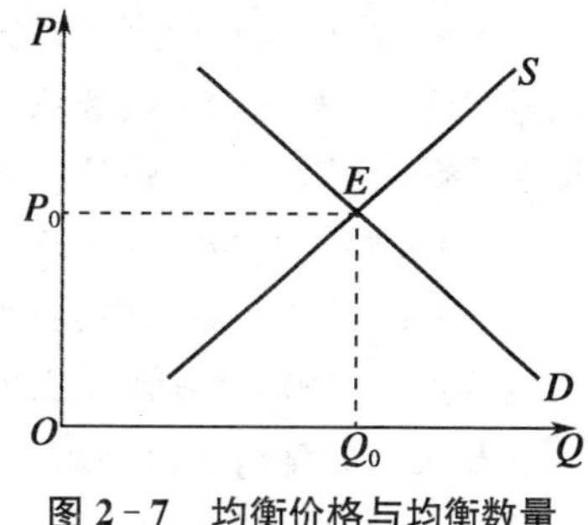

图 2－7　均衡价格与均衡数量

【补充阅读材料 2－1】　价格的重要性

古往今来，世界上的人们都希望过上富裕的生活，可是人类所能掌握的资源是有限的。由于资源有限，人的欲望无穷，所以产生了稀缺和经济的概念。

所谓稀缺，就是物资相对于欲望的欠缺。所谓经济，就是高效节省。要做到“经济”二字，就要用尽可能少的投入去完成一件事，或者用一定量的投入得到最多的产出。或者更进一步地说，所有的经济活动，都要做到产出大于投入——也就是要创造财富，而不是减少财富。这就产生如何测量投入和产出的问题。

在经济活动中，做一件事有各种各样的投入：有人工、各种材料、房舍，还有资金、电力等等。它们的产出也是多种多样的，如面包、衬衫、汽车、电脑等。这些五花八门的物品，物理量纲都不同，有的是“公斤”，有的是“平方米”，有的是“千瓦时”，有的是“件”，有的是“个”，有的是“台”……这么复杂的东西如何对比？我们怎么知道一项活动的投入和产出是大是小？这是经济决策首先要解决的问题。

市场经济用“价格”巧妙地解决了这个问题。在市场经济中，价格就是价值，它表示一切商品的相对稀缺性，也是衡量经济活动是否合理的标准。经济活动的目的是通过节约的生产方式，最大限度地满足人的消费需求。这里所谓的节约，就是节约“钱”，节约“价值”，也就是减少“稀缺性”。而钱之所以可以度量价值，正是因为存在着价格系统。如果没有价格系统，节约钱不等于减少稀缺性，人们的生产和消费就会失去方向，经济活动将陷入混乱。

试想一下，如果没有价格，一项经济活动究竟是创造了财富还是消灭了财富，我们根本弄不清楚。比方说一个社会中的胶鞋太多，再花人力、物资去生产它就会造成浪费。但我们怎么知道社会中的胶鞋是多还是少？再如，在一个社会中，人们辛辛苦苦忙碌一年，生产出大量的产品——若干吨钢材、水泥、粮食等等。但这个过程中是否创造了财富，那是没有答案的。因为这些产品花了多少成本根本无法核算。如果没有价格,衡量财富的标准陷入混乱,经济中该减产的物品在增产,该出口的又在进口,就会造成资源浪费和经济损失。

有了价格,上述问题就迎刃而解了。一项工程建设,需要投入人工、土地、器材、资金等等,竣工之后有它的产出。按市场价格比较投入的价值和产出的价值,如果投入小于产出,则说明这项工程可以为社会创造财富,或者说工程在经济上是可行的;如果投入大于产出,则工程不能生产价值,此时,它会消耗社会财富,是反生产性的。

生产是消费的源头,但生产活动并不是生产物质,而是生产价值。所谓生产价值是指产品的价格高于其成本,两者的差就是工厂为社会创造的价值。一个工厂如果亏损,说明它生产出来的价值比消耗掉的价值还少,工厂实际上是在浪费而不是在生产。究竟工厂是在生产还是在浪费,完全取决于它的投入品和产出品的相对价格。

人们常说,人类的生活改善都是靠科技进步。的确,如果没有科技进步,我们不但不可能享用汽车、电视、电话、音响,恐怕连能否吃饱肚子都是问题。因为粮食增产是靠了化肥和绿色革命,这都是科技成果。对于未来,我们仍寄希望于科学技术,它不断帮助我们克服稀缺,使物质享受更加容易获得。

但是不是一切新发明、新工艺都能够克服稀缺、增加社会财富呢?并非如此。有些新发明构思虽然巧妙,可是成本太高——换句话说,它消耗的稀缺物品比它能提供的稀缺物品更多。如果社会接纳了这种新发明,社会不是变得更富足而是更穷困,这样的发明就对社会毫无意义。

科学技术要成为生产力,必须有一个正确的价格系统作为决策背景。如果价格系统出现了混乱,银的价格比铜低,科研成果不但不能缓解物品的稀缺性,反而浪费了资源。或者科研人员无视价格系统的导向作用,别出心裁地从兴趣出发,或从其自以为是的价格系统出发,研究出来的成果不能商业化,也就是不能从节约资源中赚钱,这些成果事实上是毫无价值的。

一项产品,当它进入市场时,如果价格太高,以至于它所能起的作用(例如满足人们的某一需要,或提供生活上的方便,节约别的资源等)不能与其价格相称,或与其他已有产品的价格性能比稍逊时,此种产品就不可能在市场上立足。一种新发明,不论其构思有多巧妙,技术有多精良,如果在价格上缺乏竞争力,最终只能是一个失败的产品。

2.3.2 均衡价格的形成

现在假设你是生产某种产品的厂商,你必须为自己的产品制定销售价格,你将如何给它定价呢?上面说到,价格是由物品的稀缺性决定的,但所谓的“稀缺性”是一种理论描述,它看不见摸不着,显然不可能成为制定价格的依据。在现实生活中,你只会根据常识和经验来确定商品的价格。

如果你要出售的产品在市场已经存在,你多半会参考目前的市场价格来确定自己的产品价格,你定的价格不会与同类产品的价格相差太远;如果你销售的是一种新产品,你也许会根据自己的生产成本和市场调查来试行一个价格。但最关键的是,你还要根据你的销售情况来调整自己的价格。如果你的产品大受欢迎,供不应求,你一定会涨价;而如果你的产品在市场上出现滞销,你就可能会降价。无论如何,你最后确定的价格,一定会使产品的供求大致保持平衡。

事实上，在生活中我们看到的各种价格都是供求平衡的结果。例如，1吨水的价格是1元，1件衬衫值100元，1台电视机的价格是1 000元，1辆汽车的价格是10万元……这都是供求平衡下的价格；如果把1辆汽车的价格从10万元改为100元，结果必然是供不应求，迫使价格上升；而如果把1件衬衫的价格由100元改为10万元，结果必定是供过于求，迫使价格下降。只有在一个适当的价格下，供求达到平衡，此时的价格才是一个稳定的价格。均衡价格的形成过程可以用图2-8来说明(以前面的数据为例)。

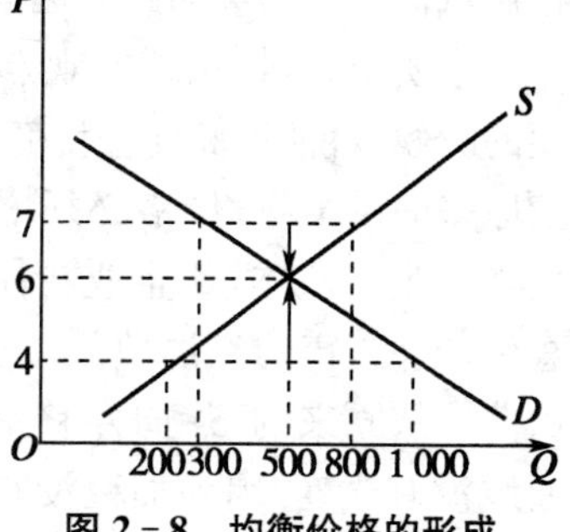

图2-8　均衡价格的形成

假设一种商品的价格还没有确定，我们随便给它定价为4元，这时市场对这种商品额需求量是1 000，供给量是200，供给量比需求量少800个单位，由于供不应求，消费者争相购买，由此造成抬高价格的市场压力，导致这种商品的价格上升。随着价格上升，市场对这种商品的供给量会增加，而需求量则会减少，这将导致供求缺口缩小。

再假定我们给它的定价为7元，市场的需求量将是300，供给量是800，供给量超过需求量500个单位。由于产品过剩，对生产者造成了降价的压力，导致市场价格下降。与此同时，市场对这种商品的需求量会增加。这两方面的作用将导致产品的过剩逐渐减少。

只有在价格等于6元的时候，对这种商品的市场需求量是500，而市场供给量也是500，供求的余缺等于零，价格和交易量才会稳定下来，达到一种均衡状态。

2.3.3　需求与供给变动对均衡价格的影响

以上是对均衡价格形成过程的分析，主要结论是：价格越高，供给量越多，需求量越少；价格越低，需求量越大，供给量越少。供不应求的商品会涨价，供过于求的商品会降价。这样的结论是在假定需求与供给既定，即需求曲线和供给曲线给定且不发生移动的前提下得到的。如果影响需求与供给的因素发生了变化从而导致需求或者供给变化，即需求曲线或者供给曲线发生了移动，市场均衡就要发生相应变化。

1. 需求变动对均衡价格的影响

我们从一个简单的例子来分析需求变动对均衡价格的影响。

某年夏季，天气特别炎热。由于天气变热，人们想吃更多的冰淇淋，需求增加了。反映在市场行为上，就是说，在任何一种既定价格下，消费者都想购买更多的冰淇淋。

我们知道，需求曲线反映的是价格和需求的对应关系。当每种既定价格下冰淇淋的需求量增多时，我们描绘出的需求曲线就改变了。具体来说，这条需求曲线会向着需求量增加的方向移动。如图2-9所示，需求曲线从原来的D_0向右移动到D_1。结果，均衡点的位置改变了。由于供不应求，价格由2元上升到2.5元，交易量由7增加到10，达到新的市场均衡。换句话说，天气变热提高了冰淇淋的价格，增加了冰淇淋的销售量。

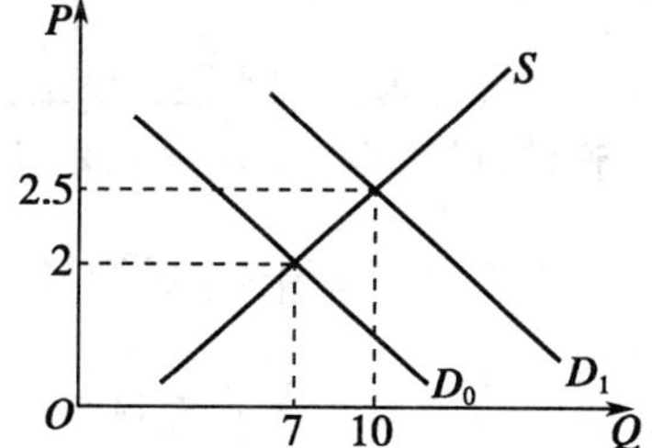

图2-9　需求变动对均衡价格的影响

【思考2-3】　如果权威营养专家发布一份报告，说吃冰淇淋会增加脂肪的摄入，对健康危害很大，那么均衡价格将如何变动呢？

2. 供给变动对均衡价格的影响

我们也用一个例子来分析供给变动对价格的影响。

美国前总统卡特在任内的一次记者会上被问到：他所提议征收的汽油税是否会提高汽油的价格？卡特当时的回答是：刚开始时课税会使价格上升；但较高的价格会使需求减少，稍后汽油的价格会回跌。因此他的观点是，征收汽油税不会提高汽油的价格。

事实上，卡特总统的观点是不正确的。当汽油加税的时候，汽油厂商要把税额加到售价中。因此，要保持原来的供给量，价格必须增加。或者说，由于加税，增加了生产成本，使企业在任何一个既定的价格时愿意生产并销售的汽油数量减少。如图 2-10 所示，供给曲线从原来的 S_0 向左移动到 S_1。与此同时，需求曲线没有改变，因为加税没有直接改变家庭希望购买的汽油数量。由于需求曲线不变，供给曲线左移，结果价格从 3 元上升到 3.5 元，交易量从 7 减少到 5，市场在新的位置达到均衡。

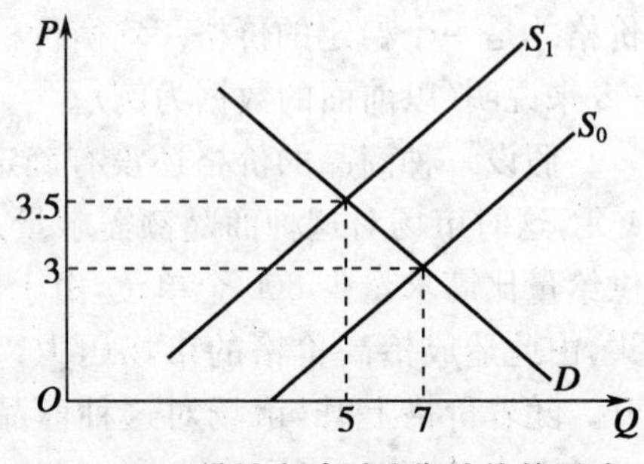

图 2-10 供给变动对均衡价格的影响

*【思考 2-4】 如果需求和供给同时变动（同时增加；同时减少；需求增加、供给减少；需求减少、供给增加），均衡价格将如何变动呢？

2.4 弹性理论

价格的变动会引起供给量和需求量的变动，但不同商品的需求量和供给量对价格变动的反应程度不同。有的商品价格变动幅度小，而需求量和供给量变动的幅度大；有的商品价格变动幅度大，而需求量和供给量变动的幅度小；有些特殊的商品，价格虽然变动，但供给量和需求量没有任何变化。以上这些，就需要用弹性理论来解释了。

2.4.1 弹性

一般来说，只要两个经济变量之间存在着函数关系，就可用弹性(Elasticity)来表示因变量对自变量的反应的敏感程度。弹性的一般公式为

$$弹性系数=\frac{因变量的变动率(百分比)}{自变量的变动率(百分比)}$$

弹性分为需求弹性和供给弹性，需求弹性又分为需求价格弹性、需求收入弹性和需求交叉弹性，供给弹性主要指供给价格弹性。

2.4.2 需求价格弹性

1. 需求价格弹性的概念

需求的价格弹性(Price Elasticity of Demand)是指在一定时期内，一种商品的需求量变动对于该商品的价格变动的反应程度。其公式为

$$需求的价格弹性系数=\frac{需求量变动率(相对变动)}{价格变动率(相对变动)}$$

在理解需求价格弹性时要注意以下几点：

(1) 在需求量和价格这两个经济变量中，价格是自变量，需求量是因变量。

(2) 需求价格弹性系数是相对数之比，不是绝对量之比。

(3) 需求价格弹性系数可正可负，但是通常都取绝对值，即正值。

(4) 在同一条需求曲线上不同点的斜率虽然相同，但弹性系数的大小却不相同。

需求的价格弹性可以分为弧弹性和点弹性。需求价格弧弹性表示某商品需求曲线上两点之间的需求量的相对变动对于价格的相对变动的反应程度，即需求曲线上两点之间的弹性。当需求曲线上两点之间的变化量趋于无穷小时，需求的价格弹性要用点弹性来表示。下面重点介绍需求价格弧弹性。

2. 需求的价格弹性：弧弹性

(1) 需求的价格弧弹性的计算

需求的价格弧弹性表示某商品需求曲线上两点之间的需求量的变动对于价格变动的反应程度。简言之，它是指需求曲线上两点之间的弹性。其计算公式为

$$e_d = -\frac{\frac{\Delta Q}{Q}}{\frac{\Delta P}{P}} = -\frac{\Delta Q}{\Delta P} \cdot \frac{P}{Q}$$

式中：e_d 表示需求的价格弧弹性系数，ΔQ 和 ΔP 分别表示需求量和价格的变化量。由于商品的需求量和价格在通常情况下是成反方向变动，$\frac{\Delta Q}{\Delta P}$为负值，所以为了使需求的价格弹性系数 e_d 为正值，便于比较，便在公式中加了一个负号。

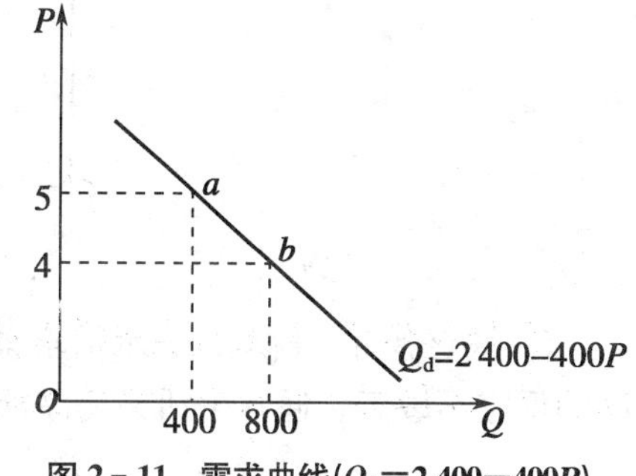

图 2－11　需求曲线(Q_d＝2 400－400P)

例如，某商品的需求函数 $Q_d = 2\,400 - 400P$，对应的需求曲线见图 2－11，在对应的需求曲线上取 a、b 两点的价格分别为 5 和 4，相应的需求量分别为 400 和 800。根据上述公式，相应的弧弹性分别计算如下：

由 a 点到 b 点(即降价时)：

$$e_d = -\frac{\Delta Q}{\Delta P} \cdot \frac{P}{Q} = -\frac{Q_b - Q_a}{P_b - P_a} \cdot \frac{P_a}{Q_a} = -\frac{800 - 400}{4 - 5} \times \frac{5}{400} = 5$$

由 b 点到 a 点(即提价时)：

$$e_d = -\frac{\Delta Q}{\Delta P} \cdot \frac{P}{Q} = -\frac{Q_a - Q_b}{P_a - P_b} \cdot \frac{P_b}{Q_b} = -\frac{400 - 800}{5 - 4} \times \frac{4}{400} = 2$$

可见，由 a 点到 b 点和由 b 点到 a 点弧弹性系数值是不相同的。其原因在于：尽管在上面两个计算中，ΔQ 和 ΔP 的绝对值相同，但由于 P 和 Q 所取的基数值不同，所以，两种计算的结果便不相同。这就是说，在同一条需求曲线上，涨价和降价产生的需求的价格弧弹性数值是不相同的。因此，如果只是一般的计算需求曲线上某两点之间的需求的价格弧弹性，而不是具体强调这种需求的价格弧弹性是作为降价还是涨价的结果时，为了避免不同的计算结果，通常取两点之间的平均值来代替公式中 P 和 Q 的数值，即需求的价格弧弹性应采用

下式计算：

$$e_d = -\frac{\Delta Q}{\Delta P} \cdot \frac{\frac{P_1 + P_2}{2}}{\frac{Q_1 + Q_2}{2}} = -\frac{\Delta Q}{\Delta P} \cdot \frac{P_1 + P_2}{Q_1 + Q_2}$$

这个公式又被称为需求的价格弧弹性的中点公式。

根据中点公式，上例中 a、b 两点之间的需求的价格弧弹性为

$$e_d = \frac{400}{1} \times \frac{\frac{5+4}{2}}{\frac{400+800}{2}} = 3$$

(2) 需求的价格弧弹性的类型

根据需求的价格弧弹性的定义和计算公式，需求的价格弧弹性可以分为以下五种基本类型：

① 富于弹性。$e_d>1$，表示需求量的变化率大于价格的变化率，说明需求量对于价格变动的反应是比较敏感的。通常高档奢侈品富于弹性，如化妆品、首饰等。

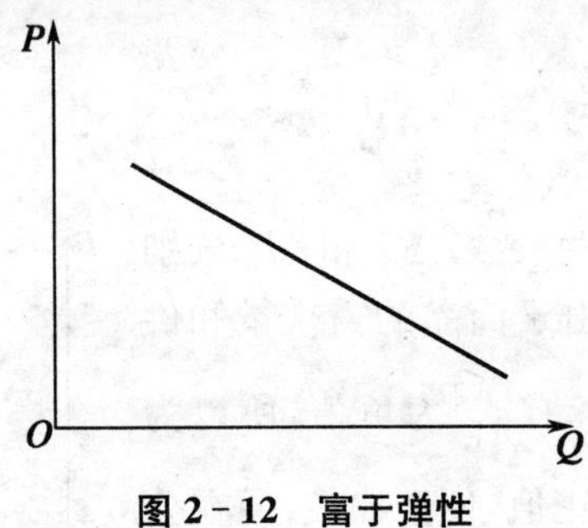

图 2-12 富于弹性

② 缺乏弹性。$e_d<1$，表示需求量的变化率小于价格的变化率，说明需求量对于价格变动的反应不敏感。通常生活必需品缺乏弹性，如柴、米、油、盐等。

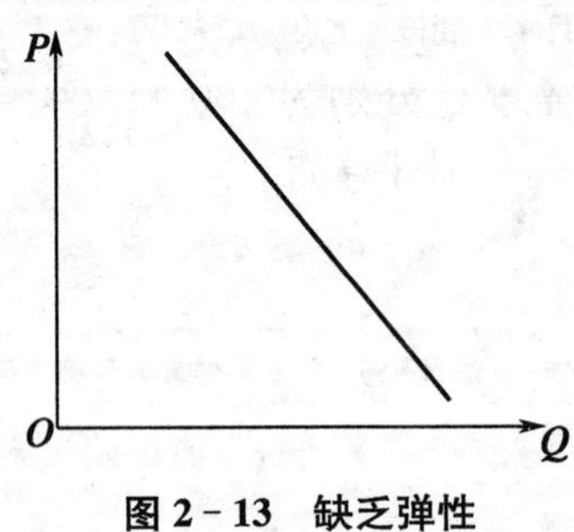

图 2-13 缺乏弹性

③ 单位弹性或单一弹性。$e_d=1$，表示需求量的变化率与价格的变化率相等。现实中少见。

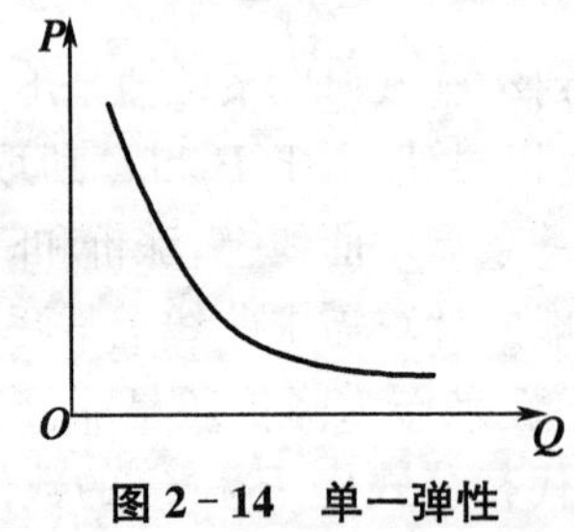

图 2-14 单一弹性

④ 完全弹性。$e_d=\infty$，表示只要价格发生微小的变化，则会使需求量发生无穷大的变化，即水平需求曲线上的弧弹性为无穷大。如完全竞争市场上某个卖者一提价，则买者不会购买其产品。

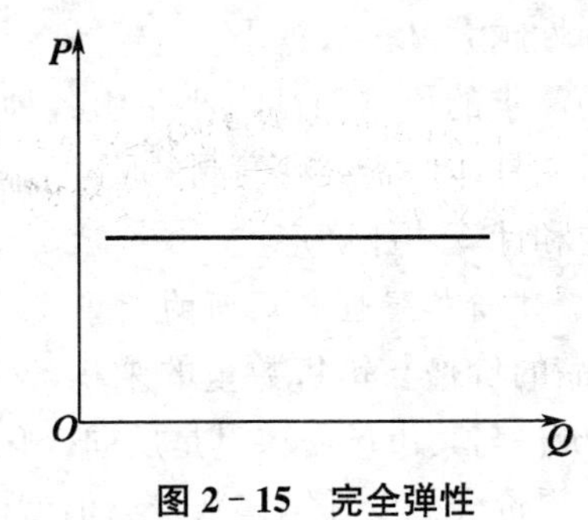

图 2－15　完全弹性

⑤ 完全缺乏弹性。$e_d=0$，表示无论价格发生多大变化，需求量都不会发生任何数量变化，垂直的需求曲线上的弧弹性为零。

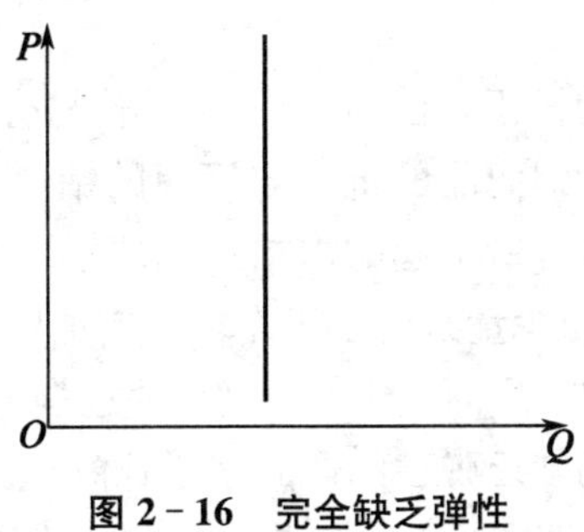

图 2－16　完全缺乏弹性

比较图 2－12 和图 2－13 可以看出，就需求的价格弧弹性而言，富于弹性的需求曲线相对比较平坦，缺乏弹性的需求曲线相对比较陡峭，这种绘制方法已成为一种习惯，也是可行的。

(3) 影响需求弹性的因素

影响商品的需求价格弹性的因素很多，主要有以下几个方面：

① 商品的可替代程度。一般来说，一种商品的可替代品越多，相近程度越高，则该商品的需求价格弹性就越大；相反，替代品越少，相近程度越低，则需求价格弹性就越小。对一种商品所下的定义越明确越窄，则这种商品的相近替代品会越多，故其需求的价格弹性会越大。如某种特定商标糖果的需求要比一般糖果的需求更有弹性。

② 商品用途的广泛性。一般来说，一种商品的用途越广，它的需求弹性就可能越大；相反，用途越窄，它的需求价格弹性就可能越小。这是因为，当用途很广的商品降价时，消费者会大量增加这种商品的购买以分配在各种用途中使用，而价格高时，只会将该商品在重要用途上使用。如电的用途很广，如果降价，使用者会增加购买以在各种用途中使用。如眼镜的用途单一，即使降价，也不会使人们购买许多眼镜。

③ 商品对消费者的重要程度。一般而言，必需品的需求价格弹性较小，而非必需品或奢侈品的需求价格弹性较大。因为作为必需品，是人们生活中必不可少的商品，不管价格上升或下降，人们必须购买一定量，如粮食。

④ 商品的消费支出在消费者预算总支出中所占比重大小。一般而言，所占比重越大，

需求的价格弹性越大；反之，则越小。如食盐、铅笔、肥皂与住宅、汽车等商品相比，需求的价格弹性更小。

⑤ 所考察的消费者调节需求量的时期长短。一般来说，时期越长，消费者找到替代品的可能性越大，故需求的价格弹性越大；反之，越小。

值得注意的是，一种商品的需求的价格弹性大小是由各种因素共同影响的结果。上述各种因素是就一般情况而言的，在具体考察某种商品的需求价格弹性时，必须根据具体情况综合考察，甚至需要复杂的调查和计算才能确定。

3. 需求价格弹性的应用：需求价格弹性与厂商的销售收入

厂商的销售收入是卖出商品的价格与销售数量的乘积，又称为总收益，对于买方来说，又是总支出。由于一般商品的价格与其市场需求量是反向变化的关系，所以，厂商降低商品价格能刺激市场需求量的增加，提价会减少其销售数量。但就厂商的总收益来说，是降价能增加总收益，还是提价能增加总收益，就与其商品的需求的价格弹性有关了。

商品需求的价格弹性与提供该商品的厂商的销售收入(即总收益)之间的密切关系可归纳为三种基本情况。

第一种情况：对于 $e_d>1$ 的富于弹性的商品，降低价格会增加厂商的销售收入，相反，提高价格会减少厂商的销售收入，即商品的价格与厂商的销售收入成反方向的变动。这是因为需求富于弹性的商品，厂商降价所引起的需求量的增加率大于价格的下降率。这意味着价格下降所造成的销售收入的减少量必定小于需求量增加所带来的销售收入的增加量。所以，降价最终能使销售收入增加。厂商提价时，最终会使其销售收入减少。

第二种情况：对于 $e_d<1$ 的缺乏弹性的商品来说，降价会使厂商的销售收入减少，相反，提价会使厂商的销售收入增加，即商品的价格与销售收入成同方向变化。这是因为，对于缺乏弹性的商品来说，厂商降价所增加的需求量是比较少的，即需求量的增加率会小于价格的下降率，从而使需求量增加所带来的销售收入的增加量不能完全抵消由于价格下降所造成的销售收入的减少量。所以，降低价格最终会减少销售收入。反之，厂商提价时，最终会增加销售收入。

第三种情况：对于 $e_d=1$ 的单位弹性的商品来说，降低价格或提高价格对厂商的销售收入都没有影响。这是因为，单位弹性的商品，厂商改变价格所引起的需求量的变动率和价格变动率是相等的。所以，由价格变动所造成的销售收入的变化量等于由需求量变动所带来的销售收入的变动量。

上述商品的需求价格弹性和厂商的销售收入之间的综合关系见表 2-3。

表 2-3 需求的价格弹性和销售收入

弹性 / 收入 / 价格	$e_d>1$	$e_d<1$	$e_d=1$	$e_d=0$	$e_d=\infty$
降价	增加	减少	不变	同比例于价格的下降而减少	既定价格下，收益可以无限增加
涨价	减少	增加	不变	同比例于价格的上升而增加	收益会减少为零

综上所述，由于厂商的总收益变动会因商品的需求价格弹性的不同而不同，所以，厂商或政府在制定价格政策时必须考虑不同商品的需求价格弹性。

*2.4.3　需求收入弹性

需求的收入弹性(Income Elasticity of Demand)是指在价格和其他因素不变的条件下，由于消费者的收入变化所引起的需求数量发生变化的程度大小。通常用需求的收入弹性系数来表示需求收入弹性的大小，公式如下：

$$\text{需求的收入弹性系数} = \frac{\text{需求数量变化率}}{\text{收入变化率}} = \frac{\Delta Q/Q}{\Delta y/y} = E_y$$

$\frac{\Delta Q}{Q}$表示需求数量变化百分率，$\frac{\Delta y}{y}$表示收入变化百分率，E_y 用来表示需求的收入弹性系数。

如果 E_y 大于零，即为正数，则表示收入变化与需求数量变化成同方向变化，把具有这类特征的商品称之为正常品。如果 E_y 小于零，即为负数，则表示收入变化与该商品的需求数量成反方向变化，经济学将具有这种特征的商品称为低劣品或低档品。

一般而言，必需品的需求收入弹性大于零而小于 1，奢侈品的需求收入弹性大于 1。

西方经济学中的恩格尔定律就是分析收入变化中食品支出比重的变化所得到的结论：在一个家庭或在一个国家中，食物支出在收入中所占的比例随着收入的增加而减少。即对于一个国家或一个家庭来说，富裕程度越高，则食物支出的收入弹性就越小；反之，则越大。这一定律在许多国家的经济发展过程中都得到了验证。

【思考 2-5】 根据恩格尔定律，结合自身家庭的实际情况，谈谈你家的富裕程度如何。

*2.4.4　需求的交叉弹性

需求的交叉弹性(Cross Elasticity of Demand)是指在一定时期内，一种商品的需求量变动对于其相关商品价格变动的反应程度。它是该商品需求量的变动率和它的相关商品的价格变动率的比值。用公式表示如下：

$$e_{xy} = \frac{\Delta Q_x}{Q_x} / \frac{\Delta P_y}{P_y} = \frac{\Delta Q_x}{\Delta P_y} \cdot \frac{P_y}{Q_x}$$

式中：$\frac{\Delta Q_x}{Q_x}$表示 x 商品的需求量的变化率，$\frac{\Delta P_y}{P_y}$表示 y 商品价格的变化率。

需求的交叉弹性系数的符号取决于所考察的两种商品的相关关系。商品之间的相关关系分为两种：一是替代关系；二是互补关系。如果两种商品之间可以互相代替以满足消费者的某一种欲望，则称这两种商品之间存在着替代关系，即互为替代品，如苹果和梨之间就是替代关系。如果两种商品必须同时使用才能满足消费者的某一欲望，则这两种商品之间就存在着互补关系，即这两种商品互为互补品，如磁带和录音机之间就是互补关系。

如果两种商品互为替代品，则一种商品的价格与它的替代品的需求量之间成同方向变化，其需求的交叉弹性系数为正值。

如果两种商品之间互为互补品，则一种商品的价格与它的互补品的需求量之间成反方向变化，其需求的交叉弹性系数为负值。

如果两种商品之间不存在相关关系，则其需求的交叉弹性系数为零。

上述结论可以反过来使用，即可根据两种商品之间需求交叉弹性系数的正负符号来判断两种商品之间相关关系。若两种商品的需求交叉弹性系数为正值，则这两种商品互为替代品；若为负值，则二者互为互补品；若为零，则两种商品之间既不是替代关系也不是互补关系，即无相关关系。

2.4.5 供给价格弹性

供给弹性(Price Elasticity of Supply)是用来表示影响供给的各种因素发生变动后，供给数量所变动的程度大小的概念。由于影响商品供给的因素主要有商品自身的价格、商品的生产成本、相关商品的价格、生产者预期等，所以，供给弹性包括供给的价格弹性、供给的成本弹性、供给的交叉弹性和供给的预期价格弹性等。这里主要介绍供给的价格弹性。

1. 供给的价格弹性的概念及计算方法

供给的价格弹性通常简称为供给弹性，是指在一定时期内一种商品的供给量的变动对于该商品价格变动的反应程度，是商品供给量的变动率与商品自身价格的变动率之比值。

与需求的价格弹性一样，供给的价格弹性也分为弧弹性和点弹性。供给的价格弧弹性表示某商品供给曲线上两点之间的弹性。供给的价格点弹性表示商品供给曲线上某一点的弹性。设供给函数为 $Q_s=f(P)$，e_s 表示供给的价格弹性系数，则供给的价格弧弹性的公式为

$$e_s=\frac{\Delta Q}{Q}\Big/\frac{\Delta P}{P}=\frac{\Delta Q}{\Delta P}\cdot\frac{P}{Q}$$

一般情况下，商品的供给量和商品自身价格是成同方向变动的，所以供给的价格弹性系数 e_s 为正值。

2. 供给的价格弹性的种类

供给的价格弹性可以根据 e_s 值的大小分为五种类型。$e_s>1$ 表示供给富于弹性；$e_s<1$ 表示供给缺乏弹性；$e_s=1$ 表示供给单一弹性或单位弹性；$e_s=\infty$ 表示供给完全弹性；$e_s=0$ 表示供给完全无弹性。

现实经济生活中，供给单一弹性、供给完全无弹性和供给完全弹性比较少见，大多数商品的供给不是富于弹性就是缺乏弹性。如一些不可再生资源如土地的供给，以及那些无法复制的珍品的供给价格弹性等于零，而在劳动力严重过剩地区劳动力供给曲线具有完全弹性(无穷大弹性)的特点。

3. 影响供给弹性的因素

影响供给弹性的因素很多，其中主要有：

(1) 时期的长短。当商品价格发生变化时，厂商对产量的调整需要一定的时间。由于在短期内厂商的生产设备等无法改变(增加或减少)，如果厂商要根据商品的涨价及时地增加产量，或根据产品的降价及时缩减产量，都存在程度不同的困难，即供给弹性比较小。但在长期中，生产规模的扩大与缩小，甚至转产都可以实现，即供给量可以对价格变动作出充分的反应，供给弹性也就比较大。

(2) 生产规模和规模变化的难易程度。一般来说，生产规模大的资本密集型企业，因受设计和专业化设备等因素的制约，其生产规模变动较难，调整的时间长，因而其产品的供给弹性小；反之，规模较小的劳动密集型企业，其产品供给弹性相对更大一些。

(3) 生产的难易程度与生产周期的长短。一般来说，容易生产的产品，如技术要求低，

生产周期很短，则产量调整比较快，供给弹性大；反之，较难生产的产品，如果生产周期长，则供给弹性小。

(4) 生产成本的变化。在其他条件不变的情况下，如果生产成本随着产量的增加不会增加太多，则产品的供给弹性就大；相反，如果产品增加促使成本显著增加，则供给弹性就小。

案例 2-1　交易为什么是双赢的?

按照传统的说法，交换是等价交换，即等量劳动的交换。按这种解释，交换就是包含等量劳动的不同物品交换，互通有无。但是这种理论又无法解释许多现实中的现象。一个美声歌手，不仅嗓子要好，还要经过严格的专业训练，但每张门票也就是 180 元。一个通俗歌手，只要有个好嗓子，不识简谱都没有关系，每张门票可以卖到 500 元，甚至更多。难道通俗歌手唱一支歌的劳动是美声歌手的三倍吗？青年人愿意用半个月的工资买 500 元的票去听通俗歌手唱歌，一个与此青年人赚同样工资的中年人则认为这绝对不值。他们做同样的工作，付出同样的劳动，为什么在交换听歌权时却不一样了？看来这种交换双赢的解释并不正确。我看这些号称经济学家的解释还不如当代黎巴嫩的文学家纪伯伦，他的寓言"价值"是这样解释交换的——一个男人在自家地里挖出一尊绝美的大理石雕像，一位艺术品收藏家高价买下这尊雕像。卖主摸着大把的钱感叹：这钱会带来多少荣华富贵，居然有人用这么多钱换一块在地下埋了几千年，无人要的石头？收藏家端详着雕像想：多么巧夺天工的艺术品，居然有人拿它换几个臭钱。他们都感到满足，交易对他们是双赢的。

这个文学家讲的寓言有深刻的经济学含义。现代经济学家发现，其实价值并不是物品包含的劳动量，而是人们对它的主观评价。价值是主观的，而不是客观的。卖主认为钱的价值大于雕像，收藏家认为雕像的价值大于钱，这是他们各自对雕像和钱的评价，与这些东西包含的劳动量没关系。

每个人的偏好不同，对同一种物品的评价也不同。卖主觉得雕像不值钱，收藏家却觉得雕像极其值钱，这样，他们的交易也可以进行，而且各自觉得有所得。按主观价值而言，交换是不等价的，各自得到的价值都大于自己付出的，所以交易是双赢的。交易双赢的基础在于价值并不是客观的，而完全是主观的，这正是卖主与收藏家交换之后都各自喜滋滋地回家偷着乐的原因。

如果不是这一对一的交换，有若干个农民都找到了雕像，又有若干个收藏家来购买，情况会怎样呢？能是等价交换吗？

我们先看一个卖者，多个收藏家。卖者有自己愿意接受的最低价格，比如，他认为自己找到这尊雕像花费的劳动值 100 元，低于这个价格，他宁愿盖猪窝时当柱子也不卖。收藏家也有自己愿意出的最高价，高于这个价他不买。这个价就是他们对雕像的最高评价。如果有三个收藏家，各自出 80 元、100 元和 120 元，当然最后是出价最高的(120 元)购买。

再看几个卖者，一个收藏家。几个卖者对自己劳动的评价也不同。比如，三个卖者愿意接受的最低价格分别为 80 元、100 元、120 元。只要收藏家的评价高于 80 元，比如 90 元，就可以与要价最低者达成交易。

在这两种情况下交易都是双赢的。在第一种情况下，卖者最低愿接受 100 元，得到了 120 元，赚了 20 元。收藏家愿出 120 元，也不吃亏。在第二种情况下，收藏家愿出 100 元，以 90 元买到，赚了 10 元，卖者接受的价格为 80 元，也赚了 10 元。只要交易是自愿的，双方都有利。

如果有若干卖者与买者，他们相互竞争决定市场价格，比如 100 元。按此交易谁也不吃亏，各自得到自己想要的东西。

经济学家用这种主观价值解释交易的双赢，对我们颇有启发。从卖者来看，买者对他卖的东西评价越高，愿意出的价格也就越高。所以，他既要生产买者喜欢的东西，因为买者对自己喜欢的东西评价高；同时，他也要想办法让买者对自己的东西评价高，比如，使自己的东西成为名牌，或使自己的东西与同类东西相比有特色。也就是说，卖者要根据买主的偏好来生产。也就是"消费者是上帝"的含义——卖者按买者的意愿来生产。这样进行生产，东西有市场，可以卖高价。买者得到满足，卖者也赚到了钱。

从买者来看，要买价格最低的东西。当一种东西对买者来说评价相同时，卖者的要价越低越好。这就迫使卖者降低成本以吸引消费者，从而生产的效率也就提高了。

市场竞争的结果最终形成一种使供求相等的价格。这时卖者和买者都得到了满足，社会资源配置也就最优化了。这就是市场机制的神奇作用。现实生活每天都要发生无数次这种交易。

思考题：

1. 交易为什么是双赢的？

2. 市场上的价格是怎样决定的？

案例 2-2 生活必需品不打折的理由

早晨送来的报纸从来没少过那一堆花花绿绿的各种宣传单。有时，广告宣传单的页数比报纸的页数都多，从新店开张到学校招生、比萨饼的打折券，再到某商场跳楼大甩卖，各种各样的促销信息堆积如山。最常见的当属大型百货商店豪华版的促销广告了，关于季节性新品上市和清仓促销信息，吸引着消费者的眼球。实际上，这种广告发挥了相当大的作用，因为每当大型百货商店打折的时候，周边的交通都呈现瘫痪状态。

笔者仔细浏览了一下今天送来的广告宣传单，哪一些商品的促销信息最多呢？名牌服装和家具等以收入较高的白领阶层为目标消费者的商品占了大部分。相反，让人称奇的是过日子必须用得着的日用消费品则很难在大型百货商店的促销单上觅到踪影，即便是偶尔找到个别生活必需品在促销，但大部分都在后面加了一个"限量发售"的小尾巴，不仅如此，连中低价商品都搞限量发售。大型百货商店对"赚不了几个小钱"的日常消费品进行促销是"醉翁之意不在酒"，它以较少的物品来吸引消费者上门，让消费者顺便再来看看其他稍高档次的商品，以此来确保稳定的顾客群。你见过几家经常对日常消费品进行打折促销的大型高级百货商店？在发达国家，当打折商品售完时，商店就会发给顾客日后仍然可以打折的"雨票"。在韩国由于没有发行"雨票"，所以大家只能按顺序购买物品，因而大型百货商店门前交通堵塞，这是自然会出现的事情。

那么，为什么大型百货商店不对生活必需品进行打折呢？答案很简单，虽然贵点，但消费者不得不买的商品就没有降价的必要。像食品之类的生活必需品，反倒是居家附近的超市里打折的频率远远高于大型百货商店。实际上，超市同大型百货商店走的是同样路线，超市也是通过对蔬菜、水果、肉类的降价促销来吸引消费者的眼球，把消费者吸引到店里来，再通过销售其他昂贵的商品以确保超市有赚头。简而言之，敏感性商品打价格牌争市场，非敏感性商品争毛利、赚利润。当然，在超市里，你就不要期待能够以半价把高档服装买下来，因为超市没有赋予高档服装价格差异化的动机。

要想实施价格差异化，首先应该考虑的就是价格变动对销售的影响。举例来说，倘若将价格降低 10%，需求会提升 10%的话，就能够达到薄利多销的目的；反之，即使价格下降 10%，而需求增长不到 10%的话，那么打折反而会导致销售收入萎缩。这种价格变化影响需求，我们称之为“需求的价格弹性”，它反映商品需求量对其价格变动反应的灵敏程度。将服装价格降低 10%，而需求能够提升 10%的话，则此衣服的需求对价格变动的反应敏感度较高；相反，价格降低 10%，需求没有明显变化，就表明此衣服的需求对价格变动呈非弹性反应。弹性大的话，价格下降销售额上升。但是，倘若遇到非弹性的境遇，这时候，只有价格上涨，销售额才能增加。最终，实施价格差异化与否，是由价格弹性来决定的。

食用油类和食品类等生活必需品无论价格如何上涨，其需求都不会有大幅变化，所以它们属于价格非弹性商品；相反，奢侈品的价格如果很高的话，其需求就会大幅下降，商店可以采用先吸引消费者的眼球，而后再打折，让消费者充分享受打折带来的利益与满足感。由于这类商品价格弹性相当大，所以这些商品常常会登上打折排行榜。

再来看一下出口和内需市场。由于出口市场竞争激烈，即使是稍稍打一点折也会大幅度刺激“需求”这一敏感的鼻子。因此，在出口时，只要价格比竞争对手稍低，其销售额就会大幅增加；相反，价格要是上涨的话，销售额就会下降，这就是价格弹性较大的市场。而对内需市场来说，由于供给者相对不多，所以呈现出非弹性现象，即使价格昂贵也不得不买。所以，出口的时候要便宜，而提供内需的时候要昂贵，通过这样实施价格差异化，企业的收益才能实现最大化，即在弹性大的市场里要卖得便宜，在弹性小的市场里要卖得昂贵。

电影院也一样，对于那些比较清闲的人来说，找打折电影票是他们的乐趣，而对于那些好不容易才抽空看场电影的人来说，即使晚上电影票价较高也不得不选择在晚上去。早晨的时间属于弹性时间，所以票价要卖得便宜些，晚上的时间属于非弹性时间，所以票价要卖得高一些。那么试问一下自己，自己的消费形态如何？何不试着享受一下弹性时间，享受一下打折带来的“占便宜”的乐趣。

思考题：

1. 什么是需求价格弹性？用需求价格弹性来解释为什么生活必需品很少打折。

2. 需求价格弹性如何影响总收益？试举例说明。

强化练习题

一、单项选择题

1. 需求曲线上任意一点对应的价格是（　　）。

A. 均衡价格　　B. 市场价格　　C. 需求价格　　D. 最低价格

2. 在其他条件不变的情况下，消费者收入增加将导致（　　）。

A. 需求量增加　　B. 需求增加　　C. 需求量减少　　D. 需求减少

3. 下列因素中不能导致需求曲线移动的因素是（　　）。

A. 相关商品的价格不变　　B. 消费者的价格预期

C. 消费者的收入水平　　D. 商品自身的价格

4. 两种互补商品中的一种价格下降将导致另一种商品的（　　）上升。

A. 需求量　　B. 需求　　C. 价格　　D. 均衡价格

5. 一种商品的价格下降会导致其替代商品的需求曲线（　　）。

A. 向左方移动　B. 向右方移动
C. 不变　D. 以上三种情况都有可能

6. 如果一条线性需求曲线与一条非线性需求曲线相切，则切点处两条需求曲线的价格点弹性系数(　　)。

A. 相同　B. 不同
C. 可能相同也可能不同　D. 根据切点的位置而定

7. 如果某种商品的供给曲线斜率为正，在保持其他因素不变的情况下，该商品的生产技术水平有所提高，必将导致(　　)。

A. 供给量增加　B. 供给量减少　C. 供给增加　D. 供给减少

8. 某商品的价格上升，其销售收益非但没有增加，反而减少了，这是因为该商品的需求是(　　)。

A. 缺乏弹性的　B. 富有弹性的　C. 无弹性的　D. 与弹性无关

9. 当人们的收入水平提高时，食物支出占总支出的比重将(　　)。

A. 大大增加　B. 稍有增加　C. 不变　D. 减少

10. 如果某商品的价格从 3 元上升到 5 元，其需求量从 11 单位下降到 9 单位，该厂商的收益将(　　)。

A. 增加　B. 减少　C. 不变　D. 可能增加也可能减少

11. 若需求曲线是一条直线，当价格从高到低不断变动时，卖者的总收益会(　　)。

A. 不断增加　B. 不断减少　C. 先增加后减少　D. 先减少后增加

12. 在其他条件不变的情况下，如果某商品的价格下降 10%能够引起消费者在该商品上的总支出增加 1%，则这种商品的需求量对其价格是(　　)。

A. 富有弹性的　B. 缺乏弹性的　C. 单元弹性的　D. 不能确定

13. (　　)情况下，均衡价格将只会上升。

A. 需求和供给都增加　B. 需求和供给都减少
C. 需求增加供给减少　D. 需求减少供给增加

二、计算题

已知某一时期内某商品的需求函数为 $Q_d = 50 - 5P$，供给函数为 $Q_s = -10 + 5P$。求：

(1) 均衡价格 P_e 和均衡数量 Q_e。

(2) 假定供给函数不变，由于消费者收入水平提高，使需求函数变为 $Q_d = 60 - 5P$。求出相应的均衡价格 P_e 和均衡数量 Q_e。

(3) 假定需求函数不变，由于生产技术水平提高，使供给函数变为 $Q_s = -5 + 5P$。求出相应的均衡价格 P_e 和均衡数量 Q_e。

三、分析题

在下列各题中，价格会如何变动，并绘图说明答案。

1. 在教皇允许天主教徒星期五可以吃肉之后，鱼的价格会如何变化？
2. 减少军事开支会使得军用靴的价格如何变化？
3. 14 世纪黑死病袭击欧洲后工资会如何变化？

第3章 消费者行为理论

本章学习目标

- 理解边际效用递减规律；
- 了解基数效用分析与消费者均衡；
- 掌握无差异曲线的含义与特征；
- 掌握消费可能线；
- 掌握序数效用分析与消费者均衡。

从上章的分析知道，需求规律是商品的需求量与其价格呈现反方向变动的规律，需求曲线是从左上方向右下方倾斜的。为什么需求曲线会呈现这一形状呢？本章的主要任务就是说明存在于这种关系背后的原因。微观经济学的消费者行为理论，是西方经济学家对消费问题的观点和看法。

消费者行为理论的核心内容是消费者均衡，即消费者如何以现有的货币收入，在现行价格条件下，对可买到的商品进行合理配置，从而使消费者行为达到最佳境界，消费者获得最大满足。

西方经济学研究消费问题的主要方法是基数效用分析法（边际效用分析方法）和序数效用分析法（无差异曲线分析方法）。

3.1 欲望与效用

3.1.1 欲望

消费者的行为取决于其购买动机，这种动机主要来自于他的某种欲望（Wants）。欲望即需要，是指一种缺乏的感觉和求得满足的愿望。这种欲望或者从肉体产生，或者从精神产生，消费就是满足这种欲望的一种合乎目的的经济行为。

关于欲望或需要的学说，目前最流行的是亚伯拉罕·马斯洛（Abraham Maslow）关于欲望或需要层次的解释，根据这种解释，人的欲望或需要可以分为以下五个层次：

生理需要，即生存的欲望和需要；

安全需要，即希望未来的生活能够有保障、更加美满；

社会需要，即感情以及归属感的需要；

受尊重的需要，即要求自尊心得到满足和受人尊重；

自我实现的需要,即实现自己的理想和价值。

马斯洛认为,人们的欲望或需要是按以上五个层次由低级向高级逐级发展的,当低层次的需要得到满足以后,人们就开始追求更高一层的需要,驱使人们不断追求最高层次需要的动力就是人们无限的欲望。但是,人们的欲望或需要不可能得到无限满足。这是因为,① 任何社会的资源都是有限的,因而提供的产品也有限;② 一个人的生命有限,不可能满足所有的欲望,只能满足部分欲望;③ 欲望或需要的满足必须依靠他人的劳动来提供,而任何人所提供的劳动都有限,正因为资源、产品和时间有限,人们就必须在资源、产品和时间中加以最优选择,这样才能实现消费者行为的理想境界。

3.1.2 效用

支配消费者行为的潜在力量是商品和劳务所提供的效用。效用(Utility)是指物品能满足人们欲望的能力,它是人们所需要的一切商品和劳务所共有的一种特性。西方经济学家认为,效用是消费者的一种主观心理感觉,它取决于消费者对商品和劳务的主观评价,因此效用会因人、因时、因地而不同。这就是说,同一物品对于不同的人会有不同的效用。比如,辣椒对于喜欢吃辣味的人来说效用很大,但对于不喜欢吃辣味的人来说则效用很小,甚至因感到吃辣椒是一种痛苦而产生负效用。同样的物品对同一个人在不同的时间和地点效用也不同。比如,一杯水对一个住在泉水边上的人来说没有什么效用,但对于一个在沙漠中旅行的人来说则效用很大;冰块在夏天对人们具有较大的效用但在冬天对于正常的人就没有什么效用。因此,除非给出特殊的假定,否则效用是不能在不同的人之间进行比较的。但就某一个确定的消费者而言,可以判定某种商品对其效用的大小。

效用虽是消费者的一种主观心理感觉,但它本身并不包括是非的价值判断。这就是说,一种商品或劳务效用的大小,仅仅看它能满足人们多少欲望或需要,而不考虑这一需要或欲望本身的好坏。例如吸毒,从伦理上看是坏欲望,但毒品(如鸦片、吗啡)能满足某种欲望,因而它就具有效用。

3.2 基数效用论

基数效用理论是边际效用学派所倡导的基本理论。边际效用学派是 19 世纪末 20 世纪初兴起的一个资产阶级经济学派,这个理论的奠基者和真正先驱者是德国经济学家戈森(H. H. Gossen),他提出了两条关于效用的基本定律:效用递减规律和边际效用相等规律,这就是著名的"戈森定律"。边际效用学派后来的发展形成两大支流:一个是以心理分析为基础的主观心理学派,以奥地利的门格尔(C. Menger)为代表;另一个是以数学为分析工具的数理学派,以英国的杰文斯(W. J. Jevones)和法国的瓦尔拉(Leon Walras)等为代表。基数效用论者认为,效用是可以计量并加总求和的,效用的大小可以用基数(1、2、3…)来表示。也就是说,效用的大小能用数字表示出来并且可以进行计算和比较。根据基数效用论,就可以用具体的数字来说明和研究消费者效用最大化问题。这种理论所用的分析方法为边际效用分析法。

3.2.1　总效用和边际效用

基数效用论把效用分为总效用(Total Utility)和边际效用(Marginal Utility)。总效用是指某个消费者在某一特定时间内消费一定数量的某种商品所获得的满足的总和。微观经济学通常假定总效用在某个范围内是商品数量的增函数,意思是总效用随商品数量的增加而增加。总效用用 TU 表示。总效用函数为

$$TU_x = f(x)$$

边际效用就是从商品或劳务每增加的单位中所得到的增加的效用。也就是每种物品的消费量每增加一个单位而增加的效用。用 MU 表示边际效用,则

$$MU_X = \frac{\Delta TU_X}{\Delta X}$$

现举例说明总效用、边际效用以及两者之间的关系。假如某人在一定时期内(如一天)喝咖啡,其喝咖啡的杯数以及对该人所产生的总效用和边际效用如表 3-1 所示。

表 3-1　总效用与边际效用

咖啡的数量(杯)	总效用(TU)	边际效用(MU)
1	10	10
2	18	8
3	24	6
4	28	4
5	30	2
6	30	0
7	28	−2

假如这个消费者一天之内喝 7 杯咖啡,他从第一杯咖啡中所得到的满足为 10 个效用单位;当他喝第二杯咖啡时,得到的总效用为 18 个单位,边际效用为 8 个单位。随着他喝的咖啡杯数的不断增加,他所获得的总效用也越来越多,但边际效用却越来越少。当他喝到第 5 杯咖啡时,总效用达到最大,为 30 单位,说明这时的效用已经达到饱和点。当他继续喝第 7 杯咖啡时,总效用反而减少,由 30 单位减为 28 单位,边际效用成为负数,这说明第 7 杯咖啡产生了负效用。

如果把表 3-1 中的数字描绘在坐标图上,就可以得到总效用曲线和边际效用曲线,如图 3-1 所示。

根据表 3-1 和图 3-1,可以看出总效用与边际效用之间的关系:当边际效用为正时,总效用处于递增状态;当边际效用为零时,总效用达到最大;当边际效用为负时,总效用处于递减状态。

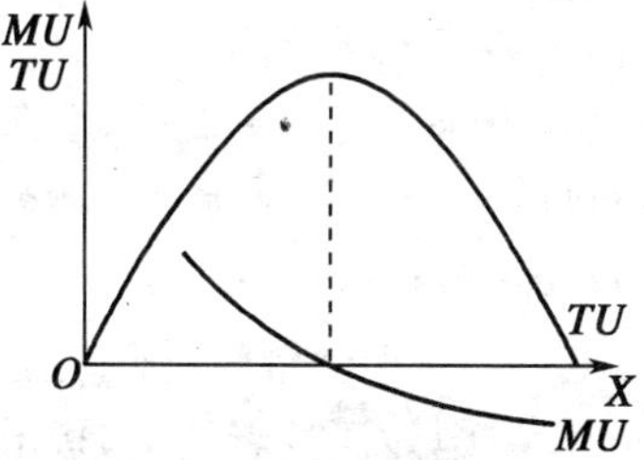

图 3-1　总效用与边际效用曲线

3.2.2 边际效用递减规律

1. 边际效用递减规律

从表 3-1 可以看出，消费者每多喝一杯咖啡，其总效用在一定范围内会增加，但边际效用却是递减的，这种现象被称之为“边际效用递减规律”。概括地说，边际效用递减规律是指在其他条件不变的情况下，在一定时期内消费者消费某种物品，随着消费数量的不断增加，其边际效用是不断递减的。

边际效用为什么会递减？这有两种可能的解释：首先是由于生理或心理的原因。消费者消费某一物品的数量越多，他的满足或对重复刺激的反应能力减弱。这就是说，人们的欲望虽然多种多样，无穷无尽，但由于生理、心理因素的限制，就每个具体的欲望来说却是有限的。最初欲望最大，因而增加一单位某物品的消费时满足程度也最大。随着消费的增加，欲望也随之减少，从而感觉上的满足程度也降低，以致当欲望消失的时候还增加消费的话，反而会引起讨厌和损害，这就是所谓“负效用”。其次是由物品本身的多样性引起的。每种物品都有多种用途，这些用途的重要性各不相同。消费者总是首先将物品用于最重要的用途，然后再用于次要用途。当他把某物品第一单位用于最重要的用途时，其边际效用最大，当他把第二单位用于次要用途时，其边际效用相对小了，按顺序继续用下去其用途越来越不重要，其边际效用也就越来越小。

【经济学小贴士 3-1】 边际效用递减规律的理解

在理解边际效用递减规律的时候，要注意几点：

(1) 边际效用和总效用的区别。边际效用是指最后一单位的消费品带来的效用。它的递减并不意味着总效用的减少，只是说后一单位的消费品带来的效用比前一单位的效用要小。在边际效用减少的过程中，总效用依然可能增加，只不过增加的幅度在降低。在边际效用减少到零的时候，总效用停止增长，达到最大。而在边际效用变成负值的时候，继续消费会使总效用减少。

(2) 边际效用递减是在一定时间内进行消费产生的现象。它的前提是人的偏好没有改变，连续消费某种物品。比如你在吃一顿饭的过程中，边际效用是递减的。但过了半天，你饿了，又去吃饭，你不能把这顿饭的过程跟上一顿饭相比。再如，你本来不会喝酒，觉得酒不好喝。但你后来学会了喝酒，越喝越好喝。这似乎不符合边际效用递减规律。其实不然。这是你的偏好改变了。

(3) 在极少数情况下，有的消费是量越大越满足，但始终存在一个限度，超过这个限度以后必然出现边际效用递减。比如许多人认为，喝一口红葡萄酒品不出美味，红葡萄酒是越喝越有味。再如嗑瓜子，本来你不想嗑，但嗑起来就不想停。这种情况，可以说前一阶段是边际效用递增，但到最后也会出现边际效用递减。因为无论是喝酒还是嗑瓜子，总有满足和厌烦的时候。

2. 关于货币的边际效用

基数效用论者认为，货币和物品一样也有效用。货币的效用就是给其所有者带来的满足，通常用 MU_M 来表示，它的大小也取决于货币持有者的满足程度。货币的边际效用也是递减的，即收入越高，持有货币数量越多，每增加一单位货币给货币持有者带来的满足程度越小。由于购买某种商品所支出的货币只占购买者持有货币量的微小部分，所以，当消费者购买的商品量发生少量变化时，货币的边际效用的变化非常微小，可以忽略不计。因此，在只有一种商品购买量发生变动的情况下，货币的边际效用被认为不变，是一常数。

3.2.3　基数效用论的消费者均衡

由于边际效用递减，因而物品的边际效用的大小以及总效用的增减同物品数量有着密切的关系。物品拥有量或消费量越多，边际效用越小，当边际效用等于零时，总效用达到最大值。以后，该物品的消费量如果继续增加则会产生负效用，总效用也会绝对地减少，这说明在既定的收入和价格水平下，消费者对某种物品的消费并不是越多越好，而是有一个限度的问题。那么，消费者如何将自己有限的货币收入花在各种不同商品的购买上以求得最大的满足呢？这就是一个消费者均衡的问题。为了说明消费者均衡，首先作下述假定：① 消费者的偏好是既定的，对各种商品的效用和边际效用是已知的，不会发生变动；② 消费者的收入是既定的且全部用于购买商品和劳务；③ 消费者购买的商品价格是已知的；④ 每单位货币的边际效用对消费者都相同。在上述假定条件下，西方经济学家指出，消费者均衡的条件是：消费者用单位货币所购买的各种商品的边际效用都相等，即消费者所购买的各种商品的边际效用之比等于它们的价格之比。消费者均衡可以用边际效用决定需求价格和边际效用递减规律来进行说明。为了分析的方便，我们假定消费者在市场上只购买两种商品 X 和 Y，由于收入和价格都是既定的，增加 X 的购买量就必须减少 Y 的购买量，购买量的变化，必然引起它们的边际效用的变化。这就是说，如果消费者发现多花 1 元钱在一种商品上取得的增加的效用（边际效用）不如多花 1 元钱在另一种商品取得的增加的效用大，他就会改变主意，把取得边际效用较小的那种商品上的花费转移到较大的边际效用的商品上。由于花费转移，原来取得边际效用较小的商品，现在可能变得具有较大的边际效用了，而原来取得边际效用较大的商品，现在可能变得具有较小的边际效用了。如果后者的边际效用小于前者，那么就会再次发生花费转移的情形，这样，消费者根据边际效用的大小，自由地改变花费的方向，最后，必须达到一种最优的花费状态，他所花费的每 1 元钱都取得相等的边际效用，或者每种商品的边际效用之比等于它们的价格之比，总效用达到最大。

例如，我们假定消费者面对的只有 X 和 Y 两种商品，消费者从消费这两种商品中得到的效用量如表 3－2 所示。

表 3－2　商品数量及其边际效用

X	MU_x	Y	MU_y
1	20	1	24
2	10	2	22
3	5	3	20
4	3	4	17
5	2	5	15
6	1	6	12
7	0	7	10
8	−1	8	8
9	−3	9	6

若消费者可以支出的金额是40元，且货币的边际效用不变，单位X和Y的价格分别是5元和10元，其可能购买方案及其总效用见表3-3所示。

表3-3 不同的购买方案及其总效用

	方案一	方案二	方案三	方案四	方案五
X	8	6	4	2	0
X的总效用TU_x	40	41	38	30	0
Y	0	1	2	3	4
Y的总效用TU_y	0	24	48	66	83
全部总效用	40	65	84	96	83

由表3-3可知，方案四的总效用可以达到96，其他方案的总效用都小于96，选择方案四时，消费者达到均衡。对方案四进行分析，消费者购买3个单位Y商品时，Y的边际效用是20，消费者支付的价格是10元，因此每元钱买到的Y商品的边际效用是2。消费者在买3个单位Y商品之后还剩下10元钱，能买2个单位X商品，获得的边际效用是10，消费者为此支付的价格是5元，因此每元钱买到的X商品的边际效用也是2。即消费者在购买X和Y时，每元钱买到的各种商品的边际效用正好彼此相等的时候，就能在花费既定支出的情况下使买到的商品效用极大化，获得最大的满足。

假设消费者的收入为M，分别购买价格为P_x和P_y的两种物品，当消费者购买两种商品的数量满足以下两个条件时就实现了总效用的最大化：

$$P_xQ_x + P_yQ_y = M \quad (1) \quad 限制条件$$

$$\frac{MU_x}{P_x} = \frac{MU_y}{P_y} = MU_m \quad (2) \quad 均衡条件$$

表示最后一单位货币无论购买何种物品带来的效用是相同的。根据边际效用递减规律，如果X物品购买数量太多会导致最后一单位货币购买该物品得到的效用太少，即$\frac{MU_x}{P_x} < \frac{MU_y}{P_y}$，显然应当减少其购买量，增加另一种物品的购买量；对于另一种物品的情形也如此。只有当最后一单位货币无论购买何种物品，带来的效用是相等时，总效用得到最大。

【经济学小贴士3-2】 基数效用论的缺陷

基数效用论至少存在着三个方面的缺陷。

首先，效用可度量性。效用是一种心理感受，消费不同商品或者同一种商品的不同数量时，获得的满足程度很难度量。如果涉及两个消费者的效用比较，问题就显得更加突出了。

其次，边际效用递减规律无法验证。决定消费者需求曲线关键的因素是边际效用递减规律，但这一规律无法验证，因为它是一个人的心理感受，很难用统计规律加以说明。

最后，以边际效用递减规律引申出来的平均分配含义是不符合西方经济学的本意的。以边际效用为基础的单个需求曲线在加总时涉及消费者效用之间的相互比较，而根据边际效用递减规律，财富对于富人的边际效用低于穷人，从而应该通过财富再分配减少富人的财富而增加穷人的财富，这显然不符合西方经济学的本意。

*3.2.4　边际效用递减规律与需求定理

前面讲需求时曾提到在其他因素不变的条件下，商品的需求量与商品自身价格成反方向变动。即价格上升，需求量减少；价格下降，需求量增加。需求曲线从左上方向右下方倾斜。但并没有说明为什么需求量与价格成反方向变化，即没有说明需求规律存在的原因。关于这个问题，西方经济学家用边际效用递减规律来解释。

任何购买行为都是一种交换行为，消费者以货币交换所需求的商品。交换过程中，消费者支出的货币有一定的边际效用，所购买的商品也有一定的边际效用，消费者通常用货币的边际效用来计量物品的效用。由于单位货币的边际效用是递减的，因此消费者愿意付出的货币量就表示买进商品的效用量，而消费者对两种商品所愿付出的价格的比率是由这两种商品的边际效用决定的。边际效用越大，愿支付的价格(需求价格)越高；反之，边际效用越小，需求价格就越低。根据边际效用递减规律，既然边际效用越来越小，那么，消费者对商品购买越多，所愿支付的价格就会越低。这样，消费者买进和消费的某种商品越多，愿支付的价格即需求价格就越低；反过来说，价格越低，需求量越大。可见，一个消费者的实际需求价格反映了该商品的边际效用，而边际效用是随购买数量的增加而减少的，于是价格也就随着数量的增加而降低，或者需求量随价格的降低而增加。因此，需求曲线也就是边际效用曲线，它是从左上方向右下方倾斜的。

我们可以用前面喝咖啡的例子来说明。根据边际效用递减规律，随着人们喝咖啡的数量增加，边际效用是递减的。假设货币的边际效用不变，随着喝咖啡数量的增加，人们愿意支付的价格在下降，如表 3－4 所示(假设 1 元＝10 个效用单位)。

表 3－4　边际效用递减规律与需求定理

咖啡的数量(杯)	边际效用(MU)	价格(元)
1	10	5
2	8	4
3	6	3
4	4	2
5	2	1
6	0	0
7	－2	0

由表 3－4 可见，人们消费商品的数量与商品价格成反方向变动。

*3.2.5　消费者剩余

消费者剩余(Consumer's Surplus)是指消费者购买某种商品时所愿支付的价格与实际支付的价格之间的差额。在西方经济学中，这一概念是马歇尔提出来的，他在《经济学原理》中为消费者剩余下了这样的定义："一个人对一物所付的价格，绝不会超过而且也很少达到他宁愿支付而不愿得不到此物的价格。因此，他从购买此物所得的满足，通常超过他因此物付出的代价而放弃的满足。这样，他就从这种购买中得到一种满足的剩余。他宁愿付出而不愿得不到此物的价格，超过他实际付出的价格的部分，是这种剩余满足的经济衡量。这个部分可以称为消费者剩余。”也就是说，消费者愿意付出和实际付出之间的差额就是消费者剩余。

例如，有一辆轿车采取拍卖的形式出售，现在有四个可能的买主A、B、C、D，他们均想购买该轿车，但他们每个人愿意支付的价格都有限且不同，如表3-5所示。

表3-5 消费者剩余

买者	最高支付价(万元)
A	100
B	80
C	70
D	60

开始叫价(从低向高叫价)。当A买主叫出80万元(或略高一点)时，叫价停止。于是，A买主支付80万元(或略高一点)得到该轿车。而A买主愿意为此支付100万元，实际上支付了80万元，于是A买主得到了20万元的消费者剩余。

从以上例子可知，相应的买者需求表如表3-6所示。

表3-6 消费者剩余

价格(万元)	买者	需求量
>100	无	0
>80	A	1
>70	A、B	2
>60	A、B、C	3
60	A、B、C、D	4

相应的需求曲线见图3-2。

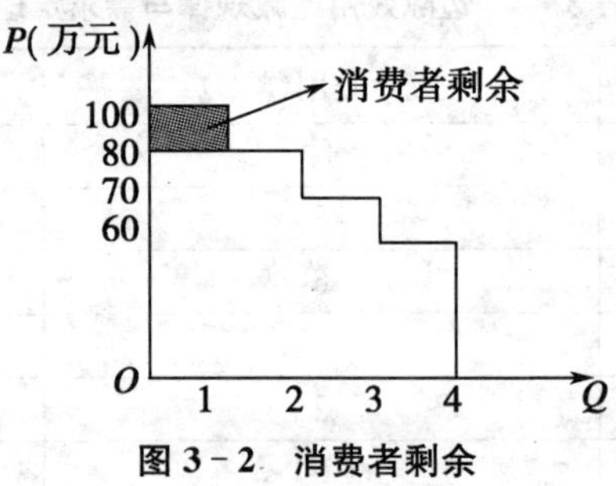

图3-2 消费者剩余

从图3-2中可知，需求曲线以下和价格以上的面积为消费者剩余。于是对于一般商品就可以如图3-3所示描述消费者剩余。

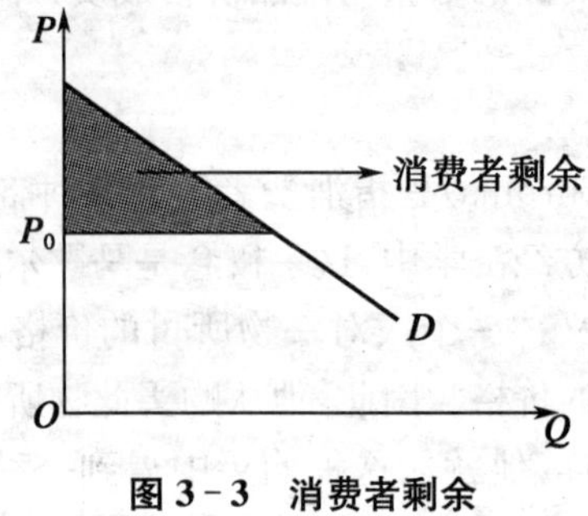

图3-3 消费者剩余

【经济学小贴士3-3】 形成消费者剩余的主要原因

消费者剩余形成的主要原因是社会分工的存在。由于有专业化的社会分工存在，生产力被亿万倍地放大了；再通过市场，消费者便可以购买到各种各样功能卓越的产品。这些产品如果由我们自己来生产，将花费很多精力，有些甚至是花去一生的精力也未必能够生产出来。在市场上的商品以低于每个人自给自足时可能支付的成本进行交易时，我们便获得了不计其数的消费者剩余。

3.3 序数效用论

上述边际效用分析，是基数效用论所运用的分析工具。一些西方经济学家指出，基数效用论有种种缺点，比如物品的效用很难用数字准确表示，即使知道了某一物品对甲的效用量，但并不知道对乙的效用量，因为同一物品对不同的人来说效用大小是不同的。此外，某一物品的效用，不仅取决于这种物品的数量，它同时还受相关物品数量变化的影响。正因为基数效用有上述种种缺陷，一些西方经济学家又提出了序数效用论。序数效用论是由洛桑学派的帕累托(V. Pareto)提出来的。序数效用论者认为，效用是一种心理感觉，不可以计量并加总求和，只能表示出满足程度的高低与顺序。因此，效用只能用序数(第一、第二、第三……)来表示。这种理论所用的方法为无差异曲线分析。序数效用论克服了基数效用论的不足，在西方经济学中得到了广泛运用。

3.3.1 消费者偏好的性质

序数效用理论在讨论消费者行为时，通常对消费者偏好的性质作了如下假定：

1. 完备性假定

给定消费空间里任何一对消费组合 X 和 Y，下列三者关系之一必定成立，或者 $X>Y$，或者 $X=Y$，或者 $X<Y$。

首先，一个理性的人应该有能力判断、比较任何一对消费组合。比如，面临着两篮水果，其中甲篮里有三个苹果、五个梨，乙篮里有四个苹果、四个梨，消费者应该能够判断：或者甲篮比乙篮好，或者乙篮比甲篮好，或者两者不相上下。一般来说，如果 X 和 Y 是两组消费组合，消费者必说：或 X 比 Y 好，记作 $X>Y$；或者 Y 比 X 好，记作 $X<Y$；或 X 与 Y 并无二致，记作 $X=Y$。这一假定称为完备性假定。

消费者能够对任何可能的消费组合进行比较可算是对理性的起码要求。但若要挑剔，该假定亦有不现实之处。世界上的商品千千万万，其中有不少为消费者闻所未闻。某人若从未见过酥油茶，又如何让他比较酥油茶和龙井茶的滋味？不过，在现实生活中，当人们具体选择时，一般对消费组合已有一定的了解。因此，这一假设不失为适当而有用的概括。如果放弃这一假设，问题恐怕更大。西方有则寓言：有头笨驴，面对着两堆草，因为无法判断哪堆好，迟迟不能作出选择，以至于活活饿死。完备性假设可以避免这种蠢事。

2. 传递性假定

给定三组消费组合 X、Y 和 Z，$X>Y$ 且 $Y>Z$ 蕴涵 $X>Z$。又，$X=Y$ 且 $Y=Z$ 蕴涵 $X=Z$。

传递性也是理性选择必不可少的基本性质，而且传递性假定比我们想象的要强。一般来说，人们对微小的差别不会介意。例如，气温相差1度，人们也许感觉不出，但相差2度，则会有所反应；买苹果时，重量相差0.05公斤，买卖双方也许都不会介意，但若相差0.1公斤，吃亏的一方就会计较。虽然上述现象在生活中相当普遍，但在理论上，这种近似推论却有漏洞。谁若认为一两之差没关系的话，你就可以用9.95公斤的苹果换他的10公斤苹果，继而又用9.90公斤苹果换他的9.95公斤苹果。如果不断地交换，不一会儿他便一无所有了。大家知道安徒生童话中的"老头子做事总不会错"的故事。那位可爱的老农民"总觉得放弃件把东西并没有什么关系"。他牵了一匹马出门，换来了母牛，又用母牛换了羊，继而羊换了鹅，鹅换了鸡，最后背了一袋烂苹果回家。传递性假设排除了那种毛糙粗略、马马虎虎的不够理性的行为，因而避免了"老头子做事总不会错"的可笑蠢事。事实上，我们可以证明上述微小差别没关系的行为违背了传递性。

3. 多比少好

在大多数消费问题里，商品总是越多越好，这就是所谓"越多越好"的原则。即在其他状况都一样的情况下，某商品越多，消费者就感到越满意。我们以$X=(X_1, X_2, \cdots, X_n)$和$Y=(Y_1, Y_2, \cdots, Y_n)$表示两组消费组合，其中$X_i$和$Y_i$分别是$X$和$Y$中商品$i$的数量。如果对所有的$i$，$X_i \geq Y_i$，并且其中至少存在一个$j$使得$X_j > Y_j$，那么$X > Y$。此即"越多越好"原则。"越多越好"并不是消费中的一般规律。比如，对于污染物之类的"坏东西"，越多越糟。因此，"越多越好"也不是消费理论中必需的基本假设。下面我们将看到，在完备性和传递性的假设下，消费理论也可以处理"越多越坏"或"过多则滥"的情况。"越多越好"原则强调的是商品的数量不同，消费者从中得到的效用也不同，从而避免了10公斤苹果等同于9.95公斤苹果的麻烦。由于经济学研究的对象主要是稀缺商品，即好东西，"越多越好"便不失为现实的写真。这一原则使得分析简化，因此经济学中常常采用这一假定。

3.3.2 无差异曲线

1. 无差异曲线(Indifference Curve)的含义

无差异曲线是用来表示两种商品或两组商品不同数量的组合对消费者所提供的效用是相同的。无差异曲线符合这样一个要求：如果听任消费者对曲线上的点进行选择，那么，所有的点对他都是同样可取的，因为任何一点所代表的组合给他带来的满足都是无差异的。

如果两种商品不仅可以相互替代，并且能够无限可分，则消费者可以通过两种商品此消彼长的不同组合来达到同等的满足程度。假定某个消费者按既定的价格购买两种商品X和Y，他购买3单位商品X和2单位商品Y或者2单位商品X和3单位商品Y所带来的满足是相同的。那么，这两种配合中的任何一种对这个消费者来说都是无差异的。事实上，这个消费者在购买X和Y两种商品的过程中，会产生一系列无差异配合，形成无差异表。X和Y两种商品的各种组合见表3-7所示。

表3-7 无差异组合

组合方式	食　品	服　装
A	1	6
B	2	3
C	3	2

将表3-7中的种种不同组合在平面坐标系上用对应的各点表示，然后连接起来，就得到一条无差异曲线。

无差异曲线表明，此线上任何一点所代表的两种物品的不同组合所提供的总效用或总满足水平都是相等的，因此消费者愿意选择其中任何一种组合。

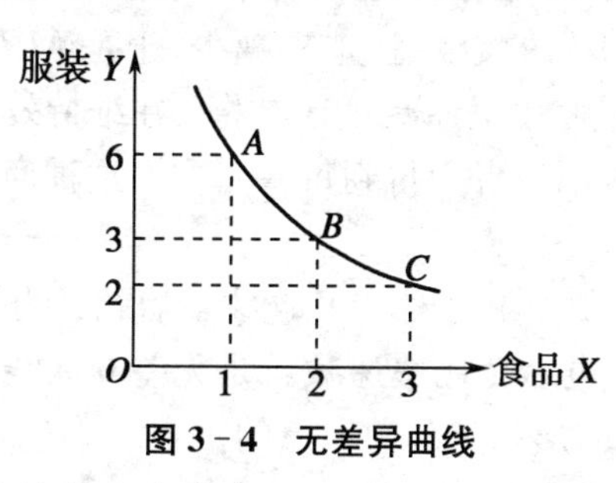

图3-4 无差异曲线

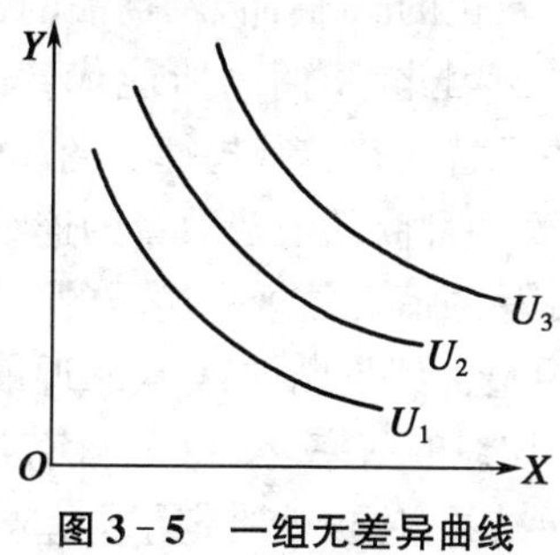

图3-5 一组无差异曲线

2. 无差异曲线的特点

(1) 由于消费者的偏好是无限的，因此在同一平面上就可以有无数条无差异曲线，形成无差异曲线群，曲线的全部称为消费者的偏好系统。如图3-5，同一条无差异曲线代表同样的满足程度，不同的无差异曲线代表不同的满足程度。离原点越远的无差异曲线代表的满足程度越高，离原点越近的无差异曲线代表的满足程度越低。在图3-5中，U_1、U_2、U_3代表三条不同的无差异曲线，代表效用大小是$U_1<U_2<U_3$。

(2) 在同一平面图上，任意两条无差异曲线决不能相交。

如图3-5所示，在同一平面图上任意两条无差异曲线不能相交。如果有两条无差异曲线相交，那么交点的效用是相同的，而无差异曲线上所有组合点的效用都是相同的，那么这两条相交的曲线效用便应该是相同的，这是与前面的分析矛盾的。所以，同一平面内，任何两条无差异曲线都不会相交。

(3) 无差异曲线是一条从左上方向右下方倾斜的曲线，其斜率为负值。这就表明消费者为了获得同样的满足程度，增加一种商品的数量就必须减少另一种商品的数量，两种商品不可能同时增加或减少。

(4) 一般情况下无差异曲线是凸向原点的，这一点可以用商品的边际替代率来说明。

*3. 边际替代率(Marginal Rate of Substitution)

边际替代率MRS是指消费者在保持相同的效用时，为多得到1单位X而愿意放弃的Y的数量。用Δy表示Y商品的减少量，Δx表示X商品的增加量，则边际替代率$MRS_{YX}=\frac{\Delta Y}{\Delta X}$。

在图3-6中，设A点所表示的消费组合为12单位Y商品和6单位X商品，B点所表示的消费组合为6单位Y商品和18单位X商品。当消费组合由A转向B时，6单位的Y商品和12单位的X商品带来的效用是一样多的。替代比率为$\frac{\Delta y}{\Delta x}=-\frac{1}{2}$。

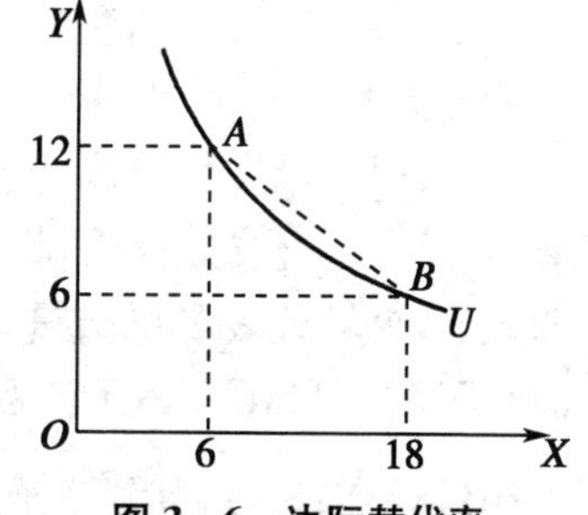

图3-6 边际替代率

因为无差异曲线没有改变，因此效用大小没有改变，于是

$$MU_x \cdot \Delta x + MU_y \cdot \Delta y = 0$$

$$MRS_{YX} = \frac{\Delta Y}{\Delta X} = -\frac{MU_X}{MU_Y}$$

每增加1单位的 X 商品，X 商品的边际效用在递减，而 Y 商品的边际效用随着 Y 数量的减少而增加。因此，X 商品所能代替的 Y 商品的数量就越来越少，于是 MRS 在不断下降。这就是边际替代率递减规律。商品的边际替代率递减规律是指：在维持效用水平不变的前提下，随着一种商品消费数量的连续增加，消费者为得到每一单位的这种商品所需要放弃的另一种商品的消费数量是递减的。

当 B 点沿着曲线不断向 A 点靠近最后与 A 点重合时，AB 连线最后就成为过 A 点的切线了，过 A 点切线的斜率就成了边际替代率。边际替代率递减就是无差异曲线上点的斜率的绝对值是递减的，这也就决定了无差异曲线的形状是凸向原点的。

3.3.3 消费可能线

无差异曲线显示了商品提供的满足水平，但是在市场经济中何种满足水平能够成为现实则取决于消费者的货币收入和商品价格，消费可能线(Consumption Possibility Line)就是消费者选择一定效用水平上的商品与劳务组合的限定条件。消费可能线是用来表示在消费者收入与商品价格既定的条件下，消费者所能购买到的两种商品数量最大组合的一条线。

为了分析简便，我们假定消费者只购买两种商品 X 和 Y，每周的开支为6元，$P_X=1.5$ 元，$P_Y=1$ 元，按照两种商品价格，该消费者在支出他的货币收入购买 X 和 Y 时可以选择多种不同的组合，如表3-8所示。

表3-8 可替代的两种商品的组合

组合方式	食　品	服　装
A	4	0
B	3	1.5
C	0	3

各种不同的组合都可以用图表示，如图3-7所示。图中每一种购买方式都由一点表示，AC 直线描述了这个消费者在支出6元收入时所能采取的全部购买方式，AC 线表示了消费的可能性，称为消费可能线。

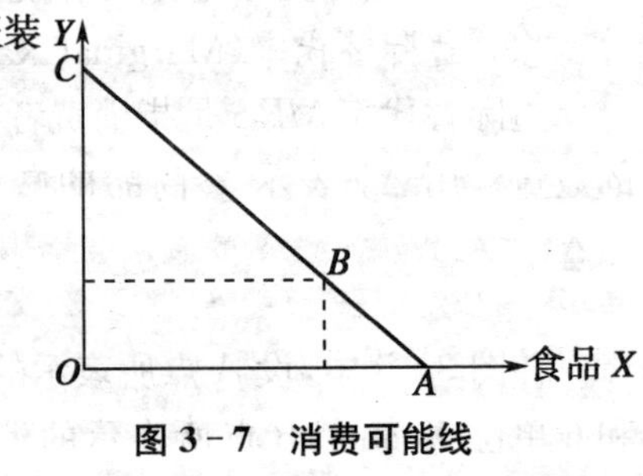

图3-7 消费可能线

如果用 M 表示消费者的货币收入，X、Y 表示消费者购买的两种商品，P_X、P_Y 分别表示商品 X 和 Y 的价格，根据消费可能线的意义则有 $P_XQ_X+P_YQ_Y=M$，此式为一直线方程式，此方程式就是消费可能线的数学表达式。图3-7中，横轴代表 X 的数量，纵轴代表 Y 的数量，AC 为消费者预算线，OC 表示消费者用全部收入 M 所能购买的商品 Y 的数量，OA 表示消费者用全部收入所能购买的商品 X 的数量。消费可能线向右下方倾斜，斜率为负，其斜率绝对值为$\frac{P_X}{P_Y}$。

3.3.4　序数效用论的消费者均衡

从上面的分析中,我们知道,从主观方面来说,消费者可作出多种多样的选择以得到满足,这种选择由无差异曲线表示出来;从客观方面来说,消费者又必然受到货币收入和价格的限制,这种限制由消费可能线表示出来。如何把客观限制和主观选择结合起来以求得消费的最大满足,或者说,如何以有限的货币收入在可买到的商品间作合理的配置以求得最大效用,是一个消费行为如何达到最佳境界的问题,消费行为的最佳境界称为消费者均衡。在序数效用论中研究消费者均衡所用的工具是无差异曲线与消费可能线。分析证明,在无差异曲线图上能够使消费者得到最大满足,即消费者最大效用均衡之点恰是消费可能线同它可能达到的最高的无差异曲线相切的一点。在切点上所代表的两种商品的量就是消费者用一定的货币收入所获得的效用达到最大值的最优购买量的组合,如图 3 - 8 所示。

图 3 - 8 中消费可能线 AB 与一条尽可能高的无差异曲线 U_2 的相切之点 E 就是消费者的均衡点,在这一点,消费者既用尽了既定的货币收入,又得到了最大的效用满足。当然,图 3 - 8 中无差异曲线 U_3 代表的效用水平更高,但受消费者的货币收入和现行商品价格的影响,这是不能实现的,U_1 与消费可能线 AB 虽然有 C、D 两个交点能够实现,但 U_1 给消费者提供的满足水平要小于 U_2 所提供的满足水平,因而是不足取的。只有在无差异曲线 U_2 与消费可能线 AB 的相切之点 E,才是消费者行为的最佳境界。在这一点,消费可能线与无差异曲线的斜率正好相等。消费可能线的斜率是两种商品的价格比,无差异曲线的斜率是商品的边际替代率。因此,可以得出结论:消费者达到最大效用的均衡条件是,两种商品的边际替代率或边际效用之比等于两种商品的价格之比,也即 $\frac{MU_X}{P_X}=\frac{MU_Y}{P_Y}$。很显然,这个结果同前面运用边际效用的分析方法得出的结论是一致的。即消费者均衡的条件是:单位货币所购买的两种商品的边际效用相等,或者说其购买的两种商品的边际效用之比正好等于它们的价格之比。

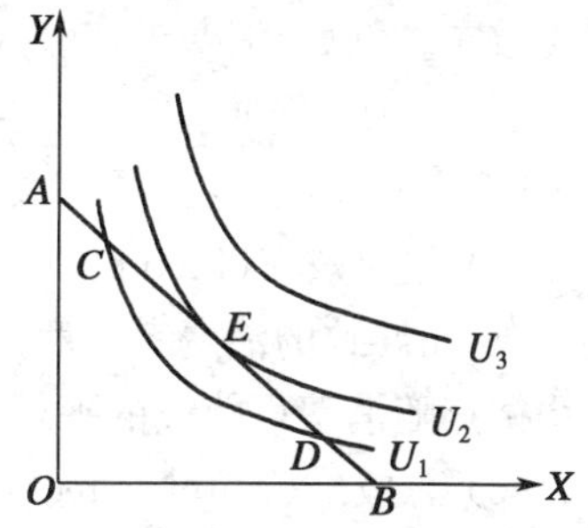

图 3 - 8　序数效用论的消费者均衡

【补充阅读材料 3 - 1】　消费者选择理论对你是否有效?

消费者选择理论描述了人们如何作出决策。正如我们所说明的,它有广泛的适用性。它可以解释一个人如何在百事可乐与比萨饼之间、工作与闲暇之间、消费与储蓄之间等进行选择。

但是,现在你也许会对消费者选择理论有一些怀疑,毕竟你也是一个消费者。你每次走进商店时都要决定买什么。而且你也知道,你并不是作出消费可能线和无差异曲线来作出决定。你对自己作出决策的了解是否证明了与这种理论不一样?

回答是否定的。消费者选择理论并不想对消费者如何作出决策提供一种忠实的描述,它是一个模型,而且模型并不打算是完全现实的。

评论消费者选择理论的最好方法是把它作为消费者如何作出决策的一个比喻。没有一个消费者(除非是一位职业经济学家)是明确地借助这种理论中包含的最大化来作出决策的。但消费者知道他们的选择要受到自己财力的约束。而且，在这些约束为既定时，他们所能做的最好的就是达到最高满足程度。

*3.4 替代效应与收入效应

1. 价格效应

一种商品价格变动会对消费者产生两方面的影响：一是使商品的相对价格发生变动，消费可能线的斜率发生变化；二是使消费者的收入相对于以前发生变动，消费可能线平行移动。

(1) 替代效应(Substitution Effect)。消费者在保持效用不变的条件下，由于一种商品价格变动而引起的商品的相对价格发生变动，从而导致商品需求量的改变，称为价格变动的替代效应。例如，消费者把收入用于购买 X 和 Y 两种商品，如果 X 商品价格上升，消费者可以减少 X 的购买，增加 Y 的购买，用增加的 Y 来代替减少的 X，从而使总效用不变，所以，替代效应表现为均衡点在同一条无差异曲线上的移动。

(2) 收入效应(Income Effect)。由于一种商品价格变动而引起的消费者实际收入发生变动，从而导致的消费者对商品需求量的改变，被称为价格变动的收入效应。收入效应表现为均衡点随消费可能线的平行移动在不同无差异曲线上的移动。

(3) 总效应(Total Effect)。总效应表示一种商品价格变化所引起需求量的总变化。总效应＝替代效应＋收入效应。

2. 正常商品、低档商品、吉芬商品的替代效应和收入效应分析

(1) 对正常商品而言，商品价格下降的替代效应和收入效应都使得该商品需求量增加。正常商品的替代效应为正，收入效应也为正，正常商品的替代效应与收入效应的方向一致，所以正常商品的需求曲线自左上方向右下方倾斜。

(2) 对于低档商品而言，价格下降的替代效应使商品需求量增加，但收入效应却使得商品需求量下降。低档商品的替代效应为正，收入效应为负，低档商品的替代效应与收入效应的方向相反。

(3) 对于吉芬商品而言，如果为负的收入效应的绝对值大于替代效应，使得需求量随价格上升而上升，则该商品为吉芬商品。吉芬商品价格变动的替代效应为正，收入效应为负，并且收入效应大于替代效应，使得需求量随价格上升而上升，需求曲线向右上方倾斜。

综上所述，价格下降对正常商品、一般低档商品和吉芬商品的收入效应、替代效应、总效应的影响概括于表 3-9。

表 3-9 正常商品、一般低档商品、吉芬商品的替代效应和收入效应

类　别	收入效应	替代效应	总效应
正常商品	增　加	增　加	增　加
一般低档商品	减　少	增　加	增　加
吉芬商品	减　少	增　加	减　少

【经济学小贴士 3-4】 商品房是否依然是吉芬商品?

商品房价格之所以长期以来一路攀升但需求始终火爆，剔除虚假信息诱发需求膨胀的

因素之外，最关键的原因在于商品房已经成为典型的吉芬商品。吉芬商品是一种需求弹性为负数的特殊商品，专指那些价格上涨而消费者对其需求量不减反增的商品。吉芬商品得以产生的前提条件有两个：其一，这种商品是必需品；其二，不存在更廉价的替代选择。

对于大多数靠工资生活的中国老百姓来说，商品房一直都是吉芬商品。首先，衣食住行，这是人最基本的生活需要；无论房价涨得多离谱，大家都得勒紧腰带，为自己找寻一块栖身之地。其次，除了购买商品房，大多数老百姓的确没有什么更好的选择；数量有限的经济适用房、天价别墅都不是合适的替代品。因此，商品房价格一路上涨，老百姓对其的需求却一直不减反增，谁知道明天的房价又将涨几个百分点——而高涨的需求又成为开发商继续涨价的理由，推动房价一轮又一轮地上涨。

更为重要的是，对于吉芬商品的供给者而言，向消费者转嫁成本简直是易如反掌。由于涨价不会导致需求下降，即使政府通过宏观调控增加了供给者获取巨额利润的成本，开发商以及炒房者们依然可以通过继续上调交易价格向消费者转嫁成本。

案例 3-1　别作吉米扬的汤

在一次文学家集会上，一位诗人大读特读其本人的新作，时间几乎全让他一人占了。当有人问起克雷洛夫有什么新作时，他就读了这篇《吉米扬的汤》。列宁也把某些官员作的冗长无味的八股报告称为"吉米扬的汤"。

其实吉米扬做的鲟鱼汤是非常好的。"上面飘着一层油，像琥珀一样"，里面则都是"鲟鱼片和鱼内脏"。但为什么他的朋友福卡却吓得逃了，"从此再不敢去找吉米扬"呢？原来吉米扬认为自己的汤好，就逼朋友一碗一碗地喝，他的朋友已经喝了三大碗，再也喝不下，他还要强迫人家"再来一碗又何妨"。

经济学家用边际效用递减原理来解释"好汤也不是多多益善"。效用是人们对消费某种物品（例如鱼汤）时所得到的满足程度。例如，喝一碗鱼汤得到的物质上的满足，或看一本《克雷洛夫寓言》得到精神上的满足。效用完全是消费者的主观感觉，取决于个人偏好，没有什么客观标准，不同消费者消费同样的东西获得的效用并不同。

经济学家在分析效用时用了一个重要的概念——边际效用。边际效用是指消费者多消费 1 单位某种物品所增加的满足程度。例如，福卡喝一碗汤时，效用为 30，喝两碗汤时效用为 40，增加第二碗汤增加的效用为 10（40—30），所以，第二碗汤的边际效用就是 10。

尽管效用是主观的，但所有人的消费都遵循一个共同规律，这就是随着所消费的同一种物品数量的增加，增加的满足程度即边际效用是递减的。例如，福卡喝吉米的第一碗汤时感到味道鲜美，边际效用是 30。喝第二碗汤时，味道不如第一碗，边际效用是 10。喝第三碗汤十分勉强，边际效用是零。如果再喝第四碗汤，都要吐出来了，边际效用就是负的。所以，福卡赶快逃跑了。这种规律就是边际效用递减规律。

边际效用递减规律不仅是一种现象描述，还有其理论依据。人们从消费某种物品中得到的效用或满足从生理学的角度看是外部刺激引起的兴奋（喝汤刺激胃，引起人的精神兴奋，称为效用），当同一种刺激反复进行（不断喝汤）时，兴奋程度会越来越低，这就是边际效用递减。若不相信，就自己去喝鱼汤试试。

在经济学中，边际效用是一个十分重要的概念，边际效用递减也是经济学的基本规律之一。经济学家用边际效用解释价值的决定，引起了经济学上一场革命性变革。所以，边际效用理论的出现被称为经济学中的“边际革命”，成为现代经济理论的基石。当然，这类理论上的意义我们不用深究，但这种理论的现实意义却值得我们注意。

现在许多企业都为产品卖不出去发愁。其实产品卖不出去，并不是消费者没有购买能力，而是你的产品不能满足消费者的要求，给消费者带来了边际效用递减，成了“吉米扬的汤”。举个例子，中国号称瓷器大国，但市场上却几乎都是图案与造型极为相似的青花瓷。同样的瓷器，需要一套就可以了。相同的瓷器再多就边际效用递减了，甚至没有地方放，边际效用就为负的了。但是不是瓷器市场就这样有限呢？当然不是。相同的瓷器才带来边际效用递减，不同的瓷器就不存在边际效用递减——记住，边际效用递减是对同样东西数量增加而言的，不同的东西满足消费者的不同需要，就没有边际效用递减。瓷器可以有不同的造型与图案，每种瓷器可以满足不同需求，带来不同效用。例如，实用性瓷器可以在生活中用；艺术瓷器可以用来欣赏，给消费者带来精神享受；为儿童喜爱的动画瓷器，可以满足父母爱孩子的需求，则是另一种满足。这样的三套瓷器当然就不存在边际效用递减，因而也就不会没有需求了。

消费者对物品有多大需求取决于消费这种物品得到了多少边际效用。消费者从一种物品中得到的边际效用大，就愿意出高价买；反之，消费者从一种物品中得到的边际效用小，就只愿出低价。如果边际效用为零，甚至负数，像吉米扬的第三、第四碗汤，消费者决不会买。现实中，不少企业做了多少吉米扬的汤？卖不出去，不是很正常的吗？经济学家常说，没有卖不出去的产品，只有消费者不需要的产品。

许多企业之所以产品没有销路，正在于不会用有特色的产品去满足消费者的不同需求。尤其是当市场上出现一种新产品时，其他人也一哄而上去简单模仿，使产品数量增加引起边际效用递减，产品卖不出去。其实只要动点脑筋，推出具有自己特色的产品，还愁没有销路吗？

福卡不喜欢吉米扬的汤，甚至以后再也不敢去吉米扬家，是因为汤太单一了。如果吉米扬能够做出不同风味的汤，或者再配上不同主食，尽管福卡一次吃的量有限，但每次吃的都不同，他会很愿意经常去吉米扬家。企业如果不只做一种吉米扬的汤，福卡们不就蜂拥而至了吗？

别学吉米扬，顾客遍天下。

思考题：

边际效用递减规律对经营企业有哪些启示？

案例 3-2 垃圾中的边际效用

多年来美国人均国民生产总值居世界前七位（这个顺序经常有些小变动，主要是由于汇率变化引起的），人均电视机拥有量位居第二，人均能源消耗量及电话机拥有量为世界第三，婴儿死亡率和人均报纸发行量都列第十七位。与此同时，美国人均垃圾量是世界冠军，没有任何国家能够望其项背。从 1960 年以来的 25 年中，美国人均生活垃圾的排弃量增加了 50%，达到每人每天 4 磅（1.8 公斤）。一个 100 万人口的城市每天要处理垃圾近 2 000 吨。从垃圾量的变化、垃圾的构成及处理方法，可以看到不少有趣的现象。

人均垃圾量的增加是生活更加富裕的结果。人们扔掉的旧报纸和旧杂志增多了，占到了垃圾总量的约 1/5。日常生活消耗的各种物品，如洗涤剂、食品、化妆品、饮料等的包装越来越讲究，而这些包装最后都进了垃圾桶。25年前包装多半用纸，现在则更多地使用玻璃、塑料、铝和其他金属。所以垃圾中铝的总量从不到1%增加到15%，玻璃从1.4%增加到5%，其他金属从0.5%增加到4%。这表明不但垃圾的数量在增加，而且其构成也有很大变化。

由于人们对环境的关心，资源性产品价格的上涨，再加上垃圾处理技术的进步，现在垃圾的利用率比25年前提高了近1倍，大约有1/10的垃圾得到再生利用。

美国的垃圾不但包含各种废弃物，也包含旧家具、地毯、鞋子、炊具，乃至电视机和冰箱。美国是一个提倡消费的社会，生产力巨大，产品积压常常成为主要的经济问题。如果每个人将自己生产出来的产品(更精确地讲，是生产出来的价值)全部消费掉，经济则正常运转。如果生产旺盛，消费不足，或者说，居民由于富裕而增加了储蓄，产品就会积压。但如果有人愿意借用大家的储蓄，进行扩大再生产的投资，整个经济仍然运转正常。可是扩大再生产的最终目的还在于消费，如果多数百姓只愿多储蓄而不愿多消费，投资也受到抑制。所以对于美国来说，医治经济萧条的主要措施是鼓励消费，至少这个理论在过去非常流行，而且至今仍有很大市场。

从宏观上看，鼓励消费使得储蓄率(即储蓄占国民生产总值的百分比)低至15%(1990年中国、日本分别为43%、34%)。从微观即每个家庭的消费看，其结果是使人们异常地喜新厌旧，动辄弃旧买新，所以淘汰的日用品非常多。

旧东西有几条出路：或举办“后院拍卖”，或捐赠给教堂，或捐赠给旧货商店，或当垃圾扔掉。在北部几个州，每到春暖花开时就可以看到各处贴有“后院排名”的广告，标明某月某日几点开始在某处举行拍卖，而拍卖生意在南部各州的一年四季都很兴隆。向教堂和救火商店捐赠则经常由于以下两种情况：一是老人亡故，除了一些古董、首饰等值钱的东西分给了亲友，其余的从家具到衣物全送给教堂。还有的是举家远迁，能卖的卖，大多数卖不掉就送到教堂或旧货店。教堂经常拍卖人们捐赠来的成吨的衣服和用具。

旧东西在美国很不值钱。笔者曾在后院拍卖中买到1美元的电熨斗，在教堂拍卖中买到10美元一套的《百科全书》(20本)和5美元一套的西装等。举办后院拍卖的人，一天忙下来也不过卖得五六十美元，也许还不及他　天的工资。可见他们卖东西并不在乎赚多赚少，其目的不仅在于处理多余的东西，而且使得物尽其用。否则单纯为了处理东西，尽可以一扔了之。教堂拍卖所得的收入大概也只能抵消举办拍卖的开销。

相反，旧东西在中国就值钱多了。经常有人收购旧鞋子，每双几角到1元。小贩将旧鞋运到北方穷僻的农村，入冬时每双可以卖到两三元钱。

表面上看这是一个矛盾的现象：相对穷的中国人却愿意花几倍于相对富的美国人愿意出的价钱去买这些旧东西。但这个现象却可以用经济学中的效用理论来解释，即商品的价值与其能提供的效用(或使用价值)成正比。

冬天，在北方能穿上一双哪怕是破的鞋子也比光着脚受冻舒服多了，所以愿意拿钱去买旧鞋。这证明价格与效用成正比。严格地说，应该是与边际效用成正比。

“边际”二字用来强调有某一商品和没有某一商品在效用上的差别，特别是已经消费一定数量的商品之后再增加一单位消费的效用。同样一块面包，饿的时候边际效用高，吃了几块之后边际效用就降低，所以边际效用是以前消费量的函数。

这个理论揭示了一个最平凡然而也不太被人理解的道理，即一物的价格在某些情况下由消费者对它的评价决定，而与它的成本无关。正因为市场价格和单个企业的成本不成正比，企业才有赚钱和赔钱之别。如果价格等于成本，企业就没有盈亏了。只有当一切条件不变，企业处于长期竞争的环境下价格才会趋近于成本，而这种情形并不普遍。遗憾的是，成本定价的"理论"把我们的脑筋束缚得太久了，接受新理论并不容易。

富人用1元钱比穷人用1元钱轻率，或者说，富人的钱的边际效用低。人们越富裕就越有钱来买奢侈品，此时社会对边际效用相对小的商品的需求增加了。举例来说，在美国最便宜的剃须刀是10美分一把，最豪华的剃刀大约要100美元，二者相差达千倍。豪华剃刀虽然更美观、更安全、更经用，但它的基本功能也只限于剃胡子，所提供的附加效用非常有限。廉价手表和豪华手表的价钱也可相差千倍。过去我国比较穷，奢侈品没有市场，现在人们钱多起来了，情况正在变化。

中美两国富裕程度的差别而形成的效用评价的差别，提供了巨大的贸易机会。即中国可以用极低的价格进口旧用品，其代价主要是收集、分类、运输的成本。如旧汽车是值得进口的。在美国，由于人力昂贵，修理费用高，所以报废的标准比较高。美国每年要报废几百万辆汽车，其中有一部分经过修理还可以用上好几年，最后还可以当废钢利用。利用报废汽车的另一种办法是拆卸其中的零件和材料。但是进口汽车的跨洋运输费用比较贵，相对于汽车本身的价值，旧汽车运费更高。同时，这对我国汽车工业的发展不利，因为我国的汽车工业还处于起步阶段，很难与先进国家的汽车业竞争。

思考题：

1. 为什么边际效用正比于价格？

2. 为什么富人花1元钱购得的边际效用比穷人低？

强化练习题

一、单项选择题

1. 当总效用以递减的速率增加时，边际效用应该是(　　)。

A. 为正值，且不断增加　　B. 为正值，但不断减少

C. 为负值，且不断减少　　D. 为负值，但不断增加

2. 当效用达到极大值时，边际效用(　　)。

A. 达到最小　　B. 达到最大　　C. 为零　　D. 为正

3. 某消费者消费1单位的某商品获得的效用为50，消费2单位该商品的效用为90，消费3单位的效用为121，则该消费者消费第3单位的该商品获得的边际效用为(　　)。

A. 87　　B. 40　　C. 31　　D. 71

4. 消费者花费所有收入从而所能购买的商品组合的曲线是(　　)。

A. 需求曲线　　B. 供给曲线　　C. 无差异曲线　　D. 预算线

5. 预算线的斜率决定于(　　)。

A. 消费者的偏好　　B. 消费者的收入

C. 消费者的收入与商品的价格　　D. 商品的相对价格

6. 某商品的市场价格为10元，某人在购买第1到第5单位的该商品时分别愿意支付的价格为18元、16元、14元、11元、9元，如果购买4单位商品，该消费者在消费该商品中所获得的消费者剩余为(　　)。

A. 18　　B. 19　　C. 68　　D. 50

7. 如果商品X、Y的价格分别为P_X、P_Y是既定的，当$MRS_{XY}<P_X/P_Y$时，消费者要实现其均衡，应该(　　)。

A. 增加消费 X,减少消费 Y　　B. 同时增加消费 X 和 Y

C. 减少消费 X,增加消费 Y　　D. 同时减少消费 X 和 Y

8. 当消费者消费某种物品的数量增加时,其总效用的变化(　　)。

A. 随边际效用的下降而增加　　B. 随边际效用的下降而下降

C. A 和 B 都对　　D. 以上都不对

二、判断题

1. (　　)吸毒不好,所以毒品没有效用。
2. (　　)只要增加对商品的消费,消费者得到的效用就会增加。
3. (　　)无差异曲线和消费可能线相交时消费者效用最大。
4. (　　)无差异曲线上每一点都表示消费者得到了同样的效用水平。
5. (　　)消费可能线上每一点都表示消费者花费了同样多的钱。

三、计算题

1. 已知商品 X 的价格 $P_X=40$ 元,商品 Y 的价格 $P_Y=60$ 元,当某消费者消费这两种商品达到效用最大时,两种商品的边际替代率是多少?

2. 假定某人的月收入是 1 440 元,且被全部用于消费两种商品 X 和 Y,如果这两种商品的价格分别为 $P_X=20$ 元,$P_Y=10$ 元,该消费者的效用函数为 $U=2XY^2$,那么,这个理性消费者每月会分别购买多少单位的 X 和 Y 使其总效用最大,并求出最大总效用。

3. 若需求函数为 $Q=30-2P$,求:

(1) 当商品价格为 10 元时,消费者剩余是多少?

(2) 其价格由 10 元下降到 5 元时,消费者剩余如何变化?

第4章 生产理论

本章学习目标

- 理解生产函数的含义；
- 掌握边际收益递减规律；
- 掌握生产三阶段的划分；
- 掌握生产者均衡；
- 掌握生产要素的最佳组合；
- 理解规模报酬的含义。

上一章主要讲述了一个人如何分配自己的收入进行消费，以获得最大的满足。但如果进一步讨论人的经济活动，就必须考虑生产问题，这也正是本章要讨论的内容。

4.1 生产函数

4.1.1 生产

所谓生产(Production)是指对各种资源投入进行组合以制成产品的行为。在生产中要投入各种资源并生产出产品，所以生产也就是把投入变为产出的过程。

【思考4-1】 如何理解生产?

生产是消费的源头。在我们吃早餐之前，必须有人先烤制好面包；在我们理发的时候，要有理发师进行劳动……在我们消费各种各样的物品的时候，都要有人把它们生产出来。生产还是人们获得收入的途径，一个人不参加生产就无法取得收入。生产和消费、收入是息息相关的。那么，到底什么是生产？生产如何进行？生产的结果是什么？

4.1.2 生产要素

1. 生产要素(Factor of Production)的内容

任何一种生产都需要投入各种不同的生产要素，生产要素是指在生产中所使用的各种经济资源。西方经济学家通常把这些资源划分为四类：劳动、土地、资本和企业家才能。

(1) 劳动(Labour)。指劳动者在生产过程中所提供的劳务，包括体力劳动与脑力劳动。没有劳动就不可能创造价值。一个人的劳动之所以会获得收入，正是因为他用劳动创造出了有用的产品。一个人用劳动从事生产，得到工资，再用工资去购买别人的产品，他的劳动收入就是他的工资。但这里的前提是，他的劳动必须生产出有用的产品，或者说要创造出某种价值。

（2）土地（Land）。经济学中的土地是一个广义的概念，包括土地以及地上的各种自然资源，即不仅包括泥土地，还包括山川、河流、森林、矿藏等一切自然资源。土地可以给生产提供场所、原料和动力，所以说自然资源也"创造"财富。如果不承认这一点，就无法理解像科威特这样的石油国家为什么会如此富裕。

（3）资本（Capital）。指资本品或投资品，即生产过程中使用的各种生产设备。在大多数生产过程中，光有劳动是不行的，还必须有设备和资源。同样的劳动，当有机器帮助时可以生产出更多的产品，而机器是由资本转变的，所以说资本可以"创造"价值。

（4）企业家才能（Entrepreneurship）。劳动、土地和资本是西方经济学传统的生产三要素，后来马歇尔在其《经济学原理》一书中又增加了一种生产要素即企业家才能，发展为"生产的四要素"。企业家才能指企业家经营企业的组织能力、管理能力与创新能力。微观经济学认为，在生产相同数量的产品时，可以多用资本少用劳动，也可以多用劳动少用资本。但是，劳动、土地和资本三要素必须予以合理组织才能充分发挥生产效率。因此，为了进行生产，还要有企业家将这三种生产要素组织起来。企业家才能和前三个要素的关系不是互相替代的关系，而是互相补充的关系。

【经济学小贴士 4-1】 企业家职能

著名经济学家熊彼特在1912年出版的《经济发展理论》中提出，企业家的职能就是创新。而创新就是对生产要素和生产条件进行新的组合。这种组合有五种：第一，引入一种新的产品或提供一种产品的新质量；第二，采用一种新的生产方式；第三，开辟一个新的市场；第四，获得一种新的资源；第五，实行一种新的企业组织形式。

根据生产要素在生产过程中数量变化的特点，可以把它分为固定生产要素和可变生产要素。固定生产要素是指在一定时期内数量难以增加或减少即相对固定生产要素，如厂房、设备等，其投入数量不随产量的变动而变动。可变生产要素是指在一定时期内数量容易变化的生产要素，如劳动量、原材料等，其投入数量随产量的变动而变动。

2. 生产时期

经济学根据在一定时期内生产要素是否可随产量变化而全部调整，划分了短期和长期。短期指在这个时期厂商不能根据它所要达到的产量来调整其全部生产要素。具体来说，在短期内它只能调整原材料、燃料及工人的数量，而不能调整固定设备、厂房和管理人员的数量。也就是说，在短期内，厂商不能根据市场状况调整生产规模，而只能改变部分生产要素的投入量。在这种情况下，如果市场繁荣，厂商就多投入劳动、原材料等，从而使产量增加；如果市场萧条，厂商就减少劳动、原材料的投入量，使产量减少。在产量的这些变动中，生产规模并没有改变，所以短期生产理论意味生产规模既定条件下的产量决策。长期指在这个时期内厂商可以根据所要达到的产量来调整其全部生产要素。也就是说，在长期中，厂商的生产规模是可以调整的，厂商可以根据市场状况调整所有生产要素的投入量。

这里需要强调的是，西方经济学中所说的长期与短期并不能仅以时间的长短来判断，对于不同行业、不同厂商而言，长期与短期时间的长短是不一样的。例如，变动一个大型炼油厂的规模可能需要五年的时间，而变动一个豆腐作坊的规模可能仅需要一个月的时间。

4.1.3 生产函数

1. 生产函数(Production Function)的概念

生产函数是指在一定的技术条件下，生产要素的某一种组合同它可能生产的最大产量之间的依存关系，即投入与产出的一个技术关系。如用 Q 表示某种产品最大产出量，用 X_1，X_2，X_3，…，X_n 表示各种生产要素的投入量，则生产函数的方程式就是

$$Q=f(X_1,X_2,X_3,\cdots,X_n)$$

该方程式的经济含义是：在既定的技术水平条件下，在某一时间内为生产出 Q 数量的某产品，需要相应投入的 X_1，X_2，X_3，…，X_n 等生产要素的数量及其组合的比例；如果 X_1，X_2，X_3，…，X_n 的投入量已知，那么就可以得出 Q 的最大数量；或者，如果 Q 为已知，那么也就可以知道所需要的 X_1，X_2，X_3，…，X_n 的最低限度的投入量。在一般情况下，从生产要素的组合比例中能够看出一个企业或整个社会的生产情况。由于生产函数是以一定的技术条件作为前提的，因此在每一种既定的技术条件下都存在着一个生产函数，一旦技术水平有了改变就会形成新的生产函数。这个新的生产函数很可能以同样的投入量产生更大的产量，如新的科学技术运用于生产，那么对应于既定数量的各生产要素的产量就会较多。但也有可能从既定的投入量中产生较少的产量。

理论上为使生产函数简单，经济学通常假定投入要素只有两种——劳动(L)和资本(K)，则可以将生产函数表示为

$$Q=f(L,K)$$

关于生产函数的概念应注意以下几点：

(1) 生产函数从某个特定时期考察投入与产出之间的关系，如果时期不同，生产函数也可能发生变化。

(2) 生产函数取决于技术水平，每一种既定的技术条件下都存在着一个生产函数。

(3) 要生产出一定数量的产品，生产要素投入量的比例通常是可以变动的，例如资本和劳动的比例在一定范围内变化以后仍然能够生产出同等数量的产品。

(4) 生产函数表示的产出量是最大的。

2. 生产函数的类型

生产不同的产品时，各种生产要素的配合比例是不同的，为生产一定量某种产品所需要的各种生产要素的配合比例称为技术系数(Technological Coefficient)。如果生产某种产品所需要的各种生产要素的配合比例是不能改变的，这就是固定技术系数，相应的生产函数称为固定技术系数的生产函数。如果生产某种产品所需要的各种生产要素的配合比例可以改变，这就是可变技术系数，相应的生产函数称为可变技术系数的生产函数。固定技术系数生产函数中各种生产要素彼此之间不能替代，可变技术系数生产函数中的各种生产要素则可以互相替代，如果多用某种生产要素，就可以少用另一种生产要素。

(1) 固定投入比例生产函数

任何生产过程中的各种生产要素投入数量之间都存在一定的比例关系。固定投入比例生产函数是指每一个产量水平上任何一对要素投入量之间的比例都是固定的生产函数。假定生产过程中只使用劳动和资本两种要素，则固定投入比例生产函数的通常形式为

$$Q=\min\left(\frac{L}{U},\frac{K}{V}\right)$$

式中：Q 表示一种产品的产量，L 和 K 分别表示劳动和资本的投入量，U 和 V 分别为固定的劳动和资本的生产技术系数，它们分别表示生产1单位产品所需要的固定的劳动投入量和资本投入量。上式的生产函数表示：产量 Q 取决于$\frac{L}{U}$和$\frac{K}{V}$这两个比值中较小的一个，即使其中的一个比例数值较大也不会提高产量 Q。对一个固定投入比例生产函数来说，当产量发生变化时，各要素的投入量以相同的比例发生变化，所以各要素投入量之间的比例维持不变。

(2) 可变投入比例生产函数

在可变技术系数生产函数中，某一要素的投入量发生变化，必然引起产出量的变化。根据投入量和产出量的不同变化速率，可将可变投入比例的生产函数划分为三种类型：一是固定生产率的生产函数，即当某一要素按同一单位不断增加时，产量增加的幅度不变；二是递增生产率的生产函数，即当某一要素按同一单位不断增加时，产量增加的幅度越来越大；三是递减生产率的生产函数，即当某一要素按同一单位不断增加时，产量增加的幅度越来越小。

(3) 柯布—道格拉斯生产函数

如果以社会总体为观察对象，还可以得出用社会生产的投入产出总量来表示的生产函数，它是关于一个国家或地区在某一特定历史时期的生产函数。20世纪30年代初，美国经济学家柯布(Charles W. Cobb)和道格拉斯(Paul H. Douglas)根据历史统计资料，研究1899—1922年间美国的资本和劳动这两种生产要素投入量对生产量的影响，得出这一时期美国的生产函数，这就是柯布—道格拉斯生产函数。该函数的公式为

$$Q=AL^{\alpha}K^{1-\alpha}$$

式中：Q 表示产量，L 表示劳动投入量，K 表示资本投入量，A 是正常数，α 是小于1的正数。这一公式表明：在总产量中，工资的相对份额是 α，资本收益的相对份额是 $1-\alpha$。根据20世纪以来的美国统计资料计算出 $\alpha=3/4$，$1-\alpha=1/4$，说明每增加1%的劳动所引起的产量增长，三倍于每增加1%的资本所引起的产量增长。这一结论与美国工人收入与资本收益之比(3∶1)大体相符。

4.2 短期生产函数

本节所讨论的问题是假定只有一种要素的投入是变动的，其余要素的投入是固定的。作出这样的假定表明我们所进行的是一种短期的分析。短期内一种要素投入变动，其余要素投入固定的情况在农业中最为典型。在农产品生产中，土地是固定的，劳动投入可以变化。假定我们所讨论的生产函数的形式为

$$Q=f(L,K_0)$$

式中：K_0 表示固定的资本投入。我们借助于这样一种变动投入的生产函数来讨论产出变化与投入变化之间的关系。

4.2.1 边际收益递减规律

西方经济学家认为,短期生产函数一般都遵循边际收益递减规律。边际收益递减规律简称收益递减规律,又称边际报酬递减规律,是指在技术水平和其他生产要素的投入固定不变的条件下,连续地投入某一种生产要素到一定数量之后,总产量的增量即边际产量将会出现递减现象。

边际收益递减规律成立的依据是:在任何产品的生产过程中,可变要素和固定要素之间都存在着数量上的最佳配合比例。当固定要素投入不变,可变要素的连续投入量达到一定量之前,固定要素的数量相对于可变要素显得过多,这一方面会限制固定要素效率的充分发挥(部分厂房、机械设备闲置),另一方面相对不足的劳动力无法在生产中实行有效的分工协作,这使可变要素的效率不能得到充分发挥。所以,初始阶段,随着可变要素投入量的不断增加,过多的固定要素与逐渐增多的可变要素相配合,各要素的使用效率不断提高,可变要素的边际产量不断增加。但是,当可变要素的投入到足以使既定的固定要素得到最充分的利用后再持续增加可变要素的投入量,必然会出现固定要素相对不足,可变要素相对过多,越来越多的可变要素与越来越少的固定要素相配合,必然使要素的使用效率下降,可变要素的边际产量将不断减少。

在理解边际收益递减规律时,要注意以下几点:

(1) 边际收益递减规律只存在于可变技术系数的生产函数中。对于固定技术系数的生产函数,由于各种生产要素不可相互替代,其组合的比例是不可改变的。因而,当改变其中一种生产要素的投入量时,边际产量突变为零,不存在依次递减的趋势。

(2) 边际收益递减规律是以假定技术条件不变为前提的。如果技术条件进步,边际收益可能增加,但相对于新的技术条件而言,边际收益仍然是递减的。

(3) 边际收益递减规律是以假定其他生产要素投入量不变即生产规模不变为前提的。如果生产规模发生变动,边际收益也会发生变动,但是相对于新的生产规模而言,增加可变要素的边际收益仍然是递减的。

(4) 所增加的生产要素是同质的,不存在技术性与非技术性要素的区别。如果增加的第二个单位的生产要素比第一个单位的更为有效,则边际收益不一定递减。

(5) 以可变要素投入量超过一定界限为前提。在此之前,因固定要素相对过多,增加可变要素投入还会出现收益递增的现象。

【经济学小贴士 4-2】 边际收益递减规律

18～19 世纪英国著名的经济学家马尔萨斯说:"如果没有收益递减,在一个花盆里就可以种出养活全世界人口的粮食。"因为只需要不停地往里面添加肥料和劳动力就行了。事实上这是不可能的。

在其他行业的生产中也存在边际收益递减。例如,有一个蛋糕店,它的蛋糕是烤制的,但只有一个烤炉。在只有一个人工作的时候,他既要烤蛋糕,又要接电话、招待顾客、清理桌子等,他每小时可以生产 10 个蛋糕。如果增加第二个人,他可以专心地烤蛋糕,每个小时能生产 15 个蛋糕。但如果再增加第三个人,烤炉前面就会出现拥挤,每个小时很难再生产 15 个蛋糕。如果再继续增加工人,每增加一个工人增产的蛋糕会越来越少,直到增加到某一个人的时候不可能再增加产出,这时候边际收益下降为零。

上面所说的生产活动有空间或设备的限制。我们再来看，如果没有这种限制，是否存在边际收益递减规律。

比如一个独立会计师，他的工作是为私人纳税人准备报税单，这种工作可以说不受空间和设备的限制。但我们可以想象，如果他连续工作8小时甚至更多时间，他的工作效率会越来越低。在往后的时间里，他每个小时能完成的报税单一定会比前面的时间要少。到某个时候，他必须休息，停止工作，边际产出下降为零。可见，由于人的头脑和体力的限制，边际收益递减是不可避免的。

要注意，边际收益递减的前提是其他条件不变，增加某种生产要素投入。在这个前提下，生产过程中迟早会出现边际收益递减，即投入的生产要素越多，边际产出越少。在上面的例子中，如果蛋糕店扩大了营业面积、增加烤炉的数量，或者会计师聘请了助手，或是改用了先进的电脑系统，就不能用边际收益递减规律来描述。

4.2.2 总产量、平均产量与边际产量

西方经济学家根据边际收益递减规律来分析某一种生产要素的合理投入问题。为了说明产量变动情况，把产量分为总产量、平均产量与边际产量。

总产量(Total Product，简称 TP)指生产要素既定的情况下所生产出来的全部产量。假定除一种生产要素外其余所有生产要素的数量都保持不变，在这种情况下，随着可变要素使用量的变化，总产量也发生变化。由于总产量随着可变生产要素的变化而变化，因此，经济分析中把总产量看作是变动生产要素的总产量。假定只有资本和劳动两种生产要素的生产函数，当资本投入量固定而劳动投入可变时，劳动的总产量可以表示为

$$TP_L = f(L, K_0)$$

平均产量(Average Product，简称 AP)是指平均每单位生产要素投入的产出量。由于固定生产要素是不变的，所以平均每单位生产要素所生产的产量等于总产量除以可变要素的投入量。因此，平均产量也叫做可变要素的平均产量。如果可变要素是劳动，当企业使用的劳动量为 L 时，劳动的平均产量为

$$AP_L = \frac{f(L, K_0)}{L}$$

边际产量(Marginal Product，简称 MP)是指每增加一单位某种生产要素所增加的总产量，即所增加的最后一单位某种生产要素所带来的产量的增量。由边际产量的定义可知，只有可变要素才会有边际产量。如果用 ΔL 表示可变要素劳动的增加，用 ΔTP_L 表示产量的增加量，则增加的劳动的边际产量为

$$MP_L = \frac{\Delta TP_L}{\Delta L}$$

运用微积分的知识，我们可以知道，当劳动的增量趋于无穷小时，取得极限为

$$MP_L = \lim_{\Delta L \to \infty} = \frac{\Delta TP_L}{\Delta L} = \frac{\mathrm{d}TP_L}{\mathrm{d}L}$$

在数学上，边际产量是总产量对可变生产要素求一阶导数。

假定生产某种产品中所用的生产要素是资本与劳动，其中资本是固定的，劳动是可变的，则总产量、平均产量与边际产量的变动规律如表 4－1 所示。

表 4－1　总产量、平均产量与边际产量

资本量(K)	劳动量(L)	劳动增量(ΔL)	总产量(TP)	边际产量(MP)	平均产量(AP)
10	0	0	0	0	0
10	1	1	8	8	8
10	2	1	20	12	10
10	3	1	36	16	12
10	4	1	48	12	12
10	5	1	55	7	11
10	6	1	60	5	10
10	7	1	60	0	8.6
10	8	1	56	−4	7

在表 4－1 中，资本的投入始终不变，为 10，劳动的投入连续发生变化。随着劳动投入的变化，总产量随之变化，直到劳动投入为 6 之前，总产量一直上升。当劳动的投入从 6 个单位增加到 7 个单位时，总产量保持不变。当劳动从 7 个单位增加到 8 个单位时，总产量从 60 个单位下降到 56 个单位。这说明在生产中，在其他生产要素数量不变的情况下，当某些要素投入增加到一定点之后不能再继续增加该要素的投入，否则不仅不会使总产量增加，反而使总产量下降。我们还可以看出，尽管在劳动投入为 6 个单位之前，总产量一直是增加的，但是在劳动投入的不同阶段，总产量递增的速率是不同的。在劳动投入的初期，总产量以递增的速率增加；在劳动投入的后期，总产量以递减的速率增加。

当资本的投入不变时，随着劳动投入的增加，平均产量先上升后下降；边际产量也是先上升后下降，达到某一点后，边际产量出现负值。根据表 4－1 可以作出图 4－1。

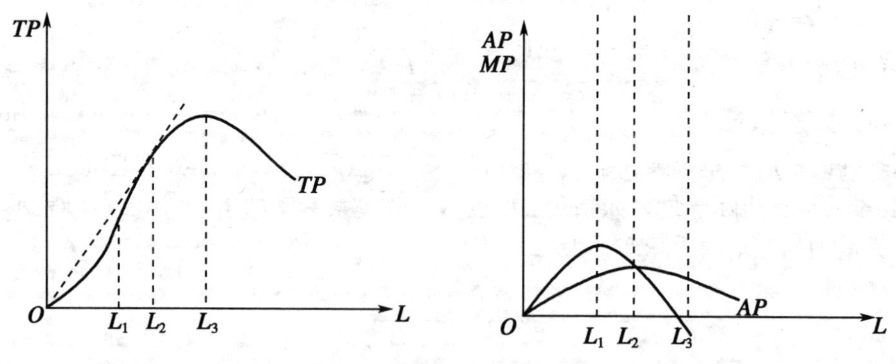

图 4－1　总产量、平均产量与边际产量

在图 4－1 中，横轴代表劳动量，纵轴代表总产量、平均产量和边际产量，TP 为总产量曲线，AP 为平均产量曲线，MP 为边际产量曲线。

用边际收益递减规律可以解释总产量曲线、平均产量曲线和边际产量曲线相互之间的关系，主要有以下三个方面：

(1) 关于总产量曲线与边际产量曲线之间的关系。只要边际产量为正值，总产量总是增加的，只要边际产量为负值，总产量总是减少的。相应的，在图中，当边际产量为正值时，TP 曲线是上升的。必然有，当边际产量为零时，TP 曲线达到最大值。因为 $MP=\mathrm{d}TP/\mathrm{d}L$，所以在每一产量上的边际产量值就是 TP 曲线的斜率，因而在边际收益递增阶段，TP 曲线的斜率随着 MP_L 曲线的上升而递增；在边际收益递减阶段，TP 曲线的斜率随着 MP 曲线的下降而递减。当 MP 曲线达到最大值时，TP 曲线相应地存在一个拐点。

(2) 关于平均产量与边际产量曲线之间的关系。边际产量曲线与平均产量曲线一定要在平均产量曲线的最高点相交。在相交之前，平均产量是递增的，这时边际产量大于平均产量；在相交之后，平均产量是递减的，这时边际产量小于平均产量；在相交时，平均产量达到最大，这时边际产量等于平均产量。此时，边际产量的变动快于平均产量的变动。

(3) 关于平均产量曲线与总产量曲线之间的关系。由于 $AP=TP/L$，所以平均产量曲线是总产量曲线上的点与原点连线的斜率值的轨迹。由此可以说明：当 AP 曲线达到最高点时，在 TP 曲线上必然存在相应的一点，该点与原点的连线在 TP 曲线上所有的点与原点连线中最陡。

4.2.3 生产的三阶段和生产要素投入的合理区域

微观经济学根据总产量曲线、平均产量曲线和边际产量曲线，将生产分为三个阶段(见图 4-2)。

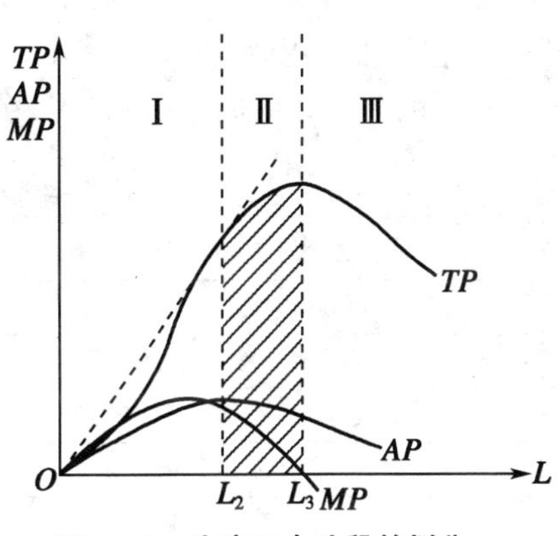

图 4-2 生产三个阶段的划分

第一阶段是劳动量从零增加到 L_2 这一阶段。在这一阶段总产量先以递增的幅度增加，转而又按递减的幅度增加。与此相对应，边际产量起初是递增，当达到最大值时转而递减。平均产量则连续上升，并达到最大值。这一阶段的显著特征是，平均产量递增，边际产量大于平均产量。这一特征表明，和可变投入劳动相比，不变投入资本太多，因而增加劳动量是有利的，劳动量的增加可以使资本的作用得到充分发挥。任何有理性的厂商通常不会把可变投入的使用量限制在这一阶段内。

第二阶段是从劳动量从 L_2 增加到 L_3 这一阶段。在这一阶段总产量继续以递减的幅度增加，直到达到最大值。相应的，边际产量继续递减，直至等于零。平均产量在最大值处与边际产量相等并转而递减。这一阶段的显著特点是平均产量递减，边际产量小于平均产量。

第三阶段是劳动量增加到 L_3 点之后。这一阶段的显著特征是总产量递减和边际产量为负值。这一特征表明与不变投入资本相比，可变投入劳动太多，也不经济，这时即使劳动要素是免费的，厂商也不愿意增加劳动投入量在第三阶段经营，因为这时只要减少劳动投入量就可以增加总产量。理性的厂商也不会在这一阶段进行生产。

综上所述，生产进行到第二阶段最合适，因此劳动量的投入应在 L_2 与 L_3 之间这一区域，这一区域为生产要素合理投入区域，又称经济区域，其他区域都不是经济区域。但是劳动量的投入究竟应在这一区域的哪一点上，还要结合成本来考虑。

一种可变生产要素的合理投入同生产者行为目标相联系。假定生产者不以利润最大化而以产量最大化为目标，可以不考虑单位产品成本，可变要素投入以第二区域右边为界，即劳动投入量为 OL_3；假定生产者不以产量最大化为目标，而是追求平均成本最低，那么一种可变要素投入应在第一区域的右边界，因为当劳动投入量为 OL_2，平均产量达到了最大，即单位产品平均成本最低。

4.3 长期生产函数

在长期内，所有的生产要素都是可变的，那么对于一个生产者来说，在利用多种生产要素生产一种产品时，就应该实现生产要素的最佳配置。长期生产理论主要分析这样一个问题：生产者按照什么原则来选择最佳生产要素的配置，从而实现既定成本下产量最大，或既定产量下成本最小。下面以两种可变生产要素生产一种产品为例进行分析，分析中将运用等产量曲线和等成本线。

4.3.1 等产量线

1. 等产量线(Isoquants Curve)的含义及特征

等产量线表示在一定的技术条件下，某一固定数量的产品可以用所需要的各种生产要素的不同数量的组合生产出来。

例如，假定用劳动(L)和资本(K)两种生产要素生产某产品，它们可以有各种不同的组合。为生产 400 单位的某种产品，劳动和资本可按照表 4-2 所示的几种方式组合。

表 4-2 两种要素投入的等产量组合

组合方式	劳动(L)	资本(K)	产量(Q)
A	1	6	400
B	2	3	400
C	3	2	400
D	6	1	400

根据表 4-2，可以作出等产量线，如图 4-3 所示。

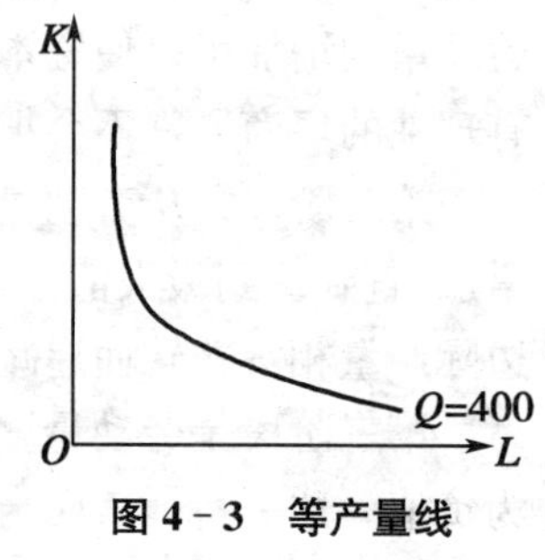

图 4-3 等产量线

在图 4-3 中，横轴 OL 代表劳动量，纵轴 OK 代表资本量，Q 代表等产量线，线上任何一点劳动和资本的组合都能生产相同的产量。

等产量线与无差异曲线的几何性质和经济分析十分相似，但是它们仍有一个重要区别：等产量线表达的是投入品数量与产出量之间的纯技术关系，它表示要生产出一定数量的产品，等产量线上每一点所代表的两种要素数量组合是有效率的。

等产量线具有以下特征：

(1) 在同一平面上可以有无数条等产量线。同一条等产量线代表相同的产量，不同的产量线代表不同的产量，离原点越远的等产量线所代表的产量越高，离原点越近的等产量线所代表的产量越低。

(2) 在同一平面图上，任意两条等产量线决不能相交，否则在交点上两条等产量线代表了相同的产量水平，这与第二个特征相矛盾。

(3) 等产量线是一条凸向原点的线。这一点要用边际技术替代率这一概念来加以说明。

*2. 边际技术替代率(Marginal Rate of Technical Substitution)

等产量线代表不同的要素投入组合能够得到等量产品，即为了生产等量产品，既可以采用多用劳动(L)少用资本(K)的生产方法，也可以采取少用劳动多用资本的生产方法，劳动与资本之间存在着相互替代关系，增加劳动投入可以相应地减少资本的投入，增加资本投入则可减少劳动的投入，这种互相替代的投入，便称为生产要素的边际技术替代率。也就是说，边际技术替代率是指维持相同产量水平量，增加一种生产要素的数量与可以减少的另一种生产要素的数量之比。例如，增加 L(劳动)可以减少 K(资本)，增加的 L 的数量与减少的 K 的数量之比就是以 L 代替 K 的边际技术替代率，写作 $MRTS_{LK}$。如以 ΔL 代表 L 的增量，以 ΔK 代表 K 的减少量，则

$$MRTS_{LK} = \frac{-\Delta K}{\Delta L}$$

根据表 4-2 中的数据，可以计算出 $MRTS_{LK}$ 的值，如表 4-3 所示。

表 4-3 边际技术替代率的变化

变动情况	L 的增加量	K 的减少量	$MRTS_{LK}$
A→B	1	3	3
B→C	1	1	1
C→D	3	1	0.33

从表 4-3 可以看出，边际技术替代率是递减的。这就是说，随着劳动投入量的增加，为保持相同的产量水平，增加每一单位劳动投入所能替代的资本投入量是逐渐减少的。边际技术替代率之所以递减，是因为边际收益递减规律的作用之故。其一，在劳动投入方面，随着劳动投入量的增加，劳动的边际产品递减。其二，在资本投入方面，随着资本投入量的减少，资本的边际产量递增。如果反过来用资本替代劳动，情况也是一样。因此，在一条等产量线上，当一种生产要素不断地替代另一种生产要素时，其边际技术替代率是递减的。

边际技术替代率实际上就是等产量线的斜率，因此如果要计算等产量线上某一点的边际技术替代率，只要求出等产量线上该点的切线斜率值即可。由于边际技术替代率是递减的，等产量线的斜率是递减的，所以等产量线就是一条向原点凸出的曲线。

【思考 4-2】 如何区分边际收益递减规律和边际技术替代率递减规律？

边际收益递减规律又称边际报酬递减规律或边际产量递减规律，指在技术水平不变的条件下增加某种生产要素的投入，当该生产要素投入数量增加到一定程度以后，增加一单位该要素所带来的产量增加量是递减的，边际收益递减规律是以技术水平和其他生产要素的投入数量保持不变为条件的。此外，只有当可变投入增加到一定程度之后边际产量才递减。

边际技术替代率是指在总产量不变的前提下，一种生产要素增加一单位时，另一种生产要素减少的数量的比率。由于边际收益递减规律的作用，不断增加一种生产要素所能代替的另一种生产要素将越来越少，所以边际技术替代率会递减。

4.3.2 等成本线

等产量线上任何一点都代表生产一定产量的两种要素的组合，厂商生产过程中选择哪种要素组合才最好呢？它取决于生产这些产量的总成本。因此，要讨论要素的最优组合，需要引入等成本线这一概念。

等成本线是(Isocost Curve)指生产要素价格一定时，花费一定的总成本能购买的生产要素组合。

设每单位资本(一台机器)的价格 $P_K = 1\,000$ 元，每单位劳动的价格(年工资) $P_L = 2\,500$ 元，总成本 $C = 15\,000$ 元，K 和 L 分别代表资本量和劳动量，则有

$$C = P_L L + P_K K$$

$$15\,000 = 1\,000K + 2\,500L$$

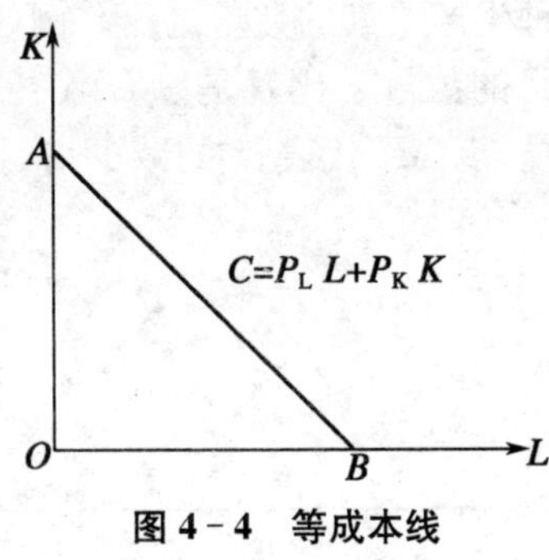

图 4-4 等成本线

这就是说，这 15 000 元的总成本如果全部买机器，可买 15 台，全部购买劳动，可雇用 6 个劳动力。对于任一给定的 L 值，可以从方程中求出相应的 K 值。等成本线类似于消费者的消费可能线，在几何学性质和经济分析上十分类似，有的经济学家也把等成本线称为企业预算线。等成本线斜率之绝对值等于两种生产要素价格之比。

4.3.3 生产要素的最优投入组合

厂商的最优组合点，不仅取决于技术上是否可能，还取决于经济上是否合理(即成本状况)，厂商的理性决策，就是同时考虑技术上和经济上两方面的因素，选择一种要素投入的组合，使得生产者能够在既定产量下所费成本最小，或者在既定成本下所生产的产量最大。

无论产量既定成本最小还是成本既定产量最大，要素投入的最优组合点，在图形上都是等产量线与等成本线相切的切点，即最优投入组合就是等产量线与等成本线相切的切点，即最优投入组合就是等产量线与等成本线的切点所代表的组合。现分两种情况分别说明如下。

1. 成本既定，产量最大

如图 4-5 所示，由于成本既定，所以只有一条等成本线 AB。Q_1、Q_2、Q_3 是三条等产量线，其中 Q_3 代表的产量水平最高，Q_2 次之，Q_1 代表的产量水平最低。AB 与 Q_1 相交，与 Q_2 相切，与 Q_3 既不相交也不相切。这意味着，较低水平的产量 Q_1，可以在既定的成本条件下生产，但不经济；较高水平的产量 Q_3，虽经济，但在既定的成本条件下不可能达到；只有在 AB 与 Q_2 的切点 E 上才实现了生产要素的最优组合。这就是说，在成本既定的条件下，购买 OM 的劳动，ON 的资本可以获得最大产量。E 点为生产者均衡点。

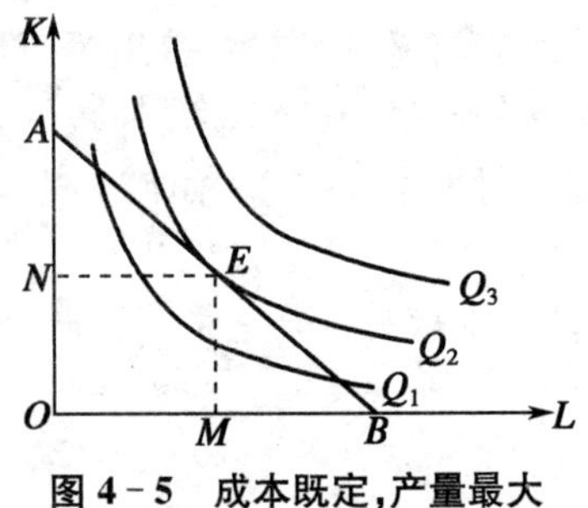

图 4-5 成本既定，产量最大

2. 产量既定，成本最小

如图 4-6 所示，由于产量既定，所以只有一条等产量线 Q，K_1L_1、K_2L_2、K_3L_3 分别表示总成本为 C_1、C_2、C_3 的三条等成本线。其中 K_1L_1 代表的成本最低，K_2L_2 次之，K_3L_3 代表的成本最高。Q 与 K_3L_3 相交，与 K_2L_2 相切，与 K_1L_1 既不相交也不相切。这意味着，用较高的成本 C_3 可以生产产量 Q，但不经济；用较低的成本 C_1 虽然经济，但无法生产产量 Q；而用成本 C_2 生产产量 Q，既可能又最经济。我们将既定的等产量线 Q 和等成本线 C_2 的切点 E 称作生产者均衡点，它表示该点的投入组合是既定产量时成本最小的组合。

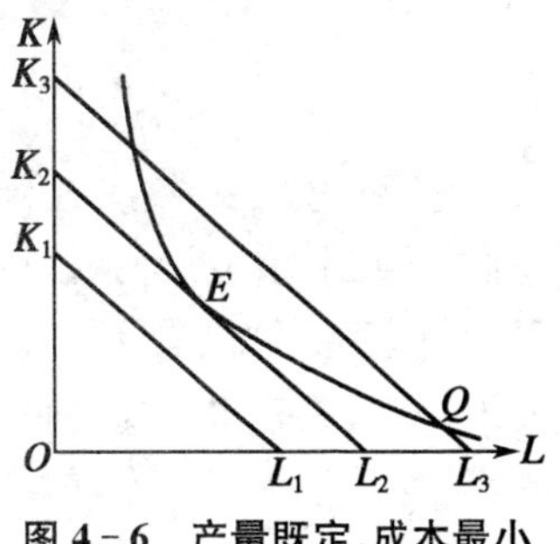

图 4-6　产量既定，成本最小

上述两种情况说明，要实现生产要素的最优投入组合，必须使一定的成本获得最大的产量，或者使一定的产量水平只需付出最小的成本。生产要素的最优投入组合意味着资源的最优配置。

在切点 E，等成本线和等产量线的斜率相等。等成本线的斜率等于两种生产要素的价格的比率，而等产量线的斜率等于两种要素的边际产量的比率，于是有

$$\frac{P_{\mathrm{L}}}{P_{\mathrm{K}}}=\frac{MP_{\mathrm{L}}}{MP_{\mathrm{K}}}$$

即

$$\frac{MP_{\mathrm{L}}}{P_{\mathrm{L}}}=\frac{MP_{\mathrm{K}}}{P_{\mathrm{K}}}$$

这意味着厂商为了能在既定产量下所费成本最小或能在既定成本下所生产的产量最大，必须使其单位成本支出所获得的各种要素的边际产量都相等，这就是两种生产要素最佳组合的原则。

*4.3.4　生产扩张线

在其他条件不变的情况下，如果厂商的总成本变化，会使等成本线发生平行移动。不同的等成本线与不同的等产量线相切，会得出不同成本条件不同的生产要素最优组合点，将这些点连接在一起就可以得出扩张线，其含义是厂商沿着这条线扩大生产时可以实现生产要素的最优组合，从而使生产沿着最有利的方向发展。如图 4-7 所示。

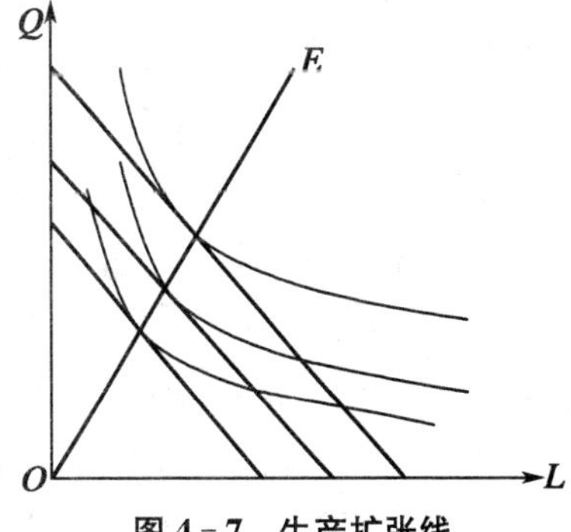

图 4-7　生产扩张线

图 4-7 中，在生产要素价格、技术水平和其他条件不变的情况下，如果厂商改变成本，等成本曲线会发生平移，从而与新的等产量曲线相切，形成新的均衡点，代表了生产要素新的最适组合点，将这些最适组合点连接起来的直线就是生产扩张线。

4.4 规 模 报 酬

经济学中另一个关于产量随投入量变化而变化的概念是规模报酬(Return to Scale)。我们注意到,造船厂、钢铁厂没有数千个工人够不上规模,而服装厂、食品厂若雇千把个工人恐怕就大而不当了。可见,不同的生产技术有不同的适度规模。造船厂太小,效率不高;服装厂太大,效率也不高。换言之,当生产规模逐渐扩大时,对某些生产技术,效率就越来越高,对另一些生产技术,效率会越来越低,这就是所谓规模报酬问题。

4.4.1 规模报酬的含义

规模报酬又称为规模收益,是指厂商同比例地变动所有的投入量而产生的产量变动,也就是因生产规模的变动而引起的产量变动的情况。规模报酬也是以技术水平的基本不变为前提的,它与边际收益递减规律的差别在于不是考察一种生产要素变动对产量的影响,而是考察所有生产要素变动对产量的影响。

随着各种生产要素的增加和生产规模的扩大,收益(即产量)的变动大致要经过三个阶段:第一阶段,收益增加的幅度大于规模扩大的幅度,这是规模收益递增阶段;第二阶段,收益增加的幅度与规模扩大的幅度相等,这是由规模收益递增到规模收益递减的过渡阶段,称为规模收益不变阶段;第三阶段,收益增加的幅度小于规模扩大的幅度,甚至收益绝对减少,这就是规模收益递减阶段。一般来说,大多数厂商的生产规模连续扩大都会经历这三个阶段,即先有一段规模收益递增,接着转入规模收益不变阶段,然后转入规模收益递减阶段。

4.4.2 规模报酬变动的原因

西方经济学家用内在经济与内在不经济、外在经济与外在不经济来解释规模报酬的变动问题。

1. 内在经济与内在不经济

内在经济(Internal Economics)是指一个厂商从自身规模扩大中获得递增的规模收益。引起内在经济的因素或原因主要有:

(1) 技术。生产规模扩大,可以购置和使用更加先进的机器设备;可以提高专业化程度,提高生产效率;还有利于实行资源的综合开发和利用,使生产要素效率得到充分发挥。

(2) 管理。巨大的工厂规模能使厂商内部管理系统高度专门化,有利于各部门管理者成为某一方面的专家,从而提高管理水平和工作效率。

(3) 购销。大厂商从大宗产品的销售和原料购买中获得更大好处。订购大批原料可获得各种优惠条件,大宗产品的销售能节约销售成本。

(4) 金融。在为企业扩展筹措资金时,大厂商具备一切有利条件,容易获得银行贷款,因为它可以提供更大的财产担保;能比小厂商以更低的费用发行股票和债券来筹集资金,因为它更能取得投资者的信任。由此可见,工厂规模的扩大可以使厂商从很多方面获得内在经济,从而获得递增的规模收益。但是,如果一个厂商不断地扩大工厂规模,到了一定程度,会因管理越来越复杂而使管理效率下降;增加生产要素供给和产品销售困难,使生产要素价格与销售费用增加。因此,规模收益将会出现递减的趋势,这种情况就称为内在不经济。

【经济学小贴士 4-3】 分工与专业化

亚当·斯密在其名著《国民财富的性质和原因的研究》中根据他对一个扣针厂的参观描述了一个例子。斯密所看到的工人之间的专业化和引起的规模经济给他留下了深刻的印象。他写道：

"一个人抽铁丝，另一个人拉直，第三个人截断，第四个人削尖，第五个人磨光顶端以便安装圆头；做圆头要求有两三道不同的操作；装圆头是一项专门的业务，把针涂白是另一项；甚至将扣针装进纸盒中也是一门职业。"

斯密说，由于这种专业化，扣针厂每个工人每天生产几千枚针。他得出的结论是，如果工人选择分开工作，而不是作为一个专业工作者团队，"那他们肯定不能每人每天制造出 20 枚扣针，或许连一枚也造不出来"。换句话说，由于专业化，大扣针厂可以比小扣针厂实现更高人均产量和每枚扣针更低的平均成本。

斯密在扣针厂观察到的专业化在现代经济中普遍存在。例如，如果你想盖一幢房子，你可以自己努力去做每一件事。但大多数人找建筑商，建筑商又雇用木匠、瓦匠、电工、油漆工和许多其他类型的工人。这些工人专门从事某种工作，而且，这使他们比作为通用型工人时做得更好。实际上，运用专业化实现规模经济是现代社会像现在一样繁荣的一个原因。

2. 外在经济与外在不经济

外在经济(External Economics)是指整个行业规模扩大时给个别厂商所带来的收益增加。引起外在经济的因素或原因是：行业规模的扩大可以设立专业技术学校培养熟练劳动力和工程技术人员，提高整个行业的劳动力素质；可以建立共同的服务组织，如市场推销机构、信息机构和科研机构等，从而提高整个行业的经济效益；可以建立较便利的交通运输和通讯网络。此外，行业规模的扩大如同厂商规模扩大一样，能够在行业内部实行更好的专业化协作，提高各个厂商的生产效率。但是，这不是说行业规模越大越好。若行业规模过大，厂商之间互相争购原料和劳动力，从而导致要素价格上升，成本增加。其次，行业规模过大也会加重环境污染，交通紧张，个别厂商要为此承担更高的代价。因此，行业规模过大将会导致外在不经济，使厂商的规模收益递减。

*4.4.3 规模报酬的表示方法

1. 规模报酬递增

规模报酬递增是指当企业的生产规模扩大时，企业产量或者收益的增加速度快于生产要素投入的增加速度。例如，当企业投入增加一倍时(100%)，即规模扩大一倍，企业的收益增加量大于一倍(超过 100%)。这就是常说的出现了规模经济。

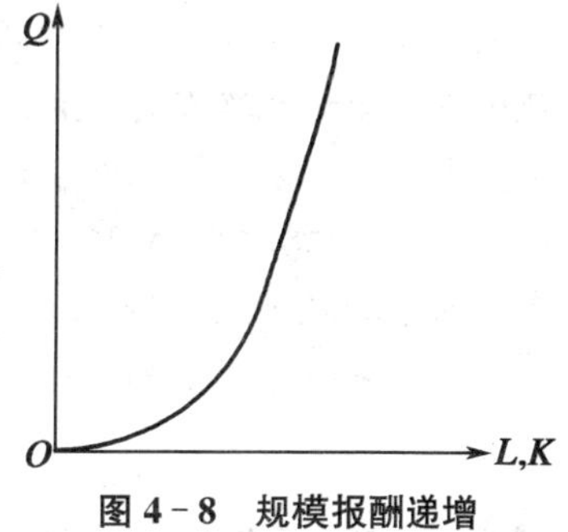

图 4-8 规模报酬递增

2. 规模报酬不变

规模报酬不变是指当企业的生产规模扩大时，企业产量或者收益的增加速度等于生产要素投入的增加速度。

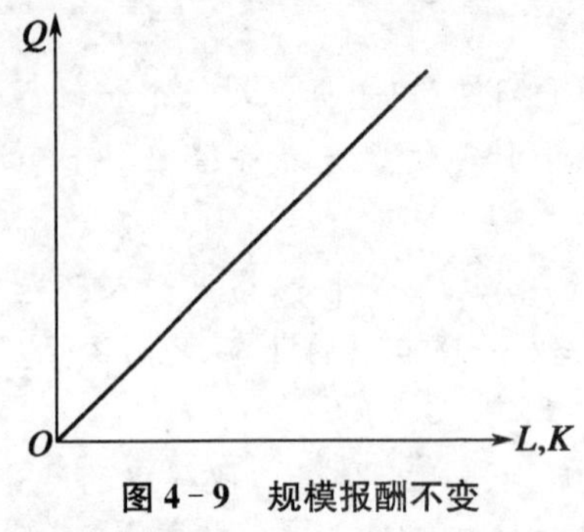

图 4-9 规模报酬不变

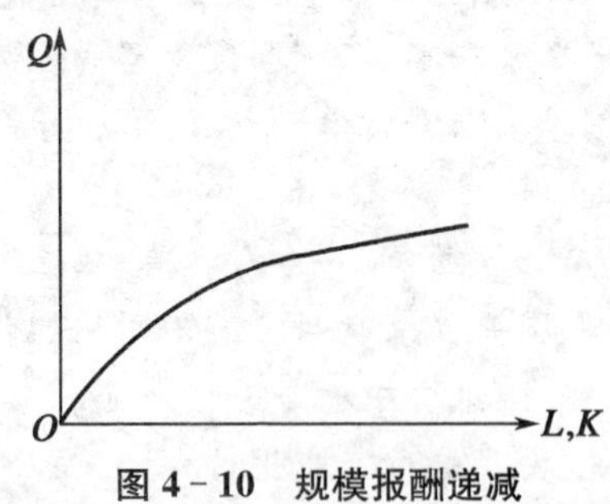

图 4-10 规模报酬递减

3. 规模报酬递减

规模报酬递减是指当企业的生产规模扩大时，企业产量或者收益的增加速度慢于生产要素投入的增加速度。这就是常说的出现了规模不经济。

总之，一个行业或一个厂商生产规模过大或过小都是不利的，每个行业或厂商都应根据自己生产的特点确定一个适度规模。厂商选择适度规模的原则，是尽可能使生产规模处在规模收益不变阶段。如果一个厂商的规模收益是递增的，则说明该厂商的生产规模过小，此时应扩大规模以取得规模收益递增的利益直到规模收益不变为止。如果一个厂商的规模收益是递减的，则说明厂商的生产规模过大，此时应缩小生产规模以减少规模过大的损失，直到规模收益不变为止。

对于不同行业的厂商来说，适度规模的大小是不同的，并没有一个统一的标准。在确定适度规模时应该考虑的因素主要是：

(1) 本行业的技术特点。一般来说，需要的投资量大，所用的设备复杂先进的行业，适度规模也就大；相反，需要的投资少，所用的设备比较简单的行业，适度规模也小。

(2) 市场条件。一般来说，生产市场需求量大，而且标准化程度高的产品的厂商，适度规模也就应该大；相反，生产市场需求小，而且标准化程度低的产品的厂商，适度规模也应该小。

【经济学小贴士 4-4】 铁路业的规模报酬

20 世纪以后，尽管遇到不少资金问题，但铁路运输仍不断发展。规模对铁路运输业有无影响？要研究铁路运输业是否存在规模经济效应，需要一系列指标。首先可以用运输密度来度量投入。运输密度指的是在一特定线路上每单位时间内铁路可以承运的货物吨数。产出以沿着该线路在特定时间内运输的货物总重量计。产出与投入之间的规模报酬关系如何？大量研究表明，起初，在运输密度值较小时存在着规模报酬递增效应，因为在运输密度增加以后，铁路管理部门可以统筹规划，制定出适宜的、富有效率的运输方案。但是，当运输密度的增加超过某一值(这一点称为有效密度)后，会出现规模报酬递减。因为超负荷的运输量已经多得难以规划，运输速度也将有所下降。这种现象只有在运输密度值很大时才会出现。

案例 4-1 马尔萨斯和食品危机

经济学家马尔萨斯的人口论(1798)的一个主要依据便是边际报酬递减规律。他认为，随着人口的膨胀，地球上有限的土地将无法提供足够的食物。最终，劳动的边际产量与平均产量下降，但又有更多的人需要食物，因而会产生大的饥荒。幸运的是，人类的历史没有按马尔萨斯所说的状况发展(尽管他正确地指出了“劳动边际报酬”递减)。

20世纪,劳动技术改变了许多国家(包括发展中国家,如印度)的生产方式,劳动的平均产出因而上升。这些进步包括高产抗病的良种,更高效的化肥,更先进的收割机械。在二战结束后,世界上总的食物生产的增幅总是或多或少的高于同期人口的增长。

粮食产量增长的源泉之一就是农用土地的增加。例如,1961～1975年,在非洲,农业用地所占的百分比从32%上升到33.3%,拉丁美洲则从19.6%上升到22.4%,在远东地区,该比值则从21.9%上升到22.6%,但同时,北美的农业用地则从26.1%降至25.5%,西欧由46.3%降至43.7%。显然,粮食产量的增加在更大程度上是由于技术的改进,而不是农业用地的增加。

在一些地区,如非洲的撒哈拉,饥荒仍是个严重的问题,劳动生产率低下是其中的原因之一。虽然其他一些国家存在着农业剩余,但由于食物从生产率高的地区向生产率低的地区的再分配的困难和生产率低地区收入亦低的缘故,饥荒仍威胁着部分人群。

思考题:

1. 什么是边际报酬递减规律?举例说明。
2. 马尔萨斯预言的情况为什么没有出现?

案例4-2 引进自动分拣机是好事还是坏事?

近年来我国邮政行业实行信件分拣自动化,引进自动分拣机代替工人分拣信件,也就是多用资本而少用劳动力。假设某邮局引进一台自动分拣机,只需一人管理,每日可以处理10万封信件。如果用人工分拣,处理10万封信件需要50个工人。在这两种情况下都实现了技术效率。但是否实现了经济效益还涉及价格。处理10万封信件,无论用什么方法,收益是相同的,但成本如何则取决于机器与人工的价格。假设一台分拣机为400万元,使用寿命10年,每年折旧为40万元。再假设利率为每年10%,每年利息为40万元,再加分拣机每年维修费与人工费用5万元。这样,使用分拣机的年成本为85万元。假设每个工人工资1.4万元,50个工人共70万元,使用人工分拣年成本为70万元。在这种情况下,使用自动分拣机实现了技术效率,但没有实现经济效益,而使用人工分拣既实现了技术效率,又实现了经济效益。

从上面的例子中可以看出,在实现了技术效率时,是否实现了经济效益就取决于生产要素的价格。如果仅仅从企业利润最大化的角度看,可以只考虑技术效率和经济效益。这两种效率的同时实现也就是实现了资源配置效率。当然,如果从社会角度看问题,使用哪种方法还要考虑每种方法对技术进步或就业等问题的影响。

思考题:

1. 单纯从企业利润的角度考虑,是否引进自动分拣机取决于什么?
2. 从整个社会的福利来看,还需要考虑哪些因素?

强化练习题

一、单项选择题

1. 总产量曲线的斜率是(　　)。

A. 总产量　　B. 平均产量　　C. 边际产量　　D. 以上都不是

2. 当TP下降时,(　　)。

A. AP_L 递增　　B. AP_L 为零　　C. MP_L 为零　　D. MP_L 为负

3. 当 AP_L 为正且递减时，MP_L 是（　　）。

A. 递减　　B. 负的　　C. 零　　D. 以上任何一种

4. 生产过程中某一可变要素的收益递减，这意味着（　　）。

A. 可变要素投入量的增长和产量的增长等幅变化

B. 产量的增长幅度小于可变要素投入量的增长幅度

C. 可变要素投入量的增长幅度小于产量的增长幅度

D. 产量的增长幅度大于可变要素投入量的增长幅度

5. 生产的第二阶段始于（　　），止于（　　）。

A. $AP_L=0, MP_L=0$　　B. $AP_L=MP_L, MP_L=0$

C. $AP_L=MP_L, MP_L<0$　　D. $AP_L>0, MP_L=0$

6. 等产量线上某一点的切线斜率绝对值表示（　　）。

A. 边际替代率　　B. 边际技术替代率

C. 等成本线的斜率　　D. 边际报酬率

7. 如果某厂商增加 1 单位劳动使用量能够减少 3 单位资本，而仍生产同样的产量，则 $MRTS_{LK}$ 为（　　）。

A. 1/3　　B. 3　　C. 1　　D. 6

8. 下列说法中正确的是（　　）。

A. 生产要素的边际技术替代率是规模报酬递减造成的

B. 边际收益递减是规模报酬递减造成的

C. 规模报酬递减是边际收益递减规律造成的

D. 生产要素的边际技术替代率是边际收益递减规律造成的

9. 如果等成本曲线在坐标平面上与等产量曲线相交，那么要生产等产量曲线所表示的产量水平，就应该（　　）。

A. 增加成本支出　　B. 不能增加成本支出

C. 减少成本支出　　D. 不减少成本支出

10. 当某厂商以最小成本生产既定的产量时，该厂商（　　）。

A. 总收益为零　　B. 一定获得最大利润

C. 一定未获得最大利润　　D. 无法确定是否获得最大利润

二、判断题

1.（　　）边际产量总是小于平均产量。

2.（　　）当其他条件不变时，增加一种生产要素的投入，产量并不一定总是增加。

3.（　　）劳动边际产量为负时，总产量随着劳动投入量的增加而减少。

4.（　　）成本增加会使得等成本线往右平移。

5.（　　）规模报酬递减是由于边际收益递减造成的。

三、计算题

1. 已知生产函数为 $Q=f(K,L)=KL-0.5L^2-0.32K^2$，若 $K=10$，求：

(1) AP_L 和 MP_L 函数；

(2) AP_L 的最大值；

(3) MP_L 最大化时厂商雇用的劳动。

2. 已知某企业的生产函数为 $Q=L^{2/3}K^{1/3}$，劳动的价格 $P_L=2$，资本的价格 $P_K=1$。

(1) 当成本 $C=3\,000$ 时，企业实现最大产量时的 L、K 和 Q 的均衡值；

(2) 当产量 $Q=8\,000$ 时，企业实现最小成本时的 L、K 和 Q 的均衡值。

第5章 成本理论

本章学习目标

- 熟悉隐性成本的概念,经济利润和会计利润的区别;
- 掌握各类短期成本曲线的特点和关系;
- 理解利润最大化原则;
- 了解长期总成本和长期边际成本。

生产理论讨论的是厂商投入的生产要素与产出的产品之间的物质技术关系。本章将进一步考察厂商的生产成本与产量之间的关系,这对理解下一章将要分析的竞争企业和行业的供给决定有着十分重要的意义。

5.1 成本函数

5.1.1 成本的概念

成本(Cost)是生产者经营所支付的生产费用(Expense),或要素的所有者必须得到的报酬。厂商生产某种产品或提供某种劳务所花费的成本,等于生产要素的数量与单位要素的价格之乘积,在要素价格既定的条件下,厂商的生产成本将取决于生产要素的投入量。

生产经营者在进行决策分析时,不可避免地要考虑到成本,而且决策分析时所运用的成本概念也并非总是一般意义的成本概念,而会有一些特殊的成本概念。

1. 机会成本(Opportunity Cost)

机会成本是在资源有多种用途的情况下,一种资源用来生产某种产品时所放弃的其他产品的最大产量(或产值),或一种资源用来获得某种收入时所放弃的另一种最大的收入。详见第一章绪论。

2. 沉没成本(Sunk Cost)

沉没成本是指过去已经支出,现在的任何决策都无法避免的成本。沉没成本如同溢出的牛奶和摔破了的罐。在任何决策中,我们可以完全忘掉沉没成本。所有的生产和经营活动几乎都有一定的沉没成本。如果你打算自己经营小饭馆,你首先得熟悉饭馆业务。花在学习饭馆业务的时间、精力和资源大多是沉没成本,因此一旦你决定不从事这门生意,那些资源便白白浪费了。又如,某生产过程使用一种特殊机床,该机床在该生产之外一无所用,那么,当企业停止生产时,该机床的成本便会是沉没成本。由于沉没成本一旦形成之后再也不可避免,因此,涉及沉没成本的决策具有战略性意义。沉没成本对市场结构、企业的竞争策略等有重要影响。

为了简化分析,我们均假设固定成本即沉没成本。

【经济学小贴士 5-1】 与决策无关的沉没成本

在短期内,机会成本仅包括与决策有关的成本,而一些与决策无关的成本不列入其中。沉没成本是一个例子。经济学家认为,当成本已经发生而且无法收回时,这种成本是沉没成本。一旦成本沉没了,它就不再是机会成本了。因此当人们作出包括经营战略在内的各种社会生活决策时可以不考虑沉没成本。

例如,假定你经营的食品厂亏损,你为此而投入的厂房、设备等固定资本部分或全部不能得到补偿,在短期内,这些已经发生的固定成本不能通过你在退出该行业变卖收回,因此,企业的固定成本就是沉没成本。沉没成本数量规模对企业选择是否退出某个行业时具有重要的制约作用。如果企业成本结构中有不同比例的沉没成本,那么即使企业亏损了,其收益不能补偿成本,企业可能仍然不应退出,因为退出可能意味着承受更大的财务损失。所以,在决定生产多少时可以放心地不考虑这些成本,只要收益大于可变成本,企业仍可在亏损状态下经营。极端地说,如果所有的固定成本都是沉没成本,那么,只要收益没有低于可变成本,企业仍应当维持亏损以避免更大的财务损失。固定成本的大小对供给决策无关紧要。

沉没成本的无关性解释了企业是如何决策的。例如,在 20 世纪 80 年代初,美国很多大航空公司都有大量的亏损。美洲航空公司 1992 年报告的亏损为 4.73 亿美元,三角航空公司亏损 5.65 亿美元,而美国航空公司亏损 6.01 亿美元。但是,尽管亏损,这些航空公司仍然继续出售机票并运送乘客。在航空公司飞机飞行亏损的情况下,为什么航空公司的老板不停止他们的经营呢?

我们知道,航空公司的很多成本在短期中是沉没成本。如果一个航空公司买了一架飞机而不能转卖,那么飞机的成本就沉没了。飞机的机会成本只包括燃料的成本和机务人员的工资。只要飞行的总收益大于这些可变成本,航空公司就应该继续经营。而且,实际上,他们也是这么做的。

3. 显性成本(Explicit Cost)和隐性成本(Implicit Cost)

企业经营活动中实际发生的成本往往包括两部分:显性成本和隐性成本。

显性成本,指企业从事一项经济活动时所花费的货币支付,包括雇员工资,购买原材料、燃料及添置或租用设备的费用、利息、保险费、广告费以及税金等。这些成本都会在企业的会计账册上反映出来,因此,又称为会计成本。

隐性成本,指企业使用自有生产要素时所花费的成本。这种成本之所以称为隐性成本,是因为看起来企业使用企业主自有生产要素时不用花钱,即不发生货币费用支出。例如使用自有设备不用计折旧费,使用自己的原材料、燃料不用花钱购买,使用自有资金不用付利息,企业主为自己企业劳动服务时不用付工资,使用自有的房产不用付房租等等。然而,不付费用使用自有生产要素不等于没有成本。因为这些生产要素如不自用,完全可以租给别人使用而得到报酬,他们所失去的这种报酬就是企业使用自有要素的机会成本,这种成本就是隐性成本。

4. 私人成本(Private Cost)与社会成本(Social Cost)

私人成本是企业从事生产活动实际支付的一切成本。社会成本是整个社会为这项生产活动所支付的一切成本。比如,一个化工厂将生产过程中产生的废物倒入厂边的小河,对该厂来说,处理废物的私人成本就是将废物投入河中的费用。但是,一旦河流被污染,由此带来疾病,生态环境被破坏,则需要其他方面支付费用进行治理,从而构成社会成本。

除了以上几种成本概念外,还有许多不同的成本概念,如总成本、平均成本、边际成本等,将在下一节中详细介绍。

5.1.2 成本函数

成本函数(Cost Function)指在技术水平和要素价格不变的条件下,成本与产出之间的相互关系。成本理论主要分析成本函数。

成本函数和成本方程不同,成本函数说的是成本和产量之间的关系,成本方程说的是成本等于投入要素价格的总和,如果投入的是劳动 L 和资本 K,其价格为 P_L 和 P_K,则成本方程是 $C=L \cdot P_L+K \cdot P_K$。成本方程是一个恒等式,而成本函数则是一个变量为产量的函数式

$$C = f(Q)$$

式中:C 为成本,Q 为产量。

5.2 短期成本函数

西方经济学家在具体分析成本时,把成本分为短期成本与长期成本。短期内厂商生产投入的部分生产要素是固定的,不随产量的变化而变化,称为固定生产要素;部分生产要素是可变的,随产量的变化而变化,称为可变生产要素。其中支付固定生产要素的费用构成了固定成本,支付可变生产要素的费用构成了可变成本。所以,短期成本有固定成本和可变成本之分。具体来说,短期成本有以下几种:固定成本、可变成本、短期总成本、短期平均成本和短期边际成本。

5.2.1 短期成本的概念

1. 短期总成本

短期总成本(Short-run Total Cost,简称 STC)指厂商在短期内生产一定产量需要的成本总额,它是短期内每一产量水平的固定成本和可变成本之和。

短期固定成本(Short-run Fixed Cost,简称 TFC)是指短期中购买不变要素的支出,是与产量无关的成本,它不随产量的变动而变动,是个常数,即使企业停产也照样存在,主要包括厂房和机器设备的租金、固定资产折旧等等。

短期可变成本(Short-run Variable Cost,简称 TVC)是指短期中购买可变要素的支出,它随产量的变化而变化,是产量的函数,主要包括工人工资、原材料费用和燃料费用。

短期总成本公式为

$$STC = TFC + TVC$$

$$TVC = f(Q)$$

$$TFC = b$$

$$STC = f(Q) + b$$

式中：$f(Q)$为可变成本，是产量的函数；b是固定成本，是一个固定值。

2. 短期平均成本

短期平均成本(Short-run Average Cost，简称 SAC)，指短期内平均每单位产品所消耗的全部成本，等于总成本除以产量。短期平均成本公式为

$$SAC = \frac{STC}{Q}$$

短期平均成本包括平均固定成本和平均可变成本。平均固定成本(Average Fixed Cost，简称 AFC)是指厂商在短期内平均每生产一单位产品所消耗的固定成本，它等于总固定成本除以产量。平均固定成本公式为

$$AFC = \frac{TFC}{Q}$$

平均可变成本(Average Variable Cost，简称 AVC)是指厂商在短期内平均每生产一单位产品所消耗的可变成本，它等于总可变成本除以产量。平均可变成本公式为

$$AVC = \frac{TVC}{Q}$$

3. 短期边际成本

短期边际成本(Short-run Marginal Cost，简称 SMC)指短期内每增加一单位产量所增加的总成本量，边际成本也可以表示为总成本对产量的导数。短期边际成本的公式为

$$SMC = \frac{\Delta STC}{\Delta Q}$$

由于固定成本是固定不变的，而总成本等于固定成本加可变成本，所以短期边际成本，即短期内多生产一个单位的产量时总成本的增加量，实际上等于增加该单位产品时所增加的可变成本。所以

$$SMC = \frac{\Delta STC}{\Delta Q} = \frac{\Delta TVC}{\Delta Q}$$

当产量变化幅度很小的时候，边际成本可以表示为

$$SMC = \lim_{\Delta Q \to \infty} = \frac{\Delta STC}{\Delta Q} = \frac{\mathrm{d}STC}{\mathrm{d}Q} = \frac{\mathrm{d}(TVC + TFC)}{\mathrm{d}Q} = \frac{\mathrm{d}TVC}{\mathrm{d}Q} = f'(Q)$$

5.2.2 各类短期成本的变动规律

假定生产某种产品中所用的生产要素是资本与劳动，其中资本是固定的，劳动是可变的，则短期总成本、短期平均成本与短期边际成本的变动规律如表 5-1 所示。

表5-1　短期总成本、短期平均成本与短期边际成本的变动规律

劳动投入量	产出量	固定成本	可变成本	总成本	边际成本	平均固定成本	平均可变成本	平均成本
L	*Q*	*TFC*	*TVC*	*STC*	*SMC*	*AFC*	*AVC*	*SAC*
0	0	50	0	50	0	0	0	0
1	5	50	20	70	4.00	10.00	4.00	14.00
2	11	50	40	90	3.33	4.55	3.64	8.18
3	18	50	60	110	2.86	2.78	3.33	6.11
4	26	50	80	130	2.50	1.92	3.08	5.00
5	33	50	100	150	2.86	1.52	3.03	4.55
6	39	50	120	170	3.33	1.28	3.08	4.36
7	44	50	140	190	4.00	1.14	3.18	4.32
8	48	50	160	210	5.00	1.04	3.33	4.38
9	51	50	180	230	6.67	0.98	3.53	4.51
10	53	50	200	250	10.00	0.94	3.77	4.72
11	54	50	220	270	20.00	0.93	4.07	5.00

1. 短期总成本、短期固定成本、短期可变成本

由于短期内厂商投入的固定生产要素是固定不变的，所以固定成本也固定不变。在表5-1中，固定成本是50，不随产量变动而变动。所以，固定成本曲线为一水平线。

可变成本随产量的增加而增加，但并非同比例上升，其变动规律是：最初，在产量开始增加时，由于各种生产要素的投入比例不合理，不能充分发挥生产效率，故可变成本增加的幅度较大，表5-1中，劳动投入从0到1，可变成本从0到20；以后随着产量的增加，各种生产要素的投入比例趋于合理，其效率得以充分发挥，故可变成本增加的幅度依次变小，表5-1中，劳动投入从1到4这一段就是可变成本以递减的速率增加的阶段；最后，由于可变要素的边际收益递减，可变成本增加的幅度依次变大，表5-1中，劳动投入从4到11这一段，就是可变成本以递增的速率增加的阶段。

由于短期总成本中固定成本不变，所以短期总成本的变动规律与可变成本的变动规律相同，它们的变动规律如图5-1所示。

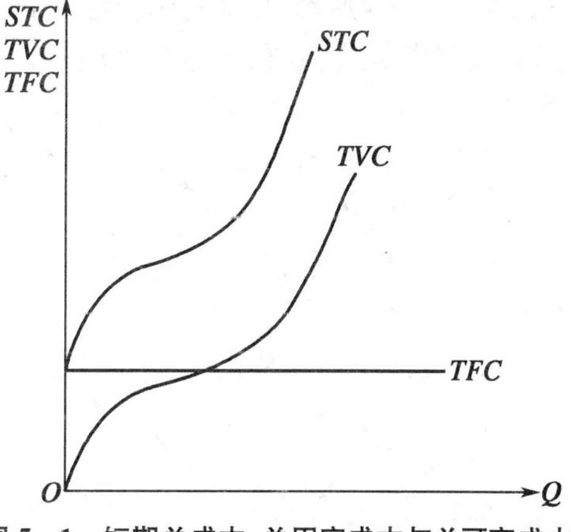

图5-1　短期总成本、总固定成本与总可变成本

2. 短期平均成本、平均固定成本、平均可变成本

由于总固定成本不随产量的变化而变化，所以当企业的产量不断增加时，单位产品所分摊的固定成本越来越少，*AFC* 曲线向右下方倾斜。

平均可变成本的变动规律是：先随着产量的增长而递减，达到最低点后，再随着产量的增加而递增，因此，*AVC* 曲线呈U形。

当企业产量很低时，随着产量增加，*AFC* 和 *AVC* 均呈下降趋势，导致 *SAC* 下降。达到

一定的产量时，AVC 达到最低点，然后转为上升。但由于 AFC 仍在下降，而且下降速度快于 AVC 上升速度，致使 SAC 继续下降。当 AVC 曲线上升的速度恰好等于 AFC 下降的速度时，SAC 曲线达到其最低水平。此后，由于 AVC 的增长速度超过了 AFC 的下降速度，导致 SAC 曲线上升。SAC 曲线始终位于 AVC 曲线的上方，与 AVC 曲线的垂直距离等于 AFC。随着产量增加，AVC 先达到最小值，然后 SAC 才达到最小值。由于 AFC 随产量增加递减，所以 SAC 曲线与 AVC 曲线是逐渐靠近的，如图 5-2 所示。

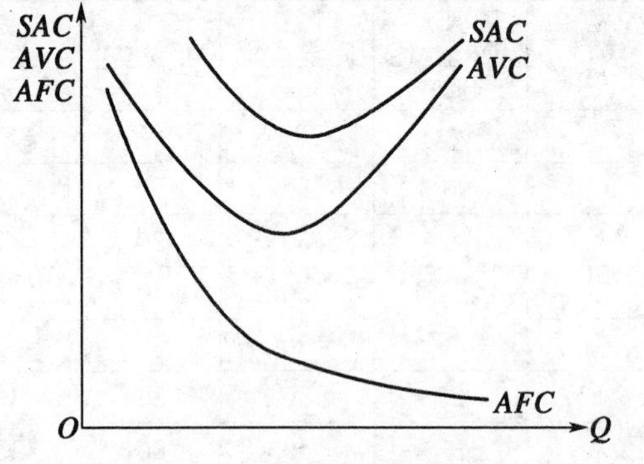

图 5-2 短期平均成本、平均固定成本与平均可变成本

3. 短期边际成本

短期边际成本的变动规律是：开始时随着产量的增加而减少，减少到一定程度后又随着产量的增加而增加。所以短期边际成本 SMC 曲线呈 U 形，如图 5-3 所示。这一特征是由边际收益递减规律所决定的。

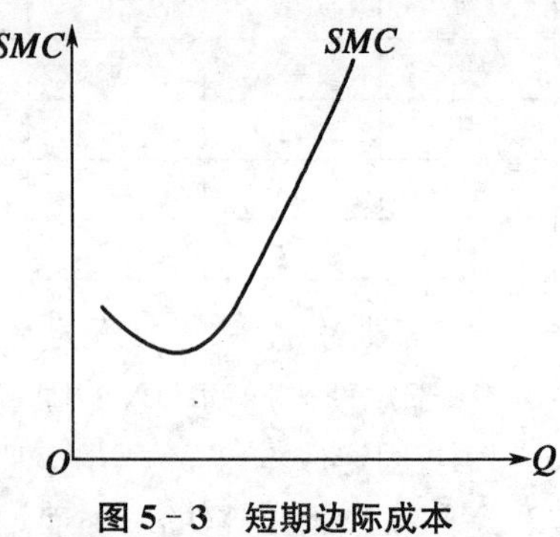

图 5-3 短期边际成本

5.2.3 短期成本曲线的相互关系

短期成本曲线之间主要有以下关系：

1. STC 曲线与 SMC 曲线、TVC 曲线与 SMC 曲线之间的关系

如图 5-4 所示，由于每一产量上的短期边际成本值是短期总成本曲线的斜率，所以，当 STC 曲线的斜率由递减变为递增时，SMC 曲线由递减变为递增。在 STC 曲线的拐点，SMC 在产量 Q_1 上达到最小值。

因为 STC 曲线可以由 TVC 曲线向上垂直平移而得到，所以在每一个产量上，这两条曲线具有相同的斜率。当 SMC 曲线在 Q_1 达到最小值时，TVC 曲线如同 STC 曲线一样，也相应地存在一个拐点。在拐点之前，TVC 曲线斜率递减；在拐点之后，TVC 曲线斜率递增。

2. STC 曲线与 SAC 曲线、TVC 曲线与 AVC 曲线之间的关系

因为 $SAC=\frac{STC}{Q}$，所以从几何上来说，SAC 曲线就是 STC 曲线上各点与坐标原点连线的斜率值的轨迹。从图 5-4 中可以看出，当产量为 Q_3 时，STC 曲线上点 A 与原点 O 的连线的斜率值最小，所以对应于 Q_3 的产量的 SAC 值最小。

同理，因为 $AVC=\frac{TVC}{Q}$，所以从几何上来说，AVC 曲线就是 TVC 曲线上各点与坐标原点连线的斜率值的轨迹。从图 5-4 可以看出，当产量为 Q_2 时，TVC 曲线上点 B 与原点 O 连线之斜率值最小，所以对应于 Q_2 的产量的 AVC 值最小。

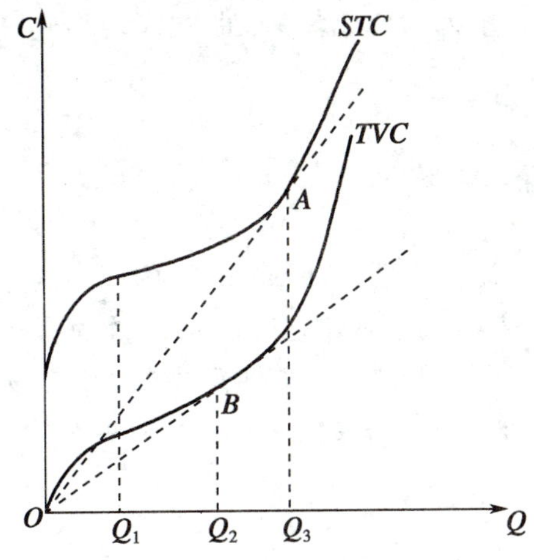

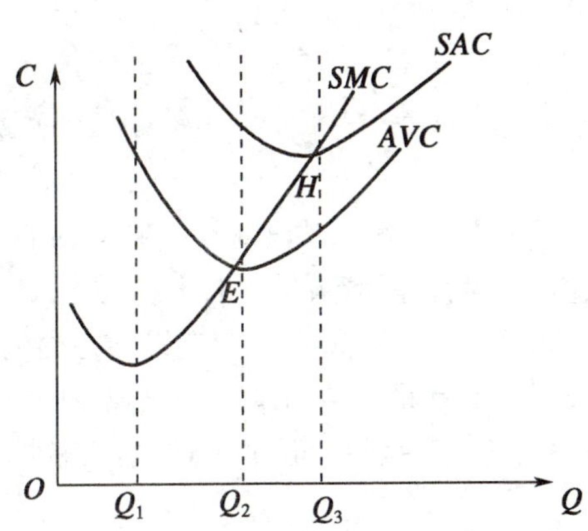

图 5-4 短期成本曲线簇

3. *SAC* 曲线与 *SMC* 曲线、*AVC* 曲线与 *SMC* 曲线之间的关系

从图 5-4 中可以看出,*SMC* 曲线与 *SAC* 曲线一定相交于 *SAC* 曲线的最低点(点 *H*)。在相交之前,平均成本一直在减少,边际成本小于平均成本;在相交之后,平均成本一直在增加,边际成本大于平均成本。在交点 *H*,平均成本达到最低,边际成本等于平均成本。西方经济学家把 *SAC* 与 *SMC* 的交点 *H* 称为厂商的收支相抵点,只要商品的价格能够达到这一点,厂商的收支正好相抵,既不存在超额利润,也不会发生亏损。

SMC 曲线与 *AVC* 曲线一定相交于 *AVC* 曲线的最低点(点 *E*),在相交之前,平均可变成本一直在减少,边际成本小于平均可变成本;在相交之后,平均可变成本一直在增加,边际成本大于平均可变成本。在交点 *E*,平均可变成本达到最低,边际成本等于平均可变成本。西方经济学家称 *AVC* 与 *SMC* 的交点 *E* 为停止营业点,即产品售价低于此点时,厂商如果进行生产,连可变成本也无法补偿,因此决不会再生产。

5.2.4 短期成本的变动与边际报酬递减规律

根据前面分析的各种短期成本之间的相互关系可知,由 *SMC* 曲线的 U 形特征,即 *SMC* 随产量的增加先递减后递增,可以解释 *STC* 曲线、*TVC* 曲线以及 *SAC* 曲线、*AVC* 曲线的特征,所以这里只分析边际报酬递减规律对短期边际成本 *SMC* 曲线的形状所起的决定作用。

SMC 曲线的 U 形特征是由短期生产中的边际报酬递减规律所决定的。边际报酬递减规律是指在其他条件不变时,随着一种可变要素投入量连续增加,它所带来的边际产量先是递增的,达到最大值以后再递减。边际报酬递减规律的作用也可以通过以下形式表示出来:在其他条件不变时,尤其是固定要素投入量和要素价格不变时,当产量由零开始不断增加,起初由于可变要素投入量相对固定要素投入量是较少的,因此,增加可变要素投入量会提高生产效率,边际成本是递减的。但当可变要素投入量增加到最佳比例以后,再继续增加可变要素投入量就会降低生产效率,边际成本是递增的。这就说明,短期生产函数和短期成本函数之间存在着某种对应关系。这种对应关系表现为:边际报酬的递增阶段对应的是边际成本的递减阶段,边际报酬的递减阶段对应的是边际成本的递增阶段,

与边际报酬的极大值相对应的是边际成本的极小值。正因为如此，SMC 曲线表现出先降后升的 U 形特征。

5.3 长期总成本函数

长期内，厂商可以根据其所要达到的产量来调整一切生产要素，因此，长期内厂商的全部生产要素都是可变的，这样长期成本就无所谓固定成本与可变成本之分，一切成本都是可以变动的。由于调整包括固定设备在内的一切生产要素的实质就是调整生产规模，因此，所谓长期成本就是厂商用调整生产规模的方法来达到某种产量时所发生的成本。长期成本分为三种：长期总成本、长期平均成本、长期边际成本。

5.3.1 长期总成本

长期总成本(Long-run Total Cost，简称 LTC)是指长期中生产特定产量所花费的最低成本，它随着产量的增加而增加，当没有产量时就没有总成本。

$$LTC = LTC(Q)$$

长期总成本 LTC 曲线是从原点出发向右上方倾斜的。它表示：当产量为零时，长期总成本为零，以后随着产量的增加，长期总成本是增加的。而且，长期总成本 LTC 曲线的斜率先递减，经拐点之后又变成递增。

根据对长期总成本的定义，可以由短期总成本曲线出发，推导长期总成本曲线。长期总成本曲线是短期总成本曲线的包络线，之所以如此，是因为在长期内厂商可以任意选择生产规模，因此对于某个事先确定的产量水平，厂商总会选择总成本最小的那个生产规模进行生产。在图 5-5 中，假定厂商可以选择的生产规模有三种，相应的总成本分别为 STC_1、STC_2、STC_3。当厂商决定生产数量为 Q_1 的产量时，它必定会选择 STC_1 的生产规模，如图 5-5 中的点 P，因为它能使总成本最低。相应地，如果将产量扩张到 Q_2，会选择 STC_2 的生产规模，如图 5-5 的点 R，如果将产量进一步扩张到 Q_3，则会选择 STC_3 的生产规模，如图中的点 S，这样才能实现总成本最低。

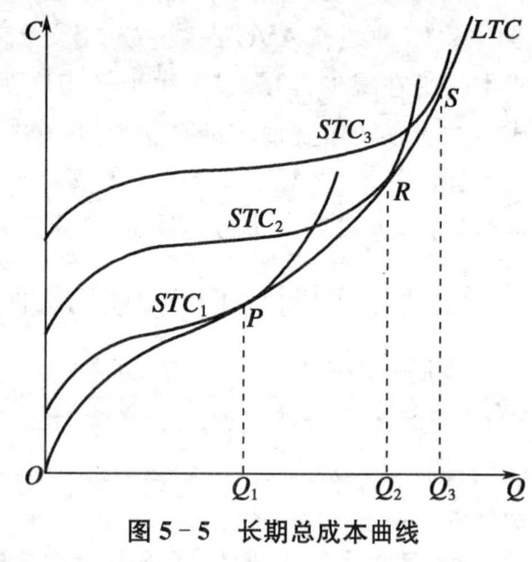

图 5-5　长期总成本曲线

虽然在图 5-5 中只有三条短期总成本线，但在理论分析上可以假定有无数条短期总成本曲线。这样一来，厂商可以在任何一个产量水平上都找到相应的一个最优的生产规模，都可以把总成本降到最低水平。也就是说，可以找到无数个类似于 P、R、S 的点，这些点的轨迹就形成了图 5-5 中的长期总成本曲线 LTC。显然，长期总成本曲线是无数条短期总成本曲线的包络线。在这条包络线上，在连续变化的每一个产量水平上，都存在着 LTC 曲线和一条 STC 曲线的相切点，该 STC 曲线所代表的生产规模就是生产该产量的最优生产规模，该切点所对应的总成本就是生产该产量的最低总成本。所以，LTC 曲线表示长期内厂商在每一产量水平上由最优生产规模所带来的最小生产总成本。

长期总成本曲线与短期总成本曲线在形状上是一样的，但两者有两点区别：

(1) 长期总成本曲线从原点出发，而短期总成本曲线的出发点则高于原点。这是因为，在长期内不存在固定成本，因此当产量为零时，长期总成本也为零，故它从原点出发。

(2) 短期总成本曲线的形状是由于可变投入要素的边际报酬先递增后递减所决定的，而长期总成本曲线的形状是由规模报酬先递增后递减所决定的，因为在长期，所有投入要素都是可变的，所以这里对应的不是要素的边际报酬问题而是要素的规模报酬问题。

5.3.2 长期平均成本

长期平均成本（Long-run Average Cost，简称 LAC）指长期中平均每单位产品的成本，即 $LAC=LTC/Q$。长期平均成本是生产各种产量所需的最低平均成本点的轨迹，可由短期平均成本曲线 SAC 导出，它是短期平均成本曲线的包络线。

在图 5－6 中，假设某厂商生产某种产品可以选择的生产规模有四种，分别记为 SAC_1、SAC_2、SAC_3、SAC_4。越往上，表示成本越高；越往右，表示规模越大。从长期生产来考虑，当厂商决定生产 Q_1 数量的产品时，它必定会选择 SAC_1 的生产规模；当产量为 Q_2 时，它会选择 SAC_2 的生产规模；当产量为 Q_3 时，它会选择 SAC_3 的生产规模；以此类推。如果产量为两条短期平均成本曲线交点对应的产量，比如产量 Q_2，SAC_1 和 SAC_2 两种生产规模的生产成本相等，此时厂商选择哪种生产规模最佳不仅要考虑使成本最低，而且应考虑市场需求的变化趋势。如果市场需求在未来不会扩张，那么应选择 SAC_1 的生产规模；如果市场需求将扩大，那么应选择 SAC_2 的生产规模。

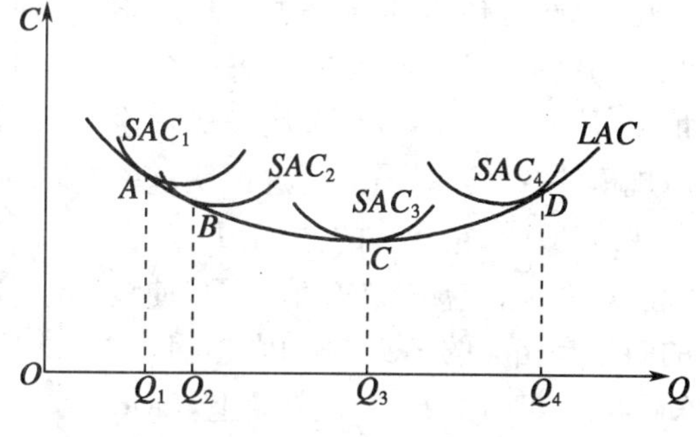

图 5－6　长期平均成本曲线

由此可见，厂商的长期平均成本曲线 LAC 是各个既定生产规模的短期平均成本曲线 SAC 交点下面的线段连接而成的一条不规则曲线，如图 5－6 中的 $ABCD$ 线。

如果假设厂商可供选择的生产规模数目非常多，则短期平均成本曲线的数目也非常多。这样一来，厂商可以在任何一个产量水平上都找到相应的一个最优生产规模，都可以把平均成本降到最低水平。也就是说，长期平均成本曲线是无数条短期平均成本曲线的包络线。在这条包络线上，在连续变化的每一个产量水平上都存在着 LAC 曲线与一条 SAC 曲线的相切点，该 SAC 曲线所代表的生产规模就是生产该产量的最优生产规模，该切点所对应的平均成本就是生产该产量的最低平均成本。所以，LAC 曲线表示长期内厂商在每一产量水平上由最优生产规模所带来的最小生产平均成本。

需要注意的是，虽然作为 SAC 包络线的 LAC 曲线的每一点，都是与某一既定的 SAC 曲线相切之点。但每一个相切之点，并不都是该 SAC 曲线的最低点。当 LAC 处于递减阶段，LAC 曲线与 SAC 曲线之切点，必然位于该 SAC 曲线最低点的左上方；当 LAC 处于递增阶段时，LAC 曲线与 SAC 曲线之切点，必然位于该 SAC 曲线最低点的右上方；只有当 LAC 曲线本身处于最低点时，与之相应的 SAC 曲线的切点才是该 SAC 曲线的最低点。

长期平均成本曲线呈先降后升的U形，这种形状和短期平均成本曲线很相似。但是，这两者形成U形的原因并不相同。如前所述，短期平均成本曲线呈U形的原因是短期的边际报酬递减规律的作用。但在长期内，所有生产要素的投入量都可变，边际报酬递减规律不对长期平均成本曲线的形状产生影响。长期平均成本曲线的U形特征主要是由长期生产中的规模经济和规模不经济所决定，即由规模报酬的变动规律所决定。

5.3.3 长期边际成本

长期边际成本(Long-run Marginal Cost，简称LMC)是指长期中每增加一单位产量所增加的长期总成本，$LMC=\Delta LTC/\Delta Q$。当产量作微量变化时，长期边际成本LMC是长期总成本LTC对产量Q的导数，$LMC=\mathrm{d}LTC/\mathrm{d}Q$。

因此，长期边际成本曲线是长期总成本曲线上各点的斜率值之轨迹。

从推导长期总成本曲线图5-5中可见，长期总成本曲线是短期总成本曲线的包络线。在长期内的每一个产量上，LTC曲线都与一条代表最优生产规模的STC曲线相切，这说明这两条曲线的斜率是相等的。由于LTC曲线的斜率是相应的LMC值，STC曲线的斜率是相应的SMC值，因此可以推知，在长期内的每一个产量上，LMC值都与代表最优生产规模的SMC值相等。根据这种关系，便可以由SMC曲线推导出LMC曲线。但是，与长期总成本曲线和长期平均成本曲线的推导不同，长期边际成本曲线不是短期边际成本曲线的包络线，它的推导如图5-7所示。

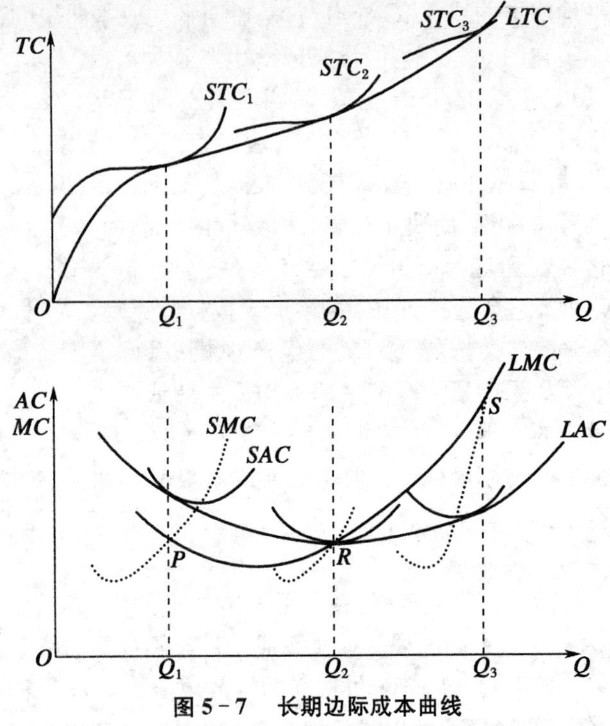

图5-7 长期边际成本曲线

图5-7中每一个产量上的代表最优生产规模的SAC曲线都有一条相应的SMC曲线，每一条SMC曲线都过相应的SAC曲线最低点。在Q_1的产量上，生产该产量的最优生产规模由SAC曲线和SMC曲线所代表，相应的短期边际成本由点P给出，PQ_1既是短期边际成本，又是长期边际成本。在生产规模可以无限细分的条件下，可以得到无数个类似于P、R、S的点，将这些点连接起来便得到一条光滑的长期边际成本LMC曲线。

长期边际成本也是随着产量的增加先递减后递增的，因此，长期边际成本曲线也是一条先降后升的U形曲线，它可以由LTC曲线推导出来。

当长期总成本递减地增加时，LTC曲线的斜率逐渐减小，所以长期边际成本下降；当长期总成本递增地增加时，LTC曲线的斜率逐渐增大，所以长期边际成本曲线上升；当长期总成本由递减地增加转为递增地增加时，即处于LTC曲线的拐点时，LTC曲线斜率最小，长期边际成本最小。

最后需要指出的是，长期边际成本曲线与长期平均成本曲线的关系和短期边际成本曲线与短期平均成本曲线的关系相同，两者相交于长期平均成本曲线的最低点。如图5-8所示。在相交之前，长期平均成本递减，$LAC > LMC$；在相交之后，长期平均成本递增，$LAC < LMC$；在相交之时，长期平均成本最小，$LAC = LMC$。

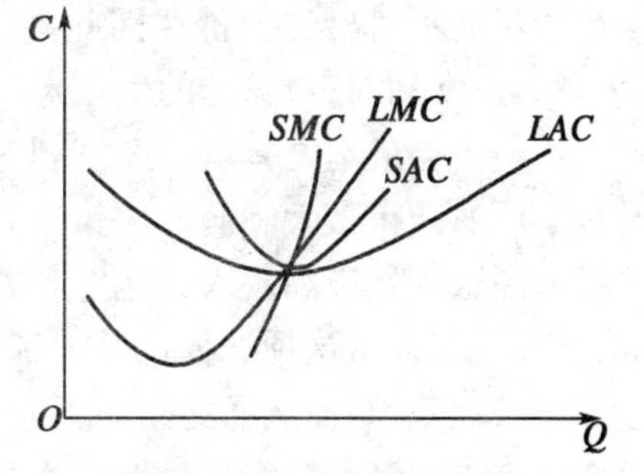

图5-8　长期边际成本与长期平均成本的关系

5.4　收益与利润最大化

5.4.1　总收益、平均收益与边际收益

厂商是市场经济中提供产品和劳务，以盈利为目的的经济单位。厂商的收益就是厂商的销售收入。厂商的收益可以分为总收益、平均收益和边际收益。

总收益(Total Revenue，简称 TR)指厂商按一定价格出售一定量产品时所获得的全部总收入。以 P 表示既定的市场价格，以 Q 表示销售总量，则有

$$TR(Q) = PQ$$

平均收益(Average Revenue，简称 AR)指厂商在平均每一单位产品销售上所获得的收入。即

$$AR(Q) = \frac{TR(Q)}{Q}$$

边际收益(Maginal Revenue，简称 MR)指厂商增加一单位产品销售所获得的收入增量。即

$$MR(Q) = \frac{\Delta TR(Q)}{\Delta Q}$$

或者

$$MR(Q) = \lim_{\Delta Q \to O} \frac{\Delta TR(Q)}{\Delta Q} = \frac{\mathrm{d}TR(Q)}{\mathrm{d}Q}$$

显然，每一销量水平上的边际收益值就是相应的总收益曲线的斜率。

5.4.2　利润

一般看来，利润是收益与成本之差，但是在不同情况下，利润的含义是不同的。

收益与会计成本之差称为会计利润。会计利润是厂商进行生产活动实际盈亏在账面上的反映。

厂商投入自有资源的机会成本是隐性成本的一部分，也称为正常利润(Normal Profit)。厂商将自有要素投入生产，理应获得一份报酬，否则就不会将自有要素投入该项生产中。另一方面，这些要素投入到这项生产中就失去了将其投入到其他领域的可能。后者表现为进行

这项生产不得不付出的代价。因此,厂商通过投入自有要素产生的报酬,对要素所有者来说,表现为正常利润;对参与的生产来说,表现为生产的代价,即成本。

收益与机会成本之差就是经济利润。经济利润真实地反映生产活动的实际盈亏,从而是有利于厂商获得最大利润的决策工具。如果生产某种产品的经济利润为零,这就表示把要素投入到这项生产和投入其他生产的获利是一样的,因此,这项选择是可行的。如果经济利润大于零,就表示这项选择比其他选择的获利更大,因此,这项选择更可行。如果经济利润小于零,就表示其他选择的获利更大,因此,这项选择不可行。

企业追求的最大利润就是最大的经济利润,经济利润也称为超额利润(Excess Profit)。除了经济利润以外,西方经济学中还有正常利润这一概念。正常利润是指厂商对自己提供的生产要素的报酬支付。正常利润是以隐性成本计入到厂商的生产成本中去的,因此,经济利润中并不包括正常利润。当厂商的经济利润为零时,厂商仍然能获得正常利润。而我们在后面所讲的厂商获得利润,不仅说明它能获得正常利润,而且还能获得超额利润。

经济利润=总收益-总成本
=总收益-(显性成本+隐性成本)
=(总收益-显性成本)-隐性成本
=会计利润-隐性成本
=会计利润-正常利润

【经济学小贴士 5-2】 经济利润与会计利润

经济利润等于总收益和机会成本的差额,而会计利润等于总收益和会计成本的差额。由于会计成本只是机会成本中显形的一部分,因此会计成本小于经济成本,那么可以得到对应的会计利润高于经济利润。准确地说,经济利润是会计利润中的一部分。

换句话说,经济利润为正值时,会计利润一定存在并大于经济利润。经济利润为零时,会计利润仍然有可能存在。

5.4.3 利润最大化原则

厂商从事生产或出售商品的目的是为了赚取利润。如果总收益大于总成本,就会有剩余,这个剩余就是利润。值得注意的是,这里所讲的利润,不包括正常利润,正常利润包括在总成本中,这里所讲的利润是指超额利润。如果总收益等于总成本,厂商不亏不赚,只获得正常利润;如果总收益小于总成本,厂商便要发生亏损。

厂商从事生产或出售商品不仅要求获取利润,而且要求获取最大利润,厂商利润最大化原则就是产量的边际收益等于边际成本的原则。边际收益是最后增加一单位销售量所增加的收益,边际成本是最后增加一单位产量所增加的成本。如果最后增加一单位产量的边际收益大于边际成本,就意味着增加产量可以增加总利润,于是厂商会继续增加产量,以实现最大利润目标。如果最后增加一单位产量的边际收益小于边际成本,那就意味着增加产量不仅不能增加利润,反而会发生亏损,这时厂商为了实现最大利润目标,就不会增加产量而会减少产量。只有在边际收益等于边际成本时,厂商的总利润才能达到极大值。所以$MR=MC$成为利润极大化的条件,这一利润极大化条件适用于所有类型的市场结构。

【经济学小贴士 5-3】 利润最大化原则的数学推导

我们用π表示利润，则有

$$\pi = TR - TC$$

TR和TC都是产量Q的函数，因此，利润π也是产量Q的函数。

厂商要想获得利润最大化，必须使得$\pi'(Q)=0$，因此有

$$\pi'(Q) = \frac{\mathrm{d}TR}{\mathrm{d}Q} - \frac{\mathrm{d}TC}{\mathrm{d}Q} = 0$$

又有

$$\frac{\mathrm{d}TR}{\mathrm{d}Q} = MR, \quad \frac{\mathrm{d}TC}{\mathrm{d}Q} = MC$$

所以，当$\pi'(Q)=0$时，有

$$MR=MC$$

即边际收益等于边际成本。

案例5-1 上大学值吗?

最近看到一报刊上报道，天津市投资教育的支出是全国第一，北京是私家车消费支出全国第一，上海是投资保险支出全国第一，广州是旅游支出全国第一。是否准确，我们暂且不论。我们用经济学的观点分析一下，为什么家长舍得把大把的钱花在子女教育上?

先简单介绍经济学说所的成本。经济学所说的成本有两种：一种是实际发生的成本，即会计成本;另一种是机会成本。会计成本是厂商在生产过程中按市场价格直接支付的一切费用，这些费用一般均可以通过会计账目反映出来。利用这个原理，我们计算一个大学生上大学四年的会计成本是上大学的学费、书费和生活费。按照现行价格标准，一个普通家庭培养一个大学生的这三项费用之和是4万元。机会成本是某种东西的成本，是为了得到它而放弃的东西。大学生如果不上大学，会找份工作，按照现行劳动力价格标准假如也是4万元，也就是说一个大学生上大学四年的机会成本也是4万元。大学生上大学经济学概念的成本是8万元。这还没算上在未进大学校门前，家长为了让孩子接受最好的教育从小学到中学的择校费用。

上大学成本如此之高，为什么家长还是选择让孩子上大学呢?因为这种选择符合经济学理论的收益的最大化原则。我们算一下上大学与不上大学的人一生的成本与收益。不上大学，18岁工作，工作到60岁，共42年，平均每年收入是1万元，共42万元。上大学，22岁工作，工作到60岁，共38年，平均收入是2万元，共76万元，减去上大学的经济学成本8万元，剩下68万元。与不上大学收入相比，上大学多得到的收入是26万元。这还没考虑学历高所带来的名誉、地位等其他效应。为什么家长舍得在子女教育上投入就在情理之中了。

在这里顺便纠正一个错误的说法。有人说教育是消费行为，其实教育不是消费而是投资。消费与投资的区别是消费不会给你增值一分钱，比如你今年买一台电视，明年再卖，会大大的贬值而不会增值;投资是有可能增值的，一个大学生尽管投资8万元，但与不投资多得的收益是26万元。但投资是有风险的，如果家长不考虑孩子的实际情况，孩子从小学到

中学在教育上高投入,但是孩子考不上大学或考上大学却毕不了业,那么其投入与产出之比是可想而知的。

但对一些特殊的人,情况就不是这样了。比如,一个有足球天才的青年,如果在高中毕业后去踢足球,每年可收入200万元人民币。这样,他上大学的机会成本就是800万元人民币,远远高于一个大学生一生的收入。因此,有这种天才的青年,即使学校提供全额奖学金也不去上大学。这就是把机会成本作为上大学的代价,不上大学的决策就是正确的。同样,有些具备当模特气质与条件的姑娘,放弃上大学也是因为当模特时收入高,上大学机会成本太大。当你了解机会成本后就知道有些年轻人不上大学的原因了,可见机会成本在我们日常生活决策中是十分重要的。

思考题:

1. 如何看待上大学的成本与收益?

2. 你认为上大学到底值不值?

案例5-2 商场平时为什么不延长营业时间?

节假日期间天津劝业商场和许多大型商场都延长营业时间,为什么平时不延长?现在我们用边际分析理论来解释个问题。

从理论上说延长时间1小时就要支付1小时所耗费的成本,这个成本既包括直接的物耗,如水、电等,也包括由于延时而需要支付的售货员的加班费,这种增加的成本就是本章所学习的边际成本。假如延长1小时增加的成本是1万元(注意,这里所讲的成本是西方成本概念,包括成本和正常利润),那么在延长的1小时里他们由于卖出商品而增加收益大于1万元,作为一个精明的企业家还应该再将营业时间在此基础上再延长,因为这时还有一部分该赚的钱没赚到。相反,如果他在延长1小时里增加的成本是1万元,增加的收益不足1万元,他在不考虑其他因素情况下就应该取消延时的经营决定,因为他延长1小时的成本大于收益。节假日期间,人们有更多的时间旅游购物,使商场的收益增加,而平时,紧张的工作和繁忙的家务,使人们没有更多的时间和精力去购物,即使延时服务也不会有更多的人光顾,增加的销售额不足以抵偿延时所增加的成本。这就能够解释在节假日期间延长营业时间而在平时不延长营业时间的经济学的道理。

无论是边际收益大于边际成本还是小于边际成本,厂商都要进行营业时间调整,说明这两种情况下都没有实现利润最大化。只有在边际收益等于边际成本时厂商才不调整营业时间,这表明已把该赚的利润都赚到了,即实现了利润最大化。

思考题:

1. 大商场是否延长营业时间取决于什么?

2. 这个案例对企业的经营有哪些启示?

强化练习题

一、单项选择题

1. 某厂商每年从企业的总收入中取出一部分作为自己所提供的生产要素的报酬,这部分资金视为(　　)。

A. 显性成本　　B. 隐性成本　　C. 经济利润　　D. 生产成本

2. 对应于边际报酬的递增阶段,STC曲线(　　)。

A. 以递增的速率上升　　B. 以递增的速率下降
C. 以递减的速率上升　　D. 以递减的速率下降

3. 短期平均成本曲线成为U形的原因与(　　)有关。
A. 规模报酬　　B. 外部经济与不经济
C. 要素的边际报酬　　D. 固定成本与可变成本所占比例

4. 在从原点出发的射线与 TC 曲线相切的产量上,必有(　　)。
A. AC 值最小　　B. $AC=MC$　　C. MC 曲线处于上升段　　D. A、B、C

5. 如果生产10单位产品的总成本是100美元,第11单位产品的边际成本是21美元,那么(　　)。
A. 第11单位产品 TVC 是21美元　　B. 第10单位产品的边际成本大于21美元
C. 第11个产品的平均成本是11美元　　D. 第12单位产品的平均成本是21美元

6. 当边际成本小于平均成本时,产量的进一步增加将导致(　　)。
A. 平均成本上升　　B. 平均可变成本可能上升也可能下降
C. 总成本下降　　D. 平均可变成本一定处于减少状态

7. 短期平均成本曲线呈U形的原因是(　　)。
A. 规模报酬变化所致　　B. 外部经济与不经济所致
C. 生产要素的边际生产率所致　　D. 固定成本与可变成本所占比重所致

8. 长期平均成本曲线呈U形的原因是(　　)。
A. 规模报酬的变化所致　　B. 外部经济与不经济所致
C. 生产要素的边际生产率所致　　D. 固定成本与可变成本所占比重所致

9. 如果一个厂商的生产处于规模报酬不变阶段,则其 LAC 曲线一定是处于(　　)。
A. 上升趋势　　B. 下降趋势　　C. 水平状态　　D. 垂直状态

10. 随着产量的增加,平均固定成本将(　　)。
A. 保持不变　　B. 开始时趋于下降,然后趋于上升
C. 开始时趋于上升,然后趋于下降　　D. 一直趋于下降

二、判断题

1. (　　)平均固定成本不会随着产量的增加而增加。

2. (　　)某个厂商每年从企业的总收入中取出一部分作为自己提供厂房的报酬,这部分资金是固定成本。

3. (　　)当边际收益大于边际成本时,厂商应该增加产量。

4. (　　)利润和收益是一回事。

5. (　　)平均成本后于边际成本上升。

三、计算题

1. 假设某企业的短期成本函数是 $STC(Q)=Q^3-10Q^2+170Q+66$,

(1) 指出该短期成本函数中的可变成本部分和不变成本部分;

(2) 写出下列相应的函数:$TVC(Q)$,$SAC(Q)$,$AVC(Q)$ $AFC(Q)$ 和 $MC(Q)$。

2. 已知某厂商的短期总成本函数是 $STC(Q)=0.04Q^3-0.8Q^2+10Q+5$,求最小的平均可变成本值。

第6章 市场理论——完全竞争市场

本章学习目标

- 了解市场类型的种类和划分依据；
- 掌握完全竞争市场的短期均衡条件；
- 理解完全竞争厂商的长期均衡条件；
- 考察企业什么时候停产，如何决定进入或退出市场。

前面介绍了消费者行为和生产者行为。消费者在既定的收入和价格水平下根据自己的偏好选择使自己效用最大化的商品组合；而生产者在既定的成本和生产要素价格下选择使自己产量最大化的生产要素组合。上一章的成本理论告诉我们生产各种产量所需支付的最低成本，但是却没有对厂商该确定怎样的产量水平给出答案。这是由于作为理性人的厂商在追求利润最大化的过程中要综合考虑成本因素和收益因素，而收益因素中的产品的价格水平却取决于市场的供需状况。不同类型的市场供需是有差别的，因此厂商收益间接的与市场类型有关。因此，不同的市场类型，供给曲线和需求曲线也不同，厂商的均衡条件就有差异。

什么是市场？市场是一种商品的买者和卖者相互影响以决定其价格和数量所利用的一种机制。市场可以是一个有形的买卖商品的场所，也可以是一个利用现代化通讯工具进行商品交易的接触点。任何一种商品都有一个市场。如果一个市场上买者和卖者都是既定价格的接受者(Price Taker)，这样的市场称为完全竞争市场。

与“市场”这一概念紧密相连的另一个概念是行业。行业是指为同一个商品市场生产和提供产品的所有厂商的总体。同一种商品的市场和行业的类型是一致的，例如，完全竞争的市场对应的是完全竞争的行业，等等。

市场竞争程度的强弱是微观经济学划分市场类型的标准。影响市场竞争程度的具体因素主要有以下四点：一是市场上厂商的数目；二是厂商之间各自提供的产品的差别程度；三是单个厂商对市场价格控制的程度；四是厂商进入或退出一个行业的难易程度。根据以上四点，微观经济学中的市场被划分为四种类型，即完全竞争市场、垄断竞争市场、寡头垄断市场和完全垄断市场。关于这四种类型的市场的特点可以用表6-1来说明。

表 6-1　市场和厂商类型的划分和特点

市场类型	厂商数目	产品差别程度	价格的控制程度	进出的难易程度
完全竞争市场	很多	无差别	没有	很容易
垄断竞争市场	很多	有差别	有一些	比较容易
寡头垄断市场	几个	有差别或无差别	较大	比较困难
完全垄断市场	一个	唯一,不可替代	较大	不可能

用来介绍不同市场类型上均衡产量和均衡价格决定条件的理论分析就是“市场理论”,又称为“市场定价理论”。本章主要探讨市场理论中的完全竞争理论,下一章再继续探讨不完全竞争市场。

6.1　完全竞争市场的含义和特点

6.1.1　完全竞争市场的含义

完全竞争市场是指纯粹竞争且没有人组织的市场。比如某个大盘股在二级交易市场上,股票的买者和卖者在不同的地方,提供不同的报价,卖方之间出售的股票完全相同。当卖方的报价和买方的报价达成一致时,买卖双方成交。若卖方的价格都高于买方的价格,市场上就没有交易。卖方想成交,必须降低自己的报价;买方想成交,必须提高自己的报价。报价低的卖者优先卖出自己的股票,报价高的买者优先买到自己的股票。同样的股票,价格是唯一的竞争依据,而由于盘子大,几乎没有人能控制市场,因此市场上是纯粹的竞争。

尽管没有人组织,股票的买者集团和股票的卖者集团形成了一个市场。每个买者都知道有一些卖者可以选择,每个卖者都认识到其他卖者提供的产品(股票)是相同的。整个市场的成交价格和成交量并不是由某一个买者或卖者决定的,确切地说,每个时点上的成交价格和成交量都是由所有买者和所有卖者在市场上的相互交易所决定的。

农产品市场也有相似的性质,下面来仔细探讨竞争市场的特点。

6.1.2　完全竞争市场的特点

完全竞争市场的特点即成为完全竞争市场的必要条件。我们通过以上大盘股的个股市场和众所周知的农产品市场来分析一下完全竞争市场的特征。

(1) 市场上有许多买者和许多卖者。

上文股票市场上曾经提到,买者和卖者之所以无法控制价格,是由于他们明白自己在整个买家和卖家之间只占有很小的比重。市场价格是由整个市场的供求关系决定的,每个买者和卖者只能是市场既定价格的接受者,而不是这一价格的决定者。

(2) 市场上的产品是同质的。

这里的产品同质是产品全面的无差异。首先指产品的质量、包装、销售条件等客观条件方面的差别,例如,各种农产品之间在这几方面几乎相似。另外的无差异指的是品牌、消费者偏好等主观方面的差别。不同品牌的产品在买者心目中的地位是不同的,然而对于某些初级产品如农产品是没有品牌概念的。只有全然没有主观和客观条件上的差异,产品才能称为同质的。典型的某个股票无论在哪个卖家的手里都是没有主客观差异的基础金融工具,卖者只对价格感兴趣。

(3) 卖者可以自由的进入和退出市场。

在某些市场中,厂商的进入是有限制的,如肯德基的加盟商需要缴纳一定的加盟费才能进入这个市场。但是完全竞争市场的进入和退出都是没有代价的,厂商可以自由选择什么时候进入和什么时候退出。这个条件意味着竞争市场中的企业不存在进入壁垒,而且在长期中如果亏损也可以选择退出,这样其损失是有限的。农产品市场的生产自由化和股票市场上的随时撤单突出反映了完全竞争市场的这个特征。

(4) 市场的信息是畅通的。

买家和卖家都可以获得完整而迅速的市场供求信息,不会存在卖家找不到出价更高的买家和买家找不到出价更低的卖家的情况。农产品交易期货化和股票交易网络化使这些市场的信息完全成为可能。

在完全竞争市场的四个特征中,前两个特征是基本特征。值得一提的是这四个特征满足的可能性在大多数市场上都微乎其微,更何况四个特征要同时满足。那么为什么我们还要研究完全竞争市场呢?这是因为完全竞争是四个市场类型中的一个极端,而且是最基本市场的一个抽象。因此,从完全竞争市场入手来分析在满足这些特点下市场的产量是如何决定的,可以更好地将此方法应用到其他特点的市场类型。

6.2 完全竞争市场的短期均衡

6.2.1 完全竞争市场的行业需求和厂商需求

市场理论中我们考察的对象不仅仅是某个企业,整个行业也是我们的考察对象。值得一提的是,在微观经济学中,行业指的就是市场,行业需求就是整个市场的需求。

在前面的价格理论中我们曾经讨论过整个市场需求曲线是一条向右下方倾斜的曲线,供给曲线是一条向右上方倾斜的曲线,而市场的价格是由市场的需求和供给共同决定的。D 代表市场需求曲线,它是所有该产品个人需求的加总;S 代表市场供给曲线,它由该行业所有厂商供给加总而成;P 是整个市场的供给和需求决定的均衡价格,也就是能使供给量和需求量恰好相等的成交价格。如图 6-1(a)所示。

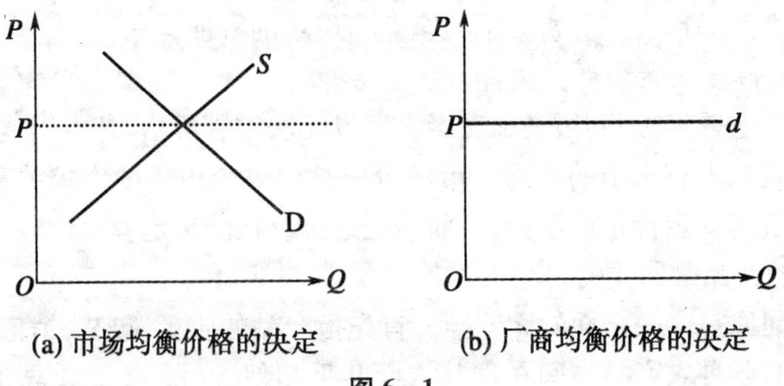

(a) 市场均衡价格的决定　　(b) 厂商均衡价格的决定

图 6-1

由于市场上有无数的卖家,所以对于个别厂商而言,只能按市场决定的均衡价格销售产品。因此对于厂商来说，其价格曲线即需求曲线独立于产量，平行于横坐标，价格为 P，由市场供求决定，如图 6-1(b)。在此既定的价格下，市场对个别厂商的需求是无限的。厂商如果上调价格，由于完全竞争市场产品是同质的，那么所有的买者都会转向其他厂商，提价厂商将失去所有买家，所以这时厂商的需求曲线弹性为无穷大。

6.2.2　完全竞争厂商的总收益曲线、平均收益曲线和边际收益曲线

前面曾经提及追求利润最大化厂商的均衡产量是由收益和成本共同决定的。上一章成本理论的分析通用于各种市场类型的企业，而由于收益与需求密切相关，会随着市场类型的差异而产生差异。因此，我们要分析竞争市场的厂商均衡，必须先分析竞争市场的厂商收益曲线状况。

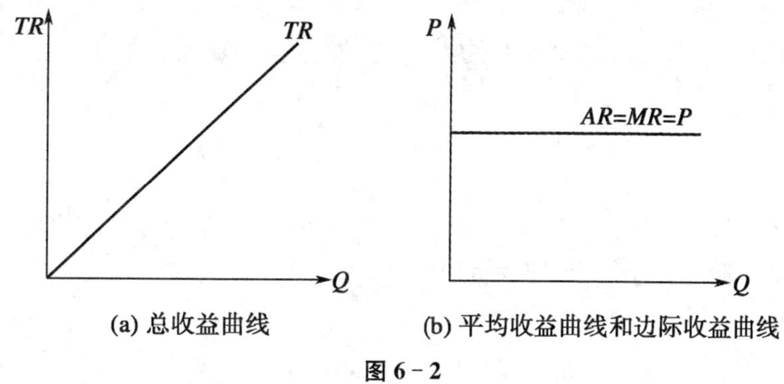

(a) 总收益曲线　　(b) 平均收益曲线和边际收益曲线

图 6-2

厂商的总收益(Total Revenue)又称为企业毛利润，等于产品价格乘以产品数量，即 $TR=P\times Q$。由于完全竞争市场厂商是价格的接受者，那么价格是恒定不变的，总收益随着销量的改变而改变。因此，总收益曲线是关于产量单调递增的，而且竞争市场上总收益曲线的斜率就是市场决定的常数价格，如图 6-2(a)所示。

厂商的平均收益(Average Revenue)为销售一定量产品时平均每一单位产品得到的收益，即等于产品的收益与销售量的比值。那么它实际上就是产品单价，$AR=TR/Q=P\times Q/Q=P$，这在任何类型的市场上都是成立的。这样平均收益曲线就为一条和厂商价格曲线重合的水平线。

厂商的边际收益(Marginal Revenue)为增加一单位销售量所引起的总收益的增加，即 $MR=\mathrm{d}TR/\mathrm{d}Q$。在完全竞争市场上，由于无论销售量增加到多少，产品的单价或者平均收益一直保持不变，因此每单位产品的边际收益曲线始终等于固定价格，即 $MR=\mathrm{d}TR/\mathrm{d}Q=\mathrm{d}(P\times Q)/\mathrm{d}Q=P\times \mathrm{d}Q/\mathrm{d}Q=P$。那么，完全竞争市场的一个突出特点就显现出来，即价格曲线、平均收益曲线和边际收益曲线三线合一，如图 6-2(b)所示。这是完全竞争市场所独有的现象，是由于价格接受者的卖家特性所决定的，而这又是由许多卖家和产品同质的完全竞争市场根本特征所决定的。在以后的不完全竞争市场分析中，我们会发现边际收益曲线和需求曲线是有差异的。

6.2.3　完全竞争市场的短期均衡分析

前面的成本理论中我们曾经探讨过经济学中长期与短期的概念。这里再次强调，所谓短期就是并非所有生产要素都可以自由移动，或者说存在着固定成本。那么我们下面来分

析在这种情况下厂商的最优决策。

假设厂商的利润为π，那么$\pi=TR-TC$，厂商要实现利润最大化，那么它的最优决策是使总收益和总成本的差达到最大。成本理论中我们一起学习过成本曲线，知道厂商的成本随着产量的变化而变化；前面我们也一起分析了竞争市场的收益状况，知道作为价格接受者的厂商的收益变化唯一依赖于产量变动。那么利润也就唯一决定于内生变量产量Q。厂商要选择一个产量，使得自己在这个产量下进行生产，可以使利润达到最大，这便是厂商的均衡。

因此，$\pi(Q)=TR(Q)-TC(Q)$。利润π极大的必要条件是π对Q的一阶导数为零。

$$\frac{d\pi(Q)}{dQ}=\frac{dTR(Q)}{dQ}-\frac{dTC(Q)}{dQ}=0$$

或

$$\frac{dTR(Q)}{dQ}=\frac{dTC(Q)}{dQ}$$

而

$$\frac{dTR(Q)}{dQ}=MR \qquad \frac{dTC(Q)}{dQ}=MC$$

在完全竞争市场上，$MR=P$，所以，$P=MC$为利润最大化的必要条件。利润最大化的充分条件是π的二阶导数小于零，即为负数。

$$\frac{d^2TR(Q)}{dQ^2}-\frac{d^2TC(Q)}{dQ^2}<0$$

即

$$\frac{d^2TR(Q)}{dQ^2}<\frac{d^2TC(Q)}{dQ^2}$$

或

$$\frac{dMR}{dQ}<\frac{dMC}{dQ}$$

这一充分条件表明，必须是MC曲线的斜率大于MR曲线的斜率。由于MR曲线在完全竞争市场上是一条水平线，其斜率为零，而根据MC递增原理，MC曲线的斜率必须大于零，即为正。也就是二阶条件自然满足。

因此，完全竞争市场上的均衡条件就是$P=MC$。

在短期内，受到生产要素的限制，个别厂商不能根据市场需求来调整产量，因此，从整个市场来看，有可能出现供给小于需求或供给大于需求的情况。从整个市场来看，如果供给小于需求，则价格高；如果供给大于需求，则价格低。下面我们来分析这两种情况下个别厂商产量的决定与赢利状况。

1. 供给小于需求，价格水平高的状况

如图6-3，市场价格为ON，对企业来说，需求曲线dd是从N引出的一条平行线。这条需求曲线同时也是平均收益曲线AR与边际收益曲线MR。SMC为短期边际成本曲线，SAC为短期平均成本曲线。

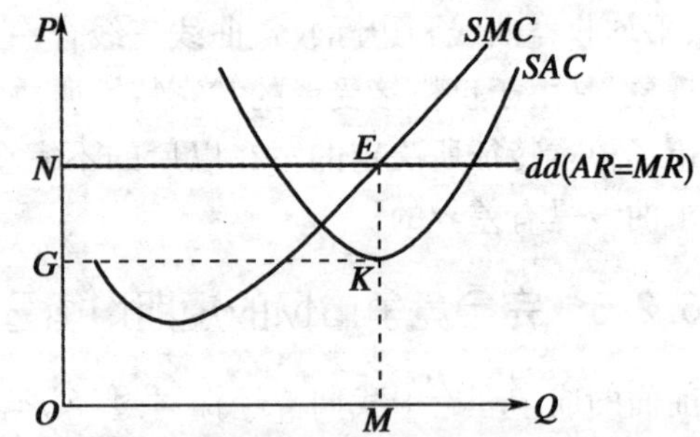

图6-3 完全竞争市场厂商短期均衡，市场供不应求

竞争市场企业实现利润最大化的原则是价格等于边际成本。因此，需求曲线与

边际成本曲线的交点 E 就决定了产量为 OM。在 M 点左边，价格高于短期边际成本，意味着再生产一个单位，企业的利润将会增加。在 M 点右边，价格低于短期边际成本，意味着少生产一个单位，企业将有利可图。综上所述，M 点为稳定的均衡点。这时，总收益为平均收益乘产量，即为图 6-3 中的 $OMEN$。总成本为平均成本乘产量，当产量为 OM 时平均成本为 OG，所以总成本为图 6-3 中的 $OMKG$。从图上看，总收益大于总成本，即 $OMEN > OMKG$，所以企业存在超额利润，超额利润就是图中的 $GKEN$。

2. 供给大于需求，价格水平低的情况

在图 6-4 中，市场供过于求，价格水平低。这时竞争企业实现利润最大化的原则仍是 $P=MC$，即由需求曲线与边际成本曲线的交点决定，为 OM。总收益仍为平均收益乘产量，即 6-4 中的 $OMEN$。总成本仍为平均成本乘产量，即图中的 $OMKG$。从图上看，总收益小于总成本，即 $OMEN < OMKG$，所以存在亏损，亏损就是图中的 $NEKG$。

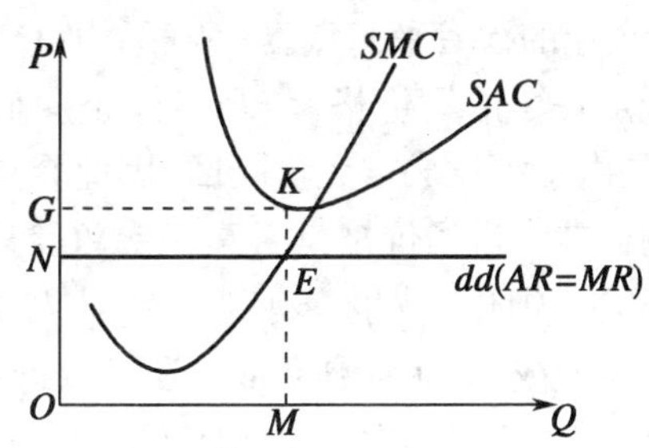

图 6-4　完全竞争市场厂商短期均衡，市场供过于求

*6.2.4　完全竞争市场的厂商短期供给曲线

消费者理论中我们一起推导了市场的需求曲线，但是到目前为止还没有推导市场的供给曲线。下面将从竞争市场的厂商入手，推导竞争市场上厂商和市场的供给曲线。分析厂商的供给曲线，需要从以下两个概念入手。

到现在为止，我们一直在分析竞争厂商愿意生产多少的问题。但是，如果整个行业供大于求，市场价格低，个别企业处于亏损状态，它还会生产吗？为回答这个问题，我们应当区分盈亏平衡点和停止营业点。盈亏平衡点指企业的收益等于成本，企业不盈不亏，所以又称为收支相抵点。在长期中，盈亏平衡点又称为长期退出点。这是因为长期和短期决策不同，大多数企业在短期中不能避开固定成本，而在长期中可以避开。因此，长期中若有亏损，企业必然退出市场。而停止营业点是指在某个特殊时期由于当时的市场条件而不生产任何东西的短期决策。

例如，考虑一个农民面临的生产决策。土地的成本是农民的固定成本之一。如果农民决定在一个季度不生产任何作物，土地被荒废，那么他就无法弥补这种成本。当作出是否在一个季度停止营业的短期决策时，土地的固定成本称为沉没成本。如果农民决定在长期中完全离开农业，他就可以出卖土地，那么土地也不再是沉没成本。

下面再来考虑什么决定企业的停止营业决策。如果企业停止营业，它就失去了出售自己产品的全部收益。同时，它也节约了生产其产品的可变成本。因此，在短期中，企业决定是否生产的停止营业点依赖于生产等产量的可变成本和收益间的权衡取舍。如果可变成本高于收益，企业停止营业；如果可变成本低于收益，企业继续营业。即使此时收益低于总成本，企业亏损，但是企业仍然生产，因为固定成本的付出是无法改变的。

用不等式的概括对停止营业标准的确立也许更有帮助。仍然用 TR 代表总收益，TC 代表总成本，FC 代表固定成本，VC 代表可变成本，其中 $TC = FC + VC$。

当 $TR < VC$ 时，企业停止营业。

这种表述不方便我们用图形分析，我们继续简化停止营业的条件。用 AR 表示平均收益，$AR = TR/Q$，用 AVC 表示平均可变成本，$AVC = VC/Q$。

那么上面的条件等价于当 $AR < AVC$ 时，企业停止营业。

在图 6-5 中，当市场价格高于 P_1（短期平均成本 SAC 的最低点）时，企业收益大于成本，因此短期决策选择生产。生产的均衡产量由价格和边际成本共同决定。当市场价格等于 P_1 时，恰好企业不盈不亏，E 点为企业的盈亏平衡点。当 P_2（平均可变成本 AVC 的最低点）$<$ 市场价格 $< P_1$ 时，企业面临短期亏损。但是由于沉没成本无法收回，因此企业判断是否生产的标准为市场价格是否高于 AVC，只要市场价格高于 P_2，说明企业生产有利可图，收益不仅可以抵消全部可变成本，而且剩余部分还可以抵消部分固定成本。当市场价格低于 P_2 时，企业连可变成本也无法弥补，它无论如何不能生产了，损失会随着生产的增加而增加。因此，P_2 为短期生产的临界线，市场价格低于 P_2 企业放弃生产，而 K 点为短期生产的临界点。

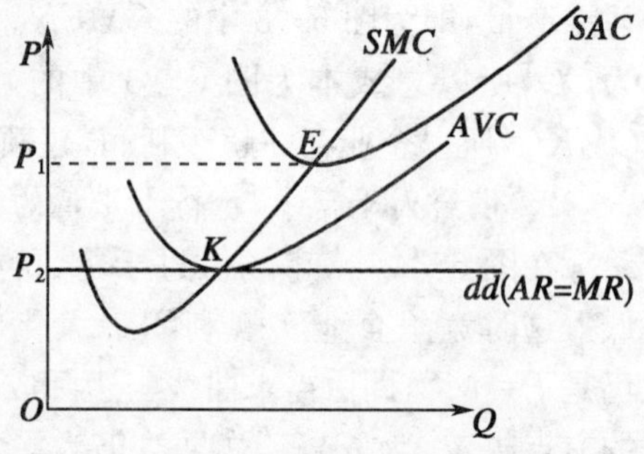

图 6-5 完全竞争市场厂商短期供给曲线

在成本理论中，我们知道企业的短期边际成本（SMC）曲线为一条 U 形曲线，那么如果用 $P = SMC$ 条件来求均衡产量，从理论上存在一种可能性，就是价格和短期边际成本有两个交点。然而，停止营业点理论否定了左边那个交点。继续看图 6-5，K 点为竞争市场厂商停止营业点，市场价格高于 K 点时企业才生产，且生产的均衡点由市场价格和边际成本 SMC 的交点决定。如果市场价格低于 K 点，企业根本不生产，就无须谈什么均衡点。因此，竞争企业的短期供给曲线是平均可变成本（AVC）以上的边际成本（SMC）曲线。

6.3 完全竞争市场的长期均衡

在短期中，由于固定成本的存在，企业有可能虽然亏损但仍在经营。同样，由于市场供不应求，企业有可能获得超额利润。可是在长期中，由于所有生产要素都可以自由移动，那么就没有固定成本和可变成本之分，所有成本都是可变成本。

在长期生产中，所有的生产要素投入量都是可变的，完全竞争厂商是通过对全部生产要素投入量的调整来实现利润最大化的均衡条件 $MR=MC$ 的。

完全竞争厂商在长期内对全部生产要素的调整可以表现为两个方面：一方面表现为厂商进入或退出一个行业，这也就是行业内企业数量的调整；另一方面表现为厂商对生产规模的调整。完全竞争厂商的长期均衡就是通过这两个方面的调整来实现的。

6.3.1 长期内厂商的生产调整及最优生产规模的选择

长期中各个企业都将根据市场价格来充分调整产量，也可以自由进入或退出该行业。企业在长期中要做出两个决策：生产多少产量，以及是否退出该行业。各个企业的这种决策会影响整个行业的供给，从而影响市场价格。具体来说，当供给小于需求，价格高时，在位企业短期内普遍有超额利润。长期中企业会扩大生产，新的企业也有激励进入该行业，从而整个行业供给增加，价格水平下降，各个企业超额利润下降直至消失。反之，当供给大于需求，价格低时，在位企业短期内存在亏损。长期中企业会减少生产，有些企业会退出该行业，从而使整个行业供给减少，价格水平上升，直到各个企业不再亏损。只有当价格水平被推向等于平均成本（LAC）时，进入和退出过程才结束。因此，长期中市场价格水平会达到使各个企业既无超额利润又无亏损的状态。这时，整个行业的供求均衡就实现了长期均衡。

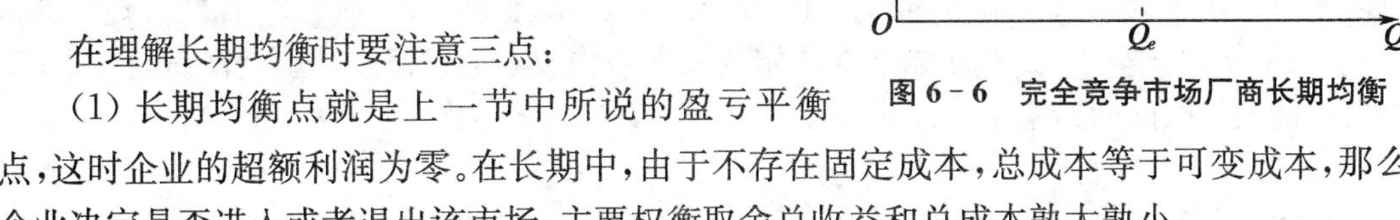

图 6－6　完全竞争市场厂商长期均衡

如图 6－6，长期均衡时，市场均衡价格 P_e 位于企业长期平均成本（LAC）曲线的最低点。和短期均衡一样，长期均衡的另外一个条件是市场价格等于长期边际成本，即 $P = LMC$。

综上所述，企业长期均衡的条件是

$$P = AR = LMC = LAC$$

在理解长期均衡时要注意三点：

(1) 长期均衡点就是上一节中所说的盈亏平衡点，这时企业的超额利润为零。在长期中，由于不存在固定成本，总成本等于可变成本，那么企业决定是否进入或者退出该市场，主要权衡取舍总收益和总成本孰大孰小。

当 $TR < TC$ 时，企业退出。

即 $TR/Q < TC/Q$，或者表述为 $P < LAC$ 时，企业退出该市场。因此，企业的短期盈亏平衡点和长期退出点为同一点。

同样，当 $P > LAC$ 时，企业进入该市场。

(2) 在完全竞争市场上，长期中企业无法实现超额利润，但是可以获得正常利润。

成本理论中我们曾经比较了经济利润（超额利润）和正常利润的区别。虽然丧失了经济利润，但是竞争市场的厂商仍然可以享受到正常利润，所以生产不会因此而停止。

例如，一个投资者贷款 100 万元投入某个项目开展生产。而目前市场的利率是 5%，即这笔钱将产生 5 万元贷款利息，且他同时可以找到一份年薪 5 万元的工作。那么用经济学和会计学来衡量他的投资是否值得运用的指标是有差异的。

从经济学考虑的机会成本观察，由于他将 100 万元投资到需要亲自运营的某个项目，那么这位投资者将丧失 5 万元的利息费用 —— 显形成本，而且还有他如果不需要亲自运营可以从事某个工作赚取的 5 万元工资 —— 隐性成本，即他的机会成本为 10 万元。如果他的投资项目回报率低于 10%，那么他的投资就是不明智的。而从会计学的角度来看，这个回报率的要求就低得多，因为会计只关心显形成本，即贷款利息 5 万元。只要回报率高于 5%，从会计学的角度来看，这位投资者就算盈利。

如果这位投资者从事这个项目的收益恰好为 10 万元，那么这 10 万元在冲抵贷款利息 5 万元后还剩下 5 万元的净值，这 5 万元便是正常利润，即使现在的超额利润为零。

在长期中超额利润的获得与核心竞争力息息相关。如果没有任何优势，竞争市场的四大特征会让参与者被同伴用时间挤掉超额利润的空间。而竞争市场的厂商需求曲线弹性为无穷大，换言之，竞争厂商毫无核心竞争力可言，你做到的别人也可以做到。那么超额利润被瓜分也是在所难免的。但是只要存在正常利润，竞争市场的厂商就会继续经营，就像上例中 5 万元的正常利润，不会让其他投资者放弃仿效的步伐，因为即使找一份工作也是 5 万元的收入。

*6.3.2 完全竞争行业的长期供给曲线

在完全竞争条件下，单个企业的产量增减所引起的对生产要素需求量的增减不会对生产要素价格产生影响。但是，整个行业产量的变化就有可能引起生产要素价格的变化。根据行业产量变化对生产要素价格变化的不同影响，完全竞争行业的长期供给曲线分为三种类型：水平的、向右上方倾斜的和向右下方倾斜的。它们分别是成本不变行业、成本递增行业和成本递减行业的长期供给曲线。

1. 成本不变行业的长期供给曲线

成本不变行业是这样的一种行业，它的产量变化所引起的生产要素需求的变化，不对生产要素的价格发生影响。这是因为要素市场也是完全竞争市场，或者这个行业对生产要素的需求量只占生产要素市场需求量的很小一部分，所以，随着行业产量的增加，投入要素价格不变，长期平均成本不变，企业始终在既定的长期平均成本的最低点从事生产。这种成本不变行业的长期供给曲线是一条水平线，$P = LAC$，斜率为零。

2. 成本递增行业的长期供给曲线

成本递增行业是这样一种行业，它的产量增加所引起的生产要素需求的增加，会导致生产要素价格的上升。如行业投入具有专用性，或者占有要素市场很大的份额，那么，随着行业产量的增加，投入要素价格上涨，长期平均成本不断上升，这种成本递增行业的长期供给曲线是一条向右上方倾斜的曲线，具有正的斜率，且二阶导数大于零。

3. 成本递减行业的长期供给曲线

成本递减行业是这样一种行业，它的产量增加所引起的生产要素需求的增加，反而使生产要素的价格下降了。这是因为生产生产要素的行业具有明显的规模经济，随着行业产量增加，长期平均成本不断下降，这种成本递减行业的长期供给曲线，是一条向右下方倾斜的曲线，具有负的斜率。

案例 6-1 淡季的度假村

度假村一年四季生意差别很大。春季和秋季无疑是旺季，夏季也还好，可是冬季度假村的经营却是一落千丈。走进里面的餐馆，冷冷清清，可能就两三个人。走进高尔夫球场，凄凄惨惨四处找不到人。可是你可曾想过，既然生意这么差，为什么度假村在冬季还要开门经营呢？有限的顾客收入不能弥补度假村的经营成本啊。

其实度假村在作出经营决策时，老板一定会仔细记住固定成本和可变成本的数额。如酒店租金，餐馆里的桌子、盘子，高尔夫球场的土地和建筑成本等等，这些都是固定的，无论你是否经营，这些付出都是无法收回的。换句话说，在短期中，这些成本都是沉没成本。只要餐馆的食客付出的价格高于餐馆为其提供食物的额外原料、员工费、水电费，那么为其提供食物对于餐馆来说就是不亏的买卖。只要高尔夫球场的来客付出的费用高于为其单独服务提供的额外员工费和茶水费，为其服务对高尔夫球场主来说也是有利可图的。只要鱼塘的垂钓者付出的代价高于单独为其提供的鱼饵费和工人工资，那么欢迎人们前来钓鱼的大门仍然是敞开的。

总之，在一个偌大的度假村，相互配套的设施需要大量的沉没成本，然而这一切在短期中是无法变更的。度假村是否需要经营，不需要考虑这些沉没成本，只需要考虑从来客身上获得的收入和在来客身上花费的可变成本哪个更多就可以了。只要收入高于可变成本，经营就是理性的选择。

思考题

厂商是否停止生产是不是取决于是否有盈利？为什么？

案例6-2　政府办的大型养鸡场为何失败？

鸡蛋市场上有许多买者和卖者，其中任何一个生产者，即使是大型养鸡场，在市场总供给中所占的比例都是微不足道的，难以改变产量来影响价格，只能接受市场决定的价格。鸡蛋市场没有任何进入限制，谁想进入都可以，其投资很小。鸡蛋是无差别产品，生产者无法以产品差别建立自己的垄断地位。

在这个市场上，短期中鸡蛋生产者可能有超额利润(如发生了鸡瘟，供小于求，价格高)，也可能有亏损(如生产者进入大多，供大于求，价格低)。但在长期中一定是价格等于平均成本，生产者超额利润为零。生产者赚的是由机会成本带来的正常利润。

在长期均衡时价格等于平均成本，但这个平均成本是整个社会的行业平均成本。如果某个生产者采用了新养鸡技术，平均成本低于行业平均成本，就可以获得利润。生产者为了获得这种利润，都努力采用新技术并降低成本。当所有生产者都这样做时，整个行业的平均成本下降了，价格也下降了。如果哪个生产者的平均成本高于行业平均成本，他就无法在这个行业中生存下去，只好退出或破产。

大型养鸡场由政府出资兴办，自然是国有企业，也许可以靠垄断优势存活下来，但是从某种意义上说，政府出资办大型养鸡场是出力不讨好，动机也许不错，但结果不好。因为国有企业存在总产权不明晰、缺乏激励机制、效率低的共性特征。政府建立的大型养鸡场并没有什么优势，其规模不足以大到控制市场，产品也没有特色。它要以平等的身份与那些分散的养鸡专业户或把养鸡作为副业的农民竞争。仅这种大型养鸡场的成本都要大于行业平均成本，因为这些养鸡场固定成本远远高于农民的养鸡成本。养鸡场建有大鸡舍，采用机械化方式，且有相当一批管理人员，工作人员也是有工资的工人。这些成本的增加大于机械化养鸡所带来的好处，因为农民养鸡几乎没有什么固定成本，也不给自己支付工资，差别仅仅是种鸡支出和饲料支出。当鸡蛋行业的主力是农民时，行业平均成本也是由他们决定的。政府办的大型养鸡场的成本高于农民养鸡的成本，也就是高于行业平均成本，当价格等于行业平均成本时，就必然低于大型养鸡场的平均成本。这些大型养鸡场在与农民的竞争中并无优势，因此破产就是必然的。

思考题

1. 鸡蛋市场是哪种类型的市场？有何基本特征？
2. 政府出资兴办的大型养鸡场为什么会以破产告终？其中主要的原因是什么？

强化练习题

一、单项选择题

1. 在完全竞争市场中，行业的长期供给曲线取决于(　　)。

A. *SAC* 曲线最低点的轨迹　　B. *SMC* 曲线最低点的轨迹

C. *LAC* 曲线最低点的轨迹　　D. *LMC* 曲线最低点的轨迹

2. 在 *MR*=*MC* 的均衡产量上，企业(　　)。

A. 必然得到最大利润

B. 不可能亏损

C. 必然获得最小的亏损

D. 若有利润，则利润最大；若有亏损，则亏损最小

3. 如果在厂商的短期均衡产量上，AR 小于 SAC，但大于 AVC，则厂商（　　）。

A. 亏损，立即停产　　B. 亏损，但继续生产

C. 亏损，生产或不生产都可以　　D. 获得正常利润，继续生产

4. 在厂商的停止营业点上，应该有（　　）。

A. $AR=AVC$　　B. 总亏损等于 TFC

C. $P=AVC$　　D. 以上说法都对

5. 完全竞争厂商的短期供给曲线应该是（　　）。

A. SMC 曲线上超过停止营业点的部分

B. SMC 曲线上超过收支相抵点的部分

C. SMC 曲线上停止营业点和超过停止营业点以上的部分

D. SMC 曲线上收支相抵点和超过收支相抵点以上的部分

6. 在完全竞争厂商的长期均衡产量上必然有（　　）。

A. $MR=LMC\neq SMC$，其中 $MR=AR=P$

B. $MR=LMC=SMC\neq LAC$，其中 $MR=AR=P$

C. $MR=LMC=SMC=LAC\neq SAC$，其中 $MR=AR=P$

D. $MR=LMC=SMC=LAC=SAC$，其中 $MR=AR=P$

7. 当一个完全竞争行业实现长期均衡时，每个企业（　　）。

A. 都实现了正常利润　　B. 利润都为零

C. 行业中没有任何厂商再进出　　D. 以上说法都对

8. 某完全竞争行业的价格和供给量在长期内成同方向变动，则该行业的长期供给曲线呈（　　）。

A. 不平　　B. 向右下方倾斜

C. 向右上方倾斜　　D. 向后弯曲

9. 在完全竞争的条件下，如果某行业厂商的商品价格等于平均成本，那么（　　）。

A. 新的厂商要进入这个行业

B. 原有厂商退出这个行业

C. 既没有厂商进入也没有厂商退出这个行业

D. 既有厂商进入也有厂商退出这个行业

10. 假如某厂商的平均收益曲线从水平线变为向右下方倾斜的曲线，说明（　　）。

A. 既有厂商进入也有厂商退出这个行业　　B. 完全竞争被不完全竞争所取代

C. 新的厂商要进入这个行业　　D. 原有厂商退出这个行业

11. 在完全竞争市场上，厂商短期均衡条件是（　　）。

A. $P=AR$　　B. $P=MR$　　C. $P=MC$　　D. $P=AC$

12. 在完全竞争的情况下，价格曲线与平均成本曲线相切是（　　）。

A. 厂商在短期内要达到最大利润的充要条件

B. 某行业的厂商数目不再变化的条件

C. 厂商在长期内要达到最大利润的充要条件

D. 厂商在长期内亏损最小的充要条件

13. 假定某完全竞争厂商在目前产量水平上的边际成本、平均成本和平均收益均等于 1 美元，则这家厂商（　　）。

A. 肯定只得到正常利润　　　　B. 肯定没得到最大利润

C. 是否得到最大利润还不能确定　　　　D. 肯定得到最少利润

14. 在完全竞争的情况下，如果厂商把产量调整到平均成本曲线最低点所对应的水平，那么(　　)。

A. 他将得到最大利润　　　　B. 他没能获得最大利润

C. 他是否获得最大利润仍无法确定　　　　D. 他一定亏损

15. 在完全竞争市场上，已知某厂商的产量是 500 单位，总收益是 500 元，总成本是 800 元，总不变成本是 200 元，边际成本是 1 元，按照利润最大化原则，他应该(　　)。

A. 增加产量　　　　B. 停止生产

C. 减少产量　　　　D. 以上任何一种措施都可采取

16. 完全竞争厂商的总收益曲线的斜率为(　　)。

A. 固定不变　　　　B. 经常变动　　　　C. 1　　　　D. 0

二、计算题

1. 假设完全竞争市场的需求函数和供给函数分别为 $Q_D = 50\ 000 - 2\ 000P$ 和 $Q_S = 40\ 000 + 3\ 000P$。求：

(1) 市场均衡价格和均衡产量；

(2) 厂商的需求函数是怎样的？

2. 完全竞争市场中某厂商的成本函数为 $STC = Q^3 - 6Q^2 + 30Q + 40$，成本用美元计算，假设产品价格为 66 美元。求：

(1) 短期利润最大化时厂商的产量和利润总额。

(2) 当价格变为 30 美元时，厂商的盈利状况。

(3) 该厂商在什么情况下才会停止生产？

3. 某完全竞争、成本不变的单个厂商长期总成本函数为 $LTC = Q^3 - 12Q^2 + 40Q$。求长期均衡时的价格和单个厂商的产量。

第 7 章　市场理论——不完全竞争市场

本章学习目标

- 掌握垄断市场的特征及其均衡条件；
- 掌握价格歧视在实际生活中的运用；
- 了解垄断竞争市场的特征及其构成；
- 运用博弈论对寡头市场和其他经济进行分析。

上一章介绍了四种市场类型中的完全竞争市场，本章将讨论另外三种市场类型：完全垄断市场、垄断竞争市场和寡头市场。

7.1　完全垄断市场均衡分析

7.1.1　完全垄断市场的原因和特征

我们在生活中往往遇到完全对立于完全竞争的市场类型。比如购买一台电脑，一般我们都会选择安装 Windows 操作系统。那么如果你购买的是正版软件，有一笔支出已经无声无息地进入到世界上另一个角落。当微软公司第一次设计出视窗软件并为其申请版权时，它就获得了排他性生产和销售视窗操作系统的权利。因此，如果你想购买视窗软件，就必须给微软付费。在这里微软公司不再是价格的接受者，正相反，它是价格的制订者。在视窗软件行业中，只有它一家厂商，在这个领域里它根本没有匹配的对手。

完全垄断指整个行业的市场完全处于一家厂商所控制的状态，视窗操作软件便是一个垄断市场。下面我们来分析一下垄断市场是如何形成的。

第一，法律壁垒。

政府根据既定的法律会相应赋予某些产品一些权利，比如版权、专利等等。那么特许权的拥有者可以在一段时期内形成在市场上的完全垄断。任何对被赋予权利的产品的购买者都必须向权利所有者支付一笔费用，而且在有效期内任何其他厂家都不得模仿生产。微软公司在视窗软件上的地位就是由于这种原因而形成的。

第二，政策壁垒。

政府往往借助于政权对某一行业进行完全的垄断。例如，大多数国家的武器、供水、供电、铁路运输、航空运输等公用事业都是由国家出面进行垄断。由于这些行业关系到国计民生，因此对这些行业实施垄断可以有效配置资源，避免重复投资，并且可以更好地实施监督。

第三,资源壁垒。

某些厂商控制了某些特殊的自然资源或矿藏,从而可以对这些资源和矿藏市场实行完全垄断。比如南非的德比尔斯(DeBear)钻石公司,世界钻石生产的80%都在其掌控之中。而美国铝土公司(Alcoa)控制了几乎全美国的所有铝矾土,由于铝矾土是生产铝的主要原料,因而该公司便垄断了美国的铝的生产。

第四,技术壁垒。

如果除垄断者之外别无他人掌握某种生产技术或诀窍,这个市场就自然成为完全垄断市场。当然,技术诀窍一旦为他人所知,企业的垄断地位也将不复存在。在技术飞速发展、商业情报活动无孔不入的现代社会中,生产“绝技”是很难长期保密的。据说,可口可乐的配方是最长寿的商业机密,多少年来,尽管许多软饮料生产企业仿制了口味十分相近的饮料,但还是配制不出可口可乐的特色。

第五,自然垄断。

某些行业的生产,由于规模报酬递增的存在,当企业规模扩大时,它的平均成本会随着产量的扩大而降低。换句话说,一个行业内,如果有一个企业能够比别的企业生产更多的产品,那么,它的平均成本就低于其他企业,这个企业就能在扩大产量的同时降低产品的价格,最终使其他企业在本行业无利可图而退出,于是,该企业就垄断了这个行业。这样的行业需要巨大的资本设备才能有效地经营,如自来水、煤气、电力供应、桥梁等。这种由规模经济引起的垄断,一般称为自然垄断。

垄断由于和竞争完全对立,因此它们的特征也应该是完全对立的。

第一,完全垄断市场上只有一家企业。

完全竞争市场上有许多卖家,而垄断只有一家,充分显现了垄断市场上企业的市场势力。

第二,完全垄断市场上产品的替代弹性很小。

完全竞争市场上产品是同质的,也就是说替代弹性无穷大。但是垄断市场仅有一家企业提供产品,替代品只能到相似市场上去搜索,那么垄断产品的替代弹性自然就很小。

第三,完全垄断市场上存在进入壁垒。

前面我们讨论了垄断形成的原因,其中的法律壁垒、政策壁垒、资源壁垒和技术壁垒都是其他厂商进入市场的进入壁垒。

7.1.2　完全垄断市场的需求曲线和收益曲线

由于整个市场只有一家企业,所以完全垄断市场上市场需求曲线和厂商需求曲线是相同的。由于市场价格和需求量成反比,因此这时候厂商的需求曲线也是向右下方倾斜的。

在上一章,我们曾经证明过,任何市场类型中,厂商的平均收益曲线和需求曲线重合。因此,在垄断市场上,厂商的平均收益曲线也是向右下方倾斜的。

然而在垄断市场上,由于销量增加时产品的价格会下降,那么每增加单位产品获得的额外收益将会下降,即边际收益随着产量的增加而下降。那么平均收益和边际收益之间会有什么样的关系呢?

假设总收益为 TR,产量为 Q,需求曲线向右下方倾斜,因此价格 P 为 Q 的函数。综上,

TR 为 Q 的函数,即 $TR=P(Q)\times Q$。下面求 TR 对 Q 的一阶导数即边际收益 MR。

$$TR'(Q)=P'(Q)\times Q+P=MR(Q) \tag{7.1}$$

由于 $P'(Q)<0, Q\geqslant 0$,因此 $MR\leqslant P$。

当 $Q=0$ 时,$MR=P$;当 $Q>0$ 时,$MR<P$。

可见边际收益曲线和需求曲线有相同的纵截距。随着产量的增加,边际收益曲线一直在需求曲线之下,如图 7-1(a)所示。在图中可以看到边际收益曲线甚至可能是负数。当价格对收益的影响大于对产量的影响时,边际收益就是负的。在这种情况下,企业每多生产一单位产品,尽管销售了更多单位的产品,但是价格下降之大足以引起企业总收益的减少。

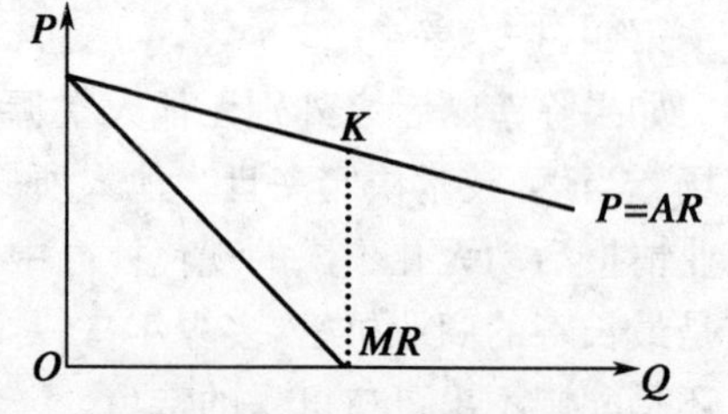

(a) 垄断市场厂商需求曲线和边际收益曲线

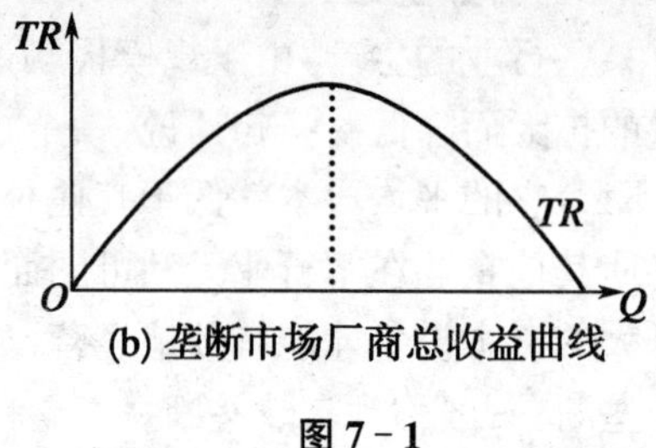

(b) 垄断市场厂商总收益曲线

图 7-1

下面我们再来看看垄断厂商的总收益(TR)曲线。由于垄断厂商边际收益曲线关于产量单调递减,那么边际收益必然与横坐标相交。当 $MR>0$ 时,TR 单调递增;而 $MR<0$ 时,TR 单调递减。因此 $MR=0$ 时,TR 取最大值,如图 7-1(b)所示。

从图 7-1(b)中可以清楚地看到,即使垄断厂商是价格的制定者,但是他并不会把价格定在最高点。图中总收益开始时是随着价格的降低而增加的,当价格降低到 K 点时,总收益又随着价格的降低而降低。那么价格或者需求曲线和总收益之间的关系是怎样呢?

由式(7.1)可以得到

$$\begin{aligned} MR &= P\times[P'(Q)\times Q\times 1/P+P\times 1/P] \\ &= P\times(1+1/E) \\ &= P\times(1-1/|E|) \end{aligned} \tag{7.2}$$ ①

当 $|E|>1$ 时,$MR>0$,此时 TR 随价格下降而递增;

当 $|E|=1$ 时,$MR=0$,此时 TR 达到最大值;

当 $|E|<1$ 时,$MR<0$,此时 TR 随价格下降而递减。

综上,需求曲线的富有弹性部分对应的总收益递减,需求曲线的缺乏弹性部分对应的总收益递增。因为在富有弹性部分,价格调低一点,销售量将增加很多,因此厂商在富有弹性区域具有降价的激励。在缺乏弹性部分,价格调高一点,销售量的减少不会很多,因此厂商在缺乏弹性区域具有提价的激励。

7.1.3 完全垄断市场的短期均衡分析

前面已经分析了垄断厂商的收益状况,厂商的利润最大化还需要综合考虑厂商的成本

① 其中 $|E|$ 是需求价格弹性的绝对值。

状况。与竞争厂商的分析一样，假设厂商利润 $\pi(Q)=TR(Q)-TC(Q)$。利润 π 极大的必要条件是 π 对 Q 的一阶导数为零。

$$\frac{\mathrm{d}\pi(Q)}{\mathrm{d}Q}=\frac{\mathrm{d}TR(Q)}{\mathrm{d}Q}-\frac{\mathrm{d}TC(Q)}{\mathrm{d}Q}=0$$

或

$$\frac{\mathrm{d}TR(Q)}{\mathrm{d}Q}=\frac{\mathrm{d}TC(Q)}{\mathrm{d}Q}$$

而

$$\frac{\mathrm{d}TR(Q)}{\mathrm{d}Q}=MR \qquad \frac{\mathrm{d}TC(Q)}{\mathrm{d}Q}=MC$$

在完全垄断市场上，$MR=MC$ 即为厂商利润最大化的必要条件。

在短期内，由于受到固定生产要素的影响，厂商对产量的调整受到限制。在厂商根据 $MR=MC$ 的原则决定产量后，短期中生产要素组合难以为完全适应市场的需求而进行调整。这样，可能出现平均成本低于或者高于市场价格的情况，当然也可能是平均成本等于市场价格。在平均成本低于市场价格的情况下，会有超额利润；在平均成本高于市场价格的情况下，则有亏损；在平均成本等于市场价格时，则只有正常利润。

我们曾经提到垄断厂商是市场价格的决定者，那么它们为什么不把价格拉到自己的平均成本之上呢？这是因为垄断厂商根据 $MR=MC$ 原则来确定均衡产量，但是均衡价格的确定却要依赖于市场需求曲线。换句话说，消费者对产品的需求程度是价格决定的非可控因素。

1. 厂商盈利的状况

如图 7－2，边际收益（MR）曲线和短期边际成本（SMC）曲线的交点 E 决定了均衡产量 OM，从 M 点向上的垂线 GM 与需求曲线 dd 相交于 G，决定了价格水平为 ON，这是总收益为平均收益（价格）与产量的乘积，即 $OMGN$，总成本为平均成本与产量的乘积，即 $OMFK$。总收益大于总成本，$KFGN$ 为超额利润。

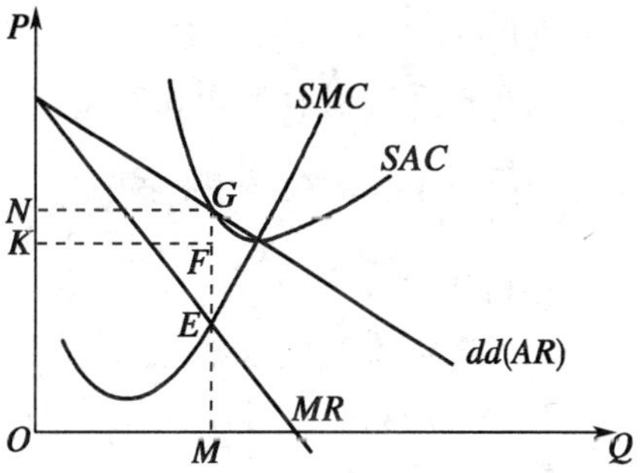

图 7－2　盈利垄断厂商的均衡

【经济学小贴士 7－1】　垄断厂商的供给曲线

在上面的分析中，我们的均衡价格是由均衡产量引出的垂线 MG 和需求曲线共同决定的，并没有提到市场供给曲线。那么供给曲线到哪里去了呢？

在需求供给理论一章中，我们对供给曲线的定义为描述对应于每一商品价格卖家愿意而且能够提供的产量的曲线。当我们在竞争市场上分析价格接受者的时候，这个概念是有意义的。但是垄断企业是接受者。问一个企业在既定价格时候生产多少，或者问一个企业在既定产量时定价多少是没有意义的，因为企业在决定供给量的同时已经确定了市场价格。

实际上，垄断厂商关于供给多少的决策不可能与其所面临的需求曲线分开。需求曲线的形状决定边际收益曲线的形状，同时间接决定了垄断厂商的均衡产量。在竞争市场上，供给分析可以在不考虑需求曲线的情况下进行，但是在垄断市场上是不可能的。因此，一般认为垄断厂商没有供给曲线。

2. 厂商亏损的状况

在图 7－3 中，总成本 $OMFK$ 大于总收益 $OMGN$，亏损为 $NGFK$。这时只有如图所示，平均可变成本曲线 AVC 与 G 点相切，即总收益可以弥补可变成本，厂商才会维持 OM 的产量。所以 G 点为垄断厂商的停止营业点。如果价格更低，就无法生产了。

因此垄断厂商虽然具有市场势力，然而它在短期中未必稳赚不亏。一旦厂商的平均收益低于厂商的平均成本，厂商就会出现亏损。一旦厂商的平均收益低于厂商的平均可变成本，厂商在短期内就不应当继续经营。值得一提的是，由于垄断厂商可以控制市场和价格，即使短期内出现亏损，但是长期内厂商总会设法把价格提高到平均可变成本之上。

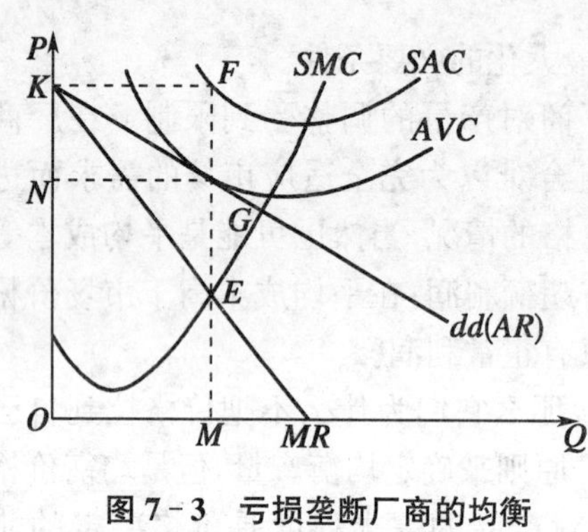

图 7－3 亏损垄断厂商的均衡

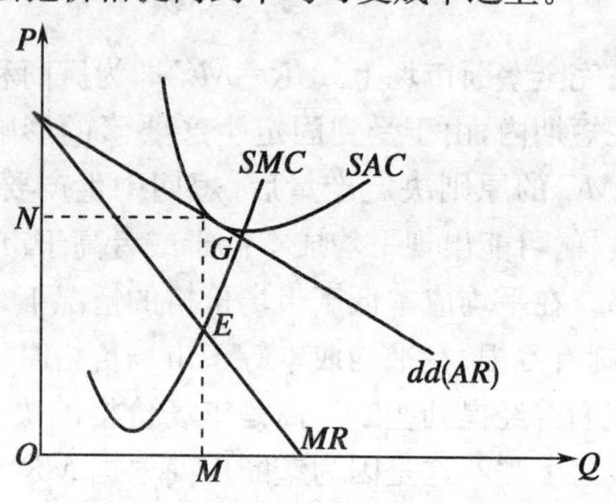

图 7－4 不盈不亏垄断厂商的均衡

3. 厂商不盈不亏的状况

在图 7－4 中，$MR=SMC$ 时的均衡产量为 OM，对应的总收益和总成本均为 $OMGN$，垄断厂商在短期内没有超额利润。

*7.1.4 完全垄断市场的长期均衡分析

在长期中，由于所有生产要素可以改变，那么垄断厂商可以自由选择最优的生产规模。不同的生产规模对应着不同的短期平均成本曲线（SAC）和短期边际成本曲线（SMC）。因此厂商在长期的均衡条件不仅仅是 $MR=LMC$，而且 $MR=SMC$。而此点的 SMC 即对应着厂商的最优生产规模。

在图 7－5 中，短期平均成本曲线为 SAC_1，短期边际成本曲线为 SMC_1，短期均衡产量为 SMC_1 与 MR 相交所决定的 OM_1，价格为 P_1。如图此时的总收益和总成本相等，厂商在短期中不盈不亏。然而在产量为 OM_1 时，$MR\neq LMC$，即边际收益和长期边际成本不相等。所以 OM_1 只是短期的均衡产量，而不是长期的均衡产量。在长期中，厂商可以通过调整生产规模和产量，实现 $MR=LMC$。假设现在厂商把生产规模调整到短期平均成本曲线为 SAC_2，此时的短期边际成本曲线 SMC_2 与边际收益曲线 MR 相交决定了均衡产量为 M_2，价格为 P_2，这时厂商也实现了长期均衡。在长期中，厂商可以尝试选择多种

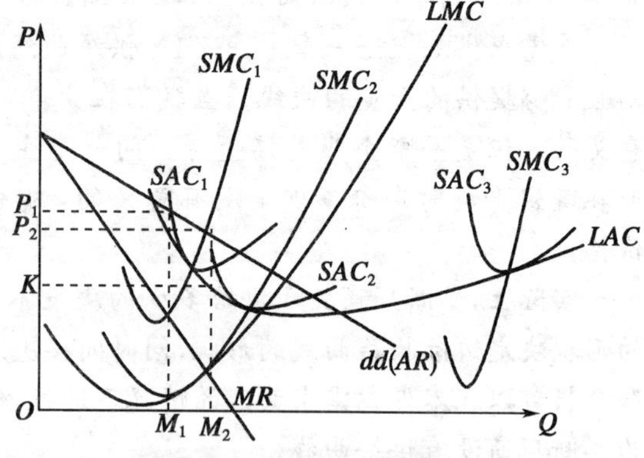

图 7－5 长期垄断厂商的均衡

生产规模(不同的成本曲线)，而最优的生产规模一定满足条件 $MR=SMC=LMC$。

从图中可以看到，此时厂商有 $OM_2 \cdot OK$ 的超额利润。可见，在短期中，由于无法调整全部生产要素，因此短期的均衡并不一定能给厂商带来可能的最大利润。但是在长期中，所有生产要素都可以自由改动，相当于垄断厂商在众多的短期均衡中选择利润最大化的成本组合，因此可以取得短期中无法取得的高回报。

7.1.5　价格歧视

垄断厂商是价格的制定者。以上分析中，我们都假定垄断厂商对所有的购买者实行一个单一的定价。但是在实际生活中，垄断厂商为了获得更大的利润，会在同一时间内对同一产品向不同的购买者收取不同的价格，或者是对不同产品向不同的购买者收取相同的价格。这就是价格歧视。

要使价格歧视切实可行，必须满足一些前提条件：

(1) 市场存在不完善之处。在完全竞争的条件下，价格歧视的实行显然是不可能的。但是如果市场信息不完全，或者市场存在着进入壁垒等情况下，卖者可以对市场的各个部分分别实行某种控制，从而对不同的买者收取不同的价格。

(2) 各个市场或者市场的各个部分需求价格弹性有差异。不同消费群体对价格的敏感程度是有差异的，而这个敏感程度可以用需求价格弹性来衡量。如果每个消费者的需求价格弹性都相同，那么实行价格歧视显然是没有意义的。

(3) 市场之间或者市场各个部分之间可以有效隔离，这是价格歧视可以持续的必要条件。国际外汇市场信息通畅，无法完全有效隔离，因此各个外汇市场间低买高卖的套汇价格只是临时的，买卖方的市场力量会使各个外汇市场的比价迅速趋同。

价格歧视常见的例子有：① 团购价格与零售价格不同。② 早晨和晚上的出租车收费不同。③ 工业用电和民用电收费不同。④ 同种商品在发达地区比一般地区物价水平高。⑤ 乡村的医生对不同病人收取不同价格。以上例子可以垄断厂商掠夺消费者剩余的程度，分为三类：一级价格歧视、二级价格歧视和三级价格歧视。

1. 一级价格歧视

垄断者对不同的买者提供相同的产品和服务却要求不同的价格，这被称为一级价格歧视，又称完全价格歧视。一级价格歧视的条件异常苛刻，要求垄断者可以区分每个消费者对产品的支付意愿。只有这样，垄断者才能按照每个消费者的支付意愿收取产品价格。

如图 7－6，如果价格定位 OP_7，销售量为 OM_7，那么垄断厂商的收益为 M_7KP_7O，而消费者在购买 OM_7 的产量时，总共积累了 P_1P_7K 的消费者剩余。垄断者如果想进一步掠夺这部分消费者剩余，就必须差别定价。一级价格歧视指垄断厂商对 M_2 单位索取的价格为 P_2，对 M_3 单位索取的价格为 P_3……对最后一单位 M_7 索取的价格为 P_7。在这种情况下，由需求曲线表示出来的代表商品边际效用的消费者买进一定量产品所愿意支付的价格，成为垄断者的边际收入曲线。这样

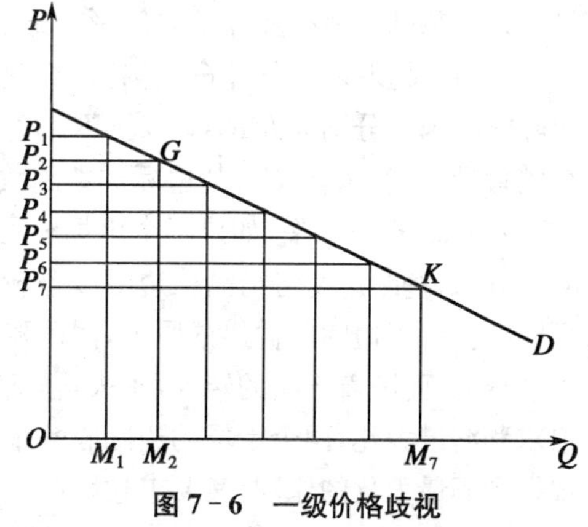

图 7－6　一级价格歧视

单一价格下的消费者剩余在一级价格歧视的情况下全部转换为垄断者的利润。

当然，在现实中的完全歧视几乎是不可能的，顾客不会告诉卖者自己的支付意愿。乡村医生根据不同病人的支付能力索取不同的医疗费用就是一级价格歧视的一种近似。

2. 二级价格歧视

二级价格歧视指对某一特定的消费者，按其购买商品数量的不同制定不同的价格。

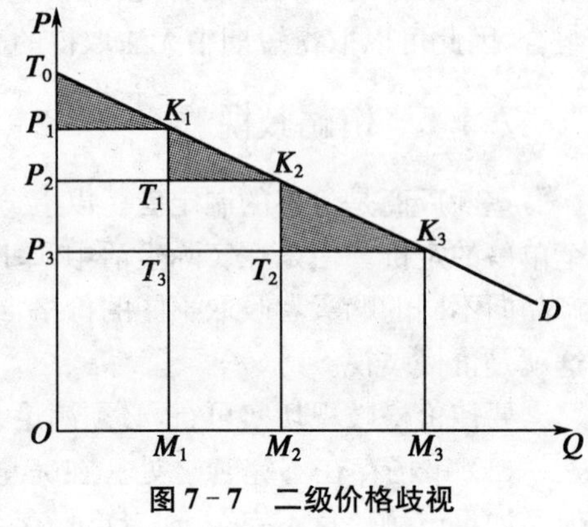

图 7-7　二级价格歧视

如图 7-7，当购买量为 OM_1 时，每单位产品价格为 P_1；当购买量增加到 OM_2 时，每单位产品的价格为 P_2；当购买量增加到 OM_3 时，每单位产品的价格降低到 P_3。这种定价方式和单一定价 P_3 相比，垄断厂商的利润大大增加了。设定单一价格 P_3 时，垄断厂商的总收益为 $OP_3K_3M_3$。实现差别定价后，销售 OM_1 的产品，收益为 $OM_1K_1P_1$；扩大销售 M_1M_2 时，收益为 $M_1M_2K_2K_1$；继续扩大销售 M_2M_3 时，收益为 $M_2M_3K_3K_2$。差别定价后的总收益达到 $OM_1K_1P_1=M_1M_2K_2K_1+M_2M_3K_3K_2$，生产者剩余增加 $P_3T_3K_1P_1+T_3T_2K_2T_1$。显然，垄断厂商为了吸引更多的消费者，规定差别价格是有利可图的。而这部分生产者剩余的增加是以剥削消费者的福利为代价的。

在实际生活中，二级价格歧视的案例并不少见。比如西方国家电力公司对用电少的家庭收取较高单价，对用电多的家庭收取较低单价；团购价格优惠于零售价格，会员价格优于普通价格等等，都是典型的二级价格歧视。与一级价格歧视相比，二级价格歧视并不要求垄断者识别每个消费者的支付意愿，只需要通过购买量甄别出不同消费群体在不同选择价格下的购买意愿。价格歧视的执行难度下降，可行性也就增加了，但是对消费者剩余的剥削也降低了。

3. 三级价格歧视

垄断厂商将不同的市场分割开来，形成各个子市场，然后在各个子市场上按照不同的需求价格弹性制定不同的价格分别出售产品，这便是三级价格歧视，又称为市场分割价格歧视。前面价格歧视的前提条件中我们已经提到了市场需要有效隔离，不同市场间或者市场的各个部分间需求价格弹性要有差异，这在三级价格歧视中得以突出体现。市场有效隔离避免了不同市场间的倒买倒卖，而需求价格弹性的差异为不同市场具体制定价格的方法提供了理论基础。那么弹性是如何影响定价的呢？

我们一起来看一个例子。假定两个独立的市场，其需求曲线分别为 $AR_1(Q_1)$ 和 $AR_2(Q_2)$，边际收益函数分别为 $MR_1(Q_1)$、$MR_2(Q_2)$。其中，Q_1、Q_2 是两个市场的销售量，垄断厂商的总销售量为 $Q=Q_1+Q_2$，其边际成本函数是 $MC(Q)$。

在 Q 的产量水平，如果两个市场的需求曲线不相同的话，边际收益也不相同，即 $MR_1\neq MR_2$，那么垄断厂商将产品从边际收益较低的市场转移到边际收益较高的市场出售是有利可图的。由于边际收益递减原理，因此随着产品的转出，本来边际收益较高的市场边际收益将会降低；而随着产品的转入，本来边际收益较低的市场边际收益将会增加。随着垄断厂商追求利润最大化，两个市场的边际收益最终趋于相等，即 $MR_1=MR_2$。另一方面，垄断厂商根据利润最大化的原则，又要求边际收益和边际成本相等。那么，三级价格歧视下垄断厂商

在两个有效分割市场上定价的原则为

$$MC(Q)=MR_1(Q_1)=MR_2(Q_2)$$

根据 $MR=P(1-1/|E|)$，联立上式可以得到

$$P_1(1-1/|E_1|)=P_2(1-1/|E_2|) \tag{7.3}$$

其中，P_1、P_2 分别是两个市场的销售价格，E_1、E_2 分别是两个市场的需求价格弹性。这样，我们可以清楚地看到：如果 $|E_1|>|E_2|$，为满足式(7.3)，$P_1<P_2$。这就是说，具有较高需求价格弹性的市场应该制定较低的价格，具有较低需求价格弹性的市场应该制定较高的价格。这里值得一提的是，对于市场划分得越细，垄断厂商获得的总利润越高。

三级价格歧视在生活中比比皆是，已经不仅仅是垄断厂商的定价专利。比如同种商品在发达地区比一般地区物价水平高，这是因为发达地区居民相对收入较高，对于价格敏感程度较低，因此对于发达地区制定高于一般地区的价格更有利于厂商谋利。再如电力公司对工业用电和民用电收费标准不同，工业电比民用电要贵。

另外，三级价格歧视对于市场的划分并不一定依赖于空间，时间也可以划分市场。大家都知道早晨和晚上出租车的收费是不同的。出租车实施两段收费，一部分是起步价，另外一部分是超出起步价后的费用，等于每公里收费乘以超出起步价的公里数。起步价早晚一般没有差异，但是每公里的计价却有变化，在白天这个单价明显低于晚上的单价。这是因为白天替代的交通工具较多，替代品的可获得性较高，因此高价会流失大量客源。而在晚间出租车的替代品大大减少，消费者没有太多选择，因此较高的价格不会对乘客造成太大影响。

以上分析了垄断市场的三种价格歧视。总的来看，价格歧视使得垄断者把单一价格下消费者剩余抢占为自己的利润，因而可以看成是消费者受到了剥削。但同时，生产者也比在单一定价时生产了更多的产品。比如三级价格歧视中不必在降低一个市场的价格时改变另外一个市场的价格，这样更多的消费者在合意的价格得到了自己想要的产品，这样也可以看成部分消费者的福利改善了。无论消费者的福利因为价格歧视发生了怎样的变化，总之，生产者的利润增加了，这也是垄断厂商实施价格歧视的原因。

*7.1.6　完全垄断与完全竞争的比较

通常认为，竞争与垄断相比，有更高的经济效率。因为垄断厂商的定价原则是 $MR=MC$，而 MR 曲线位于需求曲线的下方，那么意味着垄断厂商的产出自然会低于竞争厂商，可是价格却更高。于是垄断是消费者受到了无谓的损失。

消费者剩余是某一物品对于消费者的价值或效用超过了这一物品的购买价格。这里，我们再引入生产者剩余的概念。生产者剩余(Producer Surplus)是指生产者获得了超过他的生产成本的收益。生产者剩余与消费者剩余有相似之处，也有不同之处。相似之处是：二者都是由实际发生额(实际收入额或实际支付额)与心目中的数额(愿意接受的数额或愿意支付的数额)之差形成的。二者不同之处是：消费者剩余是一种心理上的感觉，而并不是实际收入的增加，生产者剩余则是实际收入的增加。生产者剩余和消费者剩余的总和叫做经济剩余(Economic Surplus)，它表示一个经济所得到的总效用或满足超过了它的生产成本。

为了方便分析，我们假设厂商的边际成本曲线为一条水平线。如图 7-8，需求曲线反映了物品对消费者的价值，即消费者对物品的支付意愿。边际成本曲线反映了厂商的成本状况。因此在需求曲线和边际成本曲线的交点可以找到类似完全竞争市场的均衡产量 M_1，此时生产者剩余为零，总剩余完全由消费者剩余构成。在这个产量左边，由于消费者支付意愿高于产品的边际成本，因此增加产量将增加总剩余；在这个产量右边，由于消费者支付意愿低于产品的边际成本，因此减少产量将增加总剩余。因此在 M_1，总剩余取到最大值。

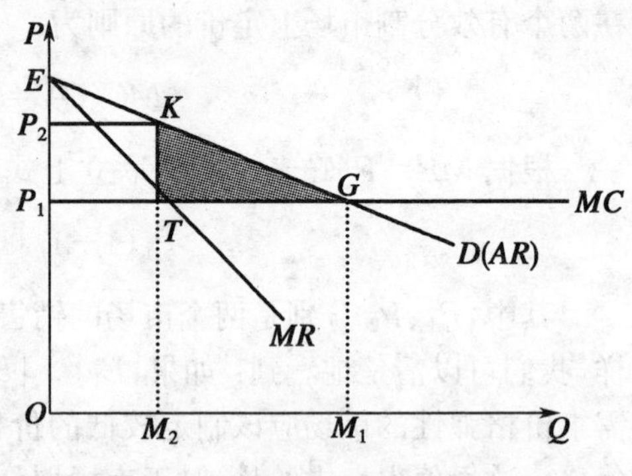

图 7-8　竞争与垄断的福利比较

如果生产者是市场的垄断者，依据 $MC=MR$ 生产均衡产量的产品。如图 7-8，此时的均衡产量和均衡价格分别为 M_2 和 P_2。跟竞争时候比较产量下降了，价格却提高了，无疑效率是降低了。我们来比较一下此时的总福利。

在垄断情况下，生产者剩余有了增加了的矩形 P_2P_1TK，在竞争的情况下为零。而此时的消费者剩余只有 EP_2K，在竞争的情况下为 EP_1G。消费者剩余的减少量多于生产者剩余的增加量，因此总剩余减少了，整个社会的福利恶化了。图中的阴影部分正是总剩余的减少部分，称为无为损失。

由于垄断厂商通过收取高于边际成本的价格发挥其市场势力，使一部分消费者望而却步，由于高价而放弃了购买。这就是垄断给社会净福利带来损失的根本原因。

应用价格歧视是否可以给总福利带来某些变化呢？假设厂商实行一级价格歧视，就是厂商根据每个消费者收取不同费用而充分剥削消费者剩余。这样每位顾客的支付价格其实就是他们的支付意愿，所有支付意愿大于边际成本的顾客都购买了自己的产品，并支付了对应的价格，因此没有无谓损失。这时虽然消费者剩余降为零，但是生产者剩余增加到 EP_1G，总剩余跟竞争时完全相同。因此从整体来看，一级价格歧视比单一的垄断定价要带来更多的福利。

表 7-1　竞争、垄断与一级价格歧视的福利比较

	消费者剩余	生产者剩余	总剩余	变　化
完全竞争	EP_1G	0	EP_1G	
完全垄断	EP_2K	P_2P_1TK	EP_1TK	$-KTG$
一级价格歧视	0	EP_1G	EP_1G	$+KTG$

那么垄断是否完全不如完全竞争呢？答案是否定的。垄断至少有两点完全竞争所无法比拟的优势：

(1) 自然垄断行业有利于发挥规模经济的优势，避免重复投资。对于很多公用部门的产品来说，由多家提供不如由一家提供。大批量生产的企业与小批量生产的企业相比，成本更低，质量更加稳定。

(2) 更有利于技术进步。经济发展的本质在于创新，即技术进步。而由于只有垄断厂商可以承担独立研发的风险和成本，因此垄断实际上是技术进步的源泉。

竞争与垄断对于社会的影响各有积极方面，对于它们的评价要具体问题具体分析。

7.2　垄断竞争市场均衡分析

当你在周末走进一家电影院想放松一下时，往往会被广告牌上的众多广告所迷惑：轻松的娱乐片，紧张的枪战片，活泼的动画片，还有许多其他可供选择的影片。当你挑选某部电影并要买票时，你是在参与哪一种市场？

7.2.1　垄断竞争市场的含义和特点

一方面，电影的市场看来是极富竞争性的，当你观望影院的广告牌时发现了许多吸引你的导演和演员。这个市场上的买者都有可供选择的成千上万种竞争的产品。而且，因为许多人都可以通过写剧本或者拍片子进入这个行业，所以从事这一行业有许多竞争对手。对高收入的导演或剧本作家来说，总有数以百计的人在争夺这一地位。另一方面，电影市场看来极有垄断性，因为每部电影都是独一无二的，电影发行商在某种程度上可以选择所收取的价格，这个市场上的卖者是价格决定者，而不是价格接受者。而且实际上，电影票的价格大大超过了电影的边际成本。例如，一张电影票的价格是 40 元左右，而多一个人看电影的成本几乎可以忽略不记。

这种市场就是垄断竞争(Monopolistic Competition)市场，它是由许多出售相似而不相同产品的企业组成的市场结构，是既有竞争因素又有垄断因素的一种市场类型。它的基本特征如下：

(1) 同一个行业中有许多卖家，这一点与完全竞争相似。

(2) 同一个行业中的每个厂商生产的是异质产品，但是差别不大，即每个厂商的产品都具有自己的特色，这点又与垄断市场相似。不同厂商的产品之间存在着差异，这种差异可能是因为设计、原材料、外观形状等客观差异，也可能是因为商标、服务态度、偏好等主观差异。当然，由于不同厂商生产的产品又是相似的，因此它们之间有很大的替代性，尽管不能完全替代。经济学家认为，因为产品有差别，则每个厂商生产的产品特色便构成了垄断因素，产品的差别越大，垄断程度也就越高。另一方面，因为产品之间有替代性，因此不同厂商之间存在着激烈的竞争，替代程度越高，竞争也就越激烈。

(3) 厂商比较容易进出这个市场，这一点又和完全竞争市场相似。

以上特征决定了垄断竞争的厂商能对市场价格产生一些影响，尽管这种影响是有限的。这些厂商独立行动，并不互相勾结以控制市场价格。同时由于同一行业中有许多厂商，一个厂商的决策不至于引起其他厂商的对抗行动。

在现实经济中，垄断竞争是一种普遍现象，特别是在零售业和服务业中。略微想一下，就可以列出一系列具有垄断竞争特征的市场，如书籍、CD、电影、电脑游戏、餐馆、点心以及家具等。

【补充阅读材料 7－1】　广告对我们意味着什么？

现实生活中，广告的狂轰滥炸对我们每个人来说已经是习以为常的事情。在黄金时间打开电视，你就会观察到什么类型的产品广告做得较多：饮料、化妆品、零食……这些快速消费品行业一般把收入的 10%～20%投放于广告。我们注意到这些行业都是典型的非垄断竞争结构,同时我们很难想象生产玉米或者火箭发动机的企业会花大把的金钱请明星作为产品代言人,因为这些产品要么是标准化的,要么被一两家企业完全垄断,他们没必要做广告。广告的规模有多大呢?有人估计在2 000亿美元左右。也许这个数字难以想象,那么你就想想仅仅凭着在线广告作为收入的互联网企业就可以动辄拥有几十亿美元的市值吧。如何从经济学角度来看待广告的作用?我们或许从下面的一些案例中领悟一些道理。

眼镜行业广告与价格

贝纳姆(Benham)通过比较限制广告情况下的价格和不限制广告情况下的价格,研究了广告对眼镜价格的影响。贝纳姆发现,1963年,在广告完全被禁止的那些州内,眼镜的平均价格为37.48美元。在不存在广告限制的那些州内,眼镜的平均价格是17.98美元。贝纳姆的解释如下:总之,大量低价销售的卖者依赖于将顾客从某个广阔领域里吸引过来,因而就需要告知他们的潜在顾客关于购买他们商品的好处。如果广告被禁止,他们就不能生产必要的销售量来维持低价格。……同时,少量高价销售的零售商存在于市场的可能性将会增加。贝纳姆提出,广告包容更多的现存厂商之间的竞争,降低利润边际。他还提出,广告为进入市场提供便利,因此,禁止广告是进入市场的壁垒。

令人感到惊讶的是,贝纳姆发现,广告所包含的价格并不是导致眼镜价格下降的一个重要因素。他把禁止价格出现在广告上的那些州与非限制性广告存在的那些州区分开来,发现在那些价格不能够包括在广告中的州里,平均价格只比没有限制的那些州略微高些。换句话说,存在、地点和产品花色品种方面的信息似乎引起消费者对竞争企业足够的兴趣,这种兴趣又导致更大程度上的竞争。

玩具制造商广告与价格

斯坦纳考察了玩具制造商采用电视广告前后的玩具制造业情况。他发现,和20世纪50年代以后的情况相比,50年代中期以前的销售毛利或利润边际,在统计显示中要高得多。在零售商和制造商采用电视网做广告之前,一件零售价为5美元的典型玩具,通常以5美元,或许可能以4.95美元出售。向全国零售的玩具在做了电视广告之后,原来可以卖5美元一件的玩具的典型零售价平均只有3.49美元了。然而50年代中期以后,在那些没有玩具电视广告的城市里,价格仍然平均在4.98美元左右。

斯坦纳解释说,平均价格下降的原因几乎全部在于利润边际或毛利的下降。在玩具广告大量上电视的那些地区,一些零售商发现,在显著地降低了这些玩具的毛利之后,他们的投资收益率提高了。玩具销售量的增加足以抵偿这种下降(在这里,需求富有弹性)。量小而价高的零售商不再能将他们的毛利维持在原来的高度,因为存在着那些批量大而价格低的企业。

7.2.2 垄断竞争市场的厂商需求曲线

垄断竞争市场上,厂商面临着两条需求曲线。一条需求曲线表示当一个厂商改变自己产品的价格,而该行业的其他与之竞争的厂商并不随着改变价格时,该厂商的价格与销售量之间的关系。该需求曲线又被称为主观需求曲线。假如该厂商降价,而其他竞争厂商没有相应降价,那么该厂商可以赢得许多竞争对手的消费者。因此主观需求曲线较平坦,需求价格弹性较大,如图7-9中d。

垄断竞争厂商面临的另外一条需求曲线表示当一个厂商改变自己的产品价格,该行业其他与之竞争的厂商也随之改变价格时，该厂商的价格与销售量之间的关系。这条需求曲线又被称为客观需求曲线。假如该厂商降价，其他竞争厂商采取相应降价措施，那么该厂商赢得的竞争对手的消费者数量将不如预料的多。因此客观需求曲线较为陡峭，需求价格弹性较小，如图 7-9 中 D。

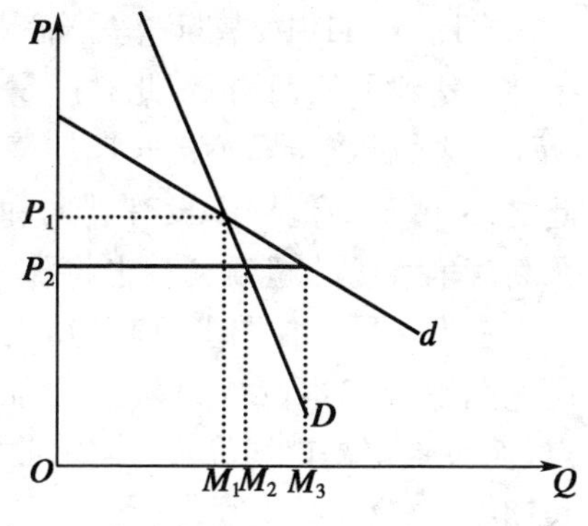

图 7-9　垄断竞争厂商的需求曲线

在图 7-9 中，厂商初始的价格水平为 OP_1，初始销量为 OM_1。厂商为了获得更多的销量，决定降价。假设厂商把价格降低到 OP_2，这时候如果没有其他厂商跟着采取降价措施，那么该厂商的销量将增加到 OM_3。但是事实上，其他厂商往往采用价格策略，这样该厂商实际销量的增加将低于预计的增加，如图 7-9 中，实际销量增加到 OM_2（$OM_2 < OM_3$）。

7.2.3　垄断竞争市场的短期均衡分析

垄断竞争厂商的均衡分析类似于垄断厂商。因此只有在满足 $MR=MC$ 的必要条件下，垄断竞争厂商才能实现利润最大化。下面我们看看垄断竞争厂商的均衡形成过程。

在图 7-10 中，垄断竞争厂商面对的主观需求曲线为 d_1，一开始厂商售价为 OP_1，销售量为 OM_1。但此时厂商产量太低，利润并未达到最大化，于是厂商开始降低价格以增加销量。每个厂商都认为由于垄断竞争，市场上厂商很多，自己的降价行为并不会引起竞争对手的抵制。如果每个厂商都这么想，那么市场上的客观需求曲线 D 就产生了。客观需求曲线使厂商降价后增加的销量低于预期的水平，为了达到 $MR=MC$ 的最大化生产原则，厂商继续降价。竞争对手面对相同的局面，也不停地削减价格，该垄断竞争厂商的主观需求曲线从而不停地下降，直到 d_2。此时该厂商不再降价，于是竞争对手也不再降价，因为恰好在 d_2 满足了 $MR=MC$ 的均衡条件。图 7-10 中，在 OP_2 的价格水平下，厂商满足了短期利润最大化的条件。此时厂商的均衡产量为 OM_0，而厂商本来预期将价格定在 OP_0 时就可以达到此销量，因此垄断竞争厂商比预计损失了 P_0P_2TK 的利润。

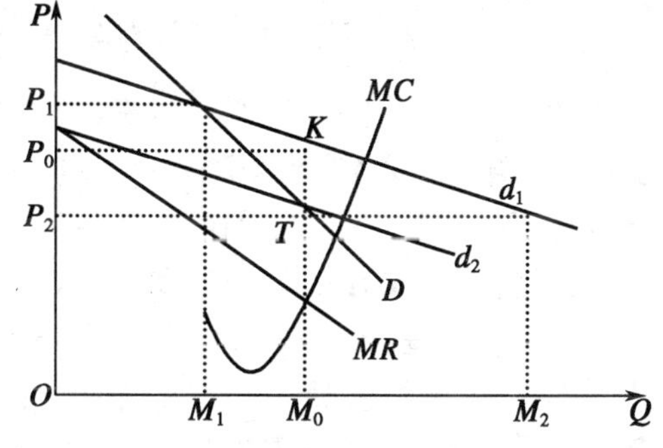

图 7-10　垄断竞争厂商的短期均衡

同完全垄断厂商一样，垄断竞争厂商在短期中取得超额利润、亏损或者不盈不亏取决于厂商的成本状况与收益状况的比较。

*7.2.4　垄断竞争市场的长期均衡分析

在长期中，垄断竞争厂商可以自由调整自己的产量，而且其他厂商可以自由进入和退出该行业。因此垄断竞争的长期均衡具有垄断和竞争两种厂商均衡的性质。

在图 7-11 中，垄断竞争厂商在 $MR=LMC$ 的条件下达到了长期均衡，此时产量为 OM_1，价格为 OP_1。这点跟垄断厂商的长期均衡也是一致的。除此之外，由于其他厂商没有进入和退出壁垒，那么垄断竞争市场的超额利润也将随着厂商的不断加入而丧失殆尽。在图上反映为 G 点是垄断竞争厂商长期平均成本（LAC）与主观需求曲线（d）的切点，而 G 点也是市场价格与需求曲线的交点。因此长期中，企业不盈不亏。

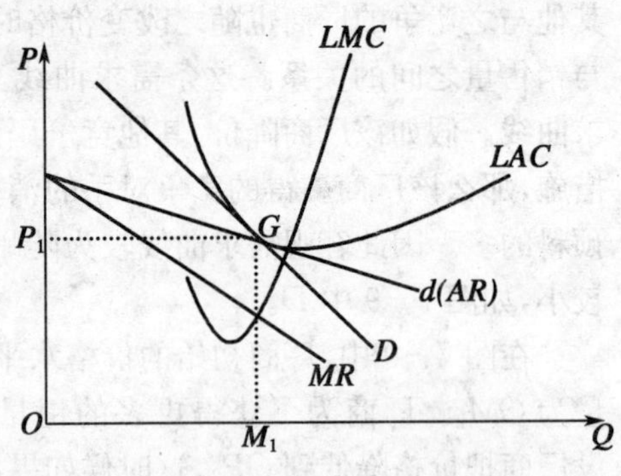

图 7-11　垄断竞争厂商的长期均衡

总之，垄断竞争市场的长期均衡条件为 $MR=LMC$，$AR=LAC$。

值得一提的是 G 点并不是 LAC 曲线的最低点，因此不是生产的最优效率点。这说明垄断竞争比完全竞争下有更多的成本消耗。

7.3　寡头市场均衡分析

当你想在家上网时，必须要选择一家通信服务商，那么你其实只能从中国电信、中国网通、中国联通、铁通公司、中国移动几家当中选择。原因在于在中国的所有通信服务都是这五家企业提供的，这几家运营商共同决定了中国通讯网络用户的数量。

这五家厂商在电信业举足轻重，具有市场势力，然而这五家厂商又相互独立、相互制约，这是什么市场类型呢？

7.3.1　寡头市场的含义和特点

类似地，当一个行业中只有“三大”、“四大”或者“六大”企业的时候，该市场就是一个寡头垄断市场，又称寡头市场。另一个例子是世界石油市场：中东少数几个国家控制了世界大部分石油储藏。那么我们可以把寡头垄断（Oligopoly Competition）市场定义为少数几家厂商控制整个（或绝大部分）市场产品的生产和销售的市场组织。

寡头市场是一种不完全竞争市场，和垄断竞争一样是介于垄断和完全竞争之间的一种市场形态，生活中也不少见，汽车工业、石油工业、钢铁工业等行业的市场，通常被认为是典型的寡头市场。寡头和垄断竞争不同的是后者偏重于竞争，而前者更偏重于垄断。

寡头市场的特征主要有两个：

(1) 厂商的数目屈指可数。

寡头市场的厂商数量不止一家，但要比垄断竞争少很多。如：美国的汽车由通用、福特公司控制；电气设备主要由通用电气、威斯汀豪斯电气公司控制；零售业主要由沃尔玛等几家大企业控制。

(2) 寡头厂商对价格有控制力，但相互依赖。

这个是其他市场类型所没有的一个特点，也是寡头市场最基本、最突出的特征，这也导致了寡头的价格和产量的决定成为一个很复杂的问题。其主要原因在于：寡头市场中企业数目很少，每个企业的产量在市场的总产量中所占比重较大，价格和产量的变动都会对其竞争对手以至整个行业的产量和价格产生举足轻重的影响。因而，每个寡头厂商在采取某种行动时必须考虑其他厂商的反应，然后才能在考虑到这些反应方式的前提下采取最有利的行动。这使得寡头垄断厂商的决策在结果上具有很大的不确定性，也使寡头垄断市场的理论变得非常复杂。

完全竞争市场、垄断市场和垄断竞争市场均衡理论都是根据既定的成本曲线和需求曲线以及利润最大化的前提得到的。但是由于在寡头市场上各个厂商之间存在相互依存性，那么每个寡头在作出决策时都必须考虑对手的反应，除非对对手的反应能作出某种假设，否则寡头市场无法得到确切的均衡价格和均衡产量。相互依存性使每个寡头有激励通过有形或无形的勾结达成合作；同时相互独立性使得寡头之间仍然不会放弃竞争。厂商追求竞争和追求合作都可能取得不同的均衡产量，因此寡头分析的理论也各有差异。

【经济学小贴士 7-2】　石油输出国组织（OPEC）

1960 年 9 月，伊朗、伊拉克、科威特、沙特阿拉伯和委内瑞拉的代表在巴格达开会，决定联合起来共同对付西方石油公司，维护石油收入。14 日，五国宣告成立石油输出国组织（Organization of Petroleum Exporting Countries，OPEC），简称"欧佩克"。随着成员的增加，欧佩克发展成为亚洲、非洲和拉丁美洲一些主要石油生产国的国际性石油组织。欧佩克总部设在维也纳。现在，欧佩克旨在通过消除有害的、不必要的价格波动，确保国际石油市场上石油价格的稳定，保证各成员国在任何情况下都能获得稳定的石油收入，并为石油消费国提供足够、经济、长期的石油供应。

欧佩克各成员国的代表（主要是代表团团长）在欧佩克大会上对其石油政策加以协调、统一，以促进石油市场的稳定与繁荣。欧佩克秘书处负责该组织的日常事务，接受理事会的指令，由秘书长直接领导。欧佩克下设的经济委员会、部长监察委员会等多个执行机构则履行咨询、磋商、协调等多项职能。

欧佩克成员国对当前形势和市场走向加以分析预测，明确经济增长速率和石油供求状况等多项基本因素，然后据此磋商在其石油政策中进行何种调整。例如，在以往数次大会中，欧佩克成员国曾分别确定提高或是减少该组织的总体石油产量，以便维持石油价格的稳定，为消费国提供稳定的短期、中期乃至长期的石油供应。

欧佩克组织在近年曾多次使得石油价格暴涨来抗衡美国等西方发达国家，为平衡世界力量有不可小觑的作用。

7.3.2　双寡头理论

法国经济学家古诺在 1838 年《财富理论的数学原理研究》一书中最先提出一个相互竞争的双寡头市场模型，因此又称古诺模型。

古诺模型的假设条件很苛刻：① 只有两个生产者，产品完全相同；② 厂商的生产成本为零，这是为了分析的简单；③ 市场需求曲线是线性的；④ 各方根据对方的行动持续作出反应；⑤ 各方通过调整产量实现利润最大化。

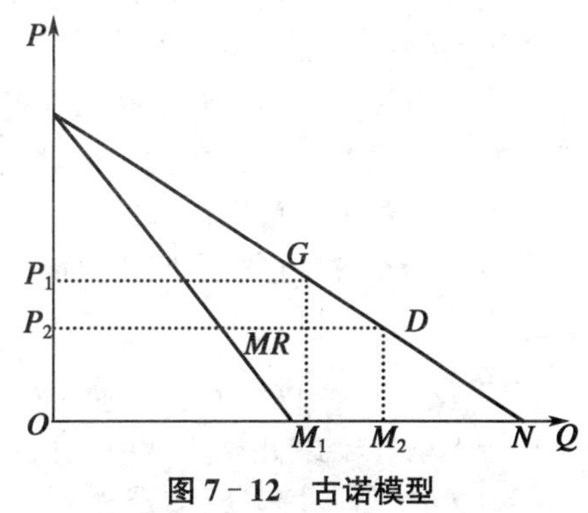

图 7-12　古诺模型

如图 7-12，假设开始时市场上只有一家厂商 A，那么这是一个垄断市场。根据垄断市场均衡条件$MR=MC$可以得到厂商A的均衡产量。由于无成本生产，厂商A的均产量为OM_1，均衡价格为P_1。由于需求曲线为线性，边际收益曲线与横坐标得交点M_1必然位于ON点中间，$OM=1/2ON$。

【经济学小贴士7-3】 垄断厂商的线性需求曲线与对应边际收益曲线的关系

当需求曲线为线性时，垄断厂商的边际收益曲线比需求曲线陡两倍。

证明：假设反需求曲线为$P=a-bQ$，可得总收益函数

$TR=PQ=(a-bQ)\times Q=aQ-bQ^2$

$MR=a-2bQ$

边际收益曲线斜率为$-2b$，而反需求曲线收益为$-b$，因此得证。

当$p=0$时，$Q=a/b$；当$MR=0$时，$Q=a/2b$。边际收益曲线在横坐标截距是需求曲线在横坐标截距的一半。

现在另外一家厂商B也想进入该市场。目前市场只剩下M_1N的剩余产量，因此B厂商面对的剩余需求曲线是GN。B厂商根据$MR=MC$原则生产，结果生产了剩余产量M_1N的1/2，即$1/4ON$。当B厂商进入市场并计划按$1/4ON$销售时，A厂商发现剩余的市场机会只有$3/4ON$，于是重新调整产量。根据$MR=MC$原则，A厂商发现生产$1/2\times3/4ON$产量，即$3/8ON$为最优选择。当A厂商确定产量后，B厂商重新审视新的剩余产量$5/8ON$，于是决定生产5/16的均衡产量。

这种调整过程不断反复，A厂商从原来的$1/2ON$不断萎缩生产，B厂商从进入的$3/8ON$不断增产。由于两家厂商成本相同，面对的需求曲线一致，因此调整直到两家厂商产量相等时才结束。那么是否他们平分了ON的总产量呢？

假设ON为T，我们先来看看A厂商产量的调整过程：

第一轮 $1/2T$

第二轮 $3/8T$　　减少了$1/8T$

第三轮 $11/32T$　　减少了$1/32T$

第四轮 $43/128T$　　减少了$1/128T$

……

A厂商的最终产量为

$$\{1/2-1/8-1/8\times1/4-1/8\times(1/4)^2\cdots1/8\times(1/4)^N\}\times T=1/3T$$ ①

同理，B厂商的产量调整结果也应该为$1/3T$。

【思考题7-1】 B厂商的调整过程是如何的，如何用数列求和？

因此古诺模型两厂商最终没有平分总需求，而是平分了总需求的2/3。这个产量是高于垄断均衡产量的，然而比竞争下的均衡产量要低。为了让读者深刻体会这种相互依存性，下面我们用代数方法再进行阐述。

假设两个寡头厂商共同面对的反需求函数为$P=a-bQ$，成本$C=0$（其中$a>0,b>0$）。

---

① $1/2-1/8-1/8\times1/4-1/8\times(1/4)^2\cdots1/8\times(1/4)^N=1-\{1/2+1/8+1/32+1/128\cdots1/8\times(1/4)^N\}$，括号里是无穷等比数列。由于公比$q\in(-1,1)$，当$N$趋向于$\infty$，无穷等比求和公式为$a/(1-q)$。$a=1/2$，$q=1/4$，所以上式为$1-2/3=1/3$。

A 厂商产量为 q_1，B 厂商产量为 q_2，$Q=q_1+q_2$。下面来看看 A 厂商的总收益状况：

$$\begin{aligned}TR_1 &= Pq_1 \\ &=(a-bQ)q_1 \\ &=aq_1-bq_1^2-bq_1q_2\end{aligned}$$

$MR_1=a-2bq_1-bq_2$，因利润最大化的一阶条件是 $MR=MC$，且 $MC=0$，因此可得

$$a-2bq_1-bq_2=0$$

同理得到厂商 B 的利润最大化一阶条件：

$$a-2bq_2-bq_1=0$$

将两式联立

$$\begin{cases}a-2bq_1-bq_2=0 & (1)\\ a-2bq_2-bq_1=0 & (2)\end{cases}$$

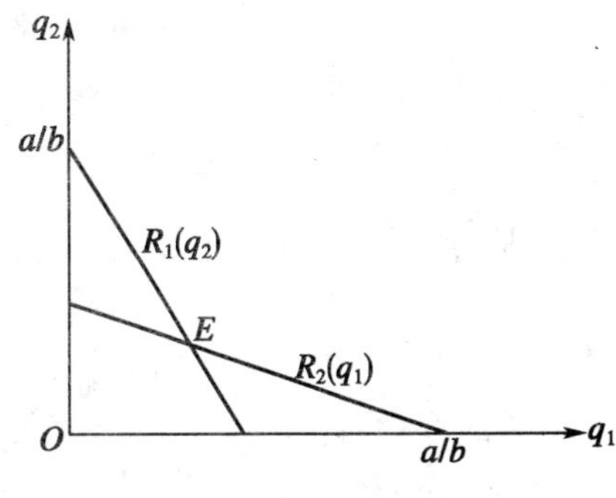

图 7-13　古诺模型

式(1)是厂商 A 的均衡条件，换句话说，它表述了厂商 A 面对厂商 B 不同产量决策时自己的产量变动方法，因此我们又把它称为厂商 A 的反应函数。那么式(2)就是厂商 B 的反应函数。如图 7-13，$R_1(q_2)$、$R_2(q_1)$分别是厂商 A、B 的反应函数。

$R_1(q_2)$上任何一点都表示厂商 A 对 B 产量决策作出的最佳反应，但却偏离了厂商 B 对 A 的最佳反应，因此这条线上的产量集合不稳定。$R_2(q_1)$上任何一点都表示厂商 B 对 A 产量决策作出的最佳反应，但却偏离了厂商 A 对 B 的最佳反应，因此这条线上的产量集合也不稳定。只有在两条线的交点 E 才是双方对彼此的最优决策，因此 E 点的产量集合才是稳定的产量均衡。

在 E 点我们分别得到 $q_1^*=a/3b$，$q_2^*=a/3b$，$Q^*=2a/3b$。

假设按成本价卖，市场的总需求量为 T。根据反需求函数 $P=a-bQ$，由于厂商成本为零，那么 $P=0$ 时 Q 就是总需求量，$Q=a/b=T$。两个厂商平分了 $2/3T$ 的总需求量，结论和前面相同。

【思考题 7-2】　*考虑推广到 N 个厂商，每个厂商的最优产量是多少？与 N 有关吗？*

7.3.3　卡特尔

厂商之间不仅充满着竞争与对抗，同时也会存在着合作与勾结。一般来说，当各个厂商为了争夺相同的消费群而相遇时，彼此都会从个体理性出发，选择短期行为，企图击垮对手，占有市场。而当各个厂商意识到彼此都会在同一产业中长期共存，两败俱伤只会使大量投资化为沉没成本，而各方合作共同瓜分市场将会取得高额利润。

现实生活中，许多寡头厂商之间会缔结合作协议，制定一个统一价格或者制定分别的产量，最后瓜分市场利润，这种协议便是卡特尔协议。那么厂商采取卡特尔协议的动力是什么呢？这里我们将讨论一个基于合作的寡头厂商模型分析卡特尔协议产生的原因。

假设一个寡头市场的反需求函数为 $P=a-bQ$(其中 $a>0,b>0$),市场上有两家厂商,均不考虑固定成本,边际成本为常数 $c(c>0)$。A 厂商产量为 q_1,B 厂商产量为 q_2,$Q=q_1+q_2$。下面来看看 A 厂商的总利润状况:

$$\begin{aligned}\pi_1&=Pq_1-cq_1\\&=(a-bQ)q_1-cq_1\\&=(a-c)q_1-bq_1^2-bq_1q_2\end{aligned}$$

求得利润最大化的一阶条件是 $a-c-2bq_1-bq_2=0$。

同样,厂商 B 利润最大化的一阶条件是 $a-c-2bq_2-bq_1=0$。

联立两式,得到 $q_1=q_2=(a-c)/3b$,代入到利润函数

$\pi_1=\pi_2=(a-c)^2/9b$,这相当于前面介绍的古诺厂商均衡。

倘若两家厂商缔结卡特尔协议,像一家垄断厂商那样行事我们来看看新的利润函数:

$$\pi=PQ-cq_1-cq_2=(a-bQ)Q-cQ$$

根据利润最大化的一阶条件,得到

$$a-c-2bQ=0$$

$$Q^M=(a-c)/2b$$

那么两个厂商平分产量

$$\pi_1^M=\pi_2^M=(a-c)^2/8b$$

由于 $\pi_1<\pi_1^M$,因此卡特尔协议比完全垄断能够增加利润。

在非合作对抗中,各厂商虽然实现了其利润最大化,但其实它放弃了操纵和支配市场的权利。那么如果两家厂商勾结,将蛋糕做大,然后再平分利润将会得到更丰厚的回报。在竞争和垄断竞争市场上,市场往往有高产出,但却是以牺牲超额利润为代价的。他们也想合作,但是厂商数量过多,一起合作是不可能的。反观寡头市场,厂商数目有限,这为它们之间的合作打开了方便之门。

卡特尔协议往往是不稳定的,因为每个厂商都有背叛合作协议的激励,那么他们背叛的激励是如何产生的呢?有什么方法可以让协议稳定呢?这些问题需要一个全新的分析框架。

*7.3.4 博弈论的应用

博弈论(Game Theory)直译就是游戏理论,是研究人们在一定规则下选择各种策略并加以实施的过程。生活中的下棋、打牌、买彩票、赌博都是游戏。这些游戏的共同点就是各个参与者之间需要选择各种策略,而且策略之间具有相互依存性。这点跟寡头市场的根本特点完全一致,因此我们可以运用博弈论来研究寡头市场。

在双寡头市场部分,我们曾讨论过反应函数(图 7-13),即对其他厂商产量的最佳对策,这在博弈论中被称为占优策略(Advantaged Strategy)。具体来说,无论对手采用什么策略,己方的某个策略给自己带来的收益始终高于采取其他策略的收益。那么“某个策略”的集合就是己方的占优策略。无论 B 厂商采取什么产量,A 厂商都有对应的一个给他带来最高收益的产量决策,这个产量决策集合是关于 B 产量决策的函数,因此这个函数就是 A 厂商的

占优策略。

我们把各个博弈方占优策略的交集称为纳什均衡。前面我们讨论的 A 厂商与 B 厂商的反应函数分别是二者的占优策略，均衡点 E 即二者占优策略的交集，代表了他们稳定的最优产量水平(如图 7－13)，这就是古诺模型中的纳什均衡。为了使读者更容易理解，这里给大家介绍一个经典博弈模型——囚徒的困境。

囚徒的困境模型假设如下：两个罪犯在火车上非法携带枪支被警方捕获。警方在检验枪支的时候惊奇地发现，此枪支原是某公务人员持有，一次在执行公务时此公务人员被强盗打伤，枪支被夺。但是警方缺乏有力证据认定他们的抢劫枪支罪。但是如果两人中只要一人坦白，罪名就可以成立。为了得到需要的口供，警察将这两名罪犯分别关押并分别予以审讯，并告知他们：如果他们都拒不认抢劫枪支罪，根据疑罪从无原则，抢劫枪支罪不成立，那么他们会以非法携带枪支罪被判入狱 1 年。如果他们中有一人坦白抢劫枪支罪，那么坦白者由于有立功表现，从轻处理，立即释放；而拒不认罪者依法从重处理，被判入狱 8 年。如果两人都坦白，那么分别被判处入狱 5 年。于是可以得到如表 7－2 所示的博弈矩阵。

表 7－2　囚徒的困境

1 \ 2	坦　白	不坦白
坦　白	−5,−5	0,−8
不坦白	−8,0	−1,−1

每个框内前一个数字是囚徒 1 的被判年数，后一个数字是囚徒 2 的被判年数，被判的年数即收益。“坦白”和“不坦白”是博弈方的策略，在古诺模型中策略是连续函数，这里是有限的两个选择。由于被单独审讯，因此他们将在不知道对手选择的情况下作出判断。

从表 7－2 中可以清楚地看到，如果囚徒 1 和囚徒 2 都选择坦白，将被分别判入狱 5 年。如果囚徒 1 和囚徒 2 都不坦白，将分别被判入狱 1 年。如果囚徒 1 坦白而囚徒 2 不坦白，那么前者被释放，后者被判入狱 8 年。如果囚徒 1 不坦白而囚徒 2 坦白，那么前者被判入狱 8 年，后者被释放。

现在我们直接考虑这个模型。假设 A 现在面对审讯。由于不知道 B 会采取哪种策略，因此 A 的选择一定是 B 在每种选择下自己的最佳反应。假设 B 选择坦白，那么 A 如果选择坦白将被判入狱 5 年；如果不坦白，将被判入狱 8 年。很容易比较，A 选择坦白。假设 B 选择不坦白，那么 A 如果选择坦白将会被释放，如果选择不坦白将被判入狱 1 年。此时坦白也是 A 的最优选择。综上，无论 B 选择坦白还是不坦白，坦白是 A 唯一的占优策略。根据对称性，不难得出，坦白也是 B 唯一的占优策略。那么最终的纳什均衡是“坦白，坦白”，即二者都选择坦白，分别被判入狱 5 年。

我们从囚徒的立场来考虑这个结果。如果二者都选择不坦白，每人只需要被判入狱 1 年，加起来也就 2 年。如果一人坦白，一人不坦白，加起来也就 8 年。从总体角度来看，这两个结果都比双方坦白一共被判 10 年要强。从各自角度来看，双方都不坦白的结果要严格优于双方坦白的结果。那么为什么他们最终选择了一个差的绩效呢？

由于两个囚徒之间不能沟通，并且每个人都在追求个人的最大利益而不顾全局，双方又都不相信对方有合作精神，因此只能实现对他们都不理想的结果。由于这个结果具有必然性，很难摆脱，因此这个博弈被称为“囚徒的困境”。当然，这个结局对社会来说是个理想的结果，罪犯受到了应有的惩罚。但是从博弈者的角度来看，不仅总体最大利益被牺牲了，个人最大利益也没有追逐到。该博弈揭示了团体理性与个体理性之间的矛盾，同时也揭示了个体理性本身的内在矛盾。

囚徒的困境在生活中处处可见，下面用博弈论来分析卡特尔协议不稳定的原因。前文两个寡头厂商有激励缔结卡特尔协议，均分别生产$(a-c)/4b$，均分别获得$(a-c)^2/8b$的利润。如果B厂商背叛协议，那么他将按剩余需求曲线$P=(3/4a+1/4c)-bq_2$根据利润最大化原则生产，$q_2=3(a-c)/8b$，则背叛的厂商将获得利润$9(a-c)^2/64b$。而由于背叛厂商价格的优势，消费者会先购买背叛厂商的产品。而忠于协议的B厂商仍然会按协议价格$(a+c)/2$出售产品，这时候他面对的实际剩余需求曲线$P=(5/8a+3/8c)-bq_1$，只能销售出$(a-c)/8b$的产品。那么忠于协议的A厂商实际获得$(a-c)^2/16b$的利润。[②] 如果两个厂商都选择背叛协议，那么他们均按各自利润最大化生产，古诺产量为$(a-c)/3b$，利润均为$(a-c)^2/9b$。

如表7-3，A厂商和B厂商签订了卡特尔协议。他们有两种选择：一是背叛协议；二是按协议价格生产。如果双方都选择背叛策略，那么卡特尔协议如一纸空文，最终他们均分别获得古诺模型下的均衡利润$(a-c)^2/9b$。如果一方选择背叛，另一方选择遵守协议，背叛方将获得$9(a-c)^2/64b$利润，而遵守协议方获得$(a-c)^2/16b$利润。如果双方都遵守协议，那么他们均分别获得$(a-c)^2/8b$的利润。

表7-3 卡特尔协议的不稳定

A \ B	背 叛	不背叛
背 叛	$(a-c)^2/9b, (a-c)^2/9b$	$9(a-c)^2/64b, (a-c)^2/16b$
不背叛	$(a-c)^2/16b, 9(a-c)^2/64b$	$(a-c)^2/8b, (a-c)^2/8b$

我们可以用分析囚徒困境的方法继续分析卡特尔协议下厂商的行为。A厂商目前面对两种选择，但是由于独立生产，他并不知道B厂商的选择。那么假设B厂商背叛协议，如果自己遵守协议，那么只有$(a-c)^2/16b$的利润；而如果自己也背叛协议，至少还有古诺均衡下的利润$(a-c)^2/9b$，高于只有自己一方遵守协议的利润。假设B厂商选择遵守协议，如果A厂商自己也遵守协议，那么将有协议利润$(a-c)^2/8b$，高于古诺产量下的利润，这也是他们签署卡特尔协议的原因；但是如果自己背叛协议，那么将可以获得$9(a-c)^2/64b$的利润，高于协议下获得的利润。因此无论B厂商怎么选择，对于A厂商而言，“背叛”是他的唯一占

---

② A、B两厂商缔结卡特尔协议，协议规定A与B分别生产$(a-c)/4b$，根据市场需求曲线A与B的市场价格定为$(a+c)/2$。当B背叛协议时，他假定A遵守协议生产$(a-c)/4b$，消费者先买A厂商产品，那么他面对的最大剩余产量为$3(a-c)/4b$，剩余需求曲线为$P=(3/4a+1/4c)-bq_2$。B根据$MR=MC$原则生产$3(a-c)/8b$，利润为$9(a-c)^2/64b$。由于A与B实际上同时销售，且$a>c$，即B的定价$3/8a+5/8c$低于协议价格$(a+c)/2$，因此消费者先购买B厂商的产品，而A厂商不得不面对最高剩余产量$5(a-c)/8b$，于是此时A面对的实际剩余需求曲线为$P=(5/8a+3/8c)-bq_1$。按此需求曲线和协议价格A实际卖出$(a-c)/8b$的产品，因此A厂商实际只获得$(a-c)^2/16b$的利润。

实际上背叛协议的厂商可能生产任何介于协议产量和古诺产量之间的产量$(a-c)/4b$到$(a-c)/3b$。

优策略。B 厂商的分析模式相同，背叛也是他的占优策略。那么最终两个占优策略的集合只有双方均选择背叛，这就是本博弈的纳什均衡。因此卡特尔协议是不稳定的，双方都有背叛协议的激励。

我们来看看各种策略组合下的利润状况。二者均选择背叛，那么只有古诺均衡下的利润，显然低于卡特尔协议下双方各获得的利润，终点又回到了起点。垄断结果虽然是共同理性的选择，但每个寡头从自身的利益出发，必将陷入囚徒的困境，这是个体理性的必然结局。

从以上内容中我们知道了卡特尔协议的参与者为什么有激励背叛已经签订的协议。那么有什么方法可以走出囚徒的困境呢？

直观来看，只要对背叛的厂商予以惩罚，那么就有可能会抑制背叛。但惩罚要满足什么条件才能使惩罚机制体现效用呢？下面研究一下这个问题。假设对背叛厂商采用每期惩罚为 T 的 trigger 惩罚策略，即一旦有厂商背叛协议，那么所有合作厂商都将改变产量，使得背叛厂商最多只能获得比原来协议利润低 T 的利润。如上面的案例中，B 厂商如果某次背叛协议，那么在以后每期生产中，他都只能获得 $(a-c)^2/8b-T$ 的利润。我们再假设 r 为贴现率，即以后每期得到的利润在厂商心目中折抵为当期价值的折扣率，这是个主观数值，介于 0 和 1 之间。看重远期价值的厂商这个贴现率较高，看重当期价值的厂商贴现率较低。

如果厂商在当期选择背叛，那么他将多获得 $9(a-c)^2/64b-(a-c)^2/8b=(a-c)^2/64b$ 的利润，而为此他付出的代价是以后每期都减少 T 的利润。由于即期和远期的利润对厂商并非相同的概念，因此远期数值可以用贴现率折换成即期数值进行比较。厂商实际付出的代价是 $rT/(1-r)$③。那么只要满足 $(a-c)^2/64b<rT/(1-r)$，即 $r>\{(a-c)^2/64b\}/\{(a-c)^2/64b+T\}$，厂商就会放弃背叛，选择合作。很容易观察，$T$ 值越大，r 存在的可能性区域越大，厂商也就越可能放弃背叛。换言之，如果厂商越看重即期价值，采用的惩罚 T 就越需要加大才可以起到约束厂商的作用。

7.4　不同市场的经济效益比较

经济效益是指利用经济资源的有效性。高的经济效益表示对资源的充分利用或能以最有效的生产方式进行生产；低的经济效益表示对资源的利用不充分或没有以最有效的方式进行生产。

不同市场结构下的经济效益是不相同的。西方经济学家通过对不同市场条件下厂商的长期均衡状态的分析得出结论：完全竞争市场的经济效益最高。垄断竞争市场较高，寡头垄断市场较低，完全垄断市场最低。可见，市场的竞争程度越高，则经济效益越高；反之，市场的垄断程度越高，则经济效益越低。具体分析如下。

在完全竞争市场条件下，厂商的需求曲线是一条水平线，而且厂商的长期利润为零，所以，在完全竞争厂商的长期均衡时，水平的需求曲线相切于 LAC 曲线的最低点；产品的均衡价格最低，它等于最低的生产的平均成本；产品的均衡产量最高。在不完全竞争市场条件下，厂商的需求曲线是向右下方倾斜的。厂商的垄断程度越高，需求曲线越陡峭；垄断程度越低，需求曲线越平坦。在垄断竞争市场上，厂商的长期利润为零，所以，在垄断竞争厂商的

---

③　$rT+r^2T+r^3T+\cdots=rT/(1-r)$　$(0<r<1)$。

长期均衡时，向右下方倾斜的相对比较平坦的需求曲线相切于 LAC 曲线的最低点的左边；产品的均衡价格比较低，它等于生产的平均成本；产品的均衡产量比较高；企业存在着多余的生产能力。在完全垄断市场上，厂商在长期内获得利润，所以，在完全垄断厂商的长期均衡时，向右下方倾斜的相对比较陡峭的需求曲线与 LAC 曲线相交；产品的均衡价格最高，且大于生产平均成本；产品均衡数量最低。设想，完全垄断厂商若肯放弃一些利润，价格就可以下降一些，产量就可以增加一些。显然，完全垄断市场多余的生产能力是最高的。在寡头垄断市场上，厂商的需求曲线不太确定。一般认为，寡头垄断市场是与完全垄断市场比较接近的市场组织，在长期均衡时，寡头厂商产品的均衡价格比较高，产品的均衡数量比较低。

以上是西方经济学家在不同市场结构的经济效益比较问题上的基本观点。也有一些西方经济学家从技术进步状态、规模经济和产品差别程度等方面对四种市场的优劣进行了分析，如果从这几个方面看，三种不完全竞争市场未必是低效率的。

一是关于技术进步，有不少西方经济学家认为，虽然垄断厂商有凭借垄断地位阻碍技术进步的一面，但垄断又有有利于技术进步的一面。因为，一方面垄断厂商利用高额利润所形成的雄厚经济实力，有条件进行各种科学研究和重大的技术创新；另一方面，垄断厂商可以利用自己的垄断地位，在长期内保持由于技术进步而带来的更高的利润。这恰恰是完全竞争市场上原子式的厂商所不具备的。

二是关于规模经济。寡头垄断市场和完全垄断市场比完全竞争市场和垄断竞争市场有利的另一个方面是，它能够取得规模经济效应。很难设想，无数个如同完全竞争行业或垄断竞争生产集团内的企业，可以将钢铁生产和铁路运输经营在有效率的水平上。

三是关于产品差别。在完全竞争的市场条件下，所有厂商的产品是完全相同的，无法满足消费者的各种偏好。在垄断竞争市场条件下，众多厂商之间的产品是有差别的，多样化的产品使消费者有更多的选择自由，可以满足不同的需要。在产品差别这一问题上，产品差别寡头垄断行业也存在与垄断竞争生产集团类似的情况。当然，也要认识到，垄断竞争市场和产品差别寡头垄断市场的产品也有一些是非真实性的虚假的差别，也会给消费者带来损失。与此同时，垄断竞争市场和产品差别寡头垄断市场往往伴随着过于庞大的广告支出，会造成资源的浪费和抬高销售价格，再加上某些广告内容过于夸张，这些都是对消费者不利的。

案例 7-1 钻石恒久远，一颗永流传

产生于一种关键资源所有权垄断的典型例子是南非的钻石公司德比尔斯。德比尔斯控制了世界钻石生产的 80%左右，对世界钻石的价格具有重大影响。

德比尔斯拥有多大的市场势力呢？答案大部分取决于有没有这种产品的相近替代品。如果人们认为翡翠、红宝石和蓝宝石都是钻石的良好替代品，那么，德比尔斯的市场势力就较小了。在这种情况下，德比尔斯任何一种想提高钻石价格的努力都会使人们转向其他宝石。但是，如果人们认为其他石头与钻石大不相同，那么，德比尔斯就可以在相当大程度上影响自己产品的价格。德比尔斯支付了大量广告费，这种决策似乎有点奇怪。如果垄断者是一种产品的唯一卖者，为什么还需要广告呢？德比尔斯广告的一个目的是在消费者心目中把钻石与其他宝石区分开来。当德比尔斯的口号告诉你“钻石恒久远，一颗永流传”时，你马上会想到翡翠、红宝石和蓝宝石并不是这样的（而且，要注意的是，这个口号适用于所有钻石，而不仅仅是德比尔斯的钻石——德比尔斯垄断地位的象征）。如果广告是成功的，消费

者就会认为钻石是独特的，不是许多宝石中的一种，这种感觉就使德比尔斯有更大的市场势力。

思考题：

1. 产生垄断的原因有哪些？德比尔斯的垄断属于哪一种？
2. 德比尔斯为什么能够影响世界钻石的价格？

案例 7-2　麦当劳的折扣券

麦当劳连锁店一直采取向消费者发放折扣券的促销策略。他们对来麦当劳就餐的顾客发放麦当劳产品的宣传品，并在宣传品上印制折扣券。为什么麦当劳不直接将产品的价格降低？

折扣券使麦当劳公司实行了三级差别价格。麦当劳公司知道并不是所有的顾客都愿意花时间将折扣券剪下来保存，并在下次就餐时带来。此外，剪折扣券意愿与顾客对物品支付意愿和他们对价格的敏感度相关。富裕而繁忙的高收入阶层到麦当劳用餐弹性低，对折扣券的价格优惠不敏感，不可能花时间剪下折扣券并随时带在身上以备下次就餐时使用，而且对折扣券所省下的钱也不在乎。但低收入的家庭到麦当劳用餐弹性高，他们更可能剪下折扣券，因为其支付意愿低，对折扣券的价格优惠比较敏感。

麦当劳连锁店通过只对这些剪下折扣券的顾客收取较低价格，吸引了一部分低收入家庭到麦当劳用餐，成功地实行了价格歧视，采取了三级差别价格，并从中多赚了钱。如果直接将产品价格降低，不带折扣券的高收入阶层的高意愿消费所多得的收入就会流失。

思考题：

1. 什么是三级差别价格？
2. 麦当劳为什么要实行价格歧视？

案例 7-3　点名的代价

我国很多高校上课要求点名。由于出勤率在平时分中起到关键作用，因此想要拿高分的学生不得不保持高出勤率。有些学生满腹牢骚，认为学校或者老师不相信自己，高校跟中学差不多；有些学生宁愿与老师“打游击”，点名后扬长而去。那么为什么学校要求老师点名呢？这样做能达到满意的效果吗？

下面运用博弈论来分析这个案例。

假设老师有两种策略——点名和不点名，学生也有两种策略——出勤和逃课。

继续假设：老师具备责任心，对于学生的高出勤率有比较高的效用，假定为 10。而由于点名耗费上课时间，而且不利于增强学生的自觉性，对于老师来说属于成本，假定为 M。那么如果学生无需老师点名就出勤，老师的效用可以达到 10，而如果学生是在老师点名的情况下出勤，老师的效用为 $10-M$。当然，如果点名了，学生没有出勤，老师的效用只好为负数，依据上面的假定，为 $-M$。而如果老师没有点名，学生也没有出勤，那么老师的效用为 0。

下面让我们来考查学生。由于学生的出勤取决于两个要素：第一，他认为上课能学到东西，对自己有帮助，那么他会出勤。第二，他希望混个脸熟，多拿点平时分，以减轻期末考试的压力。对于各种状况的学生，这两种激励都是共存的，只是对于不同的个体，这两种激励所占比重有所差别。假设这两种激励对于学生的效用分别是 5，换句话说，学生上课所学的效用等于上课点名的效用。学生出勤也是需要成本的，因为花时间上课必然会影响自由支配的时间，我们这里假设成本是 N。那么，如果老师在没点名的情况下学生出勤，那么学生的效用为 $5-N$，而老师点名的情况下学生由于出勤获得的效用可以提高，假设效用为 $10-N$。同样，如果在老师没点名的情况下学生逃课，学生的效用应该为 0。然而在老师点名的情况下学生逃课，由于名字被划入黑名单学生就会有损失了，其效用将为负，假设为 -5。

假设每节课之前学生不知道老师是否点名，老师也不知道学生出勤率如何，即双方同时选择决策，且师生双方知道彼此决策的效用如何。那么我们可以得到一个完全信息的静态博弈矩阵，见表 7-4。

表 7-4 师生点名静态博弈

学生 老师	出　勤	逃　课
点　名	$10-M,10-N$	$-M,-5$
不点名	$10,5-N$	$0,0$

老师和学生都有两种策略选择，分别是点名、不点名和出勤、不出勤，而各自的两种选择决定了四种情况，分别是(点名，出勤)，(点名，逃课)，(不点名，出勤)，(不点名，逃课)。每种情况下，师生的收益对应为 $(10-M,10-N)$，$(-M,-5)$，$(10,5-N)$，$(0,0)$，括号内前面的数字是老师的收益，后面的是学生的收益。

下面来分析双方可能采取的决策。首先老师在不知道学生是否要出勤的情况下希望达到自己效用的最大化。他先假定学生很好学，都会来上课，那么他不点名的收益 10 显然大于点名的收益 $10-M$，因此老师在这种假定下会选择不点名。那么我们再来考虑老师假定学生会逃课，那么他会比较在学生逃课的情况下点名和不点名的收益。点名的收益是 $-M$，而不点名的收益是 0，这样看来，既然学生都不来了，点名显然是件耗费成本的事情。显然，老师在后种假定下仍然会选择不点名。那么不点名便是老师在两种假定下的理性选择，我们称其为占优策略。

接着来看看学生的分析。学生先假定老师会点名，那么一个权衡取舍的局面形成了，因为学生会比较老师选择点名情况下自己选择出勤的收益 $10-N$ 与选择逃课的收益 -5 孰高孰低。如果 N 小于 15，那么学生会选择出勤，如果 N 大于 15 学生选择逃课。

(1) 如果学生上课的机会成本很高，比如有工作、搞创作等，都有可能使 N 大于 15。那么学生此时的选择是逃课。如果学生假定老师不会点名，那么在 N 大于 15 的情况下，他逃课的激励就更大了。总之，在学生上课机会成本很大的情况下，逃课是其占优策略。

结合老师的理性分析，(不点名，逃课)便是这个师生点名博弈的纳什均衡。

(2) 如果学生上课的机会成本虽然存在，但是不至于大于 15，那么分析仍将继续。在假定老师点名的情况下，学生会选择出勤，因为 $10-N>-5$。

那么假定老师不点名的时候，会出现什么样的情况呢？学生在比较自己的出勤收益 $5-N$ 与逃课收益 0 之间哪个值更大。

① 如果学生出勤的机会成本 $5<N<15$，那么此时逃课的收益高于出勤的收益，学生会在假定老师不点名的情况下选择逃课。这样学生此时不存在唯一的占优策略，因为老师的决策直接影响着他们自己的决策。那么我们回到刚才的博弈矩阵分析。

表7-5　师生点名静态博弈纳什均衡($5<N<15$)

老师＼学生	出　勤	逃　课
点　名	$10-M,10-N$	$-M,-5$
不点名	$10,5-N$	0,0

通过画线法，直接找到了纳什均衡(0,0)，即策略集(不点名，逃课)。换句话说，(老师选择不点名，而学生逃课)是学生上课的机会成本高于其纯粹学习而上课的收益($N>5$)情况下的必然选择。

② 如果学生出勤的机会成本$N<5$，那么学生又有了占优策略：出勤。因此(不点名，出勤)是这种情况下的纳什均衡。换句话说，一旦学生认为无论老师点不点名，上课学习知识的动力高于将此时间用在其他地方的动力，学生就会自愿选择学习，而老师也不用费心去点名，靠学生的出勤率来衡量他们的平时成绩。

此时的博弈矩阵见表7-6。

表7-6　师生点名静态博弈纳什均衡($N<5$)

老师＼学生	出　勤	逃　课
点　名	$10-M,10-N$	$-M,-5$
不点名	$10,5-N$	0,0

显然，后一种情况是师生均向往的一种均衡，也是高等教育在教学方面得以继续的真正动力。可是在高等教育普及化的今天，在学生以被动学习为主的一些高校内，学生的学习氛围能为合意的均衡提供必要条件吗？答案可能是否定的。那么对于学生的旷课我们只能视为平常吗？答案必然是否定的。

于是学校不得不想办法让学生到课堂上来。现在的方法是，加大出勤在成绩中的比重，加大对逃课的惩罚力度，但是这点必须要以老师的点名为前提。于是学校要求老师在课堂上勤点名，相当于让学生认为老师只有点名这个策略。于是对于除了不是上课机会成本很高的学生($N>15$)，其他学生更愿意到课堂上来。可是这么做的副作用有二：

第一，学生到课堂的动机发生变化，他们也许很大一部分并不是为了学知识而来，只是为了给老师留下自己出勤的印象。于是问题留在了课堂上。对上课内容的不感兴趣，对于知识无法理解，他们不得不在课堂上做自己的事情：聊天、看报、玩手机……这无疑是高等教育不想看到的结果。

第二，老师的效用被强迫性修改了。高等教育不同于义务教育，课程是讲授给想听课的学生听的，对于出勤而心不在焉的学生，教育没有发挥丝毫作用。

然而，尽管如此，(不点名，逃课)这种囚徒困境从宏观上来看却是无法接受的，于是老师点名便成为学校的次优选择，(点名，出勤)便成为此状态下的纳什均衡。

思考：有什么方法可以优化(点名，出勤)这种博弈的均衡？

强化练习题

一、单项选择题

1. 假设在需求曲线上某一点的商品价格 $P=9$,相应的厂商边际收益 $MR=6$,则在这一点上需求价格弹性 E_d 的绝对值为(　　)。

A. 0.5　　B. 1.5　　C. 3　　D. 6

2. 完全垄断厂商面临的需求曲线是(　　)。

A. 完全无弹性的　　B. 完全弹性的

C. 向下倾斜的　　D. 向上倾斜的

3. 在完全垄断市场上,对于任何产量,厂商的平均收益总等于(　　)。

A. 边际收益　　B. 市场价格　　C. 边际成本　　D. 平均成本

4. 当完全垄断厂商面临的需求曲线比较陡峭时(　　)。

A. 边际收益与价格之间的差额比较大　　B. 边际收益与价格之间的差额比较小

C. 边际收益与价格之间的差额等于零　　D. 以上说法都不对

5. 完全垄断厂商实现短期均衡时,产品的销售收益(　　)。

A. 大于短期总成本　　B. 等于短期总成本

C. 小于短期总成本　　D. 以上三种情况都可能存在

6. 完全垄断厂商实现长期均衡时,厂商的获利情况是(　　)。

A. 亏损　　B. 获得正常利润

C. 获得超额利润　　D. 以上三种情况都可能存在

7. 垄断厂商实行差别价格意味着(　　)。

A. 对不同产品向相同消费者索取相同的价格　　B. 对不同产品向相同消费者索取不同的价格

C. 对同一种产品向不同消费者索取不同的价格　　D. 对同一种产品向不同消费者索取相同的价格

8. 假设垄断竞争厂商面临的主观需求曲线需求价格弹性的绝对值是 E_d,客观需求曲线需求价格弹性的绝对值是 E_D,则两个需求弹性的大小关系是(　　)。

A. $E_d>E_D$　　B. $E_d=E_D$　　C. $E_d<E_D$　　D. 无法确定

9. 垄断竞争厂商实现短期均衡时,产品的销售价格(　　)。

A. 大于短期总成本　　B. 等于短期总成本

C. 小于短期总成本　　D. 以上三种情况都可能存在

10. 垄断竞争厂商实现长期均衡时,厂商的获利情况是(　　)。

A. 亏损　　B. 获得正常利润

C. 获得超额利润　　D. 以上三种情况都可能存在

11. 垄断竞争厂商实现利润最大化的途径有(　　)。

A. 产品质量竞争　　B. 价格与产量决策

C. 产品广告竞争　　D. 以上三种情况都可能存在

12. 垄断竞争市场与寡头市场的区别是(　　)。

A. 在寡头市场中没有竞争

B. 在垄断竞争市场中,厂商面临的需求曲线是向下倾斜的

C. 在寡头市场中,厂商需要考虑竞争对手的反应

D. 以上说法都不对

13. 寡头垄断厂商的产品是(　　)。

A. 可以是同质的,也可以有差别　　B. 同质的

C. 有差异的　　D. 以上都不对

14. 在斯威齐模型中，拐点左右两边的需求价格弹性情况是(　　)。

A. 左右两边弹性一样大　　B. 左边弹性大于右边弹性

C. 右边弹性大于左边弹性　　D. 以上都不对

15. 在斯威齐模型中，拐折的需求曲线意味着收益曲线是(　　)。

A. 水平的　　B. 垂直的　　C. 向上倾斜的　　D. 间断的

16. 卡特尔通过下列哪种方式确定产量水平(　　)。

A. 使每个厂商达到供求平衡　　B. 使每个厂商的边际成本等于边际收益

C. 使卡特尔的边际收益等于边际成本　　D. 以上都不对

17. 卡特尔的解体将引起(　　)。

A. 价格下降，产量下降　　B. 价格下降，产量上升

C. 价格上升，产量下降　　D. 价格上升，产量上升

18. 以下不是寡头垄断厂商勾结方式的是(　　)。

A. 卡特尔　　B. 支配型价格领导

C. 晴雨表型价格领导　　D. 托拉斯

19. 与完全竞争相比，完全垄断会降低经济效益的原因是(　　)。

A. 厂商实现利润最大化时，边际收益等于边际成本

B. 厂商实现利润最大化时，边际收益大于边际成本

C. 厂商实现利润最大化时，边际收益大于边际成本

D. 厂商实现利润最大化时，价格大于边际成本

20. 在博弈(对策)论中，博弈的结果被称为(　　)。

A. 利润　　B. 对策　　C. 支付　　D. 收益

21. 所谓“囚徒困境”指的是在涉及两方的简单博弈中(　　)。

A. 双方都独立按照自己的利益做决策，结果是没有输赢

B. 双方都独立按照自己的利益做决策，结果是一方输一方赢

C. 双方都独立按照自己的利益做决策，结果是双方都得到了最好结果

D. 双方都独立按照自己的利益做决策，结果是双方都得不到最好结果

二、分析与计算题

1. 某完全垄断厂商的短期总成本函数为 $STC=0.2Q^3-6Q^2+100Q+1\,500$，反需求函数为 $P=112-2.9Q$，求该完全垄断厂商的短期均衡产量和均衡价格。

2. 某完全垄断厂商面临的需求曲线为 $P=80-2Q$，总成本函数为 $TC=30+20Q$，试求：

(1) 该完全垄断厂商获得最大利润时的产量、价格和利润。

(2) 该完全垄断厂商遵从完全竞争市场条件下的利润最大化原则时的产量、价格和利润。

(3) 比较分析前面两个结果。

3. 某完全垄断厂商能够把他的产品在不同的三个市场实行差别价格，其总成本函数为 $TC=8Q+100$，三个市场的需求函数分别为：$Q_1=10-0.5P_1$，$Q_2=40-P_2$，$Q_1=80-P_3$。

(1) 计算利润最大时三个市场的销售量和销售价格。

(2) 证明需求价格弹性较高的在市场上销售价格较低。

4. 某完全垄断厂商生产某种产品的总成本函数为 $TC=Q^3/3-15Q^2+396Q$。产品在实行差别价格的两个市场上销售，第一个市场的需求函数为 $P_1=1\,000-12.5Q_1$，在利润最大时的均衡产量为 42；在第二个市场的需求曲线上，当价格为均衡价格时的需求弹性是 -3。求该完全垄断厂商获得的最大利润。

5. 垄断竞争市场中某厂商的长期总成本函数为：$LTC=0.001Q^3-0.425Q^2+85Q$。该厂商所在的生产集团不存在进入障碍，如果生产集团内所有厂商按同样的比例调整他们的价格，销售产品的实际需求曲线为：$Q=300-2.5P$。

(1) 计算该厂商实现长期均衡时的均衡产量和均衡价格。

(2) 计算该厂商主观需求曲线上长期均衡点的需求弹性。

(3) 假设该厂商主观需求曲线是线性的,求出厂商长期均衡时的主观需求曲线。

6. 假设两个寡头垄断厂商的行为遵循古诺模型,他们的成本函数分别是：$TC_1=0.1Q_1^2+20Q_1+100\,000$,$TC_2=0.4Q_2^2+32Q_2+20\,000$。这两个厂商生产某种同质产品,市场需求函数为：$Q=4\,000-10P$。根据古诺模型,试计算：

(1) 厂商1和厂商2的反应函数。

(2) 市场均衡价格。

(3) 厂商1和厂商2的均衡产量。

(4) 厂商1和厂商2的利润。

第8章 分配理论

本章学习目标

- 掌握生产要素的需求与供给的特点；
- 掌握工资、租金、利息的概念；
- 掌握地租、利润的决定；
- 掌握准地租与经济地租的产生与决定。

上两章介绍了四种市场类型下厂商的均衡。我们在分析时，一直都假定厂商直接控制产量。那么这些产量又是如何生产的呢？在生产理论中这个问题已经有了答案。那么这些为产出作出贡献的生产要素又是依据什么原则获得报酬的呢？

各种生产要素的报酬就是生产要素的价格，因此分配理论就是解决生产要素的价格决定问题。生产要素的价格跟产品价格一样，是由供求关系共同决定的。生产要素的需求和生产要素的供给共同决定了其价格，而生产要素的需求和供给就形成了生产要素市场。

8.1 生产要素市场

8.1.1 生产要素的需求

生产要素的需求是一种派生的需求。这是因为对生产要素的需求是由对产品的需求产生的，厂商利用生产要素生产产品实现利润最大化。这样生产要素的买者就是厂商，生产要素的价格就是厂商的成本。

生产要素的需求也是一种联合的需求。由于任何产品都需要多种生产要素共同作用才能生产出来，而且各种生产要素之间还存在着替代关系，因此厂商对某一生产要素的需求不仅要受到该要素价格的制约，还要受到其他要素价格的制约。

综上可以看出影响生产要素需求的主要有以下两个因素：

(1) 市场对产品的需求。市场对产品的需求直接影响厂商的利润，从而影响厂商对生产要素的需求。一般而言，市场对某种产品的需求越大，该产品的价格就越高，则该产品的厂商对生产要素的需求就越大。

(2) 其他生产要素的价格。各种生产要素之间存在着互补和替代的关系，替代和互补的程度在一定范围内由各种生产要素本身的价格决定。

同消费者对产品的需求相类似，生产要素需求指厂商对一定要素的价格愿意而且能够购买的要素数量。消费者理论中，我们知道消费者在一定产品价格水平上对产品的需求量是由其边际效用决定的。那么，厂商在一定要素价格水平上对要素需求量的大小是由什么决定的呢？或者说，厂商购买一定数量生产要素所愿支付的价格水平是由什么决定的呢？

在"生产理论"一章，曾讨论过产品的边际产量(Marginal Product)，又称为边际生产力。边际生产力指每增加一单位生产要素的投入所带来的产量增加量。厂商考虑是否在生产要素市场上增加或者减少购买则是一部分取决于增加一单位要素所需支付的成本，称为边际要素成本(Marginal Factor Cost)，根据定义 $MFC=MP\cdot MC$；一部分取决于再购买一单位生产要素带来的产量所增加的收益，称为边际收益产品(Marginal Revenue Product)，根据定义 $MRP=MP\cdot MR$。而其中 MRP 正是厂商对生产要素的需求部分。在完全竞争的产品市场和不完全竞争的产品市场，MR 是不同的，所以对应生产要素市场的需求曲线也会有所差异。下面将分别讨论。

1. 完全竞争产品市场上厂商对生产要素的需求

厂商购买生产要素是为了实现利润最大化。这样，厂商在决定使用多少生产要素投入时，就必须考虑使购买最后一单位生产要素所支出的边际成本 MFC 与其所带来的边际收益 MRP 相等。在完全竞争市场上，边际收益等于价格。因此，厂商对生产要素的需求为边际生产力与要素所生产的产品价格的乘积，即 $MRP=MP\cdot P$。在产品市场为完全竞争的情况下，边际收益产品又称为边际产品价值(Value of the Marginal Product)。

在完全竞争市场上，对一家厂商来说，价格是不变的。由此可见，厂商对生产要素的需求就取决于生产要素的边际生产力。根据边际生产力递减规律，在其他条件不变的情况下，生产要素的边际生产力是递减的。因此，生产要素的边际收益产品曲线是一条向右下方倾斜的曲线，这条曲线也是生产要素的需求曲线(如图 8-1)。

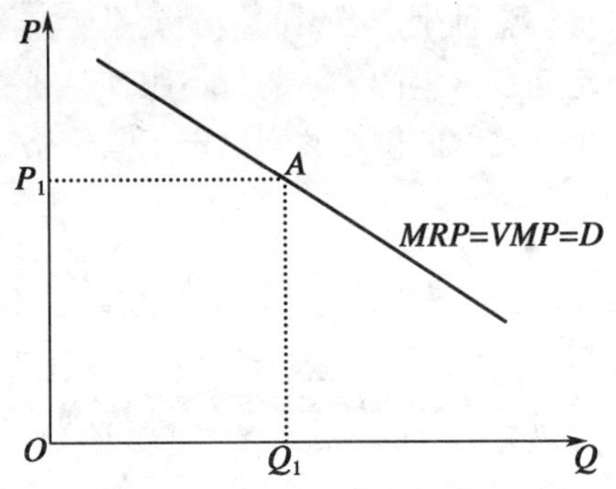

图 8-1　完全竞争产品市场对应的生产要素市场上的需求曲线

再从另外一个角度来证明生产要素市场的需求曲线是向右下方倾斜的。由于按 VMP 曲线采购生产要素可以实现在不同要素价格下的最优购买量，使得厂商在产品市场上实现价格等于边际成本。如果生产要素价格高，那么产品价格将低于边际成本，从而使厂商减少生产从而减少对生产要素的购买，正如图 8-1 中 A 点向左上方移动。如果生产要素价格低，那么产品价格高于边际成本，从而使厂商增加生产从而增加对生产要素的购买，正如图 8-1 中 A 点向右下方移动。因此生产要素市场的需求曲线向右下方倾斜。而整个行业的生产要素需求是各个厂商需求之和，也是一条向右下方倾斜的曲线。

2. 不完全竞争产品市场上厂商对生产要素的需求

在不完全竞争的产品市场上，价格一般高于边际收益，且边际收益随着产量的增加而递减。因此不完全竞争产品市场上对应生产要素的边际收益产品 $MRP=MP\cdot MR$，而不再等于边际产品价值 VMP。其中，MR 是关于产量 Q 的单调递减函数。那么由于边际生产力递减始终发生，因而边际收益产品曲线，即不完全竞争产品市场上对应生产要素市场厂商需求曲线也是一条向右下方倾斜的曲线。

由于不完全竞争市场上，产品的价格随着销售量的增加而降低，因此 $MR \leqslant P$，那么对应相同纵坐标的 $MRP \leqslant VMP$，因此不完全竞争产品市场上对应生产要素市场的厂商需求曲线比完全竞争产品市场上对应生产要素市场的厂商需求曲线要陡(如图8-2)。同理，不完全竞争产品市场对应的要素市场需求曲线也比完全竞争产品市场对应的要素市场需求曲线要陡。

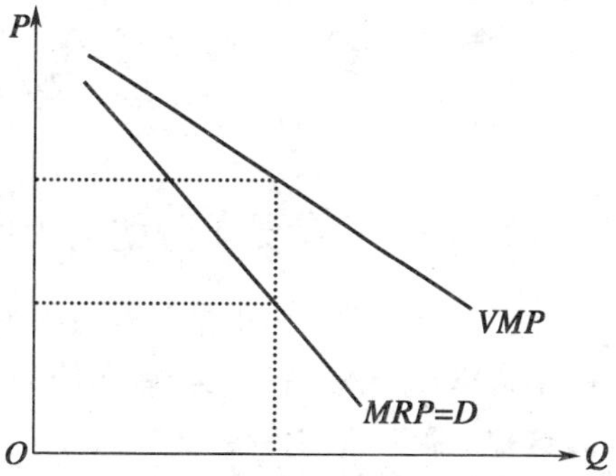

图8-2　不完全竞争产品市场对应的生产要素市场上的需求曲线

8.1.2　生产要素的供给

前文曾经提到厂商在生产要素市场上增加或者减少购买另一部分取决于增加一单位要素所需支付的成本——边际要素成本 MFC，这正是要素市场上的供给部分。生产要素市场跟产品市场一样，也有不同的市场类型。其实对于不同类型的要素市场，其厂商面临的供给曲线也是有差异的。而影响要素市场供给的另外一个因素则是各种生产要素所独有的特点。

一般来说，可以把生产要素分为三类。第一类是自然资源。在经济分析中假定这类资源的供给是固定的，供给曲线与横轴垂直，比如土地。第二类是资本财货。资本财货分为资本品和货币资本。这种生产要素的供给与一般产品的供给一样，与价格同方向变动，供给曲线向右上方倾斜。第三类是劳动力。劳动力的供给主要取决于劳动力的成本，由于劳动力成本的复杂性，其供给曲线先单调递增，再变为单调递减。这种劳动的成本包括两类：一类是实际成本，即维持劳动者及其家庭生活必需的生活资料的费用以及培养、教育劳动者的费用。另一类是心理成本，劳动是以牺牲闲暇的享受为代价，闲暇能够给人带来满足，所以闲暇的效用也包含在劳动供给的成本之内。另外，劳动的紧张、劳累会给劳动者心理上带来负效用。补偿劳动者这种心理上负效用的费用就是劳动的心理成本。劳动供给取决于工资变动所引起的替代效应和收入效应。一般规律是，当工资较低时，替代效应大于收入效应，即提高工资，增加劳动；当工资达到某个较高水平时，收入效应大于替代效应，即工资足够高时，再提高工资，劳动反而减少。因此，劳动供给曲线是一条向后弯曲的供给曲线。如图8-3，当工资为 OW_1 时，市场愿意提供的劳动力为 OL_1；而当工资提高到 OW_2 时，市场的劳动力却没有增加，因为此时工资的收入效应大于替代效应，工人宁愿选择闲暇。

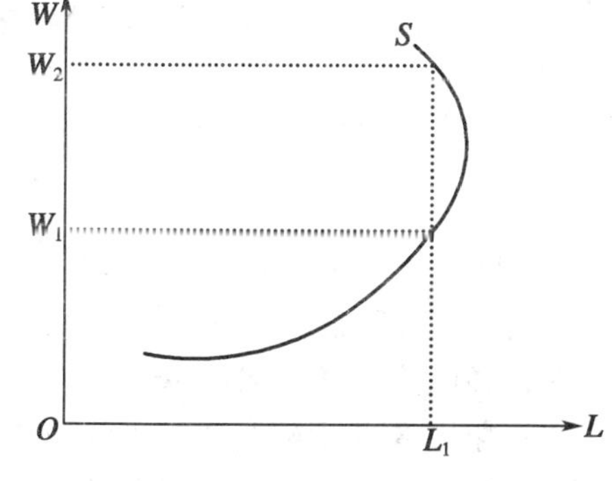

图8-3　向后弯曲的供给曲线

下面根据生产要素四分法，分别对劳动力、资本、土地和企业家才能四种生产要素进行分析。

8.2 工资理论

8.2.1 完全竞争劳动力市场的厂商均衡分析

工资是劳动力为提供劳务获得的报酬。在西方经济学中，工资的概念简化为单位时间的工资率，即劳动者每天或者每小时内所获得的工资收入。因此工资率可以用来衡量劳动力这种生产要素的价格。

如前所述，如果劳动力雇佣厂商所在的产品市场是完全竞争市场，那么 *VMP* 曲线就是劳动力市场的厂商需求曲线；如果劳动力雇佣厂商所在的产品市场是不完全竞争市场，那么 *MRP* 曲线就是劳动力市场的厂商需求曲线。而该行业的需求曲线则是各厂商的需求曲线 *VMP* 或者 *MRP* 在水平方向的加总，如图 8－4(a)。

上面曾经提到，对于不同类型的要素市场，其厂商面临的供给曲线是有差异的。我们先来看看完全竞争要素(劳动力)市场上厂商所面临的要素(劳动力)供给曲线。完全竞争的劳动力市场意味着不仅劳动力的供给者人数很多，而且劳动力的购买者人数也很多。无论在产品市场上是完全竞争的厂商还是垄断的厂商，在要素市场购买劳动力时，只能按市场既定的工资率购买。这样对于任何一个在要素市场上购买劳动力的厂商而言，它所面临的供给曲线都是一条平行于横坐标的水平线，纵截距为劳动力价格——工资率 *W*。

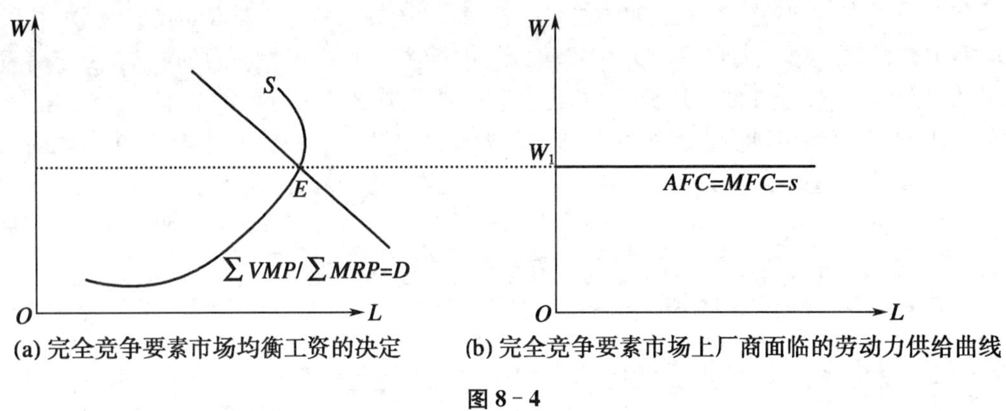

(a) 完全竞争要素市场均衡工资的决定　　(b) 完全竞争要素市场上厂商面临的劳动力供给曲线

图 8－4

如图 8－4(b)，当劳动力市场为完全竞争时，由于市场上有无数的劳动者，所以对于个别劳动者而言，只能按市场决定的均衡工资率接受雇佣。因此对于厂商来说，面临的劳动力供给曲线独立于雇佣人数，平行于横坐标，价格为 OW_1，由要素市场供求决定。如图 8－4(a)，劳动力市场需求曲线与向后弯曲的劳动力市场供给曲线相交于 *E* 点，共同决定了劳动力要素市场的均衡工资。在此既定的工资率下，厂商对劳动力的需求是无限的。如果有劳动者要求上调工资率，那么所有的厂商都会转向雇佣其他的劳动者，要求高工资的劳动者将失去所有买家，所以这时候厂商面临的劳动力供给曲线弹性为无穷大。在完全竞争要素市场上，由于任何厂商每多雇佣一个单位劳动力，增加的工资成本都是相同的，因此边际要素成本 *MFC* 和平均要素成本(Average Factor Cost)相等，即等于均衡工资率。完全竞争要素市场上厂商所面临的劳动力供给曲线就是厂商的 *MFC* 曲线。

在完全竞争劳动力市场上，厂商对劳动力的需求曲线可以从厂商的产品市场上轻松地得到(产品市场为完全竞争时，需求曲线 $VMP=MP\cdot P$；产品市场为不完全竞争时，需求曲线 $MRP=MP\cdot MR$)。而厂商面临的劳动力供给曲线为厂商的边际要素成本曲线 $MFC=MP\cdot MC$，也可以轻松得到。因此我们不难推导出完全竞争劳动力市场上的厂商均衡，即图 8-5 中的 E 点。OL_1 为此时该厂商的劳动力雇佣数量。

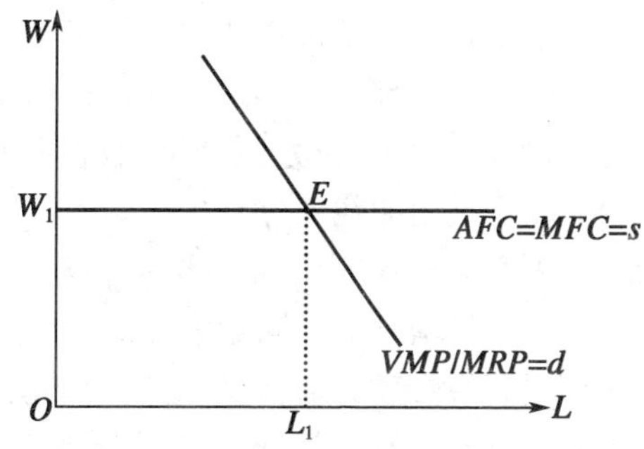

图 8-5　完全竞争劳动力市场上的厂商均衡

综上所述，可得到两个重要的推论：

(1) 完全竞争要素市场上，要素价格是由市场的供求共同决定的。

(2) 在完全竞争劳动力市场上，如果用人厂商对应的产品市场也是完全竞争的，那么要素供求均衡时劳动者将按照其边际生产力获得报酬，这又被称为生产要素价格的边际生产力理论。由于要素市场厂商均衡条件 $W=MFC=VMP$，而 $VMP=MP\cdot P$，因此均衡条件等价于 $W=MP\cdot P$，即 $W/P=MP$。其中 W/P 代表剔除价格因素后的实际工资，劳动者按边际生产力获得的报酬是以实际工资计量的。

8.2.2　不完全竞争劳动力市场的厂商均衡分析

在许多劳动力市场上，对劳动力的购买并非处于完全竞争的情况，有可能是买方处于垄断地位，也有可能是劳动者对于劳动的垄断，如工会控制了劳动的供给，当然也有可能买卖双方均出现垄断，下面分别予以分析。

1. 独家买主

先来看看卖方处于垄断地位的情况，我们称为独家买主(Monopsonist)。独家买主有可能是某劳动力市场上只有一家厂商雇佣劳动力，也有可能是某劳动力市场上有少数几家厂商对劳动力进行购买，如 NBA 球员转会市场。独家买主的情况下，厂商对劳动力的购买数量将影响劳动者的工资率。因而不完全竞争劳动力市场上的要素供给曲线不再是一条水平直线，而是一条向右上方倾斜的曲线。随着工资率的不断提高，劳动者愿意出卖的劳动单位也越来越多。换个角度，独家买主会支付较高的工资以获得更多的劳动单位。在这种情况下，独家买主所面临的劳动力供给曲线是关于劳动力数量单调递增的曲线。为了简化分析，假设不完全竞争劳动力市场上只有一个买主，那么它面临的劳动力供给曲线也是市场供给曲线。由于供给曲线描述了厂商购买不同单位数量的劳动所支付不同的工资率，因此这条供给曲线就是劳动力的平均要素成本 AFC 曲线。

由于独家买主在购买劳动力时，为挖掘更多的劳动单位，愿意为额外的劳动单位支付更高额的工资报酬，因此劳动力的边际要素成本也是关于劳动力数量单调递增的。这里需要强调，如果厂商实际上对依次购买的劳动单位按供给曲线予以支付的话，就造成了同工不同酬，那么势必引起工人骚乱。为了避免骚乱的发生，实际上厂商给所有劳动力的工资都是一样的。假如雇用第一个工人时，厂商给了 1 个单位的工资，而到了雇用第二个工人时厂商要付出 2 个单位的工资。为了同工同酬，必须给第一个工人加工资到 2 个单位。也就是说，为了雇用第二个工人，厂商的成本不是 2 个单位，而是 2+1=3 个单位。因此厂商雇佣劳动的

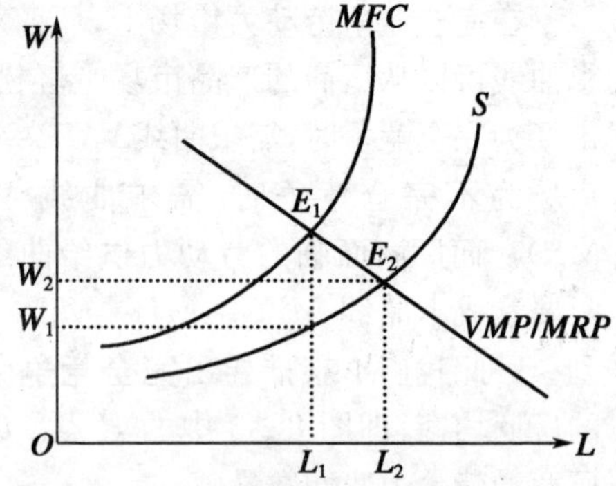

图 8-6 不完全竞争劳动力市场上的厂商均衡

边际成本必然高于该劳动的工资水平。换句话说，厂商对应的边际要素成本 MFC 曲线必然在供给曲线之上(如图 8-6，为方便分析，我们只讨论单调递增的劳动力供给曲线部分)。

下面通过图 8-6 来分析不完全竞争劳动力市场上厂商的均衡状况。同竞争要素市场的分析相似，独家买主购买劳动力，直到每增加一单位劳动力的成本 MFC 等于每增加一单位劳动力带来额外产品的额外产量(在完全竞争产品市场上为VMP，在不完全竞争产品市场上为 MRP)。图中的 OL_1 正是独家买主实现均衡时的购买量，而此时对应于供给曲线的工资水平为 OW_1。不难看出雇佣最后一单位劳动给厂商带来的收益 VMP/MRP 是 E_1L_1，高于 OW_1，因此市场存在独家买主的情况下，就意味着存在剥削。其中 $E_1L_1-OW_1$ 代表厂商对最后一单位劳动的剥削。图中的 OL_2 和 OW_2 分别是厂商在完全竞争要素市场上的均衡购买量和均衡工资。可见，不完全竞争比完全竞争的劳动力市场具有更高的就业量和更高的工资水平，剥削也消除了。

值得一提的是，同垄断市场不讨论供给曲线一样，不完全竞争的要素市场上也不存在需求曲线。这是因为需求曲线表示厂商在每个工资水平下愿意而且能够购买的劳动力数量。而图中的 VMP/MRP 曲线表示厂商购买额外一单位劳动所增加的收益，不符合定义。

2. 集体议价

接下来研究劳动者对于劳动的垄断。在西方国家，工人的工资往往是通过工会集体议价的方式来确定的。具体来说，就是工会代表劳方同厂商代表通过谈判，对工人的工资率水平达成一致意见，通过协议形式对各方形成约束。

工会维护了大多数工人的利益，使得原本各自为战的劳动者团结起来，像垄断厂商那样行事。因此集体议价的工资往往高于均衡工资。工会对工资的影响方式有三种：

(1) 增加对劳动的需求。

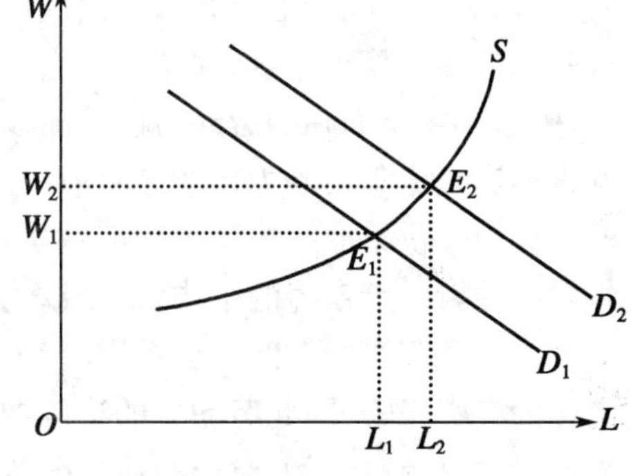

图 8-7 增加对劳动的需求

市场均衡工资偏低，且失业量大的时候普遍采用这种方法。由于工会具有一定规模，因此它可以通过自己的影响力加大资方对劳动力的需求。如图 8-7，初始均衡劳动力人数和均衡工资分别是 OL_1 和 OW_1。工会通过某些方法，比如提高产品市场的需求，使得资方对劳动力需求增加，从而使得均衡劳动力人数和均衡工资分别达到 OL_2 和 OW_2。可见，无论是工资水平还是就业量都增加了。

工会往往通过要求政府增加产品的出口，减少产品的进口，从而增加该产品市场的需求。这点同厂商的利益是一致的，加大产品市场的需求，要素市场的派生需求才能被拉动。工会也可能要求政府增加劳动力替代生产要素的市场价格，如机器价格，这样劳动力市场需求也会增加。

(2) 减少对劳动的供给。

在劳动力需求既定的情况下，较少供给同样可以提高工资，不过这是以牺牲就业为代价的。

如图8-8，初始均衡水平的工资水平为OW_1。为提高工人工资，工会限制工人提供劳动力从而减少劳动供给，导致均衡工资水平提高到OW_2。为此，工人的就业量减少了L_1L_2。工会减少劳动供给的方法主要包括：限制非工会工人受雇、较少工作时间、强制退休、禁止使用童工等等。由于厂商一般优先雇佣工会的会员，因此跟增加对劳动需求相比，减少对劳动的供给的方法对非工会会员来说福利将恶化。

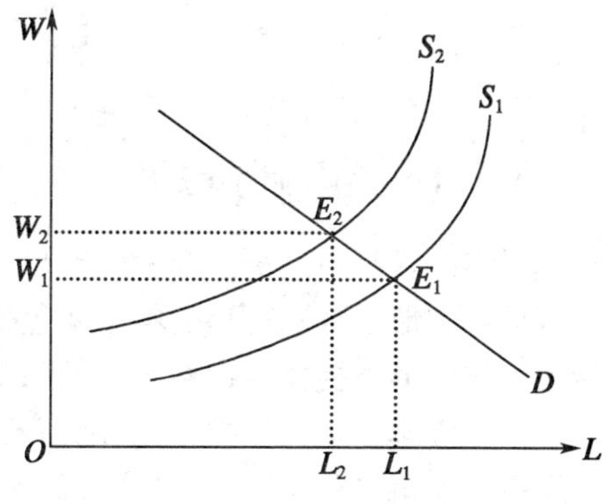

图8-8 减少对劳动供给

(3) 制定最低工资。

工会还可以通过立法规定最低工资。同某些政府扶持行业采用的最低限价一样，工会请求政府对劳动力市场立法，限定最低工资。最低工资往往在均衡工资之上，因此工人的平均工资水平得以提高。

如图8-9，由于初始的均衡工资OW_1并不合意，工会要求政府制定最低工资法。政府制定了一高于均衡工资的法定最低工资OW_2，规定任何厂商不得支付低于OW_2的工资给工人，任何工人也不得以低于W_2的工资接受雇佣。劳动力市场由于工资高于均衡点E，劳动力供过于求。OL_S的工人愿意在OW_2的工资下提供劳动，可是厂商只有OL_D的劳动力需求，低于原来的均衡雇佣水平OL_1。市场出现L_DL_S的缺口。换句话说，与制定最低工资法之前相比，有L_DL_S的工人处于失业。

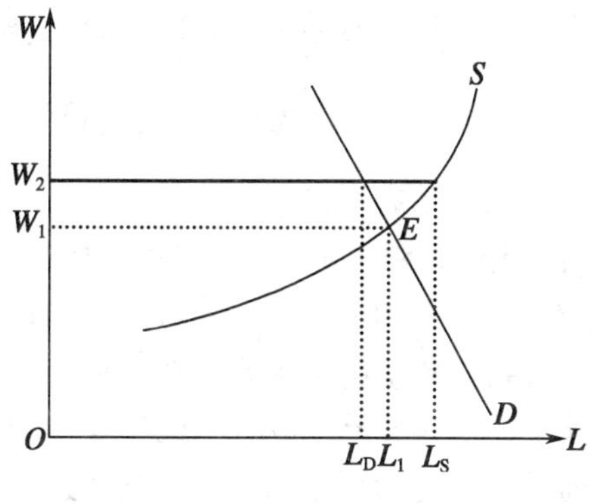

图8-9 最低工资

同减少对劳动的供给一样，工会会员工资的提高是以牺牲部分非工会会员的福利为代价的。

【补充阅读材料8-1】 妇女运动与收入分配

过去几十年，妇女在经济中的作用发生了巨大的变化。有工作的妇女的百分比从20世纪50年代的32%增加到90年代的54%。整天从事家务劳动的女性已经不常见了，妇女的收入成为决定一般家庭总收入的一个重要因素。

尽管妇女运动使男人与女人之间在教育和工作机会上更加平等，但它也使家庭收入更加不平等。原因是各个收入集团中妇女劳动力参工率的提高不同。特别是妇女运动对高收入家庭的妇女影响最大。甚至在20世纪50年代，来自低收入家庭妇女的参工率就已相当高，而自那时以来，她们的就业情况变化并不大。

实际上，妇女运动改变了高收入家庭妻子的行动。在20世纪50年代，男性高层管理人员或医生很可能与一个留在家里并照料孩子的妇女结婚。今天，男性高层管理人员或医生的妻子本身更可能是高层管理人员或医生。结果是富有的家庭变得更富有了，这是家庭收入不平等加剧的一种形式。

8.3 利息理论

8.3.1 资本和利息率

资本财货是由经济系统中生产出来的又被用于继续生产商品的物品，因此资本的形态有有形和无形之分。有形资本主要包括厂房、机器设备以及厂商的各种存货等；无形资本是指以非物质形态提供生产性服务的那些商品，如厂商的品牌、新技术等。

由于资本的形态千差万别，因而不可能使用同一个标准加以衡量。经济学中通常使用资本存量的市场价值来衡量资本的大小，即从市场的角度把资本看作是交换和支配各种资本物品的货币。

利息指资本所有者在一定时期内将资本使用权让渡，从而要求对方弥补自己机会成本的报酬。利息与资本本金的比率就是利息率，而利息率就是资本的价格。资本的价格不是一项资本的出售价格，而是它的借贷价格。例如，一台价格 10 000 元的机器，使用期为 10 年，被使用一年得到的收入为 1 000 元，用这个年收入来除以机器本身的价值即得到该机器借贷的年收入率 1 000 元÷10 000 元=10％，这就是该机器的利息率。

8.3.2 可贷资金市场均衡分析

同劳动力市场上工资率的决定相似，利息率决定于对资本的需求和供给。为了简化分析，假设经济中只有一个资本借贷市场。在市场上，所有的储蓄者提供对资本的供给，而所有的投资者构成对资本的需求，因而这个市场又称为可贷资金市场。

可贷资金的需求者包括：家庭、政府和厂商。家庭需要借贷资本主要是为了消费，用于购买耐用消费品(如房屋、汽车等)或意外性支出(如生病住院、事故等)。政府对借贷资本的需求主要是为了平衡财政收支和进行公共支出。在一般情况下，他们对资本的需求量与利率成反比：利率越高，需求量越少；利率越低，需求量越多。

厂商需要借贷资本主要是为了投资。与劳动力市场上的需求相似，厂商在可贷资金市场的借贷量取决于资本的边际收益产品，即为最后追加的那个单位资本量所带来的收益状况。与家庭和政府的反应相同：市场利息率越低，厂商对资本的需求越多；市场利息率越高，厂商对资本的需求越少。

综上所述，资本的需求是家庭、政府和厂商对借贷资本的需求总和，其需求曲线在一般情况下是一条负斜率的曲线，称为可贷资金市场需求曲线。

可贷资金的供给者也包括家庭和厂商，他们都是为了额外的利息收入，并想储蓄和贷出。这种贷出既可以直接进行，也可以间接进行。在这两种情况下，投资是可贷资金供给的来源，关于利率而单调递增，共同构成了可贷资金市场的供给曲线。

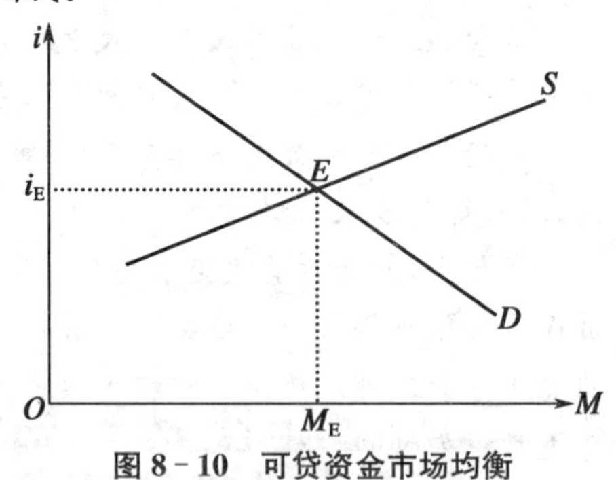

图 8-10 可贷资金市场均衡

将上述可贷资金市场的需求曲线和供给曲线放在一起考虑，便可决定市场均衡利率，其原理同市场均衡价格决定理论一样。在图 8-10 中，纵坐标表示利率，横坐标表示资本，可贷资金市场的需求曲线和供给曲线的交点便是均衡点 E。在 E 点上方，储蓄激励较大，相对投资的激励较小，因此可贷资金市场供过于求。由于借款者争夺资源稀缺的贷款者，利率被迫下降。在 E 点下方，投资激励较大，相对储蓄的激励较小，因此可贷资金市场供不应求。由于贷款者争夺资源稀缺的借款者，利率被迫上升。只有在 E 点，可贷资金市场实现均衡。

值得一提的是，这里所说的由资本供求关系所决定的利率是纯利率，它反映了资本的净生产力。所谓净生产力是指剔除价格因素和信用因素后资本的实际利率。经济发展过程中，货币也可能发生贬值，这便是资本的价格因素。在借贷活动中，欺诈、背信等原因都会使贷款无法收回，这便是资本的信用风险。实际交易中，资本的所有者往往会收取高于纯利率的利率，就是为了弥补这些风险损失。上一节工资理论中我们曾经得到一个结论：完全竞争的产品市场和要素市场上，均衡的实际工资等于劳动力的边际生产力。这个结论可以推广到资本市场：完全竞争的可贷资金市场上，均衡的实际利率等于资本的净生产力。

8.4 地租理论

8.4.1 土地与地租

西方经济学中的土地，不仅仅包括狭义的土地，还包括山川、河流、矿藏等。土地这一要素不同于劳动力和资本，它是大自然赋予的，因此西方经济学中把非人为因素的自然禀赋称为土地。土地包括地面、地下、空中、水面上的一切自然资源。

根据定义，土地的特点就明显了：

(1) 土地的地理位置固定，不能转移。这样就形成了土地在分布、肥沃程度等方面不同的自然差别。同样，正是由于土地的不可移动性，同样的土地之间可能出现较大的收益差别。

(2) 土地的供给量固定，与市场需求无关。而地租是使用土地所支付的报酬，它反映了土地的使用价格。

8.4.2 土地市场均衡分析

土地的需求取决于其边际生产力，而土地的边际生产力也是递减的。如果使用土地的厂商面对的是完全竞争的产品市场，那么对土地的需求可用 VMP 曲线来表示；如果使用土地的厂商面对的是不完全竞争的产品市场，那么对土地的需求可用 MRP 曲线表示。因此土地市场上的需求曲线是关于土地单位的租用而单调递减的。

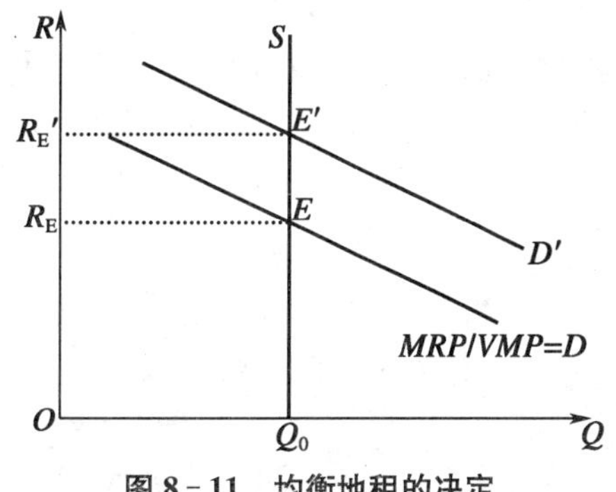

图 8-11 均衡地租的决定

如前所述，由于土地供给量固定，土地的供给曲线为一条垂直于土地数量的直线，供给弹性为零。如图 8-11，纵坐标表示土地的使用价格，即地租，用 R 表示；横坐标代表土地的租用数量，用 Q 表示。土地的供给曲线垂直于横坐标，需求曲线向右下方倾斜。在 E 点，土地租用市场实现均衡。该均衡点表示，当土地数量为固定不变的 OQ_0 情况下，均衡地租为 OR_E。假定随着经济发展，社会对土地需求量加大，需求曲线移到 D'，与不变的供给曲线交于 E'，均衡地租相应的上升到 $R_E{}'$。也就是说，由于土地供给量为既定常数，因而地租的高低完全取决于土地租用市场的需求曲线，且需求的增加将完全转化为地租价格水平的提高。

8.4.3 级差地租的形成

以上的均衡地租分析中，我们其实假设所有的土地都是同质的。然而，在现实经济中，土地无论在肥沃程度还是在地理位置上都有很大的差异，而这些差异决定了同样面积的土地单位却可能存在不同的地租。

西方经济学的级差地租理论来源于李嘉图的地租理论。人们对土地的使用总是从优至劣依次进行。假定最劣土地的使用生产出来的产品仅够支付工资和其他生产支出，没有剩余，不能支付地租，这种土地便称为边际土地。而肥沃程度高、交通便利的土地，其生产成本低，除支付成本外尚有剩余，这便是级差地租。如图 8-12 所示。

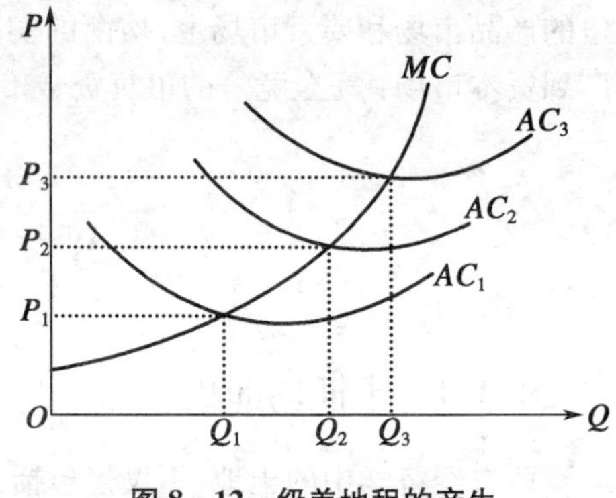

图 8-12　级差地租的产生

在图 8-12 中，横坐标 Q 代表农产品产量，纵坐标 P 代表农产品价格。AC_1、AC_2、AC_3 分别代表耕种优、中、劣土地所耗费的平均成本。不难看出，优等地平均成本最低，中等的次之，而劣等地最高。人们优先耕种优等地。假设初始农产品的市场价格为 P_1，那么耕种优等地的收入正好等于其平均成本，因此这种土地为“边际土地”，无需缴纳地租。随着经济增长和农产品价格的上升，人们开始耕种中等地甚至劣等地，从而使优等地产生级差地租。假定农产品价格上升到 P_3，产量由 OQ_1 增加到 OQ_3，则劣等地也被耕种，此时耕种劣等地的收入恰好等于平均成本，劣等地成为边际土地，不需缴纳地租。但是耕种中等地和优等地的收入高于平均成本，形成级差地租，级差地租分别为 OP_3-OP_2 和 OP_3-OP_1，中等地的级差地租比优等地的级差地租低。如果人口和经济还要继续增长，那么耕种劣等地也要付地租了。

8.4.4 准地租和经济地租

由级差地租的概念，可以进一步分析出准地租和经济地租两个概念。在讨论厂商短期成本时，我们把总成本分为固定成本和可变成本两个部分，其中固定成本是指厂房、机器设备等，它们跟土地一样，在短期内无法改变数量，因此可以把使用固定资本的报酬在短期内看作与地租相同。准地租是指在短期内使用除土地以外的与其他固定资本的报酬。

与级差地租的分析方式相似，我们用厂商的短期成本曲线来分析准地租。参见图 8-13。图中 MC、AC、AVC 分别表示厂商的边际成本、平均成本和平均可变成本。假定产品市场为完全竞争的，产品价格为 OP，则厂商均衡产量为 OM_1。这时的可变总成本为面积 ABM_1O，它代表了厂商为生产 OM_1 产量所需支付给可变要素的成本。在级差地租中，我们确定土地是否有级差地租先要用土地产出的收入减去土地外的成本。如果没有剩余，土地为“边际土地”，无级差地租；如果有剩余，土地有级差地租。在图 8-13 中，除固定成本外的成本为 ABM_1O，总收益 P_1EM_1O 在扣除 ABM_1O 后有剩余 P_1EBA，因此固定生产要素就产生级差地租，在这里称为准地租。从准地租 P_1EBA 中减去固定成本 $ABCD$，则得到经济利润 P_1ECD。可见，准地租为固定成本与经济利润之和。当经济利润为零时，准地租便等于固定总成本。当然，当厂商有经济亏损时，准地租小于固定总成本。此时收益在扣除可变成本后仍有剩余，但是剩余不足以冲抵固定成本。因此，可以得出推论：完全竞争的厂商决定在短期内是否停止营业取决于准地租是否为零。

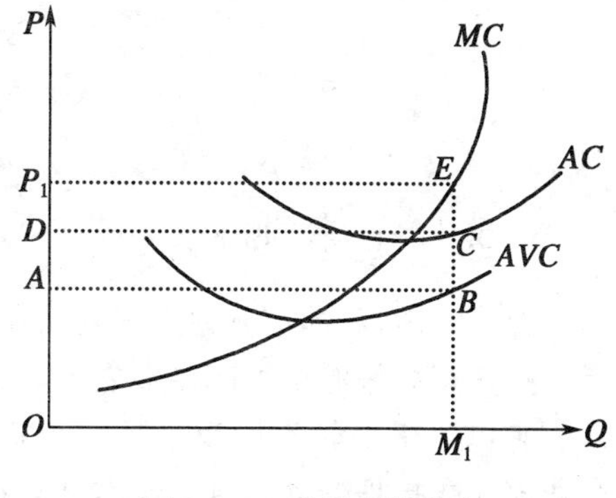

图 8-13 准地租的产生

准地租仅仅存在于短期内。从长期看，不存在固定成本。资本供给的增加将使总收益与总支出之间的差额消失，准地租也将不复存在。而此时资本的收入就是利息和折旧费。

在长期内，任何生产要素都可以自由流动。如果想要某生产要素不流动，给这个生产要素支付的报酬必须满足条件：报酬需要高于这个生产要素转移到其他任何行业可能获得的最高收入，即机会成本。而超出的部分被称为经济地租。经济地租大于零时，生产要素不会发生流动；经济地租小于等于零时，生产要素就有可能流动到其他行业。有特殊才能的球星，备受观众喜欢的影星，他们的高额年薪中很大一部分都是由经济地租构成的。假设一个球员年薪 20 万元，如果他去选择从事其他行业，最高年薪 5 万元，即他从事打球的机会成本是 5 万元，那么他的经济地租为 15 万元。

因此经济地租的解释类似于生产者剩余。如图 8-14 所示，要素的供给曲线 S 以上，要素价格 P_E 以下的区域 P_EEA 为经济地租。要素的全部收入为 OQ_EEP_E，要素所有者为提供 OQ_E 量的要素所愿意接受的最低要素收入为其机会成本 OQ_EEA。因此 P_EEA 是要素超过其机会成本以上的那一部分收益。这一部分收入原来称为生产者剩余，之所以这里称为经济地租，是因为它同其他地租的性质一样：如果从该要素的全部收入中减去成本，并不会影响要素的供给。与准地租不同，经济地租可以在长期存在。

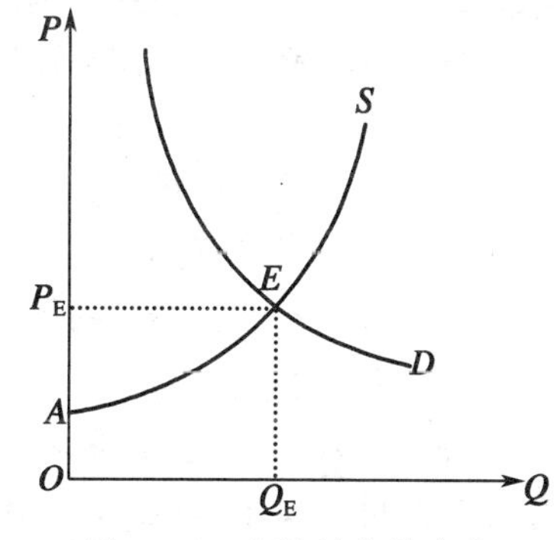

图 8-14 经济地租的产生

克鲁格在 1974 年“寻租社会的政治经济学”一文中曾经提出过“寻租”的概念。这是指凭借某种权利取得垄断地位并取得垄断租的一种努力。例如，为了在某个项目上中标，而对招标者进行游说、行贿等活动。在这里“某种权利”就是一种可以取得经济地租的资本，可见地租的来源相当广泛。对于各种租金收入合理性的问题不再讨论，但是需要强调的是，正是地租揭示了土地的价格，并且使土地得以有效配置。

8.5 利润理论

8.5.1 正常利润

经济学中，利润被分为正常利润和超额利润，我们先来分析前者。

正常利润来源于生产要素之企业家才能，体现了企业家才能这种生产要素的价格和收入。它包括在成本之中，其性质与工资相似，也是由企业家才能的供给与需求共同决定的。企业家才能指把劳动、土地、资本结合在一起且生产出更多的产品的生产要素，它相当于其他各要素的黏合剂和催化剂。

现代经营中，管理的重要性愈加提升，因此厂商对企业家才能的需求是很大的。而企业家才能需要天赋和后天的教育，需要胆识和能力，这种企业家才能这种要素的供给比较稀缺。另外，培养企业家才能这种生产要素需要投入大量的成本。这些因素共同导致了企业家才能的收入，即正常利润是很高的。我们可以把企业家才能看作是一种特殊劳动力，把正常利润看作是一种特殊的工资。

如前文所述，正常利润包含在经济成本之中，并属于其中的隐性成本。就长期而言，正常利润是必然存在的，如果厂商无法赚到正常利润，必然会退出生产。

8.5.2 经济利润

厂商把总收益扣除工人工资、资本利息、土地地租、正常利润和原料费、燃料费、折旧、税收后，剩余部分就是厂商的超额利润，又称为经济利润。长期中，只有在不完全竞争和动态社会的情况下才会出现这种利润。

竞争的不完全往往体现在厂商具有垄断势力和信息不完全上。前者如微软公司在视窗操作系统上的专利权，我们在不完全竞争市场中曾做过详细讨论；后者如尽管某个公司对工人支付的工资低于市场上其他公司，但是由于工人缺乏足够的信息而放弃了流动性，这样该公司可以取得经济利润。

而所谓的动态社会指的是创新的社会。企业通过创新，可以改良成本函数，甚至需求函数，从而赚取比行业内其他厂商正常利润更高的利润，即经济利润。

除此之外，敢于承担风险也是取得经济利润的捷径。由于未来具有不确定性，人们对未来的预测可能发生错误或者放弃预测，这样所有可能的风险都可以用保险的方法加以弥补。因此从事具有风险的生产应该以经济利润的形式补偿。

案例 8-1 劳动的经济地租

例如，劳动市场上有 A、B 两类工人各 100 人，A 类工人素质高，所要求的工资为 200 元，B 类工人素质低，所要求的工资为 150 元。如果某种工作 A、B 两类工人都可以担任，那么，企业在雇佣工人时，当然先雇佣 B 类工人。但在 B 类工人不够时，也不得不雇佣 A 类工人。假设某企业需要工人 200 人，他就必须雇佣 A、B 两类工人。在这种情况下，企业必须按 A 类工人的要求支付 200 元的工资。这样，B 类工人所得到的收入就超过了他们的要求。B 类工人所得到的高于 150 元的 50 元收入就是经济地租。其他生产要素所有者也可以得到这种经济地租。

由此可见，经济地租属于长期分析，而准地租属于短期分析。经济地租是对某些特定要素来说的，而经济利润是对整个厂商来说的。厂商存在经济利润，并不意味着其要素也存在经济地租。一种要素在短期中存在准地租，也不意味着长期中存在经济利润。

思考题：

1. 什么是经济地租？

2. 什么是经济利润和正常利润？

案例 8-2 漂亮的收益

美国经济学家丹尼尔·哈莫米斯与杰文·比德尔在 1994 年第 4 期《美国经济评论》上发表了一份调查报告。根据这份调查报告，漂亮的人的收入比长相一般的人高 5%左右，长相一般的人又比丑陋一点的人收入高 5%～10%。为什么漂亮的人收入高？

经济学家认为，人的收入差别取决于人的个体差异，即能力、勤奋程度和机遇的不同。漂亮程度正是这种差别的表现。

个人能力包括先天的禀赋和后天培养的能力，长相与人在体育、文艺、科学方面的天才一样是一种先天的禀赋。漂亮属于天生能力的一个方面，它可以使漂亮的人从事其他人难以从事的职业(如当演员或模特)。漂亮的人少，供给有限，自然市场价格高，收入高。

漂亮不仅仅是脸蛋和身材，还包括一个人的气质。在调查中，漂亮由调查者打分，实际是包括外形与内在气质的一种综合。这种气质是人内在修养与文化的表现。因此，在漂亮程度上得分高的人往往是文化水平高、受教育程度高的人。两个长相接近的人，也会由于受教育程度的不同表现出来的漂亮程度不同。所以，漂亮是反映人受教育水平的标志之一，而受教育是个人能力的来源，受教育多，文化水平高，收入水平高就是正常的。

漂亮也可以反映人的勤奋和努力程度。一个工作勤奋、勇于上进的人，自然会打扮得体，举止文雅，有一种朝气。这些都会提高一个人的漂亮得分。漂亮在某种程度上反映了人的勤奋，与收入相关也就不奇怪了。

最后，漂亮的人机遇更多。有些工作，只有漂亮的人才能从事，漂亮往往是许多高收入工作的条件之一。即使在所有的人都能从事的工作中，漂亮的人也更有利。漂亮的人从事推销更易于被客户接受，当老师会更受到学生喜爱，当医生会使病人觉得可亲，所以，在劳动市场上，漂亮的人机遇更多，雇主总爱优先雇用漂亮的人。有些人把漂亮的人机遇更多、更易于受雇称为一种歧视，这也不无道理。但有哪一条法律能禁止这种歧视？这是一种无法克服的社会习俗。

漂亮的人的收入高于一般人。两个各方面条件大致相同的人，由于漂亮程度不同而得到的收入不同。这种由漂亮引起的收入差别，即漂亮的人比长相一般的人多得到的收入称为“漂亮贴水”。

收入分配不平等是合理的，但有一定限度，如果收入分配差距过大，甚至出现贫富两极分化，既有损于社会公正的目的，又会成为社会动乱的隐患。因此，各国政府都在一定程度上采用收入再分配政策以纠正收入分配中较为严重的不平等问题。

思考题：

1. 漂亮也能带来收益，你觉得公平吗？

2. 演员的收入往往高于寒窗苦读十余载的学子，这又如何解释呢？

案例 8-3 谁让穷人越穷，富人越富

现在的问题是穷人越穷，富人越富。国家统计局城市社会经济调查总队发布的调查显示，我国城镇居民收入差距最高达 10.7 倍，10%的居民占有 45%的城市财富。但让人紧张的不是现状而是今后，著名经济学家樊纲在"中国经济 50 人论坛"上就指出，未来 10 年，中国将面临收入差距进一步扩大的问题。

专家纷纷指出，目前收入差距已经处于高水平，形势严峻。据联合国开发计划署统计，中国目前的基尼系数是 0.45，超过 0.4 的警戒线。所谓基尼系数，是全球经济学家和社会学家为研究贫富差别问题而建立的一套预警机制，它是全世界公认的、衡量贫富差别是否适度的一根标杆，0.4 正是它的"警戒水位"。

人们开始反思究竟是谁让穷人越穷，富人越富。中共中央党校社会学室主任吴忠民近日在《瞭望》撰文认为，中国的贫富差距已突破合理限度。原因大致有：

(1) 对于高收入群体缺乏必要的"限高"。一方面使一部分人的财富迅速加大；另一方面是国家缺乏必要的再分配的能力，难以有效地援助弱势群体。

(2) 社会保障事业以及社会转移支付表现出一种明显滞后的情形。农民、城镇的退休人员、城镇的失业人员最有可能成为贫困者，从而使整个社会的贫富差距迅速拉大。

(3) 经济领域中存在着许多不平等的竞争。一些部门、行业甚至是一些个别的社会成员，能够通过垄断经营获得垄断利益或高额利润。在全国分行业收入的统计中，垄断性行业人员的收入稳居前几名，如航空运输业、管道运输业、邮电通讯业、电力部门等等。甚至连一些社会公共事业部门，如某些公共教育机构、公共医疗机构也存在利用行业垄断地位索取高额利润的情况。

可以说，贫富差距正考验着我们的政策和经济措施。要减少差距，一要限制高收入者，取消经济中的垄断和不平等竞争；二要实施"有利于穷人"的经济措施和公共政策。

思考题：

1. 我国目前的基尼系数为多少？说明什么问题？
2. 中国的贫富差距拉大是什么原因造成的？

强化练习题

一、单项选择题

1. 完全竞争的产品市场中某厂商仅用要素 L 去生产产品，则该厂商对要素 L 的需求曲线与以下(　　)曲线重合。

A. VMP_L 曲线　　B. MP_L 曲线

C. MFL_L 曲线　　D. 以上都不是

2. 不完全竞争的产品市场中厂商对生产要素的需求曲线向右下方倾斜的原因是(　　)。

A. 要素生产的产品的边际收益 MR 递减　　B. 要素的边际收益产量 MP 递减

C. 要素参加生产的规模报酬递减　　D. A 和 B

3. 单个厂商对生产要素的需求曲线与行业对生产要素的需求曲线相比(　　)。

A. 前者与后者重合　　B. 前者比后者陡峭

C. 前者比后者平坦　　D. 无法确定

4. 在完全竞争条件下，生产要素的供给曲线是一条与(　　)重合的水平线。

A. MRP 曲线　　B. MFC 曲线　　C. MP 曲线　　D. VMP 曲线

5. 在厂商是要素市场的买方垄断者时，生产要素的供给曲线与 MFC 曲线相比(　　)。

A. 前者与后者重合　　B. 前者比后者陡峭

C. 前者比后者平坦　　D. 无法确定

6. 某厂商既是产品市场的卖方垄断者又是要素市场的买方垄断者，则其使用要素所遵循的原则是(　　)。

A. $VMP=W$　　B. $VMP=MFC$　　C. $MRP=W$　　D. $MRP=MFC$

7. 某工人在工资为每小时 10 元的时候每周挣 400 元，每小时 20 元的时候每周挣 600 元，由此可判定(　　)。

A. 收入效应＞替代效应　　B. 收入效应＜替代效应

C. 收入效应＝替代效应　　D. 无法判定

8. 假设某足球队员的年薪为 100 万元，但若他从事其他职业，最多只能挣得 10 万元，那么该足球队员所获的经济地租金为(　　)。

A. 100 万元　　B. 10 万元　　C. 90 万元　　D. 以上都不对

9. 下列判断错误的是(　　)。

A. 地租是当所考虑的资源为土地时的经济地租，而经济地租则是一般化的地租

B. 准租金小于固定总成本与经济利润总和

C. 地租和经济地租属于长期分析，而准租金属于短期分析

D. 经济地租系某些特定要素而言，而经济利润则是对整个厂商来说的

10. 关于卖方剥削和买方剥削下列叙述错误的是(　　)。

A. MRP 越陡峭卖方剥削越大　　B. MRP 越陡峭买方剥削越大

C. 要素供给曲线越陡峭卖方剥削越大　　D. 要素供给曲线越陡峭买方剥削越大

二、分析与计算题

1. 在完全竞争市场中，假设厂商使用两种可变生产要素 L，K 生产一种产品 X，求解厂商使用要素最优组合的条件。

2. 某厂商是产品市场的垄断者和要素市场的完全竞争者，其产品需求函数为 $P=85-3Q$，其只使用一种可变的投入要素劳动(L)去生产产品，生产函数为 $Q=2L$，劳动者的工资率 $W=5$，求该厂商利润最大化时雇佣劳动的数量、生产产品的数量及价格。

3. 某厂商仅使用劳动 L 去生产产品，生产函数为 $Q=6L+3L^2-0.02L^3$，该厂商是产品市场的完全竞争者和要素市场的垄断者，其产品的售价 $P=2$，总成本函数为 $TC-60L+3L^2$，求利润最人化时的 L、Q 及工资率 W 的值。

4. 假设某厂商是其产品市场和要素市场的完全垄断者，该厂商的生产函数为 $Q=3L$，其中 L 为厂商使用的劳动量。如果厂商的需求函数为 $P=110-Q$，劳动供给函数为 $W=3L+90$，求利润最大化时的 L、W 和 P 的值。

5. 某厂商生产某产品，其产品价格 $P=100$ 元，年产量 $Q=1\,000$ 件，每件产品的 $AVC=50$ 元，$AFC=40$ 元，试求该厂商的准租金和经济利润。

*第9章　一般均衡与福利经济学

本章学习目标

- 掌握一般均衡与局部均衡概念；
- 了解一般均衡与局部均衡的区别；
- 掌握福利经济学含义；
- 理解帕累托最优标准。

前面我们一直在分析每个经济主体如何优化配置资源。本章将站在社会的角度来分析整个社会应当如何优化配置资源。

9.1　一般均衡

9.1.1　一般均衡概述

我们在市场理论和分配理论中的均衡分析都属于局部均衡分析。所谓局部均衡是指单个经济主体的均衡与单个市场的均衡。而所有市场的同时均衡叫做一般均衡。微观经济学中，对均衡的分析分三个高低不同的层次进行：单个经济主体的均衡、单个市场的均衡与所有市场的同时均衡。第一种如厂商均衡分析，第二种如市场均衡分析。前两种均衡是局部均衡，而最后一种均衡叫做一般均衡。

一般均衡分析是瓦尔拉斯提出的，其将整个经济体系视为一个整体，从各个产品市场和要素市场上价格、供求是相互影响、相互依存的前提出发，考察各种产品和要素的价格、供求同时达到均衡状态条件下的价格决定问题。

产品市场的一般均衡

一般均衡分析相对来说更加复杂，我们先考虑两个相关的产品市场。假如原先整个经济社会处于均衡状态，现在由于外界影响，其中某一产品市场供需发生变化，不仅该市场的均衡被打破，而且由于各个市场的相互联系，所有市场的均衡都将被打破。各个市场经过一系列的调整，再次同时达到新的均衡。

我们来看一个替代品市场的例子：羊肉与牛肉市场。开始时两个市场处于均衡状态。羊肉市场突然出现价格上涨，社会对其购买量减少，而对其替代品牛肉的需求增加。在牛肉市场供给没有变化的情况下，牛肉的价格上升，引起牛肉的供给和其替代品羊肉需求的增加，羊肉的价格进一步提高，羊肉的供给也进一步增加。这样牛肉的价格和供给也将进一步增加……至于羊肉和牛肉价格的上升幅度则取决于牛肉对羊肉的需求交叉弹性和消费者的收入状况。由于收入在一定时间既定，价格上涨将导致实际收入下降，引起羊肉和牛肉市场的需求曲线左移，从而使羊肉和牛肉产品价格有下降的压力。这样，使价格上升和使价格下降的两种对立力量相互作用，从而羊肉市场和牛肉市场最终可在某一水平同时达到均衡。

再来看看一对互补关系的市场：汽车和汽油市场。两个市场从均衡开始，石油市场率先价格上涨，从而石油需求量下降，其互补品汽车市场的需求降低。在汽车市场供给未发生变化的情况下，汽车市场的价格下降。这将导致汽车市场供给减少，从而汽油市场需求进一步下降，汽油价格进一步下跌。汽车与汽油价格的下跌幅度也可以用它们替代需求弹性来衡量，消费者的收入也会起到制约作用。一旦实际收入随着产品价格下跌而上升，消费者的购买将会增加，从而使汽车市场和汽油市场价格有上调的压力。在一系列调整后，两个市场达到新的均衡。

9.1.2　产品市场与要素市场的一般均衡

以上概述了产品市场之间发生的相互影响，产品市场和要素市场之间同样会发生相互影响。

我们来假设经济中有一个休闲服装市场和一个劳动力市场，其中劳动力市场是休闲服装市场的要素市场。假设工资率突然上升，休闲服装成本上升，价格提高，这将引起休闲服装的替代品运动服装价格的上升。从要素收入角度来看，工资上升意味着劳动者收入提高。如果价格水平不发生变化，消费者会增加对休闲服装和运动服装的需求。但实际上，物价水平与工资同步上升，那么劳动者的实际收入未必提高，休闲服装和运动服装的需求与价格的上升受到了限制。因此，实际上休闲服装和运动服装市场价格是否上升、上升多少取决于上述两种对立的力量谁更强，强多少。

随着劳动力的价格的提高，与劳动具有替代性的资本品市场将获得厂商的青睐。服装厂家开始用资本替代劳动，这样又会引起资本品市场价格的提高。提高的幅度又取决于劳动与资本在服装上的替代弹性和服装厂商的利润状况。

因此，各个具有关联的产品市场和要素市场之间相互影响。一种产品的需求不仅取决于该产品的价格，还取决于其他相关产品的价格；不仅取决于一种要素的收入，还取决于其他要素所有者的收入。一种生产要素的需求不仅取决于该要素的价格，还取决于相关要素的价格；不仅取决于该要素生产产品的市场价格，还取决于相关产品厂商的利润状况。产品市场和要素市场的供给分析也一样。

9.1.3　一般均衡的实现条件

前面我们分析了一般均衡的形成机制，那么这种均衡的形成需要哪些条件呢？一般均衡也是以追求效率为基础的，即一旦实现一般均衡，无论产品市场还是要素市场都实现了效率的最大化。英国经济学家埃奇沃斯根据这个原则用埃奇沃斯盒形图(Edgeworth Box Diagram)对一般均衡的实现条件进行了分析。

假设一个社会只生产 X 和 Y 两种产品，生产这两种产品需要 L 和 K 两种生产要素。社会中共有两个厂商和两个消费者，他们分别是 X、Y 两种产品的生产者和需求者。产品价格和要素价格既定，生产者追求利润最大化，消费者追求效用最大化。下面分别讨论消费者均实现效用最大化的交换的一般均衡和生产者均实现产量最大化的生产的一般均衡。

1. 交换的一般均衡

在埃奇沃斯盒形图中，假设横坐标代表 X 产品数量，纵坐标代表 Y 产品数量，盒形图空间为产品总量。O_A 和 O_B 分别代表两个原点，即消费者 A、B 对 X 和 Y 的需求起点。图中的 U_{A1}、U_{A2}、U_{A3}、U_{B1}、U_{B2}、U_{B3} 分别代表消费者 A 与 B 的三条无差异曲线。其中，$U_{A1}<U_{A2}<U_{A3}$，$U_{B1}<U_{B2}<U_{B3}$。盒中任何一点代表 A、B 分别的效用和各自分配到 X 和 Y 两种产品的数量。

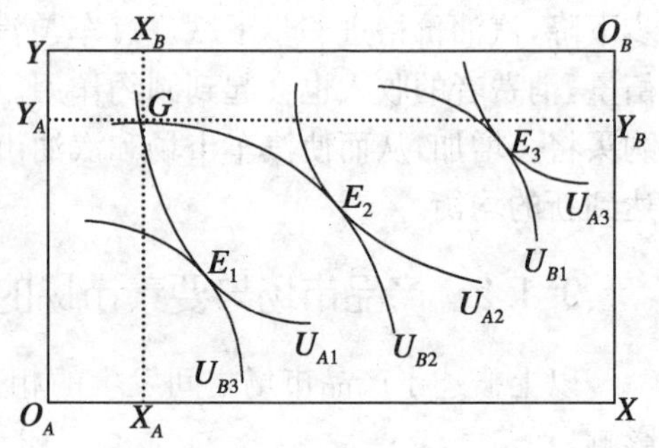

图 9-1 交换的一般均衡

如图 9-1，假设初始的分配点为盒中 G 点，A 消费者的消费量为 OX_A 和 OY_A，对应的 B 消费者的消费量为 OX_B 和 OY_B。其中，$OX_B=X-OX_A$，$OY_B=Y-OY_A$。由于 U_{A1} 和 U_{B2} 均经过 G 点，因此它们分别为此时消费者 A 和 B 的效用。那么是否均达到效用最大化，消费者的产品分配实现效率了呢？答案是否定的。U_{A1} 曲线在 G 点的斜率，即在 G 点的边际替代率 MRS 比较高，而对应的 U_{B2} 曲线在 G 点的边际替代率较低。边际替代率是指消费者为保持相同的效用，减少的一种商品的消费量与增加的另一种商品的消费量的比值。$MRS_{XY}=MU_X/MU_Y$，它反映了消费者对 X、Y 两种商品的主观评价。这个值越高，说明对消费者而言，X 产品比 Y 产品边际效用大得越多，即对 X 产品的主观评价越高，对 Y 的主观评价越低。在图 9-1 中，由于 $MRS_{XY}^A>MRS_{XY}^B$，消费者 A 对 X 的评价高于消费者 B 对 X 的评价，消费者 B 对 Y 的评价高于消费者 A 对 Y 的评价。那么 A 用自己 Y 与 B 的 X 进行交换就可以提高双方的效用。

现在来看看 A、B 双方将如何通过交换改善效率。继续看图 9-1，A 可以沿着 U_{B2} 曲线以 Y 来交换 X，直到 E_2 点。U_{B2} 和 U_{A2} 曲线均经过 E_2 点，不难看出与初始分配相比，消费者 B 的效用没有发生变化，而消费者 A 的效用提高了。如果 A 沿着这条线继续交换，那么自己的效用将会降低；如果在 E_2 点之前停止交换，效用也不及 E_2 点。因此在保证消费者 B 效用不变的情况下，E_2 点是 A 的最佳选择，此时 $MRS_{XY}^A=MRS_{XY}^B$，交换达到均衡。A 如果还想取得比 E_2 更高的效用，必须以牺牲 B 的效用为代价，这种交换当然是不可能的。同理，对于同样追求效用最大化的消费者 B 而言，他的交换路线是沿着 U_{A1} 曲线，以 X 交换 Y。而在这条路径上只有 E_1 点满足 $MRS_{XY}^A=MRS_{XY}^B$，交换达到均衡。这样 E_1 和 E_2 同样可以实现交换的一般均衡，那么究竟选择 E_1 还是选择 E_2 呢？

由于个人理性，最终的选择取决于初始分配和双方的讨价还价能力。实际上，交换的均衡点会在 E_1 与 E_2 之间实现，即交换使双方效用都增加。但是无论最终的均衡实现在哪一点，都要满足 $MRS_{XY}^A=MRS_{XY}^B$。因此各个可能交换点的轨迹都将称为交换的一般均衡，我们把这个轨迹称为消费的契约曲线(Contract Curve)，即图中连接 E_1、E_2、E_3 的曲线。在契约曲线上的任何一点，双方的边际替代率都相等。

2. 生产的一般均衡

我们再用埃奇沃斯盒形图来分析一下生产的一般均衡。

如图 9-2，横坐标代表要素劳动力 L 的数量，纵坐标代表要素资本 K 的数量，盒形图空间为要素总量。O_X 和 O_Y 分别代表两个原点，即产品 X、Y 对要素 L 和 K 的生产组合起点。

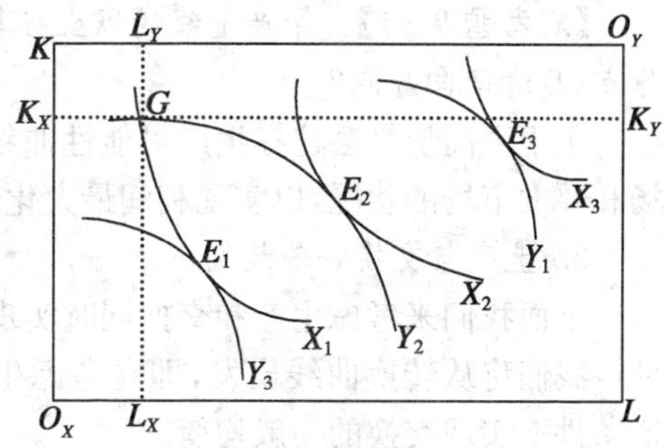

图 9-2　生产的一般均衡

图中的 X_1、X_2、X_3 和 Y_1、Y_2、Y_3 分别代表生产者的三条等产量曲线。其中，$X_1<X_2<X_3$；$Y_1<Y_2<Y_3$。盒中任何一点代表要素 L 与 K 的一种生产组合，而且代表生产 X 与 Y 分别消耗 K 和 L 两种要素的数量。

对生产的一般均衡分析与消费的一般均衡分析相似。由于 G 点产品 X 的边际技术替代率 $MRTS_{LK}^X$ 高于 G 点产品 Y 的边际技术替代率 $MRTS_{LK}^Y$，因此初始点 G 的生产组合无法实现效率。边际技术替代率指为保持产量不变，一种要素对另外一种要素数量上的替代关系。$MRTS_{LK}=MP_L/MP_K$，它反映了两种生产要素的客观生产能力。这个值越高，说明对某种产品而言，劳动要素 L 比资本要素 K 边际生产力大得越多，即 L 的生产能力越高，K 的生产能力越低。在图 9-2 中，由于 $MRTS_{LK}^X>MRTS_{LK}^Y$，生产 X 时，劳动要素 L 比资本要素 K 更具有生产能力；生产 Y 时，资本要素 K 比劳动要素 L 更具有生产能力。那么厂商将用一部分原来生产 X 产品的资本要素 K 生产 Y 产品，并用一部分原来生产 Y 产品的劳动要素 L 生产 X 产品。这样，X、Y 的产量都将提高，从而厂商利润增加。

厂商可以沿着 Y_2 曲线以资本 K 来交换劳动 L 以生产 X 产品，直到 E_2 点。与初始分配相比，Y 产量没有发生变化，而 X 产量提高了。此时 $MRTS_{LK}^X=MRTS_{LK}^Y$，生产达到均衡。同时，厂商将沿着 X_1 曲线以劳动 L 来交换资本 K 以生产 Y 产品，直到 E_1 点。无论从 G 点向 E_1、E_2 还是向 E_1 和 E_2 之间移动一点，只要移动的轨迹满足使两种产品的边际技术替代率相等，即 $MRTS_{LK}^X=MRTS_{LK}^Y$，生产就可以实现一般均衡。我们将若干等产量线相切点的连线称为生产契约曲线。

生产盒形图空间就是要素空间，因此生产契约线表示的是两种要素在两种产品上的分配。另外，生产契约线也间接地反映了生产处于一般均衡状态下两种产品可能的生产组合。我们将这种可能的组合转化到产量空间，这就是我们熟悉的生产可能性曲线。由于它是从生产契约曲线转换而来的，因此我们又将其称为转换曲线。

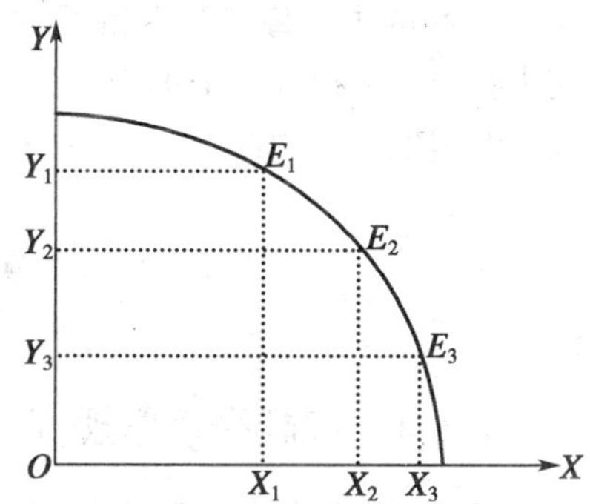

图 9-3　两种产品的转换曲线

如图 9-3，资源 L 和 K 的稀缺性决定了在一定社会的一定时期内，一定的技术水平上，可以生产的产品 X 和 Y 的数量是有限的。E_1、E_2、E_3 分别对应契约线上的 E_1、E_2、E_3，整条生产可能性曲线或转换线代表要素既定情况下可能生产的最大的 X 和 Y 的产量组合。在这条线以内的点，由于资源没有被充分利用，因此不是效率组合点，对应于埃奇沃斯盒形图中除契约曲线以外的点；在线之外的点，由于资源具有稀缺性，因此无法达到，对应于盒形图之外的点。转换曲线的斜率被称为边际转换率(Marginal Rate of Product Transformation)，它反映了技术和资源条件既定的情况下，增加一单位 X 产品必须放弃的若干单位 Y 产品，即 X 产品的机会成本。在图 9-3 中，随着 E_1 到 E_3，边际转化率 $MRPT$ 不断增加，代表着多生产一单位 X 产品，需要放弃的 Y 产品越来越多。因此转换曲线凹向原点。

【思考题 9-1】 等产量线的纵坐标与横坐标与生产可能性曲线相同，为什么前者凸向原点，后者凹向原点？

至于厂商最终会选择生产可能性曲线上的哪个组合点进行生产，还要综合考虑产品市场和要素市场的状况，以实现利润最大化。

3. 生产与交换一般均衡

下面我们来考虑生产和交换同时实现均衡时的条件。我们将从转换曲线出发，即在考虑生产的一般均衡条件下实现交换的一般均衡。

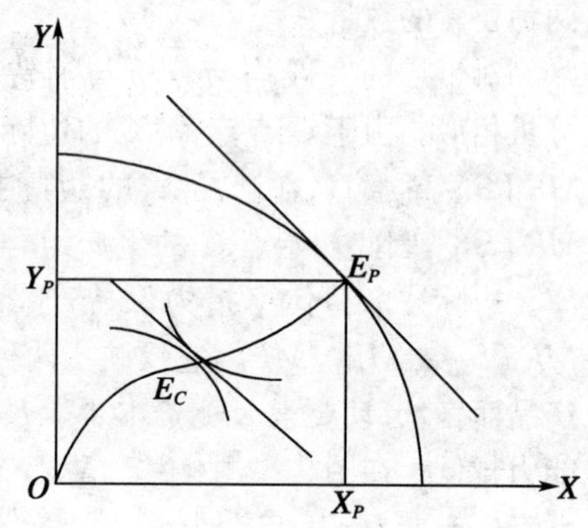

图 9-4 生产与交换的一般均衡

假如厂商最终选择 E_P 点的生产组合，即生产 X_P 的 X 产品和 Y_P 的 Y 产品。因此消费者只能在 X_P 的 X 产品和 Y_P 的 Y 产品之间进行分配，于是消费者 A、B 面对的埃奇沃斯盒形图为 $OX_PE_PY_P$。那么消费者只能在交换契约曲线 OE_P 上进行交换，以实现交换的一般均衡。是不是交换契约线上的任何一点都满足条件呢？我们先选择契约线上的一点，如 E_C 点进行交换时，发现此时的 $MRS_{XY}=MRPT_{XY}$。如果选择交换契约线上另外一点，使得 $MRS_{XY}>MRPT_{XY}$，消费者对 X 的主观评价高于生产 X 的机会成本。为提高社会效率，厂商会调整生产要素，增加 X 的产量，相应降低 Y 的产量。从而生产的一般均衡沿着转换曲线向右下方移动，新均衡点的边际转换率 MRPT 提高，在新的交换埃奇沃斯盒形图中消费者形成新交换的一般均衡，且满足条件 $MRS_{XY}=MRPT_{XY}$，此时生产和交换同时达到均衡。如果在交换埃奇沃斯盒形图为 $OX_PE_PY_P$ 选择交换契约线上另外一点，使得 $MRS_{XY}<MRPT_{XY}$，生产的一般均衡点会沿着转换曲线向左上方移动，直到形成新的生产和交换的一般均衡。而 $MRS_{XY}=MRPT_{XY}$ 是生产和交换同时实现一般均衡的必要条件。

综上所述，在资源总量既定，技术条件不变的情况下，若掌握了所有消费者的效用函数和厂商的生产函数，社会就有可能对资源配置和产品分配的方案不断调整，直到生产者产量最大化和消费者效用最大化。而调整的结果必然满足条件 $MRS_{XY}=MRPT_{XY}$，即消费者对 X、Y 产品的主观替代意愿和 X、Y 产品的客观转换能力相等。从生产和交换的一般均衡模型中我们可以得到一个推论：生产的产品组合必须体现出消费者的偏好，生产和交换才可以同时实现一般均衡。

9.2 福利经济学

9.2.1 福利经济学概述

福利经济学是基于既定的资源配置和国民收入分配的前提下研究一个国家实现最大的社会经济福利的必要条件和政策措施，由于对于最大经济福利缺乏确定的主观标准，因此对福利经济学的研究属于规范研究。

经济学家庇古(A. C. Pigou)是旧福利经济学的创始人，他在 1920 年出版的《福利经济学》一书中界定了对福利衡量的标准。庇古将国民分为富裕者和贫困者，认为：第一，凡不减少贫困者收入而提高了生产资源的配置效率将改进社会福利;第二,不减少国民收入而使收入分配更加公平也将改进社会福利。

第一个衡量标准是针对经济增长伴随贫富差距拉大的社会。庇古认为,即使一个经济系统国民收入有所提高,但是如果富者愈富,穷者愈穷的话,不能认为这个经济系统的社会福利改进了。国民收入提高只有在带动贫困者收入提高的基础上才能增进社会福利。

第二个衡量标准是建立于货币边际效用递减的基础上。随着收入不断增加,每增加一单位收入给消费者带来的满意度是不断下降的。为了提高整体国民效用,将富者的钱向贫者转移是必由之路。但是第二个衡量标准也暗含着一个推论:如果收入从富者转移到穷者而导致国民收入减少,则社会福利是提高还是降低则无法判断。

为了区分私人福利和社会福利,庇古将经济行为对私人和社会产生的不同影响区分开来。他将追加一单位生产要素投入带来的收益称为"边际私人纯收益",把该单位投入给社会带来的纯收益称为"边际社会纯收益"。边际私人纯收益和边际社会纯收益往往是不一致的。社会福利要达到最优化必须使每个要素的使用达到各自边际社会纯收益均相等。对于边际社会纯收益低于边际私人纯收益的要素投入行为,庇古认为可以采用课税的方式进行限制;对于边际社会纯收益高于边际私人纯收益的要素投入行为,可以采用补贴的方式进行鼓励。

后来的经济学家对庇古的福利经济学进行了批评。对于收入平均问题,他们认为如果收入不平均是由要素生产力的差异造成,而不是剥削造成的,那么鼓励富人的钱向穷人转移反而会阻碍效率。而且庇古的福利经济学是基于基数效用理论上的,不同消费者之间心理感受无法比较,因此总效用的叠加也过于主观。

9.2.2 新福利经济学概述

由于庇古的福利经济学存在若干缺陷,意大利经济学家帕累托(Vilfredo Pareto)提出新的标准来衡量社会福利。他避开了分配问题,以效率为唯一目标,被称为新福利经济学。帕累托认为在其他条件不变的情况下,若经济社会中任何资源配置的改变都无法让在没有人福利恶化的情况下使其他人的福利提高,这就标志着社会经济福利达到了最大化的状态,经济学家们把这种状态称为"帕累托最优"(Pareto Optimum)。同理,在其他条件不变的情况下,如果某一经济变动改善了一些人的状况,同时又不使一些人蒙受损失,这个变动就增进了社会福利,称为"帕累托改进"。

假如原来甲有一个苹果,乙有一个梨,他们是否就是帕累托最优呢?这取决于甲乙二人对苹果和梨的喜欢程度,如果甲喜欢苹果大于梨,乙喜欢梨大于苹果,这样就已经达到了最满意的结果,也就已经是"帕累托最优"了。如果是甲喜欢梨大于苹果,乙喜欢苹果大于梨,甲乙之间可以进行交换,交换后的甲乙的效用都有所增加,这就是"帕累托改进"。我国经济学家盛洪在其所著的《满意即最佳》里说过一句话:"一个简单的标准就是,看这项交易是否双方同意,双方是否对交易结果感到满意。"如果是谁也不愿意改变的状态,就已经是"帕累托最优"了。

前文中我们在探讨交换的一般均衡时,契约曲线的轨迹也可以理解为各个消费者追求"在不损坏对方效用的情况下使自己的福利最大化"而得到的。因此,交换契约曲线必然满足帕累托最优。同理,我们可以从生产的契约曲线中找到生产的帕累托最优,还可以从转换曲线中的交换契约曲线找到生产和交换的帕累托最优。毫无疑问,这三个帕累托最优的条件就分别是各个消费者的边际替代率相等,各个产品的边际技术替代率相等,边际替代率与边际转换率相等。

那么什么样的社会可以达到帕累托最优呢?微观经济学有一个结论:在完全竞争的产品市场和要素市场上,若规模报酬不变,没有外部经济或不经济的影响,则可以满足帕累托最优的三个条件。下面来证明这个结论。

先看第一个条件。在消费者理论的序数理论中,我们得出结论:只有当无差异曲线同预算线相切时消费者效用最大化。由于无差异曲线的斜率边际替代率 MRS_{XY} 可以表示为 MU_X/MU_Y,而预算线斜率的绝对值可以用产品市场价格比 P_X/P_Y 表示,那么消费者实现均衡时,满足 $MU_X/MU_Y=P_X/P_Y$。完全竞争市场不存在价格歧视,那么对于 A、B 两个消费者而言,他们都可以用 P_X 买到 X 产品,用 P_Y 买到 Y 产品,因此

$$MRS_{XY}^{A}=(MU_X/MU_Y)_A=(P_X/P_Y)_A=(P_X/P_Y)_B=(MU_X/MU_Y)_B=MRS_{XY}^{B}$$

再来看第二个条件。在生产者理论中,我们有结论:只有当等产量线和等成本线相切时生产者产量最大化。由于等产量线的斜率边际技术替代率 $MRTS_{LK}$ 可以表示为 MP_L/MP_K;而等成本线斜率的绝对值可以用要素市场价格比 P_L/P_K 表示,那么厂商要实现生产者均衡时,满足 $MP_L/MP_K=P_L/P_K$。由于要素市场也是完全竞争的,所有生产者面对同样的要素价格,即使 X 和 Y 分别是两个厂商生产,他们的采购价格也相同。对于 X 和 Y 两个产品而言,此时的均衡可以描述为

$$MRTS_{LK}^{X}=(MP_L/MP_K)_X=(P_L/P_K)_X=(P_L/P_K)_Y=(MP_L/MP_K)_Y=MRTS_{LK}^{Y}$$

至于最后一个条件,我们先要用另外一种形式来代替边际转换率。边际转换率即产品的机会成本,实际上就是两种产品边际成本的比率。假设多生产1单位 X 产品,必须放弃2单位 Y 产品,即1单位 X 产品的机会成本为2单位 Y 产品,同时也可以得到2单位 Y 产品的机会成本是1单位 X 产品。根据边际成本的定义,X 产品的边际成本也为2单位 Y,而 Y 产品的边际成本为0.5单位 X。我们用 Y 来表示 X,那么 X 与 Y 的边际成本比为 $2Y/Y=2$;用 X 来表示 Y,结果也一样,$X/0.5X=2$。因此,边际转化率 $MRPT_{XY}=MC_X/MC_Y$。而 $MRS_{XY}=MU_X/MU_Y$。完全竞争市场上,厂商均衡需要满足 $P=MR=MC$,因此满足条件:

$$MRS_{XY}=MC_X/MC_Y=P_X/P_Y=MRPT_{XY}$$

综上所述,完全竞争市场满足帕累托最优的三个条件,即交换和生产的一般均衡条件。根据帕累托最优的定义,完全竞争厂商在实现个人利润最大化的同时,实现了社会福利的最优化。因此"看不见的手"正是通过完全竞争这种市场类型达到市场和社会的效率。

案例9-1 汽油价格与汽车市场

如果市场对某几种产品的需求相互影响,可能出现什么情况呢?其中一种情形就是,导致一种产品价格发生变化的因素,将同时影响对另一种产品的需求。例如,在20世纪70年代,美国的汽油价格上升,这一变化马上对小型汽车的需求产生了影响。

回顾20世纪70年代,美国市场的汽油价格两次上升,第一次发生在1973年,当时石油输出国组织切断了对美国的石油输出;第二次是在1979年,由于伊朗国王被推翻而导致该

国石油供应瘫痪。经过这两次事件，美国的汽油价格从 1973 年的每加仑 1.27 美元猛增至 1981 年的每加仑 1.40 美元。作为“轮子上的国家”，石油价格急剧上升当然不是一件小事，美国人面临一个严峻的节省汽油的问题。

既然公司和住宅的距离不可能缩短，人们只好继续奔波于两地之间。美国人找到的解决办法之一就是在放弃自己的旧车、购置新车的时候选择较小型的汽车，这样每加仑汽油就可以多跑一段距离。

分析家们根据汽车的大小来分类确定其销售额。就在第一次汽油价格上升之后，每年大约出售 250 万辆大型汽车、280 万辆中型汽车和 230 万辆小型汽车。到了 1985 年，这三种汽车的销售比例出现明显变化，当年售出 150 万辆大型汽车、220 万辆中型汽车和 370 万辆小型汽车。由此可见，大型汽车的销售自 20 世纪 70 年代以来迅速下降；反过来，小型汽车的销售却持续攀升，只有中型汽车勉强维持了原有水平。

对于任何产品的需求曲线均假设其互补产品的价格保持不变。以汽车为例，它的互补产品之一就是汽油。汽油价格上升导致小型汽车的需求曲线向右移动，与此同时大型汽车的需求曲线向左移动。造成这种变化的原因是显而易见的。假设你每年需要驾驶 15 000 英里，每加仑汽油可供一辆大型汽车行驶 15 英里，如果是一辆小型汽车就可以行驶 30 英里。这就是说如果你坚持选择大型汽车，每年你必须购买 1 000 加仑汽油；如果你满足于小型汽车，你只需购买一半的汽油，也就是 500 加仑就够了。当汽油价格处于 1981 年的最高点，即每加仑 1.40 美元的时候，选择小型汽车意味着每年可以节省 700 美元。即便你曾经是大型汽车的拥护者，在这种情况下，在每年 700 美元的数字面前，难道你就不觉得有必要重新考虑一下小型汽车的好处吗？

思考题：

汽油价格上涨时，考虑小型汽车对个人福利的改善有怎样的帮助？

案例 9-2　阿罗不可能定理——少数服从多数原则的局限性

在我们的心目中，选举的意义恐怕就在于大家根据多数票原则，通过投票推举出最受我们爱戴或信赖的人。然而，通过选举能否达到这个目的呢？1972 年诺贝尔经济学奖获得者、美国经济学家阿罗采用数学中的公理化方法，于 1951 年深入研究了这个问题，并得出在大多数情况下是否定的结论，这就是大名鼎鼎的“阿罗不可能定理”。“阿罗不可能定理”是指在一般情况下，要从已知的各种个人偏好顺序中推导出统一的社会偏好顺序是不可能的。我们对此加以证明。

假定有张三、李四、王五三个人，他们为自己最喜欢的明星发生了争执，他们在刘德华、张学友、郭富城三人谁更受观众欢迎的问题上争执不下，张三排的顺序是刘德华、张学友、郭富城，李四排的顺序是张学友、郭富城、刘德华，王五排的顺序是郭富城、刘德华、张学友。到底谁更受欢迎呢？没有一个大家都认可的结果。如果规定每人只投一票，三个明星将各得一票，无法分出胜负，如果将改为对每两个明星都采取三人投票然后依据少数服从多数的原则决定次序，结果又会怎样呢？

首先看对刘德华和张学友的评价，由于张三和王五都把刘德华放在张学友的前面，两人都会选择刘德华而放弃张学友，只有李四认为张学友的魅力大于刘德华，根据少数服从多数的原则，第一轮刘德华以二比一胜出。再看对张学友和郭富城的评价，张三和李四都认为应把张学友放在郭富城的前面，只有王五一人投郭富城的票。在第二轮角逐中，自然是张学友胜出。接着再来看对刘德华和郭富城的评价，李四和王五都认为还是郭富城更棒，只有张三认为应该把刘德华放在前面，第三轮当然是郭富城获胜。

通过这三轮投票，我们发现对刘德华的评价大于张学友，对张学友的评价大于郭富城，而对郭富城的评价又大于刘德华，很明显我们陷入了一个循环的境地，这就是"投票悖论"。也就是说不管采用何种游戏规则，都无法通过投票得出符合游戏规则的结果。如果世界上仅限于选明星的事情就好办多了，问题在于一些关系到国家命运的事情的决定上也往往会出现上述的"投票悖论"问题。对此很多人进行了探讨，但都没有拿出更有说服力的办法。

在所有人为寻找"最优公共选择原则"奔忙而无所获的时候，美国经济学家阿罗经过苦心研究，在1951年出版的《社会选择与个人价值》中提出他的不可能定理，并为此获得了1972年诺贝尔经济学奖。"阿罗不可能定理"的意思是："只要给出几个选择者都必然会接受的前提条件，在这些前提条件的规定下，人们在一般或普遍意义上不可能找到一套规则（或程序）在个人选择顺序基础上推导出来。"由此进一步推出，在一般或普遍意义上，无法找到能保证所有选择者福利只会增加不会受损的社会状态。

阿罗所说的几个选择者必然接受的条件是：① 广泛性，至少有三个或三个以上的被选方案，以供选择者选择；② 一致性，即一定的社会选择顺序以一定的个人选择为基础，但必须符合公众的一致偏好；③ 独立性，不相关的方案具有独立性；④ 独立主权原则，对备选方案的选择和确定应由公民完全依据个人的喜好而定，不能由社会强加；⑤ 非独裁性，不能让每一个人的喜好决定整个社会对备选方案的排序顺序，应坚持自由和民主的原则。

阿罗认为上述五个相互独立的条件每一个都是必要的，但是要构造能同时满足这些条件的社会福利函数是不可能的。导致不可能的原因在于1～5个条件之间存在相互矛盾，因此不可能达到完全一致。他从中得出了一个似乎不可思议的结论：没有任何解决办法能够摆脱"投票悖论"的阴影，在从个人偏好过渡到社会偏好时，能使社会偏好得到满足，又能代表广泛的个人偏好这样一种排序方法，只有强制与独裁。这样寻找合理的社会选择机制的努力就几乎陷入了困境。

"阿罗不可能定理"打破了一些被人们认为是真理的观点，也让我们对公共选择和民主制度有了新的认识。因为我们所推崇的"少数服从多数"的社会选择方式不能满足"阿罗五个条件"，如市场存在着失灵一样，对公共选择原则也会导致民主的失效。因此多数票原则的合理性是有限度的。

思考题：

"阿罗不可能定理"对你有怎样的启发？

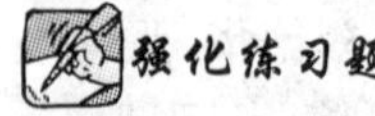

强化练习题

单项选择题

1. 下列不属于瓦尔拉斯一般均衡模型的基本假定的是（　　）。

A. 所有商品市场和要素市场均为完全竞争市场

B. 整个经济有n个消费者，每个消费者都是商品的需求者和要素的供给者

C. 消费者的效用函数以及生产者的生产函数均会发生变化

D. 整个经济有n个生产者，每个生产者都是商品的供求者和要素的需求者

2. 实证经济学是（　　）。

A. 以一定的价值判断为前提

B. 回答"是什么"的问题

C. 回答"应该是什么"的问题

D. 所得出的结论不具有客观性,无法通过客观事实进行检验

3. 下列说法中正确的是(　　)。

A. 契约曲线的得名是由于它是所有可能的契约之轨迹

B. 为了达到帕累托最优状态,必须使任何使用某两投入要素的两厂商的该两要素的边际技术替代率相等,即使这两个厂商生产的产品很不相同

C. 以埃奇沃斯盒状图中某一初始禀赋开始,如果通过讨价还价达到的自由交易契约是符合帕累托最优状态所要求的,那么该交换契约可以位于契约的任何地方

D. 对于福利极大化来说,完全竞争长期一般均衡既是必要的,又是充分的

4. 在两个人(甲和乙)、两种商品(X 和 Y)的经济中,达到交换的全面均衡的条件为(　　)。

A. 对甲和乙,$MRT_{XY}=MRS_{XY}$　　B. 对甲和乙,$MRS_{XY}=P_X/P_Y$

C. (MRS_{XY})甲$=(MRS_{XY})$乙　　D. 上述所有条件

5. 如果对于消费者甲来说,以商品 X 替代商品 Y 的边际替代率等于 3;对于消费者乙来说,以商品 X 替代商品 Y 的边际替代率等于 2,那么有可能发生下述情况(　　)。

A. 乙用 X 向甲交换 Y　　B. 乙用 Y 向甲交换 X

C. 甲和乙不会交换商品　　D. 以上均不正确

6. 在两种商品(X 和 Y)、两种生产要素(L 和 K)的经济中,达到生产全面均衡的条件为(　　)。

A. $MRTS_{LK}=P_L/P_K$　　B. $MRTS_{LK}=MRS_{XY}$

C. $MRT_{XY}=MRS_{XY}$　　D. $(MRTS_{LK})_X=(MRTS_{LK})_Y$

7. 生产契约曲线上的点表示生产者(　　)。

A. 获得了最大利润　　B. 支出成本最小

C. 通过生产要素的重新配置提高了总产量　　D. 以上均正确

8. 转换曲线是从(　　)导出的。

A. 消费契约曲线　　B. 效用可能性曲线　　C. 社会福利曲线　　D. 生产契约曲线

9. 导出下列(　　)必须作出道德的或价值的判断。

A. 转换曲线　　B. 消费契约曲线　　C. 社会福利曲线　　D. 效用可能性边界

10. 一个社会要达到最高的经济效益,得到最大的经济福利,进入帕累托最优状态,必须(　　)。

A. 满足交换的边际条件:$MRSA_{XY}=MRSB_{XY}$

B. 满足生产的边际条件:$(MRTS_{LK})_X=(MRTS_{LK})_Y$

C. 满足替代的边际条件:$MRT_{XY}=MRS_{XY}$

D. 同时满足上述三个条件

*第10章　市场失灵和微观经济政策

本章学习目标

- 掌握市场失灵及其原因；
- 了解外部性与市场失灵；
- 掌握公共物品与市场失灵；
- 了解信息不对称与市场失灵。

上一章讨论到完全竞争市场可以实现对资源的最佳配置，实现帕累托最优。然而现实经济与这种理论假设相去甚远，由于种种原因，"看不见的手"无法实现市场经济的高效率。

10.1　市场失灵及其原因

有时候市场机制(即价格调节市场的机制)不能实现资源的有效配置，或者说市场机制造成资源的配置失当，我们把这种情况称为市场失灵(Market Failure)。那么有哪些因素可能导致市场失灵？我们有方法应对吗？微观经济学中一般认为形成市场失灵的主要原因有：

(1) 市场中存在垄断因素，阻碍了生产要素的自由流动，从而影响资源配置的效率。

(2) 市场存在外部性，往往影响个体行为，从而影响市场效率。

(3) 市场无法提供公共物品。

(4) 由于存在信息不对称，市场无法有效运转。

10.2　垄断与应对政策

垄断、寡头和寡头竞争市场都具有垄断因素，它们对市场经济的有效性形成威胁。由于生产要素的流动受到限制，均衡产量将低于社会最优产量，而均衡价格则要高于社会最优产量对应的价格。在不完全竞争市场中，垄断市场无疑是产量最低，价格最高，也是资源配置与效率配置相差最远的产业组织。下面将以垄断市场为例，讨论如何克服这种低效率的市场状况。

第7章中曾探讨了垄断的利弊得失。关于对哪些垄断应当制约，学界的看法存在差异，但是在某些问题上可以达成一致：对于不同原因造成的垄断，我们应该区别对待。自然垄断原因造成的垄断经营是必要的；但是对于本身是竞争性产品的市场，垄断经营是应当制约的。

反垄断是通过反托拉斯法实现的。19世纪末,美国第一个开始制定和实施反托拉斯法,主要针对由于传统法律壁垒或者资源壁垒而造成的垄断,包括:禁止企业串谋分割市场;禁止企业参与排外性协定;禁止为削弱竞争而形成的合并……世界上的其他国家也相继出台相关反垄断法,主要打击传统法律壁垒和资源壁垒造成的垄断。我国于2008年8月1日也开始实施反垄断法。

【经济学小贴士10-1】 世界各国反垄断立法概况

反垄断法目前在我国还是一种全新的法律制度。但美国早在一百多年前就已经颁布了这种法律。1865年美国南北战争结束后,随着全国铁路网的建立和扩大,原来地方性和区域性的市场迅速融为全国统一的大市场。大市场的建立一方面推动了美国经济的迅速发展;另一方面也推动了垄断组织即托拉斯的产生和发展。1879年美孚石油公司即美国石油业第一个托拉斯的建立,标志着美国历史上第一次企业兼并浪潮的开始,托拉斯从此在美国成为不受控制的经济势力。过度的经济集中不仅使社会中下层人士饱受垄断组织滥用市场势力之苦,而且也使市场普遍失去了活力。在这种背景下,美国在19世纪80年代爆发了抵制托拉斯的大规模群众运动,这种反垄断思潮导致1890年《谢尔曼法》(Sherman Act)的诞生。《谢尔曼法》是世界上最早的反垄断法,从而也被称为世界各国反垄断法之母。美国最高法院在其一个判决中指出了《谢尔曼法》的意义,即"《谢尔曼法》依据的前提是,自由竞争将产生最经济的资源配置,最低的价格,最高的质量和最大的物质进步,同时创造一个有助于维护民主的政治和社会制度的环境"。

从《谢尔曼法》问世到第二次世界大战结束,这期间除美国在1914年颁布了《克莱顿法》和《联邦贸易委员会法》作为对《谢尔曼法》的补充外,其他国家的反垄断立法几乎是空白。然而,第二次世界大战一结束,形势产生了很大的变化。首先,在美国的督促和引导下,日本在1947年颁布了《禁止私人垄断和确保公正交易法》,德国于1957年颁布了《反对限制竞争法》。1958年生效的《欧洲经济共同体条约》第85条至第90条是欧共体重要的竞争规则。此外,欧共体理事会1989年还颁布了《欧共体企业合并控制条例》,把控制企业合并作为欧共体竞争法的重要内容。意大利在1990年颁布了《反垄断法》,它是发达市场经济国家中颁布反垄断法最晚的国家。现在,经济合作与发展组织(OECD)的所有成员国都有反垄断法。

发展中国家反垄断立法的步伐比较缓慢。直到20世纪80年代后期,尽管有联合国大会的号召,联合国贸发会还就管制限制性商业实践提供了技术援助,但是颁布了反垄断法的发展中国家仍然不足12个,它们包括亚洲的韩国、印度、巴基斯坦和斯里兰卡。发展中国家当时对反垄断法普遍不感兴趣的主要原因是,这些国家的许多产业部门或者主要产业部门是由国有企业经营的。为了维护国有企业的利益,国家自然会在这些部门排除竞争。此外,当时所有的社会主义国家实行计划经济体制,不允许企业间开展竞争,这些国家自然也没有制定反垄断法的必要性。我国也是这种情况。因为我国当时认为计划经济是最好的经济制度,把竞争视为资本主义制度下的生产无政府状态,认为竞争对社会生产力会造成严重的浪费和破坏,我国当时也完全不可能建立一种崇尚竞争和反对垄断的法律制度。

20世纪80年代后期以来,随着世界各国经济政策总的导向是民营化、减少政府行政干预和反垄断,各国反垄断立法的步伐大大加快。这一方面表现在亚洲、非洲和拉丁美洲的许多发展中国家纷纷制定或者强化了它们的反垄断法,另一方面表现在前苏联和东欧集团的国家也都积极进行这方面的立法。到1991年，中欧和东欧地区的绝大多数国家包括保加利亚、罗马尼亚、克罗地亚、爱沙尼亚、哈萨克斯坦、立陶宛、波兰、俄罗斯、匈牙利等都颁布了反垄断法。近年来，随着这些地区的许多国家积极申请加入欧盟，它们又都根据欧共体竞争法进一步强化了自己的反垄断法。据统计，世界上目前颁布了反垄断法的国家有84个。发展中国家以及前苏联和东欧国家现在之所以积极制定和颁布反垄断法，主要原因是国有垄断企业的经济效益普遍不能令人满意。因此，除了一些特殊的行业，这些国家都已经开始在原先国家垄断经营的部门注入了私人经济，甚至在电信、电力、煤气等传统上被视为自然垄断的行业引入了竞争机制。现在，世界各国都已经普遍地认识到，垄断不仅会损害企业的效率，损害消费者的利益，而且还会遏制一个国家或者民族的竞争精神，而这种竞争精神才是一个国家经济和技术发展的真正动力。

前面曾说过，对于自然垄断的行业我们认为它的存在是必要的。可是垄断所造成的消费者福利的下降和交换的低效率可否得到改善呢？答案是肯定的。

如图10-1，由于垄断厂商具有规模经济优势，因此厂商的平均成本一直递减，厂商的边际成本曲线也不断向右下方倾斜，且边际成本曲线在平均成本的下面。垄断厂商的均衡产量为OM_1，定价OP_1。正如前面所述，这显然是个高价格低产量的均衡，消费者的福利无法得到保障。假如对垄断厂商进行管制，采用价格等于边际成本的定价，那么产量将为OM_2，市场均衡价格为OP_2。这样市场价格降低，而产量提高，消费者的福利有所提高。可是由于平均成本AC高于市场价格，厂商生产多少亏损多少，在长期中没有激励继续生产。考虑到自然垄断有利于发挥规模经济优势，于是政府不得不对垄断厂商予以补贴，而补贴的费用还得从消费者处征税。

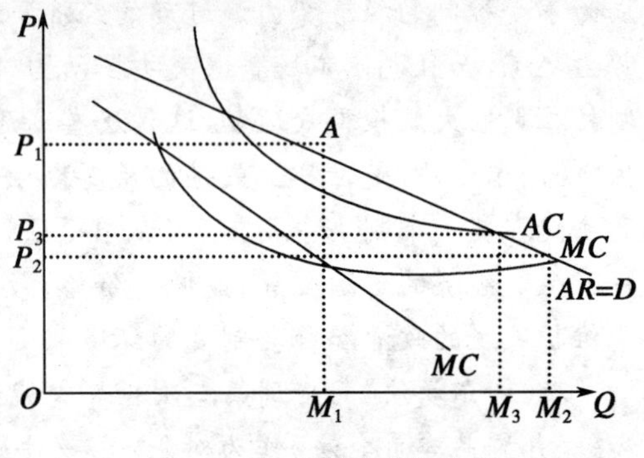

图10-1 自然垄断与定价

其实政府往往采用另外一种定价模式，即按平均成本定价。在图10-1中，按平均成本定价法厂商确定的产量为OM_3，对应的市场价格为OP_3。厂商在这种定价模式下不盈不亏，可以赚取正常利润。可是由于AC定价下的均衡价格比竞争市场价格要高，而且相应产量要低，因此厂商可以在这种约束定价模式下采用价格歧视。如西方自来水公司按居民用水量的多少索取不同的价格，用的少定价高，用的多定价低。这就是前面曾介绍的二级价格歧视。厂商也可以采用三级价格歧视，如国内的电力公司按照早晚消费者对电力需求弹性的差异，分别收取不同的费用。

10.3 外部性与经济政策

当你在家用无线路由器上网的时候，你的邻居也可以免费蹭网；当化工厂在生产经营的时候，它可能向大自然排放废气、废水而免受罚款……这种情况在生活中比比皆是。都是一个经济主体的活动使他人收益（或者受害），而自己并没有相应获得利益（惩罚）。我们把这类经济行为称为外部性，有时又称为溢出效应。前者称为正外部性或外部经济，而后者称为负外部性或外部不经济。外部经济又分为消费的外部经济和生产的外部经济。例如蹭网就是消费的外部经济,而提供教育就是生产的外部经济。外部不经济又分为消费的外部不经济和生产的外部不经济。例如某人在深更半夜大声唱卡拉 OK 就是消费的外部不经济,化工厂排放污水就是生产的外部不经济。

无论是外部经济还是外部不经济,无论是生产方面的外部性还是消费方面的外部性,即使在完全竞争的条件下,最终都将造成资源配置失当,不能实现帕雷托最优状态。下面将分别讨论外部性对经济的扭曲。

10.3.1　消费的外部经济和生产的外部经济

在蹭网的例子中,对无线路由器的需求分别可以用图 10－2(a)中的私人价值曲线和生产边际成本曲线表示。对于无线路由器的需求者而言,无线路由器的购买决定取决于对无线路由器功能的偏好和市场价格。当市场供求相等时,均衡购买量和均衡价格分别为 OQ_1 和 OP_1。可是由于无线路由器本身具有正外部性,从而无线路由器实际受益的人数多于它的支付者人数,因此无线路由器的社会价值将高于它的私人价值。搭便车的可能性减少了无线路由器的销量,生产者的收益低于社会福利最大化时应有的收益。实现社会福利最大化的均衡则是无线路由器的社会价值和供给曲线的交点,对应的价格和产量分别为 OP_2 和 OQ_2。从生产者的角度来看,这种变动无疑提高了福利;然而对于消费者而言,这种变动却恶化了福利。由于 $OP_2>OP_1$,消费者需要支付更多才能获得原来的产品。那么只有单价为 OP_2-OP_1 的福利被补贴,整个变动才满足帕累托改进的要求。在实际操作中,这种福利的补贴是由社会支付的,这种支付的来源从理论上则是来自于搭便车者。

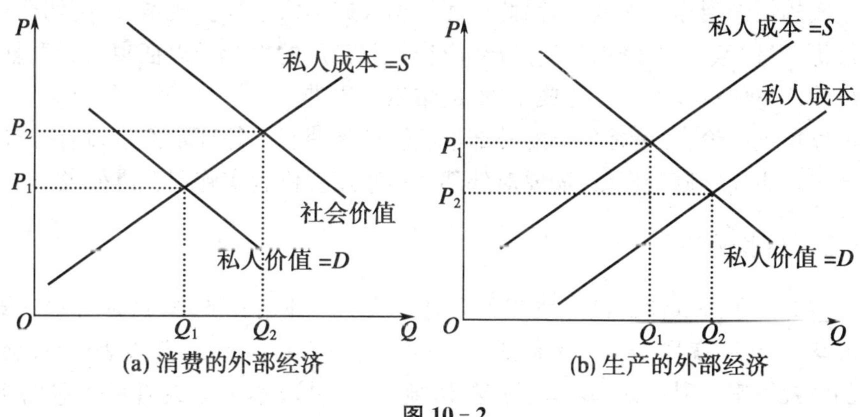

图 10－2

下面再来看看教育的提供。对于教育者而言,由于本身具有生产的外部经济,教育的社会成本小于私人成本,因此社会福利最大化的招生人数 OQ_2 高于私人的招生人数 OQ_1。在这种情况下,如果政府补贴高校,每招一个学生政府都发放一定费用,那么供给曲线将向下移动,且移动量为补贴量,招生人数将增加。由于教育外溢效应的受益者是整个社会,因此补贴的来源可以面对全社会通过征税的方式取得。如果补贴准确,那么社会福利则实现了帕累托改进。

可见,无论是消费的外部经济还是生产的外部经济,均衡产出均低于社会最优产出。若要均衡交易量提高,需要对外部性直接提供者进行补贴。

10.3.2 消费的外部不经济和生产的外部不经济

图 10-3(a)可以看作是对“半夜唱卡拉 OK”的经济分析。对于唱歌者而言，唱歌可以提高其效用，其对唱歌的需求函数可由私人价值曲线体现。而由于“半夜唱卡拉 OK”会打扰邻居休息，对他们造成负效用，因此社会价值低于私人价值。在卡拉 OK 收费既定的情况下，消费的均衡量(以时间来表示)确定在 OQ_1，社会最优消费时间确定在 OQ_2，低于均衡消费时间。因此，如果对“半夜唱卡拉 OK”的消费者予以罚款或者要求征税，且金额相当于私人价值曲线向社会价值曲线之间的垂直距离，社会福利方可达到最优化。

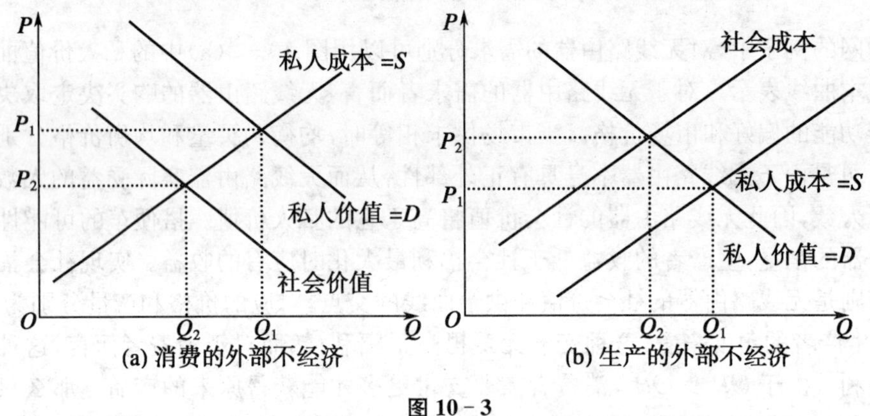

图 10-3

同理，图 10-3(b)可以看作是描述化工厂排放污水的生产的外部不经济。由于没将对水源污染造成的损失当作私人成本，因此厂商的私人成本低于社会成本，厂商均衡产量 OQ_1 高于社会最优产量 OQ_2。为降低厂商产出，应当对化工厂的生产予以征税或者罚款，且纳税的数额足以使厂商成本提高至社会成本，形成帕累托改进。

同样可以得到结论，无论是生产的外部不经济还是消费的外部不经济，均衡产出均高于社会最优产出。想要抑制产出量，需要对外部性的直接提供者实施罚款或征税。

10.3.3 科斯定理

前文简单介绍了外部性的经济效应和应对方法——补贴和征税，这种方法又被称为将外部性内部化。之后，美国经济学家科斯(Ronald H. Coase)在 1960 年发表的《社会成本》中提出了新的解决方案。科斯认为：只要产权清晰，在交易成本为零或者可以忽略不计的情况下，外部性的提供者和接受者可以通过自愿谈判和交易的方式实现帕累托改进，而政府无需干预。我们将这种理论称为科斯定理。这里的产权指的是广义产权，即当事人被赋予的权利；而交易成本则是双方从开始协商到达成一致所要耗费的费用(包括时间、精力)。

下面以化工厂将排污作为生产的副产品为例来分析科斯定理。现在有两种办法解决这种生产的负外部性问题：一种是在工厂的排水管安装一个净化器，费用为 10 万元；另一种是给居住在下游的居民提供赔偿，使他们可以弥补损失，费用高于 10 万元。显然，第一种方法比较好，因为成本较低。无论是化工厂有排放污水的权利，还是下游居民有不受污水污染的权利，只要大家对这种界定一致同意，那么就形成产权清晰。化工厂和居民可以选择谈判，只要他们之间协商费用为零或者可以忽略不计，最终必然选择第一种方法解决这个问题。如果权利属于化工厂，下游居民会选择大家出钱给工厂安装一个净化器；如果权利属于居民，则净化器的费用得厂商自己来掏。但是如果协商的费用不为零，即使产权清晰也不可能使得资源得到合理配置。假定化工厂和下游居民的协商费用为 $W(W>0)$ 万元，那么买净化器的提议很可能会被搁浅，且搁浅的必要条件是赔偿费用低于 $(10+W)$ 万元。如果居民享有免受污染的权利，那么化工厂会选择赔偿[低于 $(10+W)$ 万元]而不是购买净化器[$(10+W)$ 万元]来冲抵下游居民的损失；如果规定化工厂有污染的权利，那么下游居民只好无条件默默忍受或者选择搬家。可见，当交易成本不为零时，即使产权明确，解决问题采用的方法也并不是最具效率的方法。

10.4　公共物品与经济政策

10.4.1　公共物品的界定与提供

以上分析的产品均是私人产品，“看不见的手”通过价格机制调整资源配置和产品分配以取得社会福利最大化。但是，生活中还存在着一些物品，如山川、河流、公园等，无需支付就可以得到它的消费权，这样市场也就失去了对这类物品调控的能力。

与私人物品相对，公共物品具有两个特点：一是它的非排他性，即任何一个人都无需支付就能获得该产品的使用，免费不是针对个别人，而是针对所有国民。非排他性使价格机制无能为力，从而导致市场失灵。二是它的非竞争性，即对公共物品的任何消费增加并不会影响其他人对此物品的消费。对于私人物品而言，如果你多消费一个单位，那么其他消费者必然少消费一个单位。换句话说，公共物品可以被重复消费，其被提供的边际成本为零。这样非竞争性赋予了公共物品的正外部性，也将导致市场失灵。

如上所述，无论具有非竞争性还是具有非排他性都将导致市场失灵，那么具有非竞争性但是同时具有排他性的物品以及具有非排他性但是具有竞争性的物品同样会导致市场失灵，这样的物品存在吗？如果存在它们分别是哪些具体物品呢？

我们根据物品是否具有排他性和物体是否具有竞争性，将所有物品分为四类。图 10-4 中，具有排他性和竞争性的物品为私人物品，如面包、衣服等；对立的具有非排他性和非竞争性的物品为公共物品，如国防、基础教育等；此外，具有排他性但是却具有非竞争性的物品被称为俱乐部物品，如宽带网络、会员服务等；具有竞争性却具有非排他性的物品被称为共有资源，如森林资源、石油矿藏等。

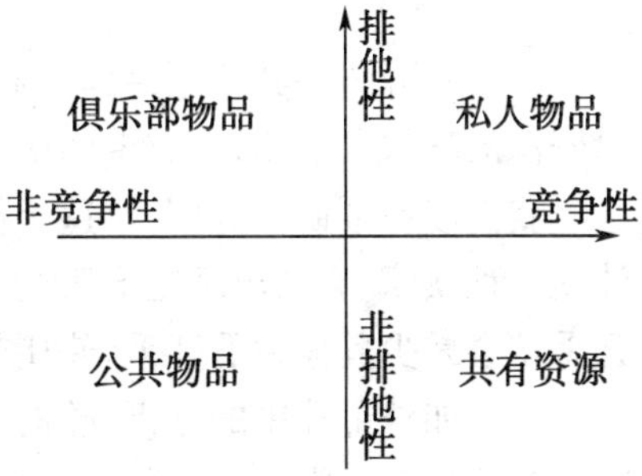

图 10-4　四种类型的物品

那么作为会产生市场失灵的公共物品又是如何解决的呢？下面以基础教育为例介绍对策。任何国家都设有基础教育，这是保障国民素质、保证国家发展的必由之路。如上所述，基础教育是免费的（排他性），而且具有“外溢效应”，势必会造成“免费搭车”现象。因此根据理性人的假设，私人对公共物品的供给往往太少甚至没有。可是基础教育又是一个国家或社会必需的。所以，基础教育的供给不得不由政府来提供。其实，不仅基础教育，国防、桥梁、高速公路等关系国计民生的公共物品都是由政府来提供的。

【经济学小贴士 10-2】 "搭便车者"一词的由来

"搭便车者"一词的英文是"free rider"，它来源于美国西部城市道奇城的一个故事。当时，美国西部到处是牧场，大多数人以放牧为生。在牧场露天圈养的大量马匹诱惑了一些人，于是出现了以偷盗马匹为业的盗马贼。在道奇城，盗马贼十分猖獗。为避免自己的马匹被盗，牧场主就联合组织了一支护马队伍，每个牧场主都必须派人参加护马队伍并支付一定的费用。但是，不久就有一部分牧场主退出了护马队，因为他们发现，即使自己不参加，只要护马队存在，他就可以免费享受别的牧场主给他带来的好处。这种个别退出的人就成了"free rider"(自由骑手)。后来，几乎所有人都想退出护马队伍而占集体的便宜。于是，护马队解散了，盗马贼又猖獗起来。后来，人们把这种为得到一种收益但避开为此支付成本的行为成为"搭便车"，这样的人称为"搭便车者"。

10.4.2 俱乐部物品和共有资源

前文已经提到，除了公共物品之外，俱乐部物品和共有资源也会造成市场失灵。那么它们是如何造成市场失灵的呢？我们又应该如何应对呢？

1. 俱乐部物品

首先来看俱乐部物品。这种物品之所以得名，是因为它与俱乐部里的东西一样。对于付费的成员来说，它就是公共物品，可以随意消费；而对于没有付费的成员来说就无法消费。由于这类物品也具有非竞争性，而且对于某一类人属于公共物品，因此又被称为"准公共物品"。

实际上公共物品和俱乐部物品可以相互转化，而且因人而异。比如政府提供的过江大桥，本来属于公共物品，但是为了收回投资，政府开始对过桥车辆收费，这样桥梁又转化为俱乐部物品。再如一个对有学生证的学生免费的收费公园，对于学生而言就是公共物品，对于其他人而言则是俱乐部物品。其实第7章中提及的自然垄断类物品大多属于俱乐部物品。关于应对自然垄断的定价措施已经介绍，这里不再叙述。

2. 共有资源

共有资源与公共物品一样具有非排他性，任何人都可以使用，正是这种性质扭曲了市场对资源的配置。然而，共有资源的竞争性使得并非它的提供而是它的使用成为主要问题。

我们以石油矿藏为例，对这个问题进行讨论。石油具有黑黄金之称，价值不菲。然而石油是一种禀赋，它的出现是上天的恩赐。于是开采石油的钻井数量与日俱增。每一个井的开采都会减少其他井的开采，使用带来的负外部性显而易见，因此钻井的社会利益小于私人利益。正如外部性中的分析，政府可以将外部性内部化，采用征税的方式减少开采。然而税收定在多少合适呢？负外部性的受害者人数怎么估量呢？当然也可以根据科斯定理，私人协商解决也是切实可行的。然而开采石油的低成本将导致难以计数的人前来开采，这样私人协商的交易成本就不小，私人的解决方法受到了约束。

实际上，面对石油矿藏的特征，政府往往采用管制的方法。如颁布法律，禁止私人开采石油，对开采石油的厂商进行限制。这种方法其实可以认为改变了物品的性质。石油矿藏本来是一种禀赋，使用它无需任何支付。如果法令限制民众对它的使用，就意味着矿藏收归国有，它的产权被重新界定了。一旦有了所有者，矿藏将不再具有非排他性，这样石油矿藏从公共物品向私人物品实现了转化，市场失灵的问题自然得到了解决。

10.5　信息不对称与经济政策

10.5.1　信息不完全和信息不对称

完全竞争市场有一个假设：市场的信息是畅通的，或者称为信息是完全的。在信息完全的前提下，买卖双方拥有充分作出正确决策的信息。卖方可以清楚地知道既定技术水平下每个消费者的偏好、每个劳动者的工作效率、每种生产要素的价格以及市场上的均衡价格；而买方可以清楚地知道每个产品的价格、每类产品的质量。这样，价格机制在协调资源配置中尽显优势。

而信息不对称指交易双方对有关信息的掌握程度有差异，即一方掌握的信息多些，一方掌握的信息少些。比如说卖方知道产品的质量，而买方无法分辨。可见信息不对称与信息不完全一样会影响买方或者卖方的决策，因此信息不对称将会引起市场失灵。根据信息不对称扭曲市场机制方式的不同，将分别制定不同的经济政策。

【经济学小贴士 10-3】　职业砍价人的出现

如果你还在为买东西时的讨价还价而苦恼的话，就去找我们的职业砍价人——邹诚挚吧，他可是大名鼎鼎的砍价高手，5 万元的钻戒他能砍到 2.3 万元，120 元的衣服他能砍到 90 元……如今的邹诚挚已经专门成立自己的砍价公司，干起了职业砍价人的行当。

邹诚挚用“突发灵感”来形容他成为职业砍价人的原因。以前，他曾经营过建材，干过化妆品、酒水饮料等生意。期间，他经常受朋友委托帮他们买东西，并给他们省了不少钱。多年飘忽不定的营销生活使他感到厌倦，于是有朋友就提醒他：“何不发挥你的砍价特长，做个职业砍价手吧。”

说做就做，邹诚挚先到商场外发宣传单，但大多数人不屑一顾，随手就扔掉了。几天的空手而归并没有令邹诚挚心灰意冷。一天，机会终于来了。一位女士想买件貂皮大衣，售价 17 000 元，她自己已经砍到了 9 800 元，她让邹诚挚再试试，并答应砍下价格的 30%就是他的佣金。接到电话的当天晚上，邹诚挚这个对服装一窍不通的年轻人先到图书城查看了貂皮的有关知识，咨询了经营服装生意的朋友。第二天，邹诚挚胸有成竹地到商场去“砍”了。经过 40 分钟的讨价还价，最终 4 800 元成交。

第一次的成功坚定了邹诚挚做职业砍价手的信心。凭着自己不懈的努力，邹诚挚作为中国职业砍价的先行者，名声越来越大，业务也越来越多。

邹诚挚曾对自己成功的秘诀进行了总结：首先，要抓住商家与客户的心理，搞心理战术。其次，要熟悉市场行情。最后，还要为客户提供除砍价之外的更周全的服务。

实际上，我们可以用经济学中信息不对称的理论来解释邹诚挚做职业砍价手的成功秘诀。商家与客户作为交易的双方，从对产品信息的掌握程度上看，商家占有优势。而处于信息劣势的顾客如果要取得较大的利益(如降低产品的价格)，就必须通过各种手段搜集信息，增加自己的信息量，以此来降低信息不对称的劣势。而现实生活中，每个人不可能全部掌握各种产品的所有信息，因此，他们利用掌握的较少的信息同处于信息优势的商家进行讨价还价，获取利益的机会不会太大。

邹诚挚是作为交易的第三方出现的，即充当了商家与客户中间人的角色。作为买方的代理人，他以前的经历和对特定专业知识的快速学习使他具有较强的信息优势，这既包括专业知识和买卖交易时的信息，也包括卖家的心理活动等信息，而这些信息是普通人所不具备的。正是这些信息优势，使邹诚挚作为交易的第三方在一定程度上降低了商家与客户交易双方信息不对称的程度，并最终取得了砍价的成功。

10.5.2 逆向选择与信号传递

当市场出现信息不对称的时候，占有信息优势的一方就有极力利用信息不对称对信息逆势的一方进行欺骗。那么长期中，信息逆势的一方必将发现被欺骗，从而退出市场，因此市场没有起到对资源的有效配置。这种情况称为逆向选择。

下面我们以经典的“柠檬市场”为例，看看信息不对称是如何扭曲资源配置的。消费者在二手车市场买车，有时发现合算，有时发现吃亏；但是在新车市场上却很少发现这个现象。之所以二手车市场上实际价值和消费者的期望有差距，是因为买者对二手车本身的信息知之甚少。大家可以通过观察汽车的品牌、型号、出厂日期、里程数、表面状况、保险期限等估计二手车的价值，可是许多潜在的毛病却不是一时能够分辨的。如果卖者故意不告诉你车的隐形缺陷，甚至通过伪装让消费者无法辨别质量，那么“柠檬市场”的前提条件就具备了。

假设市场上有两类二手车，一类是优质车，性能较好，另一类是劣质车，性能较差。优质车和劣质车各占市场一半。对卖主来说，优质车的成本为 2 万元，劣质车的成本为 1 万元。而买主愿意为优质车支付 2.5 万元，愿意为劣质车支付 1.5 万元。如果市场信息是对称的话，优质车会在 2 万元到 2.5 万元之间成交，劣质车会在 1 万元到 1.5 万元之间成交，双方都有剩余。但是现在市场信息不对称，消费者无法鉴别质量，于是只能按优质车和劣质车各占的比例制定期望价格。期望价格为$(2.5+1.5)/2=2$ 万元，等于优质车的成本，于是优质车就不会出现在市场。由于买方担心卖方欺骗，不愿意提高支付，结果卖方不得不对买方予以欺骗，以次充好，骗一笔算一笔。买者将劣质车购回后，发现上当，将继续降低对二手车的期望价格，于是更差的车出现在市场上……市场的有效性被破坏了。

那么对于逆向选择所导致的市场失灵我们有应对方法吗？试想一下，如果二手车市场卖者提供包退、包换、包修的承诺，那么情况会怎么样呢？显然，“三包”的承诺对于买者而言相当于吃了一颗定心丸，这种情况下卖者就无法以次充好，买者也愿意为优质车支付高价格。由于高额成本，劣质车卖家是不敢提出“三包”承诺的，因此优质车和劣质车被划分为不同市场，市场失灵被有效控制。

当然，“三包”承诺对于优质车买者而言也有成本。那么除了“三包”承诺，是否还有其他的经济政策可以解决逆向选择呢？其实我们只需注意观察“三包”承诺解决逆向选择的运行机制就可以找到答案。“三包”承诺其实给了买家更长的时间观察二手车性能。一次性交易的信息不对称随着“三包”承诺期限的延长而削弱，从而买家有更多的时间甄别质量并作出选择，于是市场价格高于买家评价的概率大大降低了。因此在二手车市场上，正是二手车的卖家通过向买家提供“三包”承诺，将自己出售的是优质车的信息传递给对方，买方才对市场重拾信心，市场恢复效率。因此我们可以得出结论：逆向选择问题可以从解决信息不对称入手。如果占信息优势的一方通过某种可观察到的行为将私人信息提供给信息劣势的一方，形成双方的信息对等，那么市场机制将重新运作。这种解决信息不对称的方式称为信号传递。

因此只要承载信号传递功能的经济政策就可以应对二手车市场上的逆向选择。假如政府通过提供补助等相关优惠政策鼓励二手车市场建立中介机构，代理销售二手车。中介具备鉴定二手车优劣的能力，并受二手车质量监督委员会的保护。这样中介就可以像一般市场上的经销商一样，通过赚取差价经营。而由于中介与二手车卖家各自独立，且受二手车质量监督委员会监督，从而买家对市场恢复信任。在这里，受质量监督委员会的官方监督与保护即向买家传递"诚信买卖"的信号。总之，无论何种信号传递，交易者都要付出额外成本，这就是交易双方为信息不对称所付出的代价。当然，付出这个代价远比放任逆向选择值得。

10.5.3　道德风险与经济政策

当医疗保险普及时，人们往往要求医生开些不必要的药品；当银行贷款不加过滤时，贷款银行经常难逃无法收回贷款的命运。显然，这些都是由于信息不对称而形成的市场扭曲。二手车市场的信息不对称产生于交易之前，无论买卖与否，买方和卖方对车子性能的了解情况都是有差异的。与逆向选择相区别的是，上述的扭曲是发生在交易协议成立之后。无论是在医疗保险市场还是在银行借贷市场，正是医疗保险合同或者借贷合同成立之后，信息不对称才开始形成。于是我们把协议中的参与者利用协议给其带来的信息优势而对其他参与者进行欺骗的行为，称为道德风险。

在医疗保险市场上，保险机构通过收取一定的保费为投保者的医疗支付买单。那么对于任何一个投保者而言，支付是确定的，即需支付一定的保费；而收益是不确定的，体现为购买药品的价值。作为可能的病人，是否需要某些药物，合同下的投保者比保险公司占据信息优势，因此多开一些不必要的药品、提高自己的福利便成为理性投保者的必然选择。而保险机构则是按投保者患病可能花费数额的期望值来收取保费，是建立在大数定律基础上的。一旦投保者多开药，那么保险机构在既定的保费下实际的赔偿额将会提高，从而亏损。由于过高的监督成本，对悖德现象进行监督只能得不偿失，因此道德风险的发生便不可避免了。

再来看看银行借贷市场。商业银行与借贷企业签订协议，将一定资金在某段时期的使用权交于借款企业，相应按照一定利率收取利息。对于借款企业而言，固定贷款利率意味着成本既定，那么提高收益的动力将使一部分借款企业投资于更高风险的项目，使银行的平均风险上升。一旦企业投资失败，乃至宣告破产，贷款银行将产生损失。由于在贷款协议鉴定之后，银行对借款企业的实际操作不得而知，处于信息的逆势一方，因此银行借贷市场的道德风险就产生了。

那么如何对道德风险的行为进行规避呢？在逆向选择中，我们往往采用信号传递的方法，因为它可以从根本上解决信息不对称。但是道德风险产生于协议之后，即道德风险的信息不对称是伴随着协议的产生而产生的，如果克服信息不对称，那么协议就无法进行下去。因此，治理道德风险的经济政策将会比较复杂。

案例 10-1　生活中的科斯定理

试想辛苦了一周后，周末的晚上你早早睡下，本来想把觉补个够，可是隔壁的电视音量却越开越大，迟迟没有调低。你终于耐不住了，冲出房门，对着隔壁的门猛敲一通……结果会如你所愿吗?

这种问题实在太普遍了,我们往往如何解决呢?实践告诉我们,跟邻居和颜悦色地商量比粗暴的争执往往结局更理想。然而,这并不是我们经济学中追寻的答案。

毫无疑问,隔壁噪音干扰是负外部性的典型例证。邻居看电视的时候根本没有考虑你是否在睡觉,也许你累了一周想早睡觉,而他只是忙了一天想休闲一下。你与他协商,他会告诉你时间还早。即使你的睡觉时间已经很晚,邻居的作息时间仍然有可能跟你有差异,你睡觉时间也许正是他的黄金时间。你抗议他的电视噪音,他也许会当你不存在。遇到这样的邻居,我们通常只有靠道德谴责和法律手段来捍卫自己的睡觉权利。那么这是我们解决问题的唯一的方法吗?解决负外部性时还有其他途径吗?

先来考虑一下什么结果对社会是有效的。社会计划者考虑两种可供选择的方法,要比较你的邻居从看电视中得到的利益和你忍受噪音骚扰的成本。如果利益超过成本,有效的做法就是让你的邻居看电视而让你在嘈杂声中慢慢煎熬。但如果成本超过利益,你的邻居就应该放弃看电视。

根据科斯定理,私人市场可以自己达到有效的结果。如何达到呢?你可以直接付给你的邻居一些报酬让他放弃看电视。如果你愿意支付的筹码大于邻居看电视得到的满足感,那么你就有机会睡觉了。

通过对价格的协商,你和你的邻居都可以达到有效率的结果。例如,假设邻居把他从看电视中得到的效用评价定位为 500 元,而你对周末睡眠的评价是 800 元。那么在这种情况下,你可以给你的邻居 600 元,让他放弃看电视,而你的邻居也必然乐意接受。双方的状况都比原来的好了,也达到了有效率的结果。

当然,你的邻居不愿意接受你所提供的任何价格也是有可能的。比如,你的邻居乐于享受,他从晚上看电视中得到的利益是 1 000 元,而你对睡眠的评价不变。在这种情况下,由于你的邻居不会接受任何低于 1 000 元以下的出价,而你也不可能提供任何高于 800 元以上的价格,最终还是谈不拢。在这种局面下,从整体上看,这种结果还是最有效率的。

到现在为止,我们的前提一直是你的邻居有权利在晚上看电视,放大声音。换句话说,除非你给你的邻居足够的钱让他放弃看电视,否则他就可以不理你。现在把前提换一下,就是你有权利在周末早早睡觉,不受邻居噪音的干扰,结果会怎样呢?

继续假设你的邻居从电视中的满足感价值 1 000 元,而你对周末睡眠的评价仍然是 800 元,你有权安然入睡。那么如果你的邻居付给你 900 元,请求你放弃优质睡眠,你没有理由不欣然接受吧?这样你跟你的邻居状况都变好了,也达到了效率的结果。

但是如果你的邻居的电视娱乐评价低于 800 元,那么他跟你也没什么可谈的了。最终他不得不放弃看电视,你可以安静地睡觉。这个也是个效率的结局,尽管没有额外的福利。

我们的讨论证明了最初的权利分配对市场达到效率结果的能力无关紧要,这就是科斯定理。但是权利的分配并不是与效率毫不相关,它决定了经济福利的分配。是你的邻居有权利看电视,还是你有权利睡觉不被邻居的电视声音骚扰,决定了最后的协商中谁是付钱的一方。但是这两种情况下,双方都可以相互协商解决外部性问题。

那么私人解决的方法是不是百试不爽呢?未必如此,因为有的时候利益各方会出现交易成本的问题。交易成本是各方在商定和遵守协议中所发生的成本。比如我们的例子中,你的邻居是个法国人,而你又不会法语,达成交易就需要一个翻译。而支付给这个翻译的费用就是交易成本。如果解决是否看电视问题额外的利益小于交易成本，那么你和你的邻居只得把问题搁置。

当然，双方的讨价还价也会造成无效率的结局。比如你只愿意给你的邻居 600 元，而你的邻居一定要 700 元才放弃看电视，虽然 700 元小于你对睡觉的评价，但是你感觉不爽，继续争执，那么这个无效率的结果也只好继续存在了。

因此，无论最初的权利分配给哪一方，产权一定要清晰。除此之外，交易成本必须为零或者可以忽略不计。换句话说，双方对权利交易价格的定价过程不会太复杂。你给邻居 600 元，他不会执著于 700 元才不看电视；你们可以请到便宜的律师或者根本不需要。只有产权清晰和交易成本足够小，两个条件同时成立，效率的结局才可能出现。

思考题：

举出一个解决外部性问题私人方法的例子。

案例 10-2　共有地的悲剧

设想生活在一个中世纪的小镇上。该镇的人从事很多经济活动，最重要的一种是养羊。镇上许多家庭都有自己的羊群，并出卖用来做衣服的羊毛谋生。

当我们的故事开始时，大部分时间羊在镇周围土地的草场上吃草，这块地称为镇中的共有地。没有一个家庭拥有土地。相反，镇里的居民集体拥有这块土地，所有的居民都允许在这块地的草场上放羊。集体所有权很好地发挥作用，因为土地很大，只要每个人合理利用他们良好的草场土地，草场还是可以再生的。允许居民放羊没有任何问题，大家都很幸福。

随着时光的流逝，镇上的人口在增加，镇上的羊群也在增加。由于土地是固定的，随着不断增长的消耗，土地开始失去自我养护的能力。最后，土地也变得寸草不生。由于共有地上没有了草，养羊不可能了，镇上繁荣的羊毛业消失了，许多家庭失去了生活来源。

什么原因造成了这个悲剧？为什么牧羊人让羊繁殖得如此之多，以至于亲手毁掉了自己的财源？原因是社会与私人激励不一致。避免草地破坏显然需要牧羊人的集体行动。如果可以的话，他们将会使羊群的繁殖维持在土地可以承受的数量。可是实际上没有一个家庭有减少自己羊群繁殖的激励，因为每个家庭只是社会的一小部分。

实际上，共有地悲剧的产生是外部性。当一个家庭的羊群在共有地上吃草时，降低了其他家庭可以得到的土地的质量。由于人们在决定自己有多少羊时并没有考虑这种负外部性，结果羊的数量越来越多。

如果预见到了这种悲剧，镇里有各种方法解决这个问题。① 控制家庭养羊的数量，通过对羊征税把外部性内在化；② 拍卖有限的牧羊许可证；③ 将土地分给各个家庭，每个家庭将自己分到的土地用栅栏圈起来，并使之免于过分放牧。17 世纪英国的圈地运动就是这个道理。

思考题：

假设 David 有一天抽奖中了两条好烟，宿舍里有三位烟友，而 David 是一个大方的人，有好东西都会和室友们分享。请用共有地理论分析，一根一根地发给大家抽和一次性平均分配给大家抽，这两种做法，David 应该采取哪种才可能使整体福利更大？为什么？

案例 10-3 文凭的价值

当你走出校门寻找工作的时候，你会发现用人单位对应届生的招聘条件千篇一律：文凭、资格证书、获奖情况等。有时候你可能很奇怪：一些跟英语毫无关系的岗位为什么也要求英语六级；一些跟专业搭不上的工作为什么还要专业本科学历……

其实这些问题运用信号传递理论就容易解释得多了。用人市场存在着信息不对称，每个应聘者对自己能力的了解都高于用人单位对自己的了解，因此在公司招聘人才时需要在一群人中进行筛选，如果不罗列条件，那么前来应聘者将络绎不绝。公司如果给每个应试者一点试用机会，加起来则需要大量时间。高额的机会成本使公司不得不在试用之前进行筛选。由于应届生没有工作经验，那么区分能力的信号传递机制只有依赖与能力高度相关的文凭等。罗列用人条件，其实就是要求应聘者提供相应的“信号”。通过这样的信号传递机制，可以率先在应聘者之中进行第一次筛选，再对满足要求的学生进行试用，这样机会成本就大大降低了。

因此，在人才市场上，文凭只是一个向用人单位传递能力的信号，只是一块敲门砖，试用后是否被录用，工作中是否被提拔，还得取决于实际能力。

思考题：

文凭有没有价值？体现在哪里？

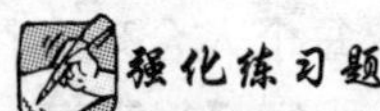

单项选择题

1. 市场失灵是指（　　）。

A. 市场价格机制的运行不再具有灵活性　B. 商品需求对价格变化的敏感程度下降

C. 市场对稀缺性资源配置的无效率　D. 收入分配不均

2. 垄断缺乏效率的经济学含义是（　　）。

A. 垄断厂商在平均成本曲线的上升部分进行生产

B. 消费者购买最后一单位商品得到的边际效用超过生产该商品的边际成本

C. 垄断厂商没有遵循边际收益等于边际成本的利润最大化原则

D. 垄断厂商的经济利润为零

3. 垄断厂商销售商品的价格（　　）。

A. 等于平均成本　B. 等于边际成本　C. 高于平均成本　D. 高于边际成本

4. 垄断厂商的产量（　　）。

A. 等于竞争产量　B. 大于竞争产量　C. 小于竞争产量　D. 以上都不对

5. 某人的行为给其他人带来经济利益，但其他人不为此利益支付费用，这种现象可以称为（　　）。

A. 公共物品　B. 搭便车　C. 外部经济　D. 外部不经济

6. 下列体现了外部不经济概念的说法是（　　）。

A. 连续下雨减少了小麦的产量　B. 小麦减产使农民收入下降

C. 吸烟有害于自身健康　D. 吸烟有害于他人健康

7. 经济活动具有外部经济性质的含义是（　　）。

A. 私人收益小于社会收益　B. 私人收益大于社会收益

C. 私人成本小于社会成本　D. 私人成本大于社会成本

8. 工厂排放的废水、废气、废料对社会产生的效应属于（　　）。

A. 生产的外部经济　　B. 生产的外部不经济
C. 消费的外部经济　　D. 消费的外部不经济

9. 个人乱扔生活垃圾对社会产生的效应属于(　　)。
A. 消费的外部经济　　B. 消费的外部不经济
C. 生产的外部经济　　D. 生产的外部不经济

10. 某生产活动存在外部经济性质时,其产量(　　)帕累托最优产量。
A. 大于　　B. 小于
C. 等于　　D. 大于、小于或者等于

11. 有关社会成本的正确说法是(　　)。
A. 与私人成本没有关系　　B. 包含私人成本
C. 不包含私人成本　　D. 以上都不正确

12. 社会边际成本指的是(　　)。
A. 不包含在私人边际成本中的边际成本
B. 包含在私人边际成本中的边际成本
C. 经济社会中所有人负担的全部边际成本
D. 经济社会中生活在贫困边缘的人负担的边际成本

13. 单个消费者进行决策的经济量是(　　)。
A. 社会成本和社会收益　　B. 私人成本和社会收益
C. 社会成本和私人收益　　D. 私人成本和私人收益

14. 从社会角度考虑效率的原则是(　　)。
A. 社会边际收益等于社会边际成本　　B. 社会边际收益等于私人边际成本
C. 私人边际收益等于私人边际成本　　D. 私人边际收益等于社会边际成本

15. 公共物品消费的性质是(　　)。
A. 非竞争性与非排他性　　B. 非竞争性与排他性
C. 竞争性与非排他性　　D. 竞争性与排他性

16. 消费物品非竞争性的含义是(　　)。
A. 只有一个消费者　　B. 只有一个生产者
C. 生产成本为零　　D. 增加一个消费者的边际成本为零

17. 消费物品非排他性的含义是(　　)。
A. 只有支付价格才能获得消费权利　　B. 不支付价格也能获得消费权利
C. 只有一个消费者　　D. 只有一个生产者

18. 下列市场失灵问题最不显著的产品或劳务是(　　)。
A. 国防　　B. 教育　　C. 电视节目　　D. 饮料

19. "搭便车"现象源于(　　)问题。
A. 公共物品　　B. 私人物品　　C. 社会福利　　D. 不完全信息

20. 次品市场上商品价格上升将导致销售数量(　　)。
A. 增加　　B. 减少　　C. 不变　　D. 无法确定

21. 次品市场上商品价格上升将导致待销售商品平均质量(　　)。
A. 提高　　B. 降低　　C. 不变　　D. 无法确定

22. 次品市场上商品价格下降导致销售数量减少的现象可以称为(　　)。
A. 道德风险　　B. 搭便车　　C. 公共物品　　D. 逆向选择

23. 卖主比买主知道更多关于商品生产和质量信息的情况称为(　　)。
A. 道德风险　　B. 搭便车　　C. 排他性　　D. 不完全信息

24. 为提高资源配置效率,政府对待竞争性行业厂商垄断行为的原则是(　　)。

A. 限制　　B. 提倡　　C. 放任　　D. 支持

25. 被谢尔曼法禁止的经济行为是(　　)。

A. 差别价格　　B. 垄断　　C. 纵向合并　　D. 以上都不是

26. 解决外部不经济问题可以采取的方法是(　　)。

A. 征税　　B. 明确产权　　C. 补贴　　D. 以上都可以

27. 对私人汽车的污染排放征税将会直接引起(　　)。

A. 私人汽车所有者一定会购买更多的汽车污染控制装置

B. 对公共汽车运输的需求上升

C. 私人汽车的运输能力提高

D. 以上都不是

28. 公共物品市场需求曲线可以通过消费者个人需求曲线的(　　)得到。

A. 水平加总　　B. 垂直加总　　C. 重合　　D. 旋转

29. 下列适合公共物品的定价方法的是(　　)。

A. 市场供给与需求共同决定　　B. 由消费者个人决定

C. 免费　　D. 成本—收益分析方法

30. 政府提供国防这类公共物品的经济理由是(　　)

A. 只有政府有能力提供　　B. 避免"搭便车"现象的影响

C. 私人对这类公共物品的评价低　　D. 避免私人生产的亏损结果

31. 下面有关委托—代理关系的说法错误的是(　　)。

A. 医生和病人可以构成委托—代理关系

B. 委托—代理关系产生的主要原因是存在不完全信息

C. 委托—代理关系的双方不是相互独立的个体

D. 解决委托—代理问题的激励机制不能保证资源配置的帕累托最优状态

第11章　国民收入核算理论与方法

本章学习目标

- 了解宏观经济学的基础问题；
- 掌握国民收入核算方法；
- 理解国民收入核算理论。

以上各章阐述了西方经济学微观部分的基本理论。从本章开始，将阐述西方经济学宏观部分的基本理论。宏观经济学是以整个国民经济活动为考察对象，在当前通用的国与国经济发展状况的比较中，国民生产总值、国民生产净值、国民收入、个人收入和个人可支配收入是众多总量指标中最常用也是最重要的指标。

本章先对西方经济学宏观部分做一简单概述，然后介绍政府在宏观经济中的作用，最后阐述西方经济学中国民收入核算的基本原理，包括国民收入核算的五大总量指标以及指出目前核算体系的缺陷。

11.1　宏观经济学基本问题

11.1.1　宏观经济学的逻辑起点

经济学作为一门学科已经有近400年的历史，凯恩斯创立宏观经济学之前，经济学已经演化成一门逻辑严密、自我解释能力非常强的学科。几乎每一位经济学家都信奉“看不见的手”和“萨伊定律”两大定律。“看不见的手”是由英国经济学家斯密提出，强调经济中各元素以自我为中心的逐利行为最终会导致经济的完美平衡，认为政府没有必要介入经济，政府的职能只是作为经济的“守夜人”，保证经济在不受外力干扰下自由运行。“萨伊定律”是由法国经济学家萨伊(1767—1832)提出，其基本内容是：一种产品的供给产生了对另一种产品的需求。有多大的供给就会有多大的需求，整个社会的总供给与总需求必定相等，因此，普遍的生产过剩是不可能的。直到20世纪20年代末爆发了世界性的经济危机，生产严重过剩，大量产品卖不出去，企业为了平衡供求甚至把过剩产品销毁，这次经济危机给世界造成巨大危害，政府对此束手无策，经济学家使用过去的经济学理论已无法为这次经济危机开出药方。这时，英国经济学家凯恩斯(1883—1946)经过“痛苦的挣扎”，最终摆脱过去经济学理论的束缚，建立起全新的经济学，被称之为宏观经济学。宏观经济学与过去经济学理论的不同之处在于：① 政府不能仅仅充当“守夜人”的角色，必须介入经济，对经济进行有效管理；

② 与“萨伊定律”相反，认为需求决定供给，由于三大心理规律的作用，总支出受到限制，必然产生生产过剩。把两者相结合就提出了解决经济危机的办法：由政府对经济进行支出管理。正是由于政府的介入，最终促使世界从经济危机阴影中走了出来。

当前整个宏观经济学的理论框架是建立在凯恩斯经济学之上，因此，经济危机爆发的原因成为宏观经济学的逻辑起点，那么，经济危机是如何爆发的？这就要使用凯恩斯提出的三大心理规律来解释。三大心理规律分别是边际消费倾向递减规律、资本的边际效率递减规律和流动性偏好。边际消费倾向递减规律是指随着经济的发展，收入的增加，人们用于消费支出的增加量占收入增加量的比重会越来越小。资本的边际效率递减规律是指随着投资额的增加，投资收益会逐渐下降。流动性偏好是指在收益相同时，人们倾向于持有流动性更好的资产。为了便于理解三大心理规律在经济危机中的作用，我们使用简单的两部门模型来阐述，如图 11-1。

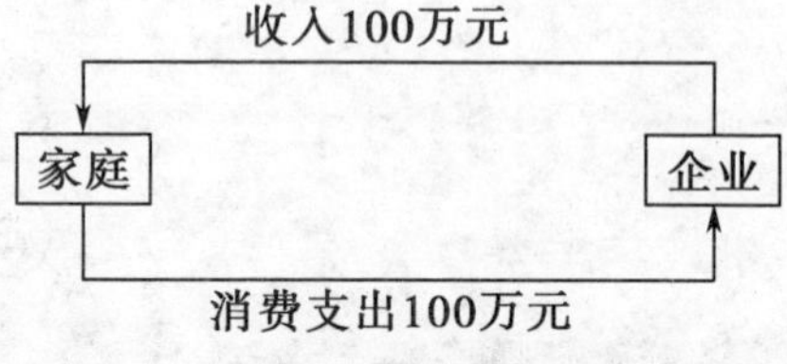

图 11-1 简单的两部门模型

假定经济中只有家庭和企业两个部门，家庭向企业出售四要素（劳动、资本、土地和企业家才能），从企业获得收入 100 万元，企业使用四要素生产产品向家庭出售，总产出 100 万元，家庭购买产品消费支出 100 万元。可以看出，这个模型中，家庭把所有收入用于消费，同时，企业把所有收入用于购买生产要素。这时，整个经济处在一个均衡的循环状态中。同时使用下式表示：

总收入＝总支出＝总产出

该经济流程中，企业的总产出被家庭全部消费，消费支出等于总产出，企业生产多少家庭就消费多少，产品总能卖出去，这种情况下不会出现经济危机。现在我们在两部门模型中加入资本市场，经济流程相应地发生变化，如图 11-2。

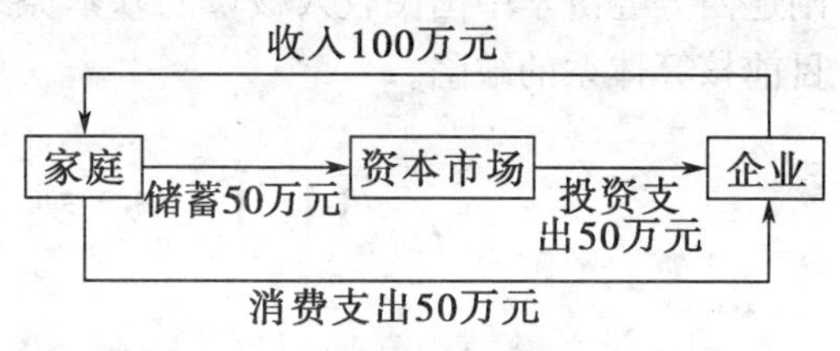

图 11-2 加入资本市场的两部门模型

家庭不需要把所有收入用于消费，只购买 50 万元的消费品，即消费支出 50 万元，把剩余 50 万元以储蓄形式进入资本市场，进而购买 50 万元的投资品，即投资支出 50 万元，企业的总产出仍为 100 万元，但划分为消费品和投资品两种产出，家庭总收入仍为 100 万元，但划分为消费和储蓄两种形式，经济中总支出仍为 100 万元，但划分为消费支出和投资支出两种支出。上式变为

总收入＝(消费支出＋投资支出)＝总产出　　(11.2)

经济流程在加入资本市场后，从上式中可以看出，总支出变为消费支出和投资支出，这种变化为使用三大心理规律解释经济危机做了铺垫。首先，由于边际消费倾向递减规律的作用，使得消费支出下降，消费支出低于 50 万元；其次，由于资本的边际效率递减规律和流动性偏好导致投资支出的下降，投资支出低于 50 万元。两种支出的下降共同决定总支出的下降，总支出低于 100 万元。总支出一旦下降，企业的 100 万元产品就会出现剩余，部分产品卖不出去，企业在下期生产就会压缩产量和解雇工人，不断循环下去最终爆发经济危机。经济危机的特征较多，基本特征为产量下降和工人失业。因此，凯恩斯认为经济危机的根源

就是总支出不足,而总支出不足是由三大心理规律共同决定的,三大心理规律如同公理般存在,仅仅依靠经济自身无法解决该问题,必须由政府出面通过刺激消费和投资、增加政府购买等手段增加总支出,吸收企业产出。如果企业剩余产品全部被政府购买,企业下期不会压缩产量,不会解雇工人。如果政府购买大于企业的剩余产品,企业下期会增加产量,雇用更多的工人。因此,政府如何通过各种政策有效地改变消费支出和投资支出,并在此基础上进行政府购买,也就成为本书宏观部分的逻辑起点。相应的,研究各种支出和政府经济政策构成了本书宏观部分的理论框架。凯恩斯之后,许多经济学家放弃了传统观点,追随凯恩斯,对凯恩斯的有效需求原理进行注释、补充和发展,形成了一套完整的宏观经济理论体系。

11.1.2　宏观经济学的研究对象

宏观经济学是以整个国民经济活动为考察对象,研究的是经济总体,包括产量、收入、物价和就业等总量问题。因此,宏观经济学研究对象主要包括以下内容:

(1) 国家经济总量的衡量以及衡量标准的差异。

(2) 国家经济总量的决定以及各因素的分析。

(3) 为使经济达到政府满意水平,政府应如何做?

(4) 什么因素导致了失业的存在和增加?

(5) 什么因素产生了通货膨胀?

(6) 经济增长和经济周期的内在机理。

我们可以把以上几个问题概括为国民收入核算理论、国民收入决定理论、宏观经济政策理论、失业和通货膨胀理论、经济增长理论和经济周期理论等,其中国民收入核算理论是宏观经济学的基础理论,国民收入决定理论是宏观经济学的核心理论。

11.1.3　宏观经济学与微观经济学

本书前面部分为微观经济学。微观经济学是考察以消费者和生产者个体为主的行为。宏观经济学是相对于微观经济学而言的,宏观经济学是将整个经济运行作为一个整体来研究,考察的是经济总体的行为。

尽管考察对象不同,但是微观经济学为宏观经济学提供了理论支撑。这是因为任何总体总是由个体组成的,个体的经济行为会影响到总体。值得注意的是,总体的经济行为并非是个体经济行为的简单加总,前面提到的三大心理规律导致了经济危机,其中的边际消费倾向下降对个人而言,在总收入既定的条件下,消费的下降必然伴随储蓄的增加,储蓄增加是财富的累积,而对总体而言,却会因为储蓄增加而使消费减少导致总需求的下降,进而产生经济危机。因此,宏观经济学不能像微观经济学那样运用个量分析方法,而要采用总量分析方法。例如,在研究价格时,宏观经济学不是研究某一单个商品的价格如何由其供求决定和调节的,而是研究社会总价格水平如何由社会总需求和社会总供给的变动和其他总量因素的变动来决定。

11.2　政府参与经济运行

凯恩斯对之前经济学革命的核心,就是认为政府必须干预经济。上节已经介绍了政府干预经济的必要性，具体到政府参与经济运行的相关问题，不同经济学家有不同的认识，本节以凯恩斯学派为基础从三个方面论述。

11.2.1 政府参与经济运行的目的

政府参与经济运行的目的包括充分就业、物价稳定、经济增长和国际收支平衡。所谓充分就业是指有工作能力和工作意愿的劳动者都能找到工作。充分就业并非人人都有工作，由于经济中存在某些难以克服的原因而造成的失业，是充分就业时可以接受的失业，一般称为自然失业。因此，充分就业时仍然有一定的失业。政府关心的是由于各种因素所造成的非自愿失业。由于经济四要素不仅包括劳动，而且还包括资本、土地和企业家才能，充分就业更进一步的定义是指所有要素都达到充分使用状态。物价稳定是指价格总水平的稳定。一般采用价格指数来表示价格水平的变化。物价稳定并不是指社会商品的价格总水平固定不变，而是指物价水平的相对稳定，这是因为适度的物价上涨是经济增长和经济发展的必然产物。经济增长是指一定时期内经济总量的持续增长。影响经济增长的因素较多，本书将会有一章专门介绍经济增长理论。国际收支平衡也称外部平衡，指一国国际收支净额即净出口与净资本流出的差额为零。即：国际收支净额＝净出口－净资本流出。一国的国际收支顺差往往被政府认同，但世界一体化的形成，各国开放程度越来越高，不管是过高的顺差还是逆差对经济都会产生不利影响。需要指出的是，上述政府参与经济运行的目的并不总是一致的。也就是说，政府不总是能同时实现以上所有的目的。后面各章节会有详细介绍。

11.2.2 政府参与经济运行的手段

政府在经济运行中通过什么办法来实现经济运行的目标呢，这就需要一定的宏观手段。一般来说，政府参与经济运行的手段大致可以分为以下几点：

1. 行政手段和法规手段

在当前以市场为主和政府为辅的市场经济体制中，政府对经济的行政干预一直存在。行政干预是由政府通过行政审批、许可证和配额、人事等制度，直接而明确地要求经济主体贯彻执行政府的经济意图。法规手段是国家通过经济立法和司法调节经济活动的强制性手段，包括一系列关于经济主体进行经济活动的法律、法令、条例和规章制度。一般表现为允许干什么，不允许干什么。因此，行政手段和法规手段是政府参与经济运行的直接手段。

2. 经济手段

政府作为经济主体影响经济运行的手段。主要包括政府提供产品和购买产品，政府首先提供的是公共产品，即经济主体可以无偿消费的产品。作为一个国家，要满足全社会的整体利益，必然会存在公共产品。这些产品虽然大部分是由私人企业来生产的，却是由政府无偿提供的。如修建公路，政府支付相关费用给建筑公司，然后免费向公众开放。但是，有些公共产品却只能由政府来生产。例如，建立国防系统等等。公共产品一般都具有“外溢效应”的特点，例如公路对任何人都是需要和必不可缺的。不管在修建时有没有付钱都可以无偿使用。除公共产品外，政府还直接生产部分私人产品，这些私人产品由于初期投资巨大，私人企业无力承担，或者投资回收期过长，私人企业不愿承担，这方面最典型的例子是铁路运输，长期以来，它是政府的重要职能。飞机场通常也为政府所有。在其他国家，政府甚至拥有煤矿、炼钢厂、航空公司等。在购买产品方面，政府在必要时会在日常采购基础上增加产品的采购，政府这样做的意图主要是增加社会需求，使企业为满足增加的需求增加生产，促使经济增长。

3. 文化手段

文化对经济具有巨大的作用力。但是，同其他手段不同的是，文化手段作为一种特殊的手段，其对经济发挥作用的时间相对缓慢，对传统有很大的继承性，表现出较强的稳定性。这种手段必须贯穿于经济发展的始终。

4. 保障手段

政府为使一个国家经济的顺利运行，还必须使用保障手段。由于市场经济就是优胜劣汰的经济，一部分人由于各种原因必然会被市场淘汰。为了保障这部分人的基本生活，不至于因为这些人的过于贫困产生社会动荡，政府必须出面行使保障手段，一般的做法是"转移支付"，即对高收入群体多征税，在征得的税收中，除用于其他必要支出和留存外，全部通过各种方式无偿支付给贫困人口。转移支付的目的在于维持这些人的生活水平不低于政府规定的最低贫困线标准。这种收入再分配被认为是为了不同程度地减少财产收入的不平等。

【经济学小贴士 11－1】　中国贫富差距问题

2003 年，北京市的人均年收入已增加到近 5 万元，而 2003 年中国农村人口的平均收入才 1 000 元出头，相差了近五十倍。国际上通常使用"基尼系数"反映贫富差距，"基尼系数"为 0，表示收入绝对平均，没有贫富之分；"基尼系数"为 1，表示收入绝对不平均，社会所有财产为一人所有，中国古代可以近似的认为"基尼系数"为 1，所有财产为皇帝一人所有。

国际上公认的"基尼系数"的"警戒水位"为 0.4，而中国在 1994 年就翻过了"警戒水位"，达到了 0.434，1998 年达到了 0.456，1999 年达到了 0.457，2000 年达到了 0.458，2001 年达到了 0.459，每年以 0.1％的速度递增。

11.2.3　政府参与经济运行的结果及发展

凯恩斯提出政府应当参与经济运行的理论之后，凯恩斯经济学逐渐成为主流经济学派，政府参与经济运行的思想也被西方各国政府所接受。从 20 世纪 40 年代后期到 20 世纪 60 年代中期，以凯恩斯主义为依据的各种经济政策(尤其是财政政策)在资本主义国家经济生活中的作用大大增强了。凯恩斯最初提出的政策主张，即那种主要是仅仅预防经济危机的措施，到 1950 年以后，已经被凯恩斯主义的追随者所提出的长期增长政策和补偿性财政货币政策所取代；同时，在法国等国家，加强了具有一定目标的中期和长期的经济规划。同一时期内，在欧洲那些实行凯恩斯主义经济政策的国家，都未曾发生比较深刻的经济危机；在美国，从 1960 年开始出现了持续八年的罕见的长期经济高涨。这一切都被凯恩斯主义的追随者视为凯恩斯主义经济理论和政府参与经济运行的巨大成功，从战后到 60 年代中期的 20 年被称作"凯恩斯时代"，凯恩斯本人也被称作"战后繁荣之父"。

但是到了 20 世纪 60 年代末期，西方世界出现了大量失业和剧烈的通货膨胀并存的"滞胀"。由于凯恩斯经济学无法对此作出有效解释，出现"滞胀"标志着凯恩斯主义的失灵，同时这也被认为是政府长期执行凯恩斯主义的干预政策造成的。在这种情况下，出现了与凯恩斯主义相抗衡的各种新自由主义流派，凯恩斯主义不再一家独大，各流派都提出自己的观点和理论解释经济现象，试图对政府参与经济运行的决策产生影响，西方政府也不再坚持执行凯恩斯学派的经济政策，而是以非常务实的态度对经济进行管理。如 1981 年里根总统把供给学派理论作为美国官方经济学，由此产生了新一轮的经济增长。

【经济学小贴士 11-2】 发达国家政府如何抑制贫富差距?

贫富差别并非都是坏事，保持一定程度的贫富差别对我们的社会是必需的，是有益的和健康的。它既是一种激励机制，又体现着一种真正意义上的社会公平。

由于人的个体天生就存在着巨大的差别，这种差别必然会反映在收入的分配上。我们甚至不能想象，完全没有了贫富差别的社会会是个什么样子。

可问题是，怎样确定和保持“一定程度”的贫富差别，即适度的贫富差别？如果不控制好这个“度”，以致贫富差别过大(过大过小对我们的社会都是一场灾难)，那也会导致对社会公平的破坏，从而引发一种强烈的仇富心理以及对社会财富重新分配的冲动，会引发动乱和暴力，那将会危及整个社会的安定和健康发展。

在发达国家，对富人在银行的存款有严格的限制，超过一定的限额将被课以重税，以强迫其储蓄进入消费和投资。在税收上的收入累进制，也强迫富人缴纳更多的税赋。还有，高达50%的遗产税将使富人不可能将他的大部分财产留给其后代。于是，在发达国家，绝大多数的富人，在他们拥有了一定的财富后，他们发现，除了他们自己个人和家庭的消费(对于绝大多数的能被称作“富人”的人来说，那只不过是一个很小的数字)，其余的财富都是社会的，他们不过是这些财富的托管人而已。

正是由于发达国家对富人的政策，强迫许多富人成为这样的人：他一方面是企业家，另一方面，他又同时是慈善家，他必须把企业所赚来的钱，流水似的大把大把地花出去，大把大把地捐给穷人或公益事业。通过这样的调节，实现一种社会公平。

11.3 国内生产总值及其核算

11.3.1 国内生产总值与国民生产总值

在宏观经济学中，国内生产总值作为一系列国民收入总量指标的核心，是本节的重点，因此，这一节首先介绍国内生产总值的概念及其概算方法。

国内生产总值又称为国内总产值(Gross Domestic Product，简称 GDP)，是指一个国家境内的所有居民在一定时期内(通常为一年)所生产的最终产品和服务的市场价格的总和。从这一定义可以总结出以下几方面的内容：

(1) GDP 统计的是本年度生产的最终产品和服务的市场价格，因此，统计时不包括以前年度生产的产品和服务。例如二手市场中的产品都不会计入 GDP 等。

(2) GDP 统计的是最终产品，统计时不包括中间产品价值，以免重复计算。

(3) 统计 GDP 时考虑的不仅要有产品，还要有服务。在西方国家，服务行业所占总产值的比重已远远超过生产性行业所占总产值的比重。而且，服务业是否发达已成为区分一个国家经济结构优劣的标准，因此服务也应计入国内生产总值之中。

(4) 国内生产总值是最终产品的市场价格的总和。因此，生产者生产出来不用于交换的产品和服务，直接进入消费领域，由于没有市场价格，也就不能计入国内生产总值。

(5) 由于 GDP 是按“国土”核算的，GDP 不考虑国民的区分，不管本国还是外国居民，只要是在本国境内生产的产品和提供的服务，都要计入该国 GDP 中。而按“国民”核算的国民生产总值(Gross National Product，GNP)是与国内生产总值相近的一个总量指标。国民生产总值是指一个国家的国民在一定时期(通常为一年)所生产的最终产品和服务的市场价格总和。只有本国"国民"生产的产品和服务才计入国民生产总值。国民包括：① 居住在本国的本国居民；② 暂住在外国的本国居民。其他类型居民无论在国内还是在国外所生产的产品和服务的价值都不计入本国的 GNP 中。由于国内生产总值和国民生产总值核算的依据不同，两者计算出的结果是有区别的，两者关系可以表示为：GDP＝GNP－本国公民在国外生产的最终产品和服务的价值总和＋外国公民在本国生产的最终产品和服务的价值总和。例如，中国 GDP 的一部分是由美国公司在中国境内的工厂所生产的，这些工厂的利润应划入中国 GDP 但不应计入 GNP；又如，当中国的劳动力在海外市场取得报酬时，收入应计入 GNP 而不应计入 GDP。

11.3.2　国民收入核算的两种方法

当前各国国内生产总值核算的方法不尽相同，其中主要有支出法和收入法。从理论上来说，两种方法衡量的 GDP 必然相等。但在实际核算中经常会出现误差，因而在实际核算时要加上一个统计误差。

1. 支出法

支出法作为常用核算方法之一，是指从经济主体购买产品和服务出发，在一定时期内对各项最终产品和服务的支出加总，以此计算出该时期的国内生产总值。最直接的核算方法是：用 $Q_1, Q_2, \cdots, Q_n$ 代表各种最终产品和服务的数量，用 $P_1, P_2, \cdots, P_n$ 代表各种最终产品和服务的价格，则支出法表示的国内生产总值为

$$\mathrm{GDP}=Q_1P_1+Q_2P_2+\cdots+Q_nP_n$$

由于对一国新生产的最终产品和服务的购买的统计就可以得到 GDP，而经济主体是购买的实际承担者，经济主体可以划分为家庭、企业、政府和国外部门四个部分，这四个主体的购买行为分别为家庭消费、投资、政府购买和净出口。因此，统计中使用更方便的支出法是分别核算这四项内容。

(1) 家庭消费支出，计为 C。家庭消费支出包括购买耐用品、非耐用品和服务支出(如教育和旅游等)，但在实际核算中，有部分支出不算在家庭消费中(如购买自用住宅)。

(2) 企业投资支出，计为 I。投资支出是指企业为了增加或维持产出而对生产资料购买的支出。如厂房和建筑(核算中包括家庭住宅)、机器设备以及存货变动。因此，企业投资支出可以划分为固定资产投资和存货投资两大类。固定资产投资是指企业对新厂房、新设备、新商业用房以及新住宅的购买。存货投资是指在一定时期内企业生产的产品与市场需求不同步而导致存货的增加或减少。一般来说，企业都会有一定数量的正常存货以应对市场的变化，但是如果市场需求由于各种原因突然减少，企业的存货肯定会高于正常水平。高出正常水平的存货由于不进入市场，没有被经济主体购买，在 GDP 的统计中就不会出现。为了避免这种情况的出现，在实际核算中，把这种存货变动计为企业自己的投资购买。要注意的是，存货投资可能是正值，也可能是负值。负值是由于市场需求增加，进而对正常存货的购买，而正常存货是以前年度生产的，在 GDP 统计中应剔除。

(3) 政府购买支出，计为 G。政府购买支出是指政府对政府雇员的薪金支出以及对商品

和服务的购买支出，包括政府对国内生产的产品和服务以及国外生产的产品和服务的购买。政府购买支出仅仅是政府支出的一部分，政府支出的另一部分为政府转移支付。在国民收入核算中，政府转移支付不计入国内生产总值，因为是政府转移支付的部分，不是对最终产品和服务的购买，而只是收入的转移。

(4) 净出口，计为 $X-M$。净出口是指该国产品和服务的进出口差额的支出。用 X 表示出口，M 表示进口，净出口就是 $X-M$。出口为国外部门对本国产品和服务的消费，而进口为本国部门对外国产品和服务的消费。GDP 的统计中必然要把本国消费的外国产品和服务剔除，而要加入外国消费的本国产品和服务。例如，本国本年度生产的汽车出口到外国，汽车的数量要统计到 GDP 中，但该汽车使用的是进口的发动机，发动机不是本国生产的，在 GDP 统计中要剔除发动机的数量。

从以上分析可知，C 表示家庭消费支出，I 表示投资支出，G 表示政府购买支出，$X-M$ 表示净出口，则用支出法计算的国内生产总值为

$$GDP=C+I+G+(X-M)$$

【经济学小贴士 11-3】 美国 GDP 和需求的构成情况

下表为 1996 年美国 GDP 的构成(10 亿美元，当年价格)，转引自[美]萨缪尔森·诺德豪斯《经济学》。

项　目	数　量
1 个人消费支出	5 208
耐用品	635
非耐用品	1 535
服务	3 038
2 国内私人总投资	1 116
住宅投资	309
企业投资	781
存货变动	26
3 政府消费和投资	1 407
4 净出品	−95
出口	871
进口	966
国内生产总值	7 636

2. 收入法

核算 GDP 的另一种方法称为收入法，即通过把家庭向企业出售所有生产要素所得到的收入相加来统计 GDP。这些收入有：劳动所得的工资、土地(包括各种资源)所得的地租、资本所得的利息以及企业家才能所得的利润等。用收入法核算国内生产总值应包括以下项目：

(1) 工资、利息和租金。

从广义上讲，工资包括所有工作的酬金、补助和福利费(含必须缴纳的所得税和社会保险)。利息，指人们储蓄所提供的货币资金在本期的净利息收入。它不包括个人间因借贷

关系而发生的利息和政府公债利息。租金，主要指在土地等资源的使用上获得的租金收入。比较特殊的是居民自有住房，在统计中，自有住房视同居民租住，该部分租金要计入 GDP 中。

(2) 业主收入。

这里的业主是指不受人雇佣的独立生产者，如医生、律师、农民等，他们的工资、利息、地租和利润往往混在一起作为业主收入。

(3) 公司税前利润。

包括公司所得税、社会保险税、股东红利以及公司未分配利润。

(4) 企业转移支付和企业间接税。

企业转移支付指公司企业对非营利组织的慈善捐款和消费者赊账；企业间接税指企业缴纳的货物税、销售税和周转税等。

(5) 资本折旧。

折旧虽不是生产要素收入，但它会冲减其他收入项目，所以也应将其计入国内生产总值。

将上述前三个项目加总(即工资、利息和租金＋业主收入＋公司税前利润)，即可获得国民收入(National Income)指标；在此基础上，再加上企业转移支付和企业间接税，即获得国民生产净值(Net National Product)指标；最后，将上述五项加总，就获得了国民生产总值(GDP)指标。

GDP 可用支出法和收入法两种不同的方法来衡量，它们所得的结果是一致的，人们支出货币购买最终产品，花费的货币流量加总即是以支出法计算出的 GDP；在产出成本的流量加总即是以收入法计算出的 GDP。因此，从理论上来说，两种方法衡量的 GDP 必然相等。但在实际核算中经常会出现误差，因而在实际核算时要加上一个统计误差。

【经济学小贴士 11－4】　中美 GDP 比较

年　份	中国 GDP(亿元)	比上年增长(%)	美国 GDP(亿元)	美国/中国
2005	182 321	9.90	1 158 840	6.36
2004	136 515	9.50	1 158 672	8.49
2003	116 694	9.10	1 157 960	9.92
2002	102 398	8	1 157 600	11.3
2001	95 933	7.30	1 157 600	12.07

11.3.3　国民收入核算的其他总量

西方国家在统计 GDP 时，除了国内生产总值(GDP)之外，还会用到国内生产净值(NDP)、国民收入(NI)、个人收入(PI)和个人可支配收入(PDI)四个总量。

1. 国内生产净值(Net Domestic Product，简称 NDP)

国内生产净值是指一国以当年价格(或不变价格)计算的一定时期内(通常为一年)用于销售的一切产品和服务价值总和减去生产过程中消耗掉的资本(折旧费)余下的部分，即 NDP 是一定时期内新创造的价值。

2. 国民收入(National Income,简称 NI)

国民收入是指一国各种生产要素在一定时期内(通常为一年)提供服务所获得的实际报酬总和,即工资、利息、租金和利润的总和。

3. 个人收入(Personal Income,简称 PI)

个人收入是指一国在一定时期内(通常为一年)个人所得的实际收入的总和。个人收入与国民收入是两个不同的指标,除了工资、利息、租金和利润外,还包括政府给予的救济金和各种福利补助等。

4. 个人可支配收入(Personal Disposable Income,简称 PDI)

个人可支配收入是指一国一定时期内(通常为一年)个人可以支配的全部收入。它是个人收入减去个人所得税和其他强制性支出后的余额。

上述国民收入核算中的指标,与国民生产总值一起构成五大总量指标,它们的关系可表述如下:

NDP=GDP-折旧;

NI=NNP-间接税,或者 NI=工资+利息+租金+利润;

PI=NI-公司未分配利润-企业所得税+政府转移支付;

PDI=PI-个人所得税-其他强制性支出。

11.3.4 实际国内生产总值与名义国内生产总值

国内生产总值作为一个年度指标,它的变动必然会受到各年产量和价格两方面的影响,尤其是各年价格变动必然影响各年国内生产总值的衡量。为了准确地反映国内生产总值的变化情况,能够有效地进行各年度纵向比较,需要分别按现价和不变价格计算国内生产总值。现价为本年度价格水平,不变价格为选取以前某年度价格水平作为基年的价格,于是就产生了名义国内生产总值和实际国内生产总值。按现价(当年价格)计算的国内生产总值称为名义国内生产总值;按不变价格(基年价格)计算的国内生产总值称为实际国内生产总值。计算公式为

名义 GDP= $\sum_{i=1}^{n} P_iQ_i$,P_i 为当年某种产品或服务的价格,Q_i 为当年生产的某种产品或服务的数量。

实际 GDP= $\sum_{i=1}^{n} \overline{P}_iQ_i$,$\overline{P}_i$ 为基年某种产品或服务的价格,Q_i 为当年生产的某种产品或服务的数量。

两者的关系可以表示为

名义国内生产总值=实际国内生产总值×价格矫正指数

名义国内生产总值既反映了实际产量(最终产品数量)的变动,又反映了价格的变动。实际国内生产总值只反映产量的变动。为了准确反映国民经济的实际增长情况,通常根据实际国内生产总值进行计算。

【经济学小贴士 11-5】 名义 GDP 与实际 GDP

美国在 1929 年名义 GDP 为 1 040 亿美元,1933 年名义 GDP 降至 560 亿美元,下降了 46%;但若以 1929 年为基期,1933 的物价指数(又称 GDP 紧缩指数)为 0.77,名义 GDP 的

大幅度下降部分是价格变动造成的幻觉。

*11.3.5　国民收入核算体系的缺陷

宏观经济学作为一门独立的学科产生于 20 世纪上叶，除了凯恩斯划时代著作《就业、利息与货币通论》奠定了宏观经济分析的理论框架之外，还有一个重要前提就是 20 世纪以来的国民经济统计方面的重大成果。国民收入核算体系基本上能反映一国经济状况，但本身仍存在缺陷，需要加以弥补。

其缺陷主要体现在以下方面：

1. 核算范围的局限性

由于 GDP 的统计是以市场交换为依据的，统计的产品和服务也只能是以市场价格标价出现在市场中的产出，这就意味着有不进入市场的产品和服务无法计入 GDP，这在自给自足程度较高的发展中国家，统计出的 GDP 反映不出这些国家的真实经济总量；还有些经济活动没有纳入官方统计，如地下经济和黑市交易；而有些交易活动，是不使用货币进行的物物交易，这在统计 GDP 时容易遗漏。

2. 核算内容的片面性

由于国民收入核算注重单一的收入或支出核算，并不能反映出人们在生活中所得到的福利变动情况。它反映不出休息的增加带给人们福利的增加（产出可能因此下降）；反映不出产品用途带给人们不同的福利水平，如同样的高科技产品用于军事和用于民用带给人们的福利是不同的；反映不出产品质量和技术的提高给人们的福利带来的影响；反映不出一国的收入分配情况；反映不出一国在生产中消耗的资源数量和可持续发展能力。随着人们日益追求福利的加强，原核算体系单纯注重经济的片面性尤为突出。

3. 国际的不可比性

各国运用的国民收入核算方法不一，即使用同一种国民收入核算方法，因各国科技、文化和军事等原因，核算出的内容具有一定程度的不可比性。如由于发达国家技术水平较高，生产的高性能和高质量汽车成本很低，而发展中国家生产同样类型的汽车成本很高，这在 GDP 统计中，发展中国家汽车价格要高于发达国家。加之 GDP 中的许多数据是根据抽样调查得出的，其中包含了一定误差，这些都加大了不可比性。

11.4　国民收入核算中的恒等关系

一个国家的国民经济由生产和消费两部分组成，它们互为前提：没有生产就没有消费；没有消费，生产也就继续不下去。生产和消费的关系构成了国民经济的循环，也成为国民收入核算的依据。为了更形象地阐述国民收入核算的方法，我们先从前面提到的两部门模型入手分析国民经济的收入流量循环模型与国民经济中的恒等关系，国民经济活动的收入流量循环模型分析的就是国民经济的运行情况，进而分析三部门和四部门模型。

11.4.1　两部门的收入流量循环模型

两部门模型是指只有家庭和厂商两个部门的经济。

假设一个社会由企业和家庭两大部门构成，这两大部门在国民经济活动中各自承担不同的职能，发挥着不同的作用。其中，企业向家庭提供商品和服务，家庭向企业提供生产要素。要注意企业向家庭提供商品和服务(总产出)的同时，家庭必须向企业支付货币(总支出)；同样，家庭向企业提供各种生产要素也不是无偿的，企业也必须向家庭支付相应的报酬——工资、利息、租金和利润(总收入)。所以，在商品和服务流向家庭以及劳动和资本流向企业的同时，都形成了相应的货币流。于是形成了最简单的国民经济循环模型(两部门国民经济的收入流量循环模型)，这和前面提到的两部门模型唯一区别就是增加了货币流，这也是为国民收入核算做铺垫，如图 11－3 所示。

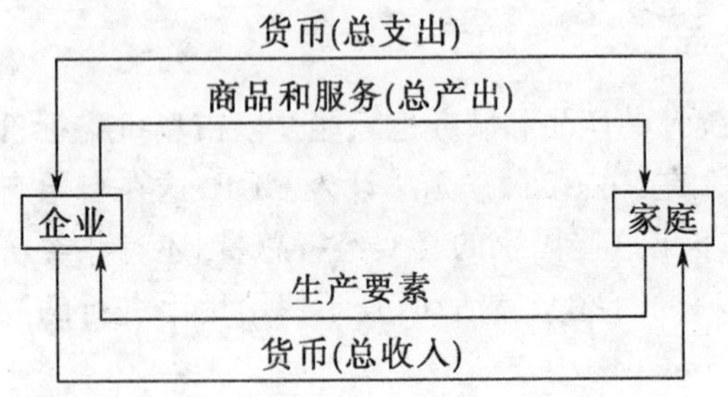

图 11－3　两部门国民经济的收入流量循环模型

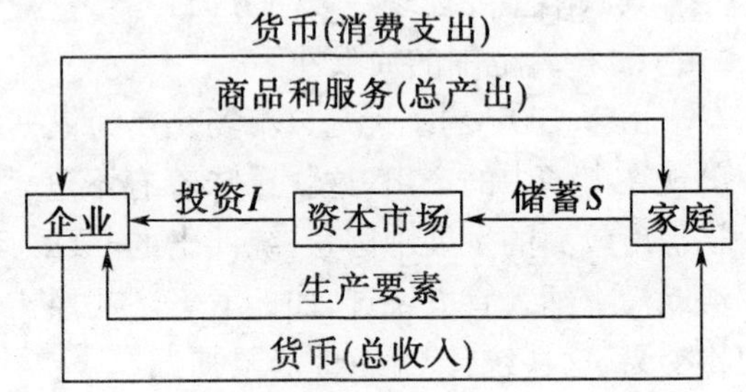

图 11－4　两部门国民经济的收入流量循环模型(加入资本市场)

同样，两部门模型中加入资本市场后，储蓄和投资相应出现，如图 11－4 所示。储蓄用 S 表示，称为漏出，意思是退出国民经济循环的部分；投资用 I 表示，称为注入，意思是加入国民经济循环的部分。要保证国民经济循环的正常进行，储蓄必须和投资相等，即满足 $S=I$。这是因为循环正常进行时，企业购买家庭提供的要素生产商品和服务，然后，家庭使用全部要素收入购买企业提供的商品和服务，也就是总收入和总产出相等。当家庭把总收入划分为消费和储蓄时，企业的总产出只能被消费掉一部分，由于储蓄部分的退出，企业的总产出剩余部分无法进入循环，国民经济循环无法正常进行，这时就需要资本市场把储蓄全部转化为投资，以投资形式注入经济循环，企业总产出剩余部分被投资购买，国民经济循环实现正常运行。因此，两部门要达到均衡必须满足 $S=I$。

11.4.2　三部门的收入流量循环模型

政府早已不是经济"守夜人"的角色，在经济运行中起到越来越重要的作用。至于政府部门是如何进入经济流程的，三部门模型作出了简明的解释。三部门模型就是在原有两部门模型中加入了政府部门。三部门经济的收入流量循环模型如图 11－5 所示。

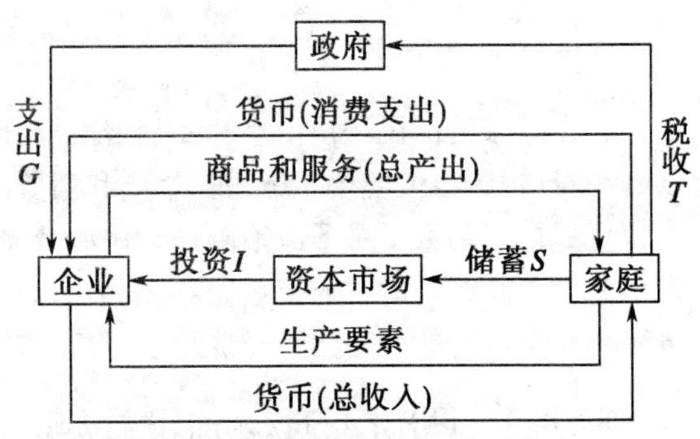

图 11－5　三部门经济的收入流量循环模型

在三部门模型中，政府部门从家庭征得税收，然后向企业购买产品和服务。税收用 T 表示，政府购买用 G 表示。要保证国民经济循环的正常进行，储蓄 S 和税收 T 之和要等于投资 I 和政府购买 G 之和。同样的原因，家庭总收入划分为消费 C、储蓄 S 和税收 T，企业产出只被消费掉一部分，其余部分要通过投资和政府购买进入经济循环，因此，三部门要达到均衡必须满足 $S+T=I+G$。

11.4.3　四部门的收入流量循环模型

当前经济全球化的趋势越来越明显，任何一个国家都不可能独立于世界之外发展经济，四部门模型就是在原有三部门模型中加入了国外部门。国外部门在经济流程中的作用表现在两方面：吸收本国企业产品和服务，称为出口，用 X 表示；向本国提供产品和服务，称为进口。家庭和企业进口支付之和用 M 表示。四部门经济的收入流量循环模型如图 11－6 所示。同样的原因，四部门要达到均衡必须满足 $S+T+M=I+G+X$。

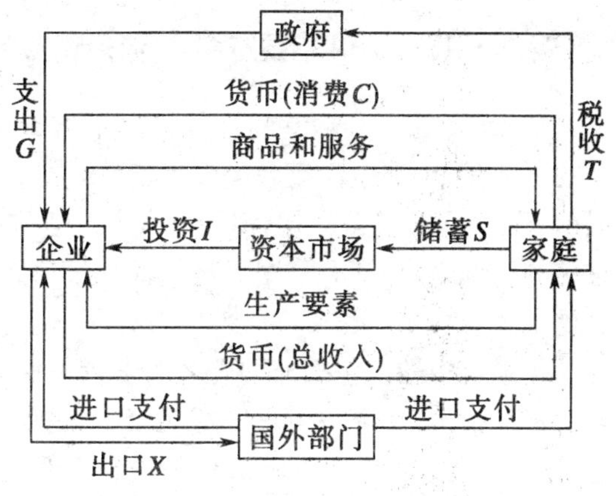

图 11－6　四部门经济的收入流量循环模型

案例 11－1　20 世纪最伟大的发现之一

美国著名的经济学家保罗·萨缪尔森说："GDP 是 20 世纪最伟大的发现之一。"没有 GDP 这个发明，我们就无法进行国与国之间经济实力的比较和贫穷与富裕的比较，我们就无法知道我国的 GDP 总量排在全世界的第 6 位；没有 GDP，我们也无法知道我国人均 GDP 在 2003 年已超过 1 000 美元；没有 GDP 这个总量指标我们无法了解我国的经济增长速度是快还是慢，是需要刺激还是需要控制。因此 GDP 就像一把尺子、一面镜子，是衡量一国经济发展和生活富裕程度的重要指标。

GDP 如此重要，所以我们必须首先搞清楚到底什么是 GDP。美国经济学家曼昆在其风靡世界的《经济学原理》中指出，国内生产总值(GDP)是在某一既定时期一个国家内生产的所有最终物品和劳务的市场价值。曼昆认为，准确理解 GDP 的要点是：① GDP 是按照现行的市场价格计算的；② GDP 包括在市场上合法出售的一切物品和劳务，例如你购买了音乐会的票，票价就是 GDP 的一部分；③ 只算最终产品，不包括中间环节；④ 是一个国家之内的，例如外国人暂时在中国工作，外国人在中国开办企业，其生产的价值是中国 GDP 的一部分。

如果你要判断一个人在经济上是否成功，你首先要看他的收入。高收入的人享有较高的生活水平。同样的逻辑也适用于一国的整体经济。当判断经济富裕还是贫穷时，要看人们口袋里有多少钱，这正是国内生产总值(GDP)的作用。

GDP 同时衡量两件事：经济中所有人的总收入和用于经济中物品与劳务产量的总支出。GDP 既衡量总收入又衡量总支出的秘诀在于这两件事实际上是相同的。对于一个整体经济而言，收入必定等于支出。这是为什么呢？一个经济的收入和支出相同的原因就是一次交易都有两方：买者和卖者。如你雇一个小时工打扫卫生，每小时 10 元，在这种情况下小时工是劳务的卖者，而你是劳务的买者。小时工赚了 10 元，而你支出了 10 元，因此这种交易对经济的收入和支出做出了相同的贡献，无论是用总收入来衡量还是用总支出来衡量,GDP 都增加了 10 元。由此可见,在经济中,每生产 1 元钱,就会产生 1 元钱的收入。

思考题:

1. 如何理解 GDP?

2. 用收入法衡量的 GDP 和用支出法衡量的 GDP 是不是一致的? 为什么?

案例 11-2 GDP 不是万能的,但没有 GDP 是万万不能的

从 GDP 的含义到它的计算方法不难看出,GDP 只是用来衡量那些易于度量的经济活动的营业额,不能全面反映经济增长的质量。美国罗伯特·肯尼迪(美国总统约翰·肯尼迪之弟)说:"GDP 衡量一切,但并不包括使我们的生活有意义的东西。"这句话就是他在竞选总统的演说中对 GDP 这个经济指标的批评。他不是经济学家,但他的这句话颇受经济学家的重视。

越来越多的人包括非常著名的学者,对 GDP 衡量经济增长的重要性产生怀疑。斯蒂格利茨曾经指出,如果一对夫妇留在家中打扫卫生和做饭不会被列入 GDP 的统计之内,假如这对夫妇外出工作,另外雇人做清洁和烹调工作,那么这对夫妇和佣人的经济活动都会计入 GDP。说得更明白一些,如果一名男士雇用一名保姆,保姆的工资也将计入 GDP。如果这位男士与保姆结婚,不给保姆发工资了,GDP 就会减少。

需要进一步指出的是,国内生产总值中所包括的外资企业虽然在我国境内从统计学意义上给我们创造了 GDP,但利润却是汇回他们自己的国家的。一句话,他们把 GDP 留给了我们,把利润转回了自己的国家,这就如同在天津打工的安徽民工把 GDP 留给了天津,把挣的钱汇回了安徽一样。看来 GDP 只是一个"营业额",不能反映环境污染的程度,不能反映资源的浪费程度,看不出支撑 GDP 的"物质"内容。在当今中国,资源浪费的亮点工程、半截子工程,都可以算在 GDP 中,都可以增加 GDP。

上述分析不难看出目前在评价经济状况、经济增长趋势和社会财富的表现时,使用最为广泛的国民经济核算所提供的 GDP 指标,不能完全反映自然与环境之间的平衡,不能完全反映经济增长的质量。这些缺陷使传统的国民经济核算体系不仅无法衡量环境污染和生态破坏导致的经济损失,相反还助长了一些部门和地区为追求高的 GDP 增长而破坏环境、耗竭式使用自然资源的行为。可以肯定的是,目前 GDP 数字中有相当一部分是靠牺牲后代的资源来获得的。有些 GDP 的增量用科学的发展观去衡量和评价,不但不是业绩,反而是一种破坏。我们要加快发展、加速发展,但不能盲目发展。

尽管 GDP 存在着种种缺陷,但世界上本来就不存在一种包罗万象、反映一切的经济指标,在我们现在使用的所有描述和衡量一国经济发展状况的指标体系中,GDP 无疑是最重要的一个指标。正因为有这些作用,所以我们说 GDP 不是万能的,但没有 GDP 是万万不能的。

思考题:

GDP 核算的缺陷有哪些? 如何弥补?

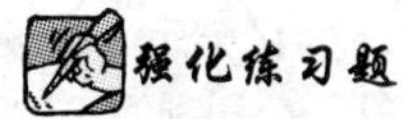
强化练习题

一、单项选择题

1. 国内生产总值是下面哪一项的市场价值(　　)。

A. 一年内一国生产的所有最终商品和服务　　B. 一年内一国交换的所有商品和服务

C. 一年内一国交换的所有最终商品和服务　　D. 一年内一国的所有交易

2. GDP 账户不反映以下交易的是(　　)。

A. 付给房地产经纪人 10%的佣金　　B. 炒股赚得的 100 元

C. 新建但未销售的住房　　D. 向理发师支付的理发费用

3. 当实际 GDP 为 120 亿美元,GDP 价格指数为 0.8 时,名义 GDP 为(　　)。

A. 130 亿美元　　B. 96 亿美元　　C. 150 亿美元　　D. 175 亿美元

4. 在商品和服务的产出不变时,如果当期价格低于基期价格,那么(　　)。

A. 实际 GDP 等于名义 GDP　　B. 实际 GDP 小于名义 GDP

C. 实际 GDP 大于名义 GDP　　D. 实际 GDP 和名义 GDP 无法比较

5. 一国的国民生产总值小于国内生产总值,说明该国公民从外国取得的收入(　　)外国公民从该国取得的收入。

A. 大于　　B. 小于　　C. 等于　　D. 无法判断

6. 下列计入 GDP 的一项是(　　)。

A. 购买一辆旧自行车　　B. 购买普通股票

C. 汽车制造厂买进 10 吨钢板　　D. 帮邻居打扫房间的收入

7. 在一个四部门模型中,GDP 是(　　)。

A. 消费、总投资、政府购买和净出口　　B. 消费、净投资、政府购买和净出口

C. 消费、总投资、政府购买和总出口　　D. 工资、地租、利息、利润和折旧

8. 净出口是指(　　)。

A. 出口加进口　　B. 全部产品无内销,均出口

C. 出口减进口　　D. 进口减出口

9. 在国民收入核算体系中,政府购买是指(　　)。

A. 政府购买物品的支出

B. 政府购买物品和服务的支出以及政府的转移支付之和

C. 政府购买物品和服务的支出

D. 政府工作人员的薪金加上政府的转移支付

10. 在国民收入核算中,个人收入包含(　　)。

A. 社会保险金　　B. 公司所得税

C. 公司未分配利润　　D. 转移支付

11. 下列不属于总需求的是(　　)。

A. 政府购买　　B. 税收　　C. 净出口　　D. 投资

12. 下列不属于要素收入的是(　　)。

A. 租金　　B. 银行存款利息　　C. 红利　　D. 转移支付

13. 国内生产总值减去(　　)成为国民生产净值。

A. 直接税　　B. 原材料支出　　C. 折旧　　D. 间接税

二、计算题

1. 用支出法、收入法两种方法计算 GDP,资料如下:

劳动报酬 22 500 亿美元,租金 2 750 亿美元,折旧 2 360 亿美元,消费 26 430 亿美元,公司所得税 2 930

亿美元，企业转移支付 100 亿美元，间接税 100 亿美元，总投资 4 500 亿美元，出口 6 520 亿美元，政府购买 3 500 亿美元，进口 4 630 亿美元，利息收入 2 500 亿美元，财产所有者收入 1 260 亿美元，公司利润 1 820 亿美元。

2. 在上题的资料中，加入政府转移支付 1 000 亿美元和个人所得税 500 亿美元，请分别计算：(1) NNP；(2) NI；(3) PI；(4) PDI。

三、思考题

使用本章内容分析 20 世纪 20 年代末的世界性经济危机爆发的原因。

第12章 国民收入决定理论(一)

本章学习目标

- 掌握凯恩斯消费理论；
- 了解投资理论；
- 掌握在不同条件下国民收入决定原理。

前一章论述了国民收入核算问题，本章起将讨论国民收入决定理论，即分析是什么因素决定了国民收入的大小，以及这些因素是如何影响国民收入的变动方向和大小的。

在分析之前有必要指出有效需求的含义。有效需求是指能够实际产生购买的需求，就是我们前面提到的总支出，包括消费支出和投资支出。而国民收入决定理论的基本逻辑是：消费支出和投资支出决定有效需求，有效需求决定经济产出，经济产出就是国民收入。这和我们认识的宏观经济学的逻辑起点完全一致，本章就以有效需求为切入点，先后分析了消费需求和投资需求（也称为消费支出和投资支出），进而引出国民收入决定理论。

12.1 凯恩斯消费函数

12.1.1 消费函数与消费倾向

1. 消费函数(Consumption Function)

在凯恩斯之前的经济学，对消费研究并不多，一般把储蓄作为研究重点，而消费仅处在从属地位。这是因为收入划分为储蓄和消费，储蓄是由利率决定的，利率高则储蓄高，利率低则储蓄低。在收入一定时，储蓄由利率决定，而消费由储蓄决定，利率因素是人们关注的重点，从而储蓄成为研究重点。但凯恩斯完全改变了这种观点，建立了全新的消费函数，本节所要阐述的消费理论正是凯恩斯消费理论。在现实生活中，决定消费支出的因素很多，如收入水平、商品价格水平、收入分配状况、利率水平、消费者偏好、消费者年龄构成以及制度、风俗习惯等，凯恩斯把收入水平作为影响消费的最重要因素。假定在决定人们消费的众多因素中，除收入以外，其他因素保持不变，则消费函数反映的是消费支出水平与收入水平之间的依存关系。如果用 C 代表消费，Y 代表收入，那么可以把消费函数写为

$$C = f(Y)$$

2. 消费倾向(Propensity to Consume)

在消费函数的研究中，两个非常重要的概念是平均消费倾向与边际消费倾向，这两个概念能够把消费支出与收入水平的关系说清楚。

平均消费倾向(Average Propensity to Consume，简称 APC) 是指消费支出在收入中所占的比重。用公式来表示则是

$$APC = \frac{C}{Y}$$

边际消费倾向(Marginal Propensity to Consume，简称 MPC) 是指在增加的收入中增加的消费支出占多大比例，即收入每增加一个单位所引起的消费的增加量，以 ΔC 代表消费支出的增量，ΔY 代表收入的增量，其计算公式是

$$MPC = \frac{\Delta C}{\Delta Y}$$

我们前面提到的三大心理规律之一就是“边际消费倾向递减规律”，边际消费倾向是如何递减的?凯恩斯认为，人们普遍存在一个基本的心理规律，即随着收入的增加，人们的消费支出也增加，但消费支出增加的幅度要小于收入增加的幅度。因此，随着收入的增加，每增加的单位收入中增加的消费支出所占的比例越来越小，这就是凯恩斯著名的“边际消费倾向递减规律”。该规律的存在能够把消费支出的决定与收入水平相联系，并且进一步认为两者之间的关系服从消费倾向递减法则。凯恩斯认为资本主义世界之所以爆发经济危机，就是因为有效需求不足，而边际消费倾向递减是造成有效需求不足的重要原因之一。由此可见，消费倾向递减规律在宏观经济学中占有重要的理论地位。

3. 线性消费函数

有了前面的介绍，现在可以进入凯恩斯的线性消费函数，又称为绝对收入假说，因为在凯恩斯看来消费支出就是由绝对收入决定的。一般来说，消费支出和收入水平不会是线性关系，但是为了理论上的研究，关系的简化是经济学中常用的方法。

在短期中，消费可分为自发消费(Autonomous Consumption) 和引致消费(Induced Consumption) 两部分。自发消费指不取决于收入的消费支出，即使没有收入为了生存也要进行必要的消费支出。引致消费是指随着收入的增加或减少而相应发生变动的那部分消费支出。有了这些约定，可得出线性消费函数具体形式：

$$C = C_0 + cY$$

式中：C_0 是自发性消费，因为自发性消费在任何时候都是必需的，即 $C_0 > 0$；c 为一给定的参数，c 表示的是该函数的边际消费倾向，可以根据边际消费倾向的计算得出，$MPC = \frac{\Delta C}{\Delta Y} = c$，同时，由边际消费倾向的定义，可以得出参数 c 大于 0，小于 1。平均消费倾向通过计算可得：$APC = \frac{C}{Y} = \frac{C_0}{Y} + c$。平均消费倾向大于边际消费倾向，平均消费倾向也随着收入的增加而递减。

曲线性消费函数可得到消费曲线，如图 12－1 所示。

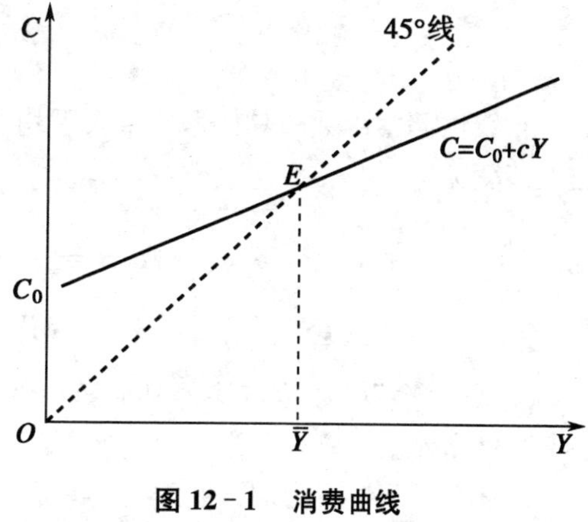

图 12－1　消费曲线

在图 12－1 中，横轴表示收入 Y，纵轴表示消费支出 C，45°线上任一点表示收入和消费支出相等，即收入全部用于消费。$C = C_0 + cY$ 曲线就是消费曲线，它与纵轴交于 C_0，表示收入为零时消费为 C_0，即自发性消费。消费曲线与 45°线相交于 E 点，在此点上消费支出和收入相等。以 E 点为分界点，在 E 点左方的消费曲线上任一点表示消费大于收入，这时为负储蓄，是借债消费；在 E 点右方的消费曲线的任一点表示消费小于收入，这时为正储蓄，有储蓄能力。随着消费曲线向右延伸，它和 45°线的距离越来越大，说明消费随收入的增加而增加。该曲线上任一点的斜率就是这一点相对应的 MPC。由于线性假设，边际消费倾向为常数 c，而任一点与原点相连而成的射线的斜率则是与之对应的 APC。

从图 12－1 中可以看出，消费支出与收入之间存在下述关系：① 消费等于收入，此时储蓄为零，即图中的 E 点(收支相抵点)；② 消费大于收入，储蓄为负数，即图中的 E 点之左；③ 消费小于收入，储蓄为正数。

12.1.2　储蓄函数与储蓄倾向

与消费函数相对应的还有一个储蓄函数的概念。这里的储蓄已经脱离利率，收入一定时，消费高则储蓄低，消费低则储蓄高。说明储蓄完全由收入决定。

具体而言，储蓄函数是指储蓄与收入之间的依存关系。用 S 表示储蓄，其数学表达式为

$$S = f(Y)$$

由于收入中不用于消费的部分为储蓄，所以 $S = Y - C$。如果用消费函数替代 $S = Y - C$ 中的 C，则有

$$\begin{aligned} S &= Y - C \\ &= Y - (C_0 + cY) \\ &= -C_0 + (1-c)Y \end{aligned}$$

这就是凯恩斯的线性储蓄函数。储蓄与收入的关系也可以用平均储蓄倾向与边际储蓄倾向来说明。

平均储蓄倾向(Average Propensity to Save，简称 APS)是指储蓄在收入中所占的比例。用公式来表示则为

$$APS = \frac{S}{Y}$$

边际储蓄倾向(Marginal Propensity to Save，简称 MPS)是指收入每增加一个单位所引起的储蓄的增量。以 ΔS 表示储蓄的增量，ΔY 表示收入的增量，其数学公式为

$$MPS=\frac{\Delta S}{\Delta Y}$$

把线性储蓄函数的具体形式带入平均储蓄倾向和边际储蓄倾向的表达式后，其表达式进一步变为

$$APS=\frac{S}{Y}=-\frac{C_0}{Y}+(1-c)$$
$$MPS=1-c$$

由线性储蓄函数可直接得到储蓄曲线，如图 12-2 所示。

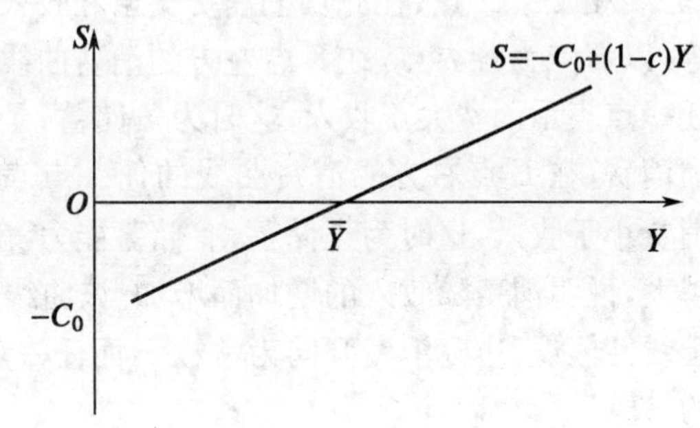

图 12-2　储蓄曲线

在图12-2中，S为储蓄曲线，$S=-C_0+(1-c)Y$，其截距为$-C_0$，斜率为$(1-c)$。在$\overline{Y}$点，表示储蓄为零，全部收入用于消费，收支相抵；在$\overline{Y}$点之左，储蓄为负数，消费大于收入，即入不敷出；在$\overline{Y}$点之右，储蓄为正数，说明这时收入大于消费，即收入没有全部用于消费，有储蓄能力。储蓄曲线与消费曲线是一种一一对应关系，当收入为零时，消费为自发性消费，为C_0，那么，储蓄就为$-C_0$，借债消费。随着收入的增加，可以依靠自己的收入增加消费，消费开始增加，负储蓄开始减少。当收入达到$\overline{Y}$时，不用再借债消费，收入全部用来消费，储蓄由负值变为零；当收入超过$\overline{Y}$时，消费虽然继续增加，但由于收入过多，不需要全部用来消费，储蓄也开始增加。接下来我们使用消费函数和储蓄函数进一步解释。

由于储蓄被定义为收入与消费之差，因此：

(1) 消费函数和储蓄函数两者之和总是等于收入。从公式看：

因为
$$C=C_0+cY$$
$$S=-C_0+(1-c)Y$$
所以
$$C+S=C_0+cY-C_0+(1-c)Y=Y$$

(2) 通过计算可知：APC 和 MPC 都随收入的增加而递减，但 $APC>MPC$，相应的 APS 和 MPS 都随收入的增加而递增，但 $APS<MPS$。

(3) APC 和 APS 之和恒等于 1，MPC 和 MPS 之和也恒等于 1，计算如下：

$$\frac{C}{Y}+\frac{S}{Y}=\frac{C+S}{Y}$$
因为
$$C+S=Y$$
所以
$$\frac{C}{Y}+\frac{S}{Y}=\frac{Y}{Y}=1$$
即
$$APC+APS=1$$

由此可知：$1-APC=APS$，$1-APS=APC$

再看 MPC 和 MPS 的情况：

$$\frac{\Delta C}{\Delta Y}+\frac{\Delta S}{\Delta Y}=\frac{\Delta C+\Delta S}{\Delta Y}$$

因为
$$\Delta C+\Delta S=\Delta Y$$

所以
$$\frac{\Delta C}{\Delta Y}+\frac{\Delta S}{\Delta Y}=\frac{\Delta Y}{\Delta Y}=1$$

即
$$MPC+MPS=1$$

由此可知：$1-MPC=MPS$，$1-MPS=MPC$

在凯恩斯线性储蓄函数 $S=-C_0+(1-c)Y$ 中，$(1-c)$ 即为边际储蓄倾向。

根据以上性质，消费函数和储蓄函数中只要有一个确立，另一个随之确立。当消费函数已知时，即可求得储蓄函数；当储蓄函数已知时，即可求得消费函数。

12.1.3　凯恩斯消费函数的简要总结

以上内容基本上完整阐述了凯恩斯消费函数，即绝对收入假说，下面对凯恩斯消费函数做简要总结：

(1) 实际消费支出是实际收入的稳定函数。凯恩斯指出：在通常情况下，总需求函数中的消费部分，确以总所得(以工资单位计算)为其主要变数。

(2) 凯恩斯所说的收入是指现期绝对实际收入水平。这里所说的"现期"是指本期收入，不考虑过去的和未来的收入；所说的"绝对"是指收入的绝对水平，不考虑收入的相对水平；所说的"实际"是指按货币购买力计算的收入，不考虑按货币计算的名义收入。这种对收入的限定，是凯恩斯的收入理论与其他收入理论的重要区别，也是之所以称为绝对收入假说的原因。

(3) 消费支出随收入增加而增加，但消费支出增加幅度小于收入增长幅度，$0<MPC<1$。

(4) 边际消费倾向递减是一种普遍心理规律，随着收入的提高，在增加的收入中增加的消费支出所占比例逐渐下降，即边际消费倾向递减，这就是凯恩斯著名的"边际消费倾向递减规律"。凯恩斯认为，这一规律之所以起作用，是基于人类的基本心理法则。

【经济学小贴士 12-1】　凯恩斯为什么没获得诺贝尔经济学奖

凯恩斯对经济学作出了革命性的贡献，但凯恩斯却没机会获得诺贝尔经济学奖，这是因为诺贝尔经济学奖(The Nobel Economics Prize)并非诺贝尔遗嘱中提到的五大奖励领域之一，是由瑞典银行在 1968 年为纪念诺贝尔而增设的，全称为"纪念阿尔弗雷德·诺贝尔瑞典银行经济学奖"(The Bank of Sweden Prize in Economic Sciences in Memory of Alfred Nobel)，通常称为诺贝尔经济学奖，也称为瑞典银行经济学奖。增设该奖时，凯恩斯已去世。诺贝尔奖只颁给在世的对各自领域作出杰出贡献的学者，其评选标准与其他奖项是相同的，获奖者由瑞典皇家科学院评选，1969 年(该银行的 300 周年庆典)第一次颁奖，由挪威人弗里希和荷兰人丁伯根共同获得，美国经济学家萨缪尔森、弗里德曼等人均获得过此奖。

12.1.4　消费函数之谜

从凯恩斯绝对收入假说中可以知道：消费支出主要受可支配收入的影响；边际消费倾向大于 0，小于 1；随着可支配收入的增加，平均消费倾向逐渐下降。凯恩斯的绝对收入假说由于符合人们的基本心理规律，具有较强的说服力，并且得到了一些短期经验消费函数的验证。

但是另一位经济学家库兹涅茨通过对美国长期数据的研究却得出不同结论。库兹涅茨研究了从1869年开始长达70年的资料，以10年为一个时期，其中每相邻两个时期是交叉的，并以一个时期的数据求出每个时期的平均消费倾向。计算结果表明，不论是否把最后两个时期包括在内，从长期看，随着收入的提高，平均消费倾向是相当稳定的。以此得出不同结论：① 自发消费支出为零；② 在任何收入水平上，边际消费倾向等于平均消费倾向，且保持不变。

上述结论同凯恩斯的绝对收入假说不一致，这就是“消费函数之谜”。经济学家们正是在对消费函数之谜的解释中提出了各种消费函数理论。

对消费函数之谜一个最基本的解释是：凯恩斯的绝对收入假说是短期消费函数，而在长期中没有自发消费，所以长期消费函数为$C = c \cdot Y$，这样基本解释了以上两个不同结论。

*12.2 其他消费函数理论

需要指出的是，前面利用长期和短期消费函数对“消费函数之谜”的解释是最基本的，不同学派的经济学家对“消费函数之谜”有不同的解释，可以说，消费函数之谜推动了战后对消费函数理论的研究，产生了一系列新的消费函数理论。其中最有影响的有美国经济学家杜森贝利(J. S. Duesenberry)的相对收入假说，弗兰科·莫迪利安尼(Franco Modigliani)提出的生命周期假说和弗里德曼提出的持久收入假说。

12.2.1 杜森贝利的相对收入假说

消费函数理论的相对收入假说是由美国经济学家杜森贝利提出来的。该理论提出了两个著名的效应：示范效应和棘轮效应。示范效应是指每个人的消费支出不仅受自己收入的影响，而且会受周围其他人收入和消费支出的影响。如果某消费者的收入增加了，但周围的人或与自己处于同一阶层的人的收入也同比例地增加了，则他并不会改变其消费支出在总收入中所占的比例。反之，如果他周围的人或与他处于同一层次的人的收入和消费增加了，那么即使他自己的收入并没有增加，他也会提高其消费在收入中的比例。这就是消费中的“示范效应”。杜森贝利认为，消费“示范效应”的存在，使得消费者的消费支出不是取决于消费者的绝对收入水平，而是取决于他的相对收入水平，即与其他人相比的收入水平。

棘轮效应是指人们的消费支出不仅取决于目前的收入，还要受过去收入和消费的影响。如果消费者的当前收入高于前期收入，则消费者当前的消费会增加；但如果消费者当前的收入低于前期收入，则消费者为了维持已有的生活水平，不会相应降低其消费支出，从而导致消费倾向提高。因此，消费者的消费支出随收入的增加而增加。但由于棘轮效应的存在，随着收入的下降，消费支出却下降有限。这种能上不能下的效应就是消费的“棘轮效应”。

12.2.2 莫迪利安尼的生命周期假说

莫迪利安尼的生命周期假说强调了消费与个人生命周期阶段之间的关系和收入与财产之间的关系，该理论与凯恩斯消费函数理论的区别在于，凯恩斯消费函数理论强调当前消费支出与当前收入的相互联系，而生命周期假说则强调当前消费支出与整个一生的全部收入

(包括现期收入和预期收入)的相互联系。该理论认为,人们都是根据一生的全部收入来安排自己的消费支出的,即每个人在每一时点上的消费和储蓄决策都反映了其希望在生命周期各个阶段达到消费水平的理想分布,以实现一生消费效用最大化的意图。因此,每个人的消费取决于他们在整个生命期内所获得的总收入和财产。这样,消费支出就取决于人们所处的生命周期阶段和一生的全部收入。具体而言,生命周期假说将人的一生分为年轻时期、中年时期和老年时期三个阶段。年轻时期是工作获取收入之前的阶段,中年时期是工作获取收入的阶段,老年时期是退休以后的阶段。一般来说,在年轻时期,人们收入低,但因为未来收入会增加,因此,在这一阶段,往往会把收入的绝大部分用于消费,有时甚至举债消费,导致消费大于收入。进入中年时期后,家庭收入会增加,但消费在收入中所占的比例会降低,收入大于消费,因为一方面要偿还年轻时期的负债,另一方面还要把一部分收入储蓄起来用于老年时期的消费。退休以后,收入下降,消费又会超过收入。因此,在人的生命周期的不同阶段,收入在变化,消费也在变化,消费在收入中所占的比例也在变化。

生命周期假说理论不仅考察每个人的消费支出,而且把个人放入家庭环境中研究。由于组成社会的各个家庭处在不同的生命周期阶段,所以,在人口构成没有发生重大变化的情况下,从长期来看边际消费倾向是稳定的,消费支出与可支配收入和实际国民生产总值之间存在一种稳定的关系。但是,如果一个社会的人口构成比例发生变化,则边际消费倾向也会变化;如果社会上年轻人和老年人的比例增大,则消费倾向会提高;如果中年人的比例增大,则消费倾向会降低。

12.2.3　弗里德曼的持久收入假说

美国著名经济学家弗里德曼提出持久收入的消费函数理论是对消费函数研究的一个重要贡献。该理论认为,消费者的消费支出不是由其现期收入决定的,而是取决于其长期收入。也就是说,理性的消费者为了实现效应最大化,不是根据现期的暂时性收入,而是根据长期中能保持的收入水平即持久收入水平来作出消费决策的。在这一点上,持久收入假说与莫迪利安尼的生命周期假说非常相似。这一理论将人们的收入分为暂时性收入和持久性收入,并认为消费是持久收入的稳定的函数,用公式表示如下:

$$C_t = cYP_t$$

式中:C_t 为现期消费支出,c 为边际消费倾向,YP_t 为现期持久收入。

弗里德曼认为,所谓持久收入,是指消费者可以预期的长期收入,即预期在较长时期中可以维持的稳定的收入流量。持久收入大致可以根据所观察到的若干年收入的数值的加权平均数来计算。估算持久收入的计算公式是

$$YP_t = Y_{t-1} + \theta(Y_t - Y_{t-1}) = \theta Y_t + (1-\theta)Y_{t-1} \qquad (0 < \theta < 1)$$

式中:YP_t 为现期持久收入,Y_t 为现期收入,Y_{t-1} 为前期收入,θ 为加权数。该公式说明,现期的持久收入等于前期收入和两个时期收入变动的一定比率,或者说等于现期收入和前期收入的加权平均数。加权数 θ 的大小取决于人们对未来收入的预期。这种预期要根据过去的经验进行修改,称为适应性预期。如果人们认为前期和后期收入变动的时间较长,θ 就大;反之,前期和后期收入变动的时间较短,θ 就小。

根据持久收入的估算公式,持久收入假说的消费函数可以写为

$$C_t = cYP_t = c\,\theta Y_t + c(1-\theta)Y_{t-1}$$

弗里德曼认为，持久收入不仅包括劳动收入，而且还包括财产收入。因此，持久收入假说理论认为，消费不仅取决于收入，而且还取决于财产，这一点与生命周期假说理论相同。把收入分为持久性收入和暂时性收入，从而把收入变动分为持久性收入变动和暂时性收入变动是持久收入函数理论假说的贡献。这一区别既解释了短期消费函数的波动，又解释了长期消费函数的稳定性。这一理论认为，在长期中，持久性收入是稳定的，所以消费函数是稳定的。暂时性收入变动通过对持久性收入变动的影响而影响消费，所以短期中暂时性收入的变动会引起消费波动。

【经济学小贴士 12-2】 弗里德曼的货币主义

货币主义的兴起与第二次世界大战后资本主义各国的经济形势变化有着极为密切的关系。第二次世界大战后，凯恩斯主义的扩张性财政政策和货币政策对于刺激资本主义的发展、缓和经济危机起到了很大的作用，但同时也引起了长期持续的通货膨胀。到了20世纪60年代末，美国的通货膨胀急剧发展，出现了经济停滞和通货膨胀并发的“滞涨”局面。正是在这一背景下，货币主义在英美等国异军突起。他们打着现代货币数量说的旗号，吹捧货币的重要作用，主张采取控制货币数量的金融政策以消除通货膨胀，保证经济的正常发展，以此与凯恩斯学派相抗衡，并自称凯恩斯革命的反革命。货币主义以美国经济学家弗里德曼为代表，弗里德曼也因此获得了1976年的诺贝尔经济学奖。

12.3 影响消费的其他因素

本节的消费函数只强调了收入对消费的影响，而没有考虑其他因素对收入的影响。实际上，除收入外，还有其他一些因素的变化也会对消费者的消费支出及对边际消费倾向产生影响。西方经济学认为，下述一些因素也会对消费支出及边际消费倾向产生重要影响。

1. 利率

在凯恩斯经济学之前，利率一直被西方经济学者看成是影响消费的一个重要因素。传统经济学认为，利率的提高会导致储蓄增加，在收入一定时，消费就会减少；反之，消费就会增加。凯恩斯建立自己的消费函数之后，收入决定消费的理论逐渐成为主流。但不可否认，利率变化会对储蓄产生相应的影响，利率提高可以增加收入，一般来说，人们会考虑增加储蓄和减少消费。但是，相对于收入的变动来说，利率的变动对消费的影响已不再是主要影响。

2. 价格水平

价格水平的变化对消费支出的影响，主要是通过价格水平的变化对实际收入的影响来实现的。一般来说，在货币收入不变的情况下，实际收入的变化与价格水平的变化成反比。当价格水平提高时，同样的货币收入，实际收入会下降，这时会减少消费支出；当价格水平降低时，同样的货币收入，实际收入会上升，这时会增加消费支出。凯恩斯还提出了“货币工资幻觉”的理论，这一理论认为，在货币收入与价格水平保持同比例提高的情况下，虽然消费者的实际收入并没有发生变化，但消费者往往只注意到了货币收入的增加，而忽视了实际收入水平没有发生变化，误以为自己的实际收入增加了，导致消费支出增加，进而使消费倾向提高。

3. 收入分配

由于边际消费倾向递减的原因，不同收入水平的消费者的边际消费倾向的高低是不相同的,低收入者边际消费倾向高,高收入者边际消费倾向低。因此,国民收入分配的均等状况对边际消费倾向有较大影响。如果该国大多数财富集中到少数富人手中,则该国消费水平较低;如果该国财富的分配状况很平均,则该国消费水平较高。因此,改善收入分配状况有利于刺激消费,提高消费支出。

4. 预期

产生于20世纪60年代的理性预期学派进一步提出和强调了预期对消费的重要影响。这一学派的著名经济学家霍尔提出的理性预期的消费函数理论已受到了越来越广泛的关注。

理性预期的消费函数理论认为,消费取决于收入和财产,财产取决于所有的未来收入,未来收入越多的人也就越富有。人们并不知道他未来可以获得多少收入,但他必须作出现期消费决策,为此,他就必须形成有关未来收入的预期。理性预期学派认为,人们通过利用所有可以得到的信息,可以对未来的收入和财产作出合乎理性的预期,即使其预期值与未来的实际值相一致。人们根据这种对未来收入的预期来作出消费计划和消费决策,由于对未来收入的预期是理性的,因此,根据这种预期所作出的消费计划可以达到在未来时期他们认为最好的消费配置。这种根据理性预期而作出的消费计划就是长期消费函数稳定的原因。

理性预期的消费函数理论,预期也会发生变化,但预期的变化只与信息的变化相关,这种引起预期变化的信息就是以前所没有掌握的新信息。信息的获得是随机的,因此,人们对未来收入和财产的估计也会发生随机性变化。由于消费计划是根据对未来收入和财产的预期作出的,所以,消费计划也会发生随机性变动,这就是短期消费函数波动的原因。

12.4　投资理论

投资支出作为有效需求的一个重要部分,在宏观经济学中具有重要的地位,本节就针对投资进行详细的分析。

12.4.1　投资支出与资本边际效率

投资支出也叫资本形成,是指在一定社会的实际资本的增加,包括厂房、设备和存货的增加以及住宅的建设等,通常人们购买证券、土地和其他财产以期增值的行为不是经济学意义上的投资。

是否进行投资取决于投资支出的收益与投资支出的成本相互比较。投资支出收益由资本边际效率决定,投资支出的成本由市场利率决定。投资使用的无论是自有资金还是借入资金,都要以市场利率计算成本。当投资支出的收益大于成本时,投资是值得的;反之,投资就不值得。因此,在决定投资的诸因素中,资本边际效率是首要因素。

根据凯恩斯的定义,资本边际效率是一种贴现率或折扣率,这种贴现率或折扣率正好使一项资本品在使用期限内各预期收益的现值等于这项资本品的成本或供给价格。或者说,资本边际效率是指最有利的资本品每增加一个单位时,从新增一项资本资产的预期收益与这项资本资产的供给价格的比率,即是增加一项资本资产的预期收益与这项资本资产的供给价格的比率。

资本边际效率等于一个贴现率。当投资者增加一项固定投资后,总是希望从它各年生产的产品中取得一系列的未来收益,即要预先知道增加的这项资本品的寿命终结时各年所能得到的收益总和。投资者衡量增加这笔投资是否有利的依据，首先要看这项资产的预期收益超过这项资产的供给价格的比率如何。但这项资产以后各年的预期收益是属于未来的收益，要等到将来才能取得。因此，用未来收益同这项资产的供给价格进行比较时必须先把它们折成现值，这样才能知道折成现值的未来收益是大于、小于还是等于其供给价格。根据凯恩斯的定义，把一项资本资产在它的有效期内的各年收益按某一贴现率折为现值后，正好等于这项资本资产的供给价格，则这一贴现率就是这项资本资产的边际效率。例如，假定某企业增加一项投资支出，设备的使用寿命是三年，如果各年按 10% 的贴现率把这项投资支出在三年中预期可以得到的收益折为现值后的总和正好等于这项投资支出的成本，那么它的边际效率就是 10%。如果各年的收益较大，要分别按 20% 的贴现率折成现值，各年收益的总和才与这项投资支出的供给价格相等，那么这项资产的边际效率就是 20%。

计算时一般使用复利计算公式。计算货币终值考虑复利时的公式为：$R_n = R_0(1+r)^n$。其中，R_0 表示本金，r 表示利率，n 表示年份，R_n 表示第 n 年末的本利和。计算货币现值公式为：$R_0 = \frac{R_n}{(1+r)^n}$。这一公式可用于计算投资。例如，假定某企业进行一笔投资，供给价格为 300 万元，预期收益率为 10%，使用寿命为两年，预期第一年收益 110 万元，第二年收益为 242 万元，那么两年后所得收益的现值可根据本利和公式求出。第一年后所得 110 万元收益的现值为：$R_0 = \frac{R_1}{1+r} = \frac{110}{1+10\%} = 100$(万元)。同理，第二年后所得的 242 万元收益的现值按复利率计算为：$R_0 = \frac{R_2}{(1+r)^2} = \frac{242}{(1+10\%)^2} = 200$(万元)。根据定义，全部预期收益的贴现价值之和为第一年收益现值 100 万元和第二年收益现值 200 万元，应等于这笔投资支出的供给价格 300 万元。因此，这个 10% 的贴现率就等于这项投资的资本边际效率。

如果假定新增一项资本的使用寿命为 n 年，每年各收回 $R_1, R_2, R_3, \cdots, R_n$ 的预期收益，r 为贴现率或资本边际效率，则这项资产的总预期收益折为现值或这项资本资产的供给价格应为

$$R = \frac{R_1}{1+r} + \frac{R_2}{(1+r)^2} + \frac{R_3}{(1+r)^3} + \cdots + \frac{R_n}{(1+r)^n}$$

从上式可知，由于资产的供给价格一般是知道的，只要各年预期收益能估算出来就能算出 r。显然 r 的数值取决于资本物品供给价格和预期收益，预算收益既定时，供给价格越高，r 越小，而供给价格既定时，预期收益越大，r 越大。

前面提到的凯恩斯三大心理规律之一就是资本边际效率递减，即任何一项资本资产的边际效率都会随着投资数量的不断增加而递减。这是因为：一方面，随着投资的增加，对资本设备的需求扩大，也就使资本设备的价格上升，资本设备的供给价格上升为添置资本设备付出的成本相应提高，投资的预期利润率将下降；另一方面，随着投资的不断增加，未来生产的产品数量增多，供过于求，因而会使产品价格降低，或者不能销出所有产品，从而使投资的预期收益下降。结果使预期利润率或资本边际效率递减。而资本边际效率递减，反过来又使投资者减少投资，这就使得资本社会对资本品的需求不足，从而使有效需求不足，导致经济危机和失业。

资本边际效率的高低是同利率比较而言的。投资者之所以愿意投资，是因为资本边际效

率高于利率。当资本边际效率高于利率时，投资者购买资本品所获得的收益将大于放款所得到的利息。只要资本边际效率高于利率，投资会继续增加，直到资本边际效率和利率相等为止。

12.4.2　投资函数和投资曲线

在投资的预期利润率既定时企业是否进行投资取决于利率的高低，利率上升时投资需求量就会减少，利率下降时投资需求量就会增加。这是因为，企业用于投资的资金多半是借来的，利息是投资的成本。即使投资的资金是自有的，投资者也会把利息看成是投资的机会成本，即本来可以把资金存入银行获取利息，但投资后就得不到利息，从而把利息当作投资的成本。因此，利率上升时，投资支出就会下降，投资者自然就会减少对投资物品(如机器设备等)的购买；相反，利率下降，投资支出就会上升，投资者自然会增加对投资品的购买。但是，有个特例就是利率下降到足够低的水平，投资成本极低，企业投资的意愿强烈，对资金需求量大，这时由于“流动性偏好”的存在，人们宁愿持有流动性更强的现金也不愿把资金存入金融机构，这样金融机构在非常低的利率下，无法提供足够的资金供投资者投资，只有提高利率，一方面吸引资金，另一方面抑制投资需求。总之，由于流动性偏好的存在，在利率下降到一定程度已无法刺激投资支出的增加。这样，作为三大心理规律之一的流动性偏好也在抑制投资支出，进而抑制有效需求。

正是由于投资与利率的相互关系，我们可以很清楚地知道利率决定投资的数量。在实际生活中，每一个企业都会面临一些可供选择的投资项目，每一个投资项目的资本边际效率是不一样的，如果我们已经知道这些投资项目的资本边际效率，那么只要和利率相比较，就可以确定投资的数量。例如，假定某企业有可供选择的三个投资项目，其中，项目 A 的投资量为 100 万美元，资本边际效率为 15%，项目 B 的投资量为 200 万美元，资本边际效率为 10%，项目 C 的投资量为 300 万美元，资本边际效率为 5%，如图 12－3 所示。

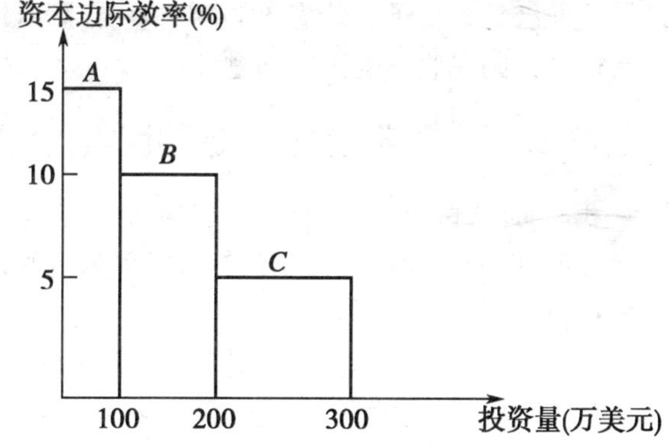

图 12－3　投资项目的选择

可以看出，如果市场利率大于 15%，没有项目值得投资；如果市场利率大于 10% 且小于等于 15%，只有 A 项目值得投资，投资总额为 100 万美元；如果市场利率大于 5% 且小于等于 10%，项目 A 和 B 可以同时投资，投资总额为 300 万美元；如果市场利率降到 5% 或 5% 以下，则项目 C 也值得投资，投资总额可达 600 万美元。可见，对于这个企业来说，利率越低，投资需求量就越大。

在资本边际效率既定的情况下，一个企业的投资与利率存在反向变化的关系，对于整个经济来说显然也是如此。投资与利率之间的这种关系称为投资函数，可表示为

$$I = I(r)$$

式中：I 表示投资额，r 表示利率，它们之间是反向关系。

或写为

$$I = I_0 - dr$$

式中：I_0 表示利率 r 为零时的投资量，称自发投资，确切地说是不受利率影响的最大投资额；d 是投资系数，表示利率每上升或下降一个百分点，投资会减少或增加的数量，可称为利率对投资需求的影响系数或投资需求的利率敏感系数。由于投资是利率的反向函数，所以投资系数前为负号。

有了前面的介绍就可以作出投资曲线。图 12-3 介绍的是三个投资项目的选择，实际上，整个经济中的投资项目有无数个，无数个投资项目就可以把图 12-3 抹平为一条平滑的曲线。为了研究的方面，可以假定该平滑曲线为一条负斜率的线性曲线，图 12-4 就是我们要找的投资曲线。其中，纵轴为利率，用 r 表示，横轴为投资，用 I 表示，负斜率曲线即为投资函数 $I = I_0 - dr$。图 12-4 表明，当利率较高时投资量减少，而当利率降低时投资量增加。

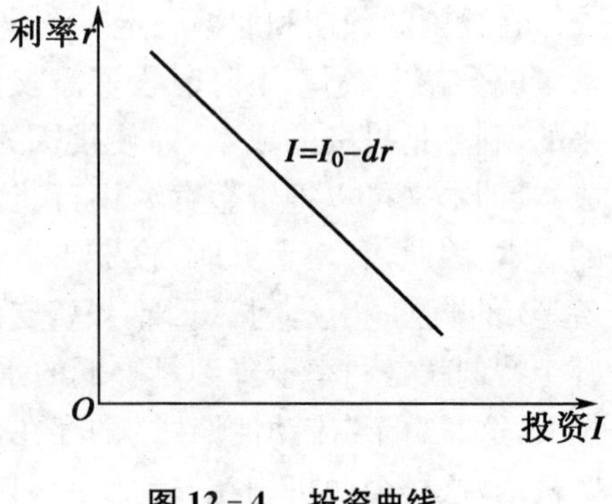

图 12-4　投资曲线

12.5　国民收入的决定

一个国家产出的大小决定了国民生产总值的大小，而产出又是由有效需求决定的。前面几节我们已经认识了有效需求的两个重要部分，即消费支出和投资支出。本节就是在此基础上具体讨论国民收入的决定问题。

12.5.1　两部门模型中的国民收入决定

我们对两部门模型已有了初步的认识，这里不再赘述。虽然两部门经济在现实生活中是不存在的，但简单模型有助于我们进行深入理解。本节首先在两部门模型基础上阐述国民收入的决定。

1. 国民收入的决定——使用消费函数决定国民收入

从两部门模型中可知：只要企业从家庭购入生产要素，就会全部用来生产。那么，家庭总收入和企业总产出在任何时候都相等。前面我们知道在不存在三大心理规律的条件下，居民的总收入会全部转化为总支出（消费支出和投资支出），这就保证了总产出、总收入和总支出三者相等，即总产出 = 总收入 = 总支出。但现实是由于三大心理规律的存在，在总收入不变的情况下，居民的消费支出和投资支出会下降，致使总支出下降，居民的部分总收入无法转化为总支出，企业总产出就会有部分卖不出去，下期企业就会减少产出。可以直接认为总产出就是由居民的总支出决定的。一般来说，总产出可以称为总供给，总支出可以称为总需求，当总供给与总需求相等时就可以得出均衡的国民收入。由于总供给就是总产出，我们使用 Y 表示。而总需求就是总支出，包括消费支出和投资支出两个部分。消费支出用 C 表示，投资支出用 I 表示。要想求得均衡的国民收入，只要使总产出 Y 与消费支出 C 和投资支出 I 之和相等即可，即 $Y=C+I$。为使分析简化，在国民收入决定的简单模型中，假定投资是一个固定的量，不随国民收入水平而变化，即投资为自发的计划投资，为一常数，$I = I_0$。根据这一假定，把均衡国民收入的等式与消费函数结合起来，建立联立方程组，就可求出具体的均衡国民收入。求解过程如下：

$$Y = C + I$$
$$C = C_0 + cY$$
$$I = I_0$$

解联立方程，就得到均衡的国民收入。这时要注意，消费函数中的 Y 为总收入，而均衡国民收入等式中的 Y 为总产出。两者为何在此可以一致，这个问题在前面已提到过。在两部门模型中，企业只要购买了家庭的要素就会全部用来生产，家庭出售要素得到的总收入必定和企业的总产出相等，因此，在这里两者一致。均衡国民收入等式如下：

$$Y = \frac{C_0 + I_0}{1-c} = \frac{1}{1-c}(C_0 + I_0)$$

上式表明，如果知道了消费函数和投资量，就可得到均衡的国民收入。例如，假定消费函数 $C = 600 + 0.8Y$，自发性投资支出为 1 400 亿美元，带入均衡国民收入等式 $Y = C + I$，则均衡收入：$Y = \frac{600 + 1\,400}{1 - 0.8} = 10\,000$(亿美元)。

在经济学中，图形分析是简洁和直观的分析工具，这里同样可以用图形分析均衡国民收入的决定。由于在总需求中，假设投资支出为一常数，那么，真正对均衡图形有影响的是消费函数，消费曲线在前面已经作出，在此基础上加入投资支出，就可得到总需求曲线，总供给和总收入相一致，只要在图形中找到总收入和总需求相等的点，就可以相应的找到均衡国民收入。现在我们使用 45° 线模型详细分析，如图 12－5 所示。

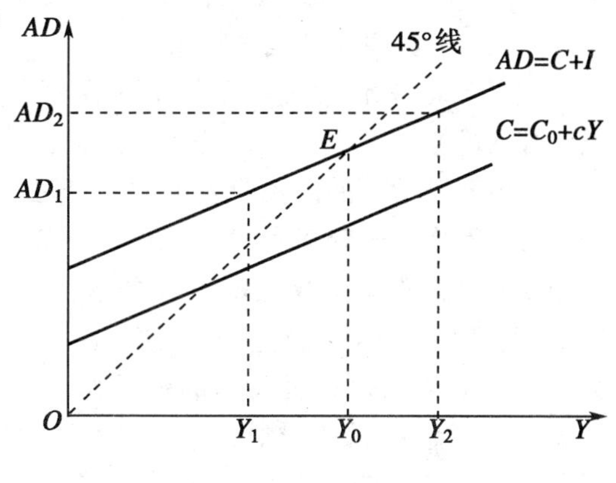

图 12－5　45° 线模型

横轴表示总供给 Y(总收入)，纵轴表示总需求 AD，消费曲线仍使用凯恩斯的线性消费曲线。在此基础上，由于投资为一常数，总需求曲线就可以通过直接把消费曲线向上平移得到，即 $AD = C + I$ 曲线，平移的距离就是投资额，即 I。总需求曲线与 45° 线交于 E 点，由于 45° 线的特殊性，E 点表示总需求和总供给相等，E 点所对应的总供给或总需求就是均衡国民收入，均衡国民收入用 Y_0 表示。现在看非均衡状态是如何达到均衡状态的。当总供给小于 Y_0，处在 Y_1 时，总需求为 AD_1，总需求大于总供给，这时厂商会动用正常存货来满足总需求，正常存货的减少向厂商提供一个信号，即市场需求较高，下期生产可以增加，于是厂商开始增加雇用工人，总产出开始一期一期地增加，最终总需求被总供给满足，达到均衡状态 E。当总供给大于 Y_0，处于 Y_2 时，总需求为 AD_2，总需求小于总供给，这时厂商的正常存货会增加，同样给厂商发出一个信号，即市场需求较低，下期要减产，于是厂商开始解雇工人，产出开始一期一期地减少，最终达到均衡状态 E。

2. 使用储蓄函数决定的均衡的国民收入

由于收入可以划分为消费和储蓄，消费支出和投资支出能够决定均衡的国民收入，那么，均衡的国民收入也可以使用储蓄和投资支出来决定。具体来看，储蓄函数为 $S = -C_0 +$

$(1-c)Y$，而国民收入的均衡条件又可以设定为计划的投资等于计划的储蓄，即 $I=S$。同时，仍然假定投资为自发性投资，即 $I=I_0$，将上述三式建立联立方程组，即可求出均衡的国民收入：

$$
\begin{aligned}
I &= S \\
S &= -C_0+(1-c)Y \\
I &= I_0
\end{aligned}
$$

解方程组同样可求得均衡的国民收入为

$$Y=\frac{C_0+I_0}{1-c}$$

3. 通货膨胀缺口与通货紧缩缺口

微观经济学告诉我们，生产中使用的两种基本的要素是资本和劳动。西方国家经过长期的资本积累，资本相对于劳动供给非常充裕，劳动供给相对于资本供给较稀缺，在这种资源禀赋下，只要保证劳动的充分使用，就可以保证产出达到最大，因此，经济学中追求的最优国民收入就是充分就业的国民收入。

我们知道，总供给等于总需求（或储蓄等于投资）时的国民收入，就是均衡的国民收入，但这种均衡的国民收入未必就是充分就业的国民收入。

所谓充分就业的国民收入，就是一国的所有资源都得到充分利用时（主要保证劳动充分就业时）的国民收入即潜在的国民收入。在一定时期内，一国充分就业的国民收入水平是既定不变的，而均衡的国民收入水平却依有效需求（总需求等于总供给时的总需求）而定，它可能小于、大于或等于充分就业的国民收入水平，如图 12－6 所示。

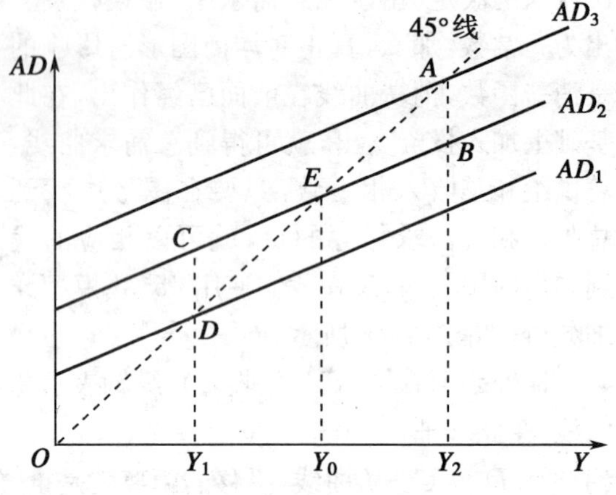

图 12－6　通货膨胀缺口与通货紧缩缺口

在图12-6中假设 AD_2 是目前的总需求曲线，与 45°线交于 E 点，决定的均衡国民收入为 Y_0。当 Y_0 就是充分就业的国民收入时，则经济处在最优状态。当 Y_0 小于充分就业的国民收入，充分就业的国民收入在 Y_2 处，而且目前的经济水平正是在 Y_2，这时总供给大于总需求，总供给为 AY_2，总需求为 BY_2，$AY_2>BY_2$，总供给超过总需求的部分为 AB，称为“通货紧缩缺口”(Deflationary Gap)，即表示厂商正常存货的增加，产品卖不出去。这时厂商会解雇工人，减少生产，最终达到均衡国民收入 Y_0，因此 GDP 下降。政府为了阻止这种事情发生，该如何做?图 12－6 显示，要使均衡的国民收入维持在充分就业的国民收入 Y_2 上，唯一的办法就是增加总需求，使总需求曲线由原来的 AD_2 移动至 AD_3。在两部门模型中，由于总需求是由消费支出和投资支出共同决定的，因此可以通过刺激消费和投资增加总需求，一旦把政府考虑进去，就变为三部门模型，政府可以通过政府购买直接增加总需求，使总需求曲线上移至 AD_3。当 Y_0 大于充分就业的国民收入，充分就业的国民收入在 Y_1 处时，而且目前的经济水平处在 Y_1，这时总供给小于总需求，总供给为 DY_1，总需求为 CY_1，$CY_1>DY_1$，总需求超过总供给的部分为 CD,称为“通货膨胀缺口”(Inflationary Gap),即表示厂商正常存货的减少,产品供不应求。这时厂商会雇用更多的工人,增加生产,最终达到均衡国民收入 Y_0,因此 GDP 上升。同样,政府为了避免经济过热,要使均衡的国民收入维持在充分就业的国民收入 Y_1,唯一的办法就是减少总需求,使总需求曲线由原来的 AD_2 移动至 AD_1。在两部门模型中,由于总需求是由消费支出和投资支出共同决定的,因此可以通过抑制消费和投资增加总需求。但在三部门模型中,政府可以通过增加税收,减少家庭收入,进而减少家庭的消费支出和储蓄,使总需求曲线下移至 AD_1。

12.5.2　三部门模型中国民收入的决定

两部门模型是最基本的国民收入决定分析框架,现在在两部门模型中加入政府部门,构成三部门模型,政府在此的作用有两个方面:一是通过政府购买直接改变总需求,增加政府购买则增加总需求,减少政府购买则降低总需求,政府购买用 G 表示;二是通过税收改变家庭收入,进而影响消费支出,增加税收则家庭收入减少,消费支出下降则总需求下降,减少税收则家庭收入增加,消费支出上升则总需求增加,税收用 T 表示。

在三部门模型中,国民收入的均衡条件仍然是

$$总供给 = 总需求$$

根据上面的分析,总供给并没有因为政府部门的出现而发生变化,而总需求却受到政府购买和政府税收的影响,总供给仍用 Y 表示,总需求变为了消费支出 C、投资支出 I 和政府购买 G,那么,三部门经济中均衡国民收入可按照 $Y = C + I + G$ 的方法来决定。

需要说明的是,这里税收是对收入的影响,直接反映到 Y 中。根据消费函数,可以知道消费支出是受收入决定,一旦出现税收,家庭就要把税收从收入中减去,用剩余的收入决定消费支出,这时消费函数就发生了变化,消费支出变为受可支配收入的决定,消费函数变为 $C = C_0 + cY_d$,其中 $Y_d = Y - T$,而且由于税收有定量税和比例所得税之分,不同的税收形式对均衡国民收入的决定会产生不同的影响。所谓定量税是指税收为一固定数额,税收不随收入的变化而变化,即 $T = T_0$;比例所得税则是指税收随收入的变化而变化,税收决定于边际税率和收入,即 $T = T_0 + tY$。边际税率是指收入每增加一个单位所引起的税收增加的比率,即 $t = \frac{\Delta T}{\Delta Y}$,边际税率大于零小于1,即 $0 < t < 1$。下面分别分析两种不同税收形式下均衡国民收入的决定。

1. 定量税与均衡国民收入的决定

在实行定量税情况下,假定投资和政府购买支出均为自发性需求,即 $I = I_0$,$G = G_0$,按照 $Y = C + I + G$ 的国民收入均衡原则,则三部门经济中均衡国民收入的决定模型为

$$\begin{aligned} C &= C_0 + cY_d \\ Y_d &= Y - T \\ T &= T_0 \\ I &= I_0 \\ G &= G_0 \\ Y &= C + I + G \end{aligned}$$

根据上述模型,求出的均衡国民收入为

$$Y=\frac{C_0+I_0+G_0-cT_0}{1-c}=\frac{1}{1-c}(C_0+I_0+G_0-cT_0)$$

这就是三部门经济中均衡国民收入的代数表达式。公式表明,均衡的国民收入与政府购买支出成正比,与税收成反比。

上面的公式说明,如果知道消费函数(或储蓄函数)、税收、投资和政府支出,就可求得均衡收入。

例:假定消费函数 $C=600+0.8Y$,定量税 $T=500$,$I=1\,400$,$G=400$(单位:亿美元),则均衡收入:

$$Y=\frac{600+1\,400+400-0.8\times 500}{1-0.8}=10\,000\text{(亿美元)}$$

加入政府部门后,三部门模型中的均衡国民收入决定也可用图形表示。图 12-7 表示如何用消费曲线、投资曲线和政府购买与 45° 线相交决定均衡国民收入。

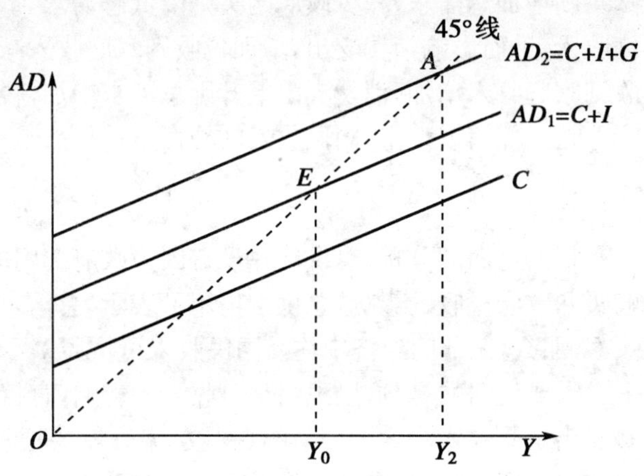

图 12-7 均衡国民收入决定

图中横轴表示总供给,纵横表示总需求,在没有政府部门的两部门模型中,总需求曲线为 AD_1,由消费支出和投资支出共同决定,均衡国民收入为 Y_0,在加入政府部门后的三部门模型,由于政府购买为一常数,总需求曲线 AD_1 向上平移至 AD_2,AD_2 与 AD_1 之间的距离就是政府购买数额。这样,在消费曲线上加投资支出,再加政府购买得到总需求曲线 $AD_2=C+I+G$。总需求曲线 AD_2 与 45° 线相交于 A 点,A 点决定的国民收入水平 Y_2 是均衡的国民收入。

2. 比例所得税与均衡国民收入的决定

在其他条件不变,仅税收不同,税收为比例所得税,即 $T=T_0+ty$ 时,则均衡国民收入决定的模型为

$$C=C_0+cY_d$$
$$Y_d=Y-T$$
$$T=T_0+tY$$
$$I=I_0$$
$$G=G_0$$
$$Y=C+I+G$$

根据上述模型,可求出均衡国民收入为

$$Y=\frac{C_0+I_0+G_0-cT_0}{1-c(1-t)}=\frac{1}{1-c(1-t)}(C_0+I_0+G_0-cT_0)$$

需要进一步说明的是，上面在分析三部门经济中均衡国民收入决定时，并没有考虑政府转移支付因素。由于政府转移支付会影响居民可支配收入，因此，在考虑政府转移支付因素，并假定政府转移支付为自发性变量的情况下，三部门经济中均衡国民收入决定模型为

$$
\begin{aligned}
&C = C_0 + cY_d \\
&Y_d = Y - T + TR \\
&TR = TR_0 \\
&T = T_0 + tY \\
&I = I_0 \\
&G = G_0 \\
&Y = C + I + G
\end{aligned}
$$

此时三部门经济中均衡国民收入为

$$Y = \frac{C_0 + I_0 + G_0 + cTR - cT_0}{1 - c(1-t)} = \frac{1}{1-c(1-t)}(C_0 + I_0 + G_0 + cTR - cT_0)$$

* 12.5.3　四部门模型中国民收入的决定

现在把三部门模型进一步扩展为四部门模型，即加入国外部门，正因为如此，四部门模型被称为开放经济条件。从已有的四部门模型中，可知国外部门的作用就是提供进口产品和吸收出口产品，这时，总供给和总需求都发生了变化，除国内提供产出外，国外部门也提供供给，对国外产品的进口用 M 表示，那么，考虑国外部门的总供给就是 $Y+M$，总需求不仅有国内部门的需求，包括消费支出、投资支出和政府购买，还有国外部门的需求，即国内产品的出口，出口用 X 表示，相应的总需求变为 $C+I+G+X$。在均衡条件依然是总供给等于总需求下，开放经济条件下的均衡国民收入的等式变为

$$Y + M = C + I + G + X$$

把 M 移到等式右边，开放经济条件下的均衡国民收入还可以用以下公式计算，即

$$Y = C + I + G + (X - M)$$

式中：$X-M$ 称作净出口，即出口减去进口。本国的出口即外国的进口，它是由外国的购买愿望和购买力所决定的，本国不能左右。因此，假定出口为外生变量，即 $X = X$。而进口则由两部分构成，一部分是自主性(自发性)进口需求，它与收入水平无关，不随收入的变动而变动，用 M_0 表示，如有关国计民生的进口产品；另一部分为引致性进口需求，它由收入水平决定，收入水平越高这部分进口需求越大。因此，进口需求函数为

$$M = M_0 + mY$$

式中：M_0 为自主性进口；m 为边际进口倾向，即收入每增加一个单位所增加的进口量，$m = \frac{\Delta M}{\Delta Y}$。

在已知进口需求函数情况下，便可以求出均衡的国民收入。

(1) 如假定税收为定量税，即 $T = T_0$，可以建立如下开放经济条件下国民收入决定模型：

$$\begin{aligned}
&Y = C + I + G + (X - M) \\
&C = C_0 + cY_d \\
&T = T_0 \\
&Y_d = Y - T_0 \\
&I = I_0 \\
&G = G_0 \\
&X = X_0 \\
&M = M_0 + mY
\end{aligned}$$

解上述方程组，可得均衡的国民收入为

$$Y = \frac{C_0 + I_0 + G_0 + X_0 - cT_0 - M_0}{1 - c + m}$$

(2) 如果税收为比例所得税，即 $T = T_0 + tY$，则开放经济条件下均衡的国民收入决定模型为

$$\begin{aligned}
&Y = C + I + G + (X - M) \\
&C = C_0 + cY_d \\
&T = T_0 + tY \\
&Y_d = (1 - t)Y - T_0 \\
&I = I_0 \\
&G = G_0 \\
&X = X_0 \\
&M = M_0 + mY
\end{aligned}$$

解上述方程组，可得均衡的国民收入为

$$Y = \frac{C_0 + I_0 + G_0 + X_0 - cT_0 - M_0}{1 - c(1 - t) + m}$$

上面的分析表明，在开放经济条件下，均衡国民收入的变动与出口成正比，与进口和边际进口倾向成反比，出口的增加会引起均衡国民收入的增加，而进口的增加和边际进口倾向的提高则会引起均衡国民收入的减少。

12.6 乘数理论

12.6.1 乘数的含义

在没有引入乘数以前，我们先考察一下两部门经济中均衡国民收入的影响因素。两部门经济中均衡国民收入的决定模型是

$$Y=\frac{a+I_0}{1-b}$$

从中可以看出,两部门经济中,均衡国民收入受到三个因素影响,即自发消费 a,边际消费倾向 b 或边际储蓄倾向 $1-b$,投资 I_0。在这三个因素中,自发消费和边际消费倾向是人们的消费行为参数,是比较稳定的,而投资则是厂商的行为参数(当然也包括居民的住房投资支出),是比较容易变动的。因此,宏观经济学非常关心计划投资的变动对均衡国民收入的影响。下面先以一个实例来说明问题:

假设消费函数 $C=80+0.8Y$,投资为 40 亿美元,则均衡收入为 600 亿美元,见下式:

$$Y=\frac{80+40}{1-0.8}=600(亿美元)$$

再假设其他因素不变,投资上升为 50 亿美元,则此时均衡国民收入为 650 亿美元,见下式:

$$Y=\frac{80+50}{1-0.8}=650(亿美元)$$

由上例可以看出,投资的增加引起了均衡国民收入的增加。具体来说,$\Delta I=60-50=10$ 亿美元,而 $\Delta Y=650-600=50$ 亿美元,$\Delta Y\div\Delta I=5$ 亿美元,也就是说国民收入的增加量是投资的增加量的 5 倍。

这里的倍数在经济学中称为乘数(Multiplier),即均衡国民收入的变化量与引起这一变动的变量的变化量之间的比率。根据这个定义,投资乘数即是国民收入的增量与投资的增量之间的比率。令 K 为投资乘数,根据定义

$$K=\Delta Y/\Delta I$$

在宏观经济学中,乘数有双重含义:一是指均衡国民收入的变化量与引起这一变动的变量的变化量之间的比率;二是特指投资乘数。

12.6.2　两部门经济中的乘数

由乘数的定义可知,乘数是衡量国民收入影响因素的变化量与国民收入变化量之间倍数关系的一个指标,那么为什么国民收入影响因素的变化会引起国民收入成倍地变化呢?下面以投资乘数为例来说明这个问题。

假定在一个两部门经济社会中,投资增加了 1 000 亿美元,边际消费倾向是 0.8,当 1 000 亿美元被用于购买投资品时,投资品生产部门得到 1 000 亿美元的收入,导致社会收入第一次增加 1 000 亿美元。由于边际消费倾向是 0.8,这增加的 1 000 亿美元中的 800 亿美元被用来购买消费品,消费品生产部门得到 800 亿美元的收入,导致社会收入第二次增加了 800 亿美元。同样,消费品生产部门也会将 800 亿美元中的 640 亿美元用于消费,导致社会收入第三次增加了 640 亿美元。以此类推,国民收入最终增加的情况如表 12-1 所示。

表 12-1 投资增加 1 000 亿美元导致的收入增量

收入增加次数	每次收入增加数量	以 $b\Delta I$ 表示的每次增量
第一次	1 000	ΔI
第二次	$1\,000\times0.8=800$	$b\Delta I$
第三次	$1\,000\times(0.8)^2=640$	$b^2\Delta I$
……	……	……
第 n 次	$1\,000\times(0.8)^{n-1}$	$b^{n-1}\Delta I$
收入总量增加	$1\,000+1\,000\times0.8+1\,000\times0.8^2+1\,000\times0.8^3\cdots$	$\Delta I+b\Delta I+b^2\Delta I+\cdots$

由表 12-1 的第二列可以计算出国民收入增量，计算过程如下：

$$\Delta Y=1\,000+1\,000\times0.8+1\,000\times0.8^2+1\,000\times0.8^3+\cdots$$
$$\Delta Y=1\,000\times(1+0.8+0.8^2+0.8^3+\cdots)$$
$$\Delta Y=1\,000\times\left(\frac{1}{1-0.8}\right)=5\,000$$

也就是说，投资增加 1 000 亿美元，最终导致国民收入增加了 5 000 亿美元，即投资乘数为 5 倍。同样，根据第三列，可以计算出国民收入增量与投资增量之间用边际消费倾向表示的倍数关系：

$$\Delta Y=\Delta I+b\Delta I+b\Delta I^2+b\Delta I^3+\cdots$$
$$\Delta Y=\Delta I\times(1+b+b^2+b^3+\cdots)$$
$$\Delta Y=\Delta I\times\left(\frac{1}{1-b}\right)$$

可见，在两部门经济中，投资乘数 $K=\frac{\Delta Y}{\Delta I}=\frac{1}{1-b}=\frac{1}{1-MPC}=\frac{1}{MPS}$。从这个公式来看，乘数大小与边际消费倾向(边际储蓄倾向) 有关，边际消费倾向越大或者说边际储蓄倾向越小，乘数就越大，投资增加带来的国民收入增量也就越大。

12.6.3 三部门经济中的乘数

三部门经济中，政府的诸多行为如购买支出、税收、转移支付等均会对国民收入产生影响，因此，在部门经济中除了投资乘数外，还有政府购买支出乘数、税收乘数、转移支付乘数和平衡预算乘数等。在三部门经济中，国民收入的决定模型是

$$Y=\frac{1}{1-b}(a-bT_0+bTR_0+I_0+G_0)$$

通过这一模型，可求得上述几个乘数。

1. 投资乘数

投资乘数是国民收入变化量与引起国民收入变化的投资变化量之间的比率。假定其他条件不变，只有投资额发生变动，则投资分别为 I_1 和 I_2 时的收入分别为 Y_1 和 Y_2，$\Delta Y=Y_1-Y_2$，$\Delta I=I_1-I_2$，投资乘数记作 K_I。

$$Y_1 = \frac{1}{1-b}(a - bT_0 + bTR_0 + I_1 + G_0)$$

$$Y_2 = \frac{1}{1-b}(a - bT_0 + bTR_0 + I_2 + G_0)$$

$$\Delta Y = Y_1 - Y_2 = \frac{1}{1-b}(I_1 - I_2) = \frac{1}{1-b}\Delta I$$

$$\Rightarrow K_I = \frac{\Delta Y}{\Delta I} = \frac{1}{1-b}$$

2. 政府购买乘数

政府购买乘数是指国民收入的变化量与引起国民收入变化的政府购买变化量之间的比率。假定其他条件不变，只有政府购买支出额发生变动，令政府购买支出分别为G_1和G_2时的收入分别为Y_1和Y_2，$\Delta Y = Y_1 - Y_2$，$\Delta G = G_1 - G_2$，投资乘数记作K_G。

$$Y_1 = \frac{1}{1-b}(a - bT_0 + bTR_0 + I_0 + G_1)$$

$$Y_2 = \frac{1}{1-b}(a - bT_0 + bTR_0 + I_0 + G_2)$$

$$\Delta Y = Y_1 - Y_2 = \frac{1}{1-b}(G_1 - G_2) = \frac{1}{1-b}\Delta G$$

$$\Rightarrow K_G = \frac{\Delta Y}{\Delta G} = \frac{1}{1-b}$$

3. 税收乘数

税收乘数是指国民收入变化量与引起这种变动的税收变化量的比率。假定其他条件不变，只有税收额发生变动，则税收分别为T_1和T_2时的收入分别为Y_1和Y_2，$\Delta Y = Y_1 - Y_2$，$\Delta T = T_1 - T_2$，税收乘数记作K_T。

$$Y_1 = \frac{1}{1-b}(a - bT_1 + bTR_0 + I_1 + G_0)$$

$$Y_2 = \frac{1}{1-b}(a - bT_2 + bTR_0 + I_2 + G_0)$$

$$\Delta Y = Y_1 - Y_2 = \frac{-b}{1-b}(T_1 - T_2) = \frac{-b}{1-b}\Delta T$$

$$\Rightarrow K_T = \frac{\Delta Y}{\Delta I} = \frac{-b}{1-b}$$

与投资乘数不同的是，税收乘数为负值。也就是说税收与国民收入是反向变动的，政府增加税收会导致国民收入减少；相反，政府减少税收会使得国民收入增加。

4. 政府转移支付乘数

所谓政府转移支付乘数是反映国民收入变化量与引起这种变动的政府转移支付变化量的比率。采用与求投资乘数、税收乘数相同的方法，可得政府转移支付乘数为

$$K_{TR} = \frac{\Delta Y}{\Delta TR} = \frac{b}{1-b}$$

可以看出，政府转移支付乘数的绝对值与税收乘数的绝对值相等，但政府转移支付乘数

为正值。也就是说，政府转移支付与国民收入正方向变动，政府转移支付增加会使得国民收入增加，政府转移支付减少会使得国民收入减少。

举例如下：假定某社会的消费函数是 $C=100+0.8YD$，投资支出 50 亿美元，政府购买支出 200 亿美元，政府税收收入 250 亿美元，政府转移支付 62.5 亿美元，求该三部门经济中的均衡国民收入和各种乘数。将已知条件代入三部门经济中均衡国民收入的决定模型，可得均衡的国民收入是 1 000 亿美元，现在根据乘数的公式求各种乘数如下：

$$K_{\mathrm{I}}=\frac{1}{1-b}=\frac{1}{1-0.8}=5$$

$$K_{\mathrm{G}}=\frac{1}{1-b}=\frac{1}{1-0.8}=5$$

$$K_{\mathrm{T}}=\frac{-b}{1-b}=\frac{-0.8}{1-0.8}=-4$$

$$K_{\mathrm{TR}}=\frac{b}{1-b}=\frac{-0.8}{1-0.8}=4$$

12.6.4 四部门经济中的乘数

采取同样的方法，再根据四部门经济中均衡国民收入的决定模型，可以得到四部门经济中各种乘数：投资乘数 K_{I}，政府购买乘数 K_{G}，税收乘数 K_{T}，政府转移支付乘数 K_{TR}，对外贸易乘数 K_{M}。其中对外贸易乘数 K_{M} 反映的是一国净出口变动对其国民收入变动的影响，是三部门经济中所没有的。

$$K_{\mathrm{I}}=\frac{1}{1-b+m}$$

$$K_{\mathrm{G}}=\frac{1}{1-b+m}$$

$$K_{\mathrm{T}}=\frac{-b}{1-b+m}$$

$$K_{\mathrm{TR}}=\frac{b}{1-b+m}$$

$$K_{\mathrm{M}}=\frac{1}{1-b+m}$$

从上述四个公式中可以看出，四部门经济的乘数与三部门经济的乘数并不相同。由于 $0<m<1$，因此，$\frac{b}{1-b}>\frac{1}{1-b+m}$。

可见，有了对外贸易以后，不仅净出口的变动，而且投资、政府支出、税收的变动对国民收入变动的影响，与封闭的三部门经济相比，也发生了变化。在三部门经济中，投资、政府购买支出增加 1 单位，国民收入增加 $\frac{1}{1-b}$ 倍数，而在四部门经济中，国民收入则增加 $\frac{1}{1-b+m}$ 倍，也就是说国民收入增加的倍数缩小了。这主要是由于增加的收入有一部分用到进口商品中了。

乘数原理提示了社会化大生产中国民经济各部门之间的相互联系和相互影响，提示了消费、投资、政府支出、税收、对外贸易、就业和收入之间的相互作用和连锁反应。但实际生活中的连锁反应效果远远没有凯恩斯主义乘数原理所描述的那样,因为实际生活中乘数作用的发挥要受到一系列因素和条件的制约。

案例 12-1　蜜蜂的寓言启发了凯恩斯:总需求决定理论

凯恩斯认为,在短期中决定经济状况的是总需求而不是总供给。这就是说,由劳动、资本和技术所决定的总供给在短期中是既定的,这样,决定经济的就是总需求。总需求决定了短期中国民收入的水平。总需求增加,国民收入增加;总需求减少,国民收入减少。

18 世纪初,英国医生孟迪维尔写了一首题为《蜜蜂的寓言》的讽喻诗,这首诗叙述了一个蜂群的兴衰史。最初,蜜蜂们追求奢侈的生活,大肆挥霍浪费,整个蜂群兴旺发达。后来它们改变了原有的习惯,崇尚节俭,结果蜂群凋敝,终于被敌手打败而逃散。

这首诗所宣扬的"浪费有功"在当时受到指责。英国中塞克斯郡大陪审团委员们就曾宣判它为"有碍公众视听的败类作品"。但在 200 多年之后,这部当时声名狼藉的作品却启发凯恩斯发动了一场经济学上的"凯恩斯革命",建立了现代宏观经济学和总需求决定理论。

在 20 世纪 30 年代之前,经济学家信奉的是萨伊定理。萨伊是 18 世纪法国经济学家,他提出供给决定需求,有供给就必然创造出需求,所以,不会存在生产过剩性经济危机。这种观点被称为萨伊定理。但 20 世纪 20 年代英国经济停滞和 30 年代全世界普遍的生产过剩和严重失业打破了萨伊定理的神话。凯恩斯在批判萨伊定理中建立了以总需求分析为中心的宏观经济学。

凯恩斯认为,在短期中决定经济状况的是总需求而不是总供给。这就是说,由劳动、资本和技术所决定的总供给在短期中是既定的,这样,决定经济的就是总需求。总需求决定了短期中国民收入的水平。总需求增加,国民收入增加;总需求减少,国民收入减少。引起 30 年代大危机的正是总需求不足,或者用凯恩斯的话来说是有效需求不足。凯恩斯把有效需求不足归咎于边际消费倾向下降引起的消费需求不足和资本边际效率(预期利润率)下降与利率下降有限度引起的投资需求不足。解决的方法则是政府用经济政策刺激总需求,包括增加政府支出的财政政策和降低利率的货币政策,凯恩斯强调的是财政政策。

在凯恩斯主义经济学中,总需求分析是中心。总需求包括消费、投资、政府购买和净出口(出口减进口)。短期中,国民收入水平由总需求决定。通货膨胀、失业、经济周期都是由总需求的变动所引起的,当总需求不足时就出现失业与衰退,当总需求过大时就出现通货膨胀与扩张。从这种理论中得出的政策主张称为需求管理,其政策工具是财政政策与货币政策。当总需求不足时,采用扩张性财政政策(增加政府各种支出和减税)与货币政策(增加货币供给量降低利率)来刺激总需求。当总需求过大时,采用紧缩性财政政策(减少政府各种支出和增税)与货币政策(减少货币供给量提高利率)来抑制总需求,这样就可以实现既无通货膨胀又无失业的经济稳定。

总需求理论的提出在经济学中被称为一场"革命"(凯恩斯革命),它改变了人们的传统观念。例如,如何看待节俭。在传统观念中,节俭是一种美德。但根据总需求理论,节俭就是减少消费。消费是总需求的一个重要组成部分,消费减少就是总需求减少。总需求减少则使国民收入减少,经济衰退。由此看来,对个人是美德的节俭,对社会却是恶行,这就是经济学家经常说的"节约的悖论"。"蜜蜂的寓言"所讲的也是这个道理。

凯恩斯重视消费的增加。1933 年当英国经济萧条时,凯恩斯曾在英国 BBC 电台号召家庭主妇多购物，称她们此举是在“拯救英国”。在《通论》中他甚至还开玩笑地建议，如果实在没有支出的方法，可以把钱埋入废弃的矿井中，然后让人去挖出来。已故的北京大学经济系教授陈岱孙曾说过，凯恩斯只是用幽默的方式鼓励人们多消费，并非真的让你这样做。但增加需求支出以刺激经济则是凯恩斯本人和凯恩斯主义者的一贯思想。

那么，这种对传统节俭思想的否定正确与否呢？还是要具体问题具体分析。生产的目的是消费，消费对生产有促进作用，这是人人都承认的。凯恩斯主义的总需求分析是针对短期内总需求不足的情况，在这种情况下刺激总需求当然是正确的。一味提倡节俭，穿衣服都“新三年旧三年缝缝补补又三年”，纺织工业还有活路吗？这些年当我国经济面临需求不足时政府也在努力寻求新的消费热点，说明这种理论不无道理。

当然，这种刺激总需求的理论与政策并不是普遍真理。起码在两种情况下，这种理论并不适用。其一是短期中当总供给已等于甚至大于总需求时再增加总需求会引发需求拉动的通货膨胀；其二是在长期中，资本积累是经济增长的基本条件，资本来自储蓄，要储蓄就要减少消费，并把储蓄变为另一种需求——投资需求。这时提倡节俭就有意义了。

凯恩斯主义总需求理论的另一个意义是打破了市场机制调节完善的神话，肯定了政府干预在稳定经济中的重要作用。战后各国政府在对经济的宏观调控中尽管犯过一些错误，但总体上还是起到了稳定经济的作用。战后经济周期性波动程度比战前小，而且没有出现30年代那样的大萧条就充分证明了这一点。

世界上没有什么放之四海而皆准的真理，一切真理都是具体的、相对的、有条件的，只有从这个角度去认识凯恩斯主义的总需求理论才能得出正确的结论。其实就连“蜜蜂的寓言”这样看似荒唐的故事中不也包含了真理的成分吗？

思考题：

1. “蜜蜂的寓言”说明了什么？

2. 除了消费之外，还有什么能拉动经济？

案例 12-2 做大乘数

面对通货紧缩和亚洲等地区金融危机的负面影响，中央政府正确地采取了扩大内需和避免风险的基本对策。然而，尽管扩张性宏观政策的力度很大，但是带动作用却非常有限，连续降息并没有刺激股市，财政扩张也只使国有部门的投资有所增长，而统计资料显示，1998年非国有部门的投资呈负增长。这是怎么回事呢？

我们现在采取的宏观经济政策倾向被称为凯恩斯主义。凯恩斯是个英国贵族，也是个经济学家。在他学术生涯的巅峰时期，正好(不巧)赶上了1929年至1933年的世界大萧条。他提出的救治方案就是扩张性的宏观经济政策，包括货币政策，即降低利率；也包括财政政策，主要是赤字政策和公共工程。但是这些政策之所以被称为政策，而不是政府的单打独斗，就意味着它要在社会上产生连锁反应，使效果数倍甚至数十倍于政府的努力。为了解释这样的效果，凯恩斯提出了“投资乘数”的概念。意思是说，当政府比正常情况新增一笔公共工程的投资时，由于该工程要雇用工人和购买设备与原材料，就要支付工资和贷款；而贷款也最后会变成生产设备和原材料的工人的工资。因此投资会引致消费，消费支出又会变成生产消费品的工人收入，即消费又会引致新的消费。如此循环往复，一笔投资就会变成数倍于这笔投资的需求，这个倍数就是乘数。一个扩张的财政政策的直接效果，就是财政扩张的数额乘以“投资乘数”。由于这是凯恩斯最早提出来的，所以又称为“凯恩斯乘数”。

后来，乘数概念在经济学中泛滥，又有人提出“存款乘数”。意思是说，当银行新增一笔存款时，银行会扣掉一定比率的准备金，然后再把它贷出去；获得贷款的企业或者用来支付货款，或者暂时存入银行，无论如何，都会又回到银行；银行仍旧按上面的办法处理。如此循环，也会使这笔新增存款“创造”出数倍于原来的存款。这个倍数就是“存款乘数”。

有趣的是，以上所说的“投资乘数”，今天正好对应于财政政策；而“存款乘数”正好对应于今天的货币政策，因为所谓“新增存款”是降息所致。当我们讨论或预测政策效果时，有两个简单的因素：一个是政策本身的力度；一个是“乘数”。当政策没有达到预期的效果时，我们既可以说是政策的力度不够，又可以说是乘数不大。经济学家自然可以讨论政策力度问题，但这更多的是政府的事情；并且无论是财政政策，还是货币政策，都是有很多的约束条件的，不是可以任意使用的。例如，财政的首要功能是筹措公共物品的资源，当财政本身吃紧时，发挥政策作用的余地就很小，更为积极的因素是“乘数”。

毫无疑问，在政策力度一定的情况下，如果政策效应较小，就意味着乘数较小。而又是什么决定乘数呢？在前面的讨论中可以注意到，无论是“投资乘数”还是“存款乘数”，其产生和大小都和经济活动及其频率相关。具体来说，就是商品交易的频率和金融交易的频率。交易频率高，也可以说是交易效率高。这就涉及市场的发育和成熟程度了。在我国，市场制度刚刚建立不久，信用不足，也缺乏效率，所以交易效率就会较低，交易速度就会较慢，在有些时候，交易甚至会受阻。一旦交易缓慢或受阻，形成乘数的循环就会较少，乘数也自然会很小。

事情还不仅仅如此。政策力度与乘数之间也不是简单的相乘关系，有时两者会互相冲突。政府政策相对于经济制度也并非中性，它经常会产生“体制效应”，即政策本身会对经济制度产生影响。这就存在一种可能性，即扩张性的宏观经济政策会导致负面的体制效应，损害市场制度的改进和完善，结果会使乘数变小。例如，为了筹措更多的财政资源以支持扩张性的财政政策，政府扩大了对市场的管制范围，结果损害了市场的效率；又如，为了避免金融风险，政府采取了过分保守的金融管制政策，会使问题走向另一个极端，导致金融体系效率降低，存款—贷款的循环甚至会被中断，“存款乘数”就会变小。

既然我们面对的是乘数太小的问题，那么我们的任务就是要把乘数做大。做大乘数的方法，就是继续进行市场化的制度变革，使初步建立起来的市场制度变得更有效率。既然政府政策会产生“体制效应”，那么我们的目标就是变负效应为正效应。在财政方面，既然大量亏损的国有企业是财政的“鸡肋”，进行企业并购和产权交易。就是具有制度变革特征的、缓解财政危机的手段；在公共工程方面，打破国有部门独揽项目的局面，让非国有企业参与公平竞标，则是扩展市场规则的又一契机；在货币政策方面，只有将中央银行的再贷款利率与商业银行的市场利率分开，才能更有效地使政策发挥作用，同时又使我国的货币体系向着市场化的方向迈进一步；即使是财政政策手段，如发行政府债券，也可以用来促进金融市场的发展，如利用政府债券支撑起证券市场的交易。

当然，除了短期手段外，乘数变大是一个漫长的过程。但这并不意味着政府可以忽视这个对政策效果举足轻重的变量。一个明智而有效的政府更应注重借用经济制度本身的力量，在推行短期的宏观经济政策时，不应伤及那个会使政策效应更为显著的制度基础，同时为了社会与国家长远着想，不应忘记改进使政府显得更有效的市场体系，至少在政府制定政策的视野内，它的名字叫“乘数”。

思考题：

1. 什么是乘数？

2. 除了上述乘数外，还有什么样的乘数？

案例 12-3 中国人攒钱美国人花：专家剖析中美储蓄水平差别

美国耶鲁大学经济学教授罗伯特-希勒撰文分析了中美储蓄水平不断拉大的原因，认为中国人爱攒钱，美国人爱花钱，今后这一情况可能会有所变化。

据俄罗斯《公报》报道，希勒教授指出，中国人不会一下子花掉所有的钱，中国的储蓄标准，即不用于消费的GDP比例，包括国家和私人储蓄，约高达50%，是大国中最高的，美国约为10%，是大国中最低的。储蓄水平的差别非常重要，这可能是中国经济高速增长极为重要的原因，如果人们把一半的收入存起来，那么经济中会形成巨大的投资资源，促进经济增长。这是一个自己给自己“充电”的体系：经济迅速增长促使积蓄增加，积蓄增加反过来支持经济迅速增长。

几十年来，中美储蓄标准的差别不断扩大。20世纪80年代初，中国储蓄水平高出(美国)一倍，现在高出四倍，为什么会这样？希勒教授指出，遗憾的是，对积累水平的解释不是精密科学，这对一些国家来说很简单：石油多储蓄就多，内部危机和冲突多储蓄就少。但这些简单的经济规律无法解释中美差别为什么会如此之大。

中国人大量存款可以部分解释为社会对保险和教育体系的信任度下降，不愿单纯依靠年老时的退休金，同时也是因为对工作岗位不稳定性的感觉加强，但这不是独有的因素，美国和其他国家也面临同样的问题。或许，多年沿袭下来的传统能更好地解释中国高储蓄水平现象的原因：当收入迅速增加时存款会变得更为简单。人们还没来得及适应更高水平的生活，而且他们积极对待国家鼓励储蓄的政策。

另外，中国积累增长始于1979年，当年制定了一个家庭只要一个孩子的计划生育政策，防止人口爆炸。诺贝尔经济学奖得主莫迪利亚尼认为，储蓄率的增长和出生率下降同步发生表明中国人的投资核心不再是孩子，而是资本。但是，收入增加和人口出生率下降并不能提供所有问题的答案，因为其他发展中国家收入也在增加，人口出生率也在下降，但只有中国的“储蓄—增长—储蓄”的良性发展模式最为成功。

显然，在中美之间还有历史经验的差别问题。第一，中国人比美国人更信任自己国家的领导人。来自世界价值调查机构的数据表明，96.7%的中国人相信自己的政府，美国只有37.3%。83.5%的中国人深信政府是在为全国人民的福利而不是几个特权集团的利益而工作，而只有36.7%的美国人持这种观点。因此，中国政府和企业能够顺利通过并落实旨在促进储蓄和经济增长的战略。第二，两国贫富差距现象都在发展，但中国人和美国人对此的态度截然不同。美国人认为穷人忍受现状是可耻的，美国文明根本不能帮助穷人保持自尊；中国人认为自己的个人状况只是过渡阶段的暂时现象，认为只要自己的儿孙将来能够富有或取得成功就会很幸福。

希勒教授认为，中美储蓄水平较大差别今后可能会不断缩小。在美国，个人和家庭收入是秘密；在中国，特别是在农村，人们乐于谈论彼此的收入。现在，越来越多的中国人开始买新款汽车和时尚衣饰。今后，随着现在出生的新一代中国人群的不断长大，消费观念会发生较大变化，存款会大幅减少，中美之间的储蓄差别会不断缩小。

思考题：

中美的储蓄差别为什么会如此之大？这样大的储蓄差别会造成什么样的结果？

强化练习题

一、单项选择题

1. 在 45°线模型中，投资增加将使均衡国民收入(　　)。

A. 增加，且收入的增加量等于投资的增加量　B. 减少，且收入的减少量等于收入的增加量

C. 增加，且收入的增加量多于投资的增加量　D. 减少，且收入的减少量多于收入的增加量

2. 消费函数 $C=C_0+cY_d(C_0>0,0<c<1)$ 表明平均消费倾向随着可支配收入 Y_d 的增加而(　　)。

A. 递减　B. 递增　C. 不变　D. 先递减然后递增

3. 储蓄函数 $S=S_0+sY_d(S_0<0,0<s<1)$ 表明，平均储蓄倾向随着可支配收入 Y_d 的增加而(　　)。

A. 递减　B. 递增　C. 不变　D. 先递减然后递增

4. 在 45°线模型中，如果政府支出增加，那么均衡 GDP 将(　　)。

A. 减少，但其减少量小于政府支出的增加量　B. 减少，但其减少量多于政府支出的增加量

C. 增加，其增加量小于政府支出的增加量　D. 增加，其增加量多于政府支出的增加量

5. 假定其他条件不变，税收增加将引起 GDP(　　)。

A. 增加，但消费水平下降　B. 增加，同时消费水平提高

C. 减少，同时消费水平下降　D. 减少，但消费水平上升

6. 在短期，实际 GDP 可能(　　)潜在 GDP。

A. 等于　B. 大于　C. 小于　D. 等于，也可能大于或小于

7. 在 45°线模型中，实际 GDP 高于均衡 GDP，意味着(　　)。

A. 总产出大于总需求　B. 总产出小于总需求

C. 总产出等于总需求　D. 无法判断

8. 在 45°线模型中，如果政府同时等量地增加转移支付与税收，则 GDP(　　)。

A. 将下降　B. 不变

C. 将增加　D. 将增加，但增加量少于政府转移支付的增加量

二、计算题

1. 假设两部门经济中，社会消费函数 $C=1\,000+0.8Y$，投资为 $I=200$。

(1) 求均衡国民收入；(2) 如果当时实际产出(即收入)为 5 000，试求企业非正常存货变动。

2. 设消费函数为 $C=500+0.8Y_d$，投资 $I=200$，政府购买 $G=100$，税收 $T=100+0.2Y$。求：

(1) 均衡收入；(2) 政府预算赤字。

3. 设消费函数为 $C=500+0.8Y_d$，投资 $I=200$，政府购买 $G=200$，税收 $T=100+0.2Y$。出口 $X=100$，进口 $M=20+0.14Y$。求：

(1) 均衡收入；(2) 净出口。

第13章　货币和货币市场理论

本章学习目标

- 了解货币和货币供给的基础知识；
- 掌握货币供给与货币需求理论；
- 理解货币市场均衡过程。

在前面章节，已经系统的阐述了国民收入的决定理论，但仅涉及产品市场，从本章开始就国民收入决定理论从产品市场扩展到货币市场，目的就是在产品市场和货币市场同时均衡时得到国民收入的决定。由于货币市场的重要性，货币理论也成为经济理论的重要组成部分。

13.1　货币与货币供给

13.1.1　货币的出现与发展

货币是随着经济的发展而产生的，最初的货币就是商品本身，人们在交易时直接使用物品交易，但是“物物交易”有诸多不便，如价格大小的衡量，自己持有的物品并不能满足交易方的需要，而交易方的物品正是自己所需要的等等。一系列的不便，最终促使实物货币过渡到金属货币，金属货币主要有金、银、铜和铁等。接着，金属货币被更便捷的纸币所替代，纸币克服了商品货币的许多缺点，为人类的社会经济活动带来了很大的方便。

【补充阅读材料 13－1】　世界最早的纸币

纸币是当今世界各国普遍使用的货币形式，而世界上最早出现的纸币是中国北宋时期四川成都的“交子”。

中国是世界上使用货币较早的国家。根据文献记载和大量的出土文物考证，我国货币的起源至少已有4 000年的历史，从原始贝币到布币、刀币、蚁鼻钱以及秦始皇统一中国之后流行的方孔钱，中国货币文化的发展可谓源远流长。到北宋时期，我国出现了纸币——“交子”。

纸币的出现是货币史上的一大进步。钱币界有人认为中国纸币的起源要追溯到汉武帝时的“白鹿皮币”和唐代宪宗时的“飞钱”。汉武帝时期因长年与匈奴作战，国库空虚，为解决财政困难，在铸造“白金币”（用银和锡铸成的合金币）的同时，又发行了“白鹿皮币”。所谓

"白鹿皮币",是用宫苑的白鹿皮作为币材,每张一方尺,周边彩绘,每张皮币定值40万钱。由于其价值远远脱离皮币的自身价值,因此"白鹿皮币"只是作为王侯之间贡赠之用,并没有用于流通领域,因此还不是真正意义上的纸币,只能说是纸币的先驱。"飞钱"出现于唐代中期,当时商人外出经商带上大量铜钱有诸多不便,便先到官方开具一张凭证,上面记载着地方和钱币的数目,之后持凭证去异地提款购货,此凭证即"飞钱"。"飞钱"实质上只是一种汇兑业务,它本身不介入流通,不行使货币的职能,因此也不是真正意义上的纸币。北宋时期四川成都的"交子"则是真正纸币的开始。

纸币出现在北宋并不是偶然的,它是社会政治经济发展的必然产物。宋代商品经济发展较快,商品流通中需要更多的货币,而当时铜钱短缺,满足不了流通中的需要量。当时的四川地区通行铁钱,铁钱值低量重,使用极为不便。当时1枚铜钱抵10枚铁钱,买1匹布需铁钱两万,重约500斤,要用车载。因此客观上需要轻便的货币,这也是纸币最早出现于四川的主要原因。再者,北宋虽然是一个高度集权的封建专制国家,但全国货币并不统一,存在着几个货币区,各自为政,互不通用。当时有13路(宋代的行政单位)专用铜钱,4路专用铁钱,陕西、河东则铜铁钱兼用。各个货币区又严禁货币外流,使用纸币正可防止铜铁钱外流。此外,宋朝政府经常受辽、夏、金的攻打,军费和赔款开支很大,也需要发行纸币来弥补财政赤字。种种原因促成了纸币——"交子"的产生。

最初的"交子"由商人自由发行。北宋初年,四川成都出现了专为携带巨款的商人经营现钱保管业务的"交子铺户"。存款人把现金交付给铺户,铺户把存款人存放现金的数额临时填写在用楮纸制作的卷面上,再交还存款人,当存款人提取现金时,每贯付给铺户30文钱的利息,即付3%的保管费。这种临时填写存款金额的楮纸券便谓之"交子"。这时的"交子"只是一种存款和取款凭据,而非货币。

随着商品经济的发展,"交子"的使用也越来越广泛,许多商人联合成立专营发行和兑换"交子"的交子铺,并在各地设交子分铺。由于交子铺户恪守信用,随到随取,所印"交子"图案讲究,隐作记号,黑红间错,亲笔押字,他人难以伪造,所以"交子"赢得了很高的信誉。商人之间的大额交易,为了避免铸币搬运的麻烦,直接用随时可变成现钱的"交子"来支付货款的事例也日渐增多。正是在反复进行的流通过程中,"交子"逐渐具备了信用货币的品格。后来交子铺户在经营中发现,只动用部分存款,并不会危及"交子"的信誉。于是他们便开始印刷有统一面额和格式的"交子",作为一种新的流通手段向市场发行。这种"交子"已经是铸币的符号,真正成了纸币。但此时的"交子"尚未取得政府认可,还是民间发行的"私交"。但并非所有的"交子"铺户都是守法经营,恪守信用的。有一些唯利是图、贪得无厌的铺户恶意欺诈,在滥发"交子"之后闭门不出,停止营业;或者挪用存款,经营他项买卖失败而破产,使所发"交子"无法兑现。这样,当存款者取钱而不能时,便往往激起事端,引发诉讼。于是,景德年间(1004—1007),益州知州张泳对交子铺户进行整顿,剔除不法之徒,专由十六户富商经营,至此"交子"的发行始取得政府认可。宋仁宗天圣元年(1023),政府设益州交子务,由京朝官一两人担任监管主持交子发行,并"置抄纸院,以革伪造之弊",严格其印制过程。这便是我国最早由政府正式发行的纸币——"官交子",它比美国(1692)、法国(1716)等西方国家发行纸币要早六七百年,因此也是世界上发行最早的纸币。"官交子"发行初期,其形制是仿照民间"私交",加盖本州州印,只是临时填写的金额文字不同,一般是一贯至十贯,并规定了流通范围。宋仁宗时,一律改为五贯和十贯两种,到宋神宗时又改为一贯和五百文两种。发行额也有限制，规定分界发行，每界三年（实足两年），以新换旧。首届“交子”发行1 256 340贯，备本钱360 000贯（以四川的铁钱为钞本），准备金相当于发行量的28%。“交子”的流通范围也基本上限于四川境内，后来虽在陕西、河东有所流行，但不久就废止了。宋徽宗大观元年(1107)，宋朝政府改“交子”为“钱引”，改“交子务”为“钱引务”，除四川、福建、浙江、湖广等地仍沿用“交子”外，其他诸路均改用“钱引”。后四川也于大观三年(1109)改交子为钱引。“钱引”与“交子”的最大区别是不许兑换，随意增发，因此纸券价值大跌，到南宋嘉定时期，每缗只值现钱一百文。

“交子”的出现便利了商业往来，弥补了现钱的不足，是我国货币史上的一大业绩。此外，“交子”作为我国乃至世界上发行最早的纸币，在印刷史、版画史上也占有重要的地位，对研究我国古代纸币印刷技术有着重要意义。

13.1.2 货币及其职能

在市场经济中，人们拥有的财富、财产或资产可分为两大类：实物财产和金融资产。实物财产是指人们拥有的房屋、土地和矿产资源等有形的财产。金融资产是指人们拥有的货币、股票和有价证券等无形的资产。那么，什么是货币呢？货币是财产或资产的一种形式，是可以用作交易和支付的金融资产。要注意，不同形式金融资产的流动性、风险性和盈利性是不同的。货币由于可以直接用于交换，流动性在金融资产中最高，一旦持有不会亏损，所以风险性最低，货币不具有自动升值的可能，盈利性最低。股票和证券不能直接用于交换，流动性较低，持有就有可能面临亏损或盈利，所以股票和证券的风险性和盈利性都较货币高。

一般认为，货币有以下四种职能：

1. 交易媒介

货币可以充当商品和服务交易的媒介，如用来购买商品和服务、支付佣金等。正是由于这种职能避免了物物交换的不便，因此，货币的交易媒介功能是货币最重要的职能。

2. 价值标准

就是说各种商品和服务价值量的大小都可以用货币来衡量。货币作为价值标准既可以衡量现行的价格，又可以衡量将来的价格。货币执行价值标准职能就是通过把商品价值表现为价格来实现的。

3. 价值储藏

价值储藏是指货币退出流通领域，被人们以社会财富的形式储存起来的职能。财富储存手段的职能并不是货币所独有的，其他形式的资产（如债券、股票、贵金属和房地产等）也具有财富储存的职能，但货币安全性较大，流动性较大。

4. 支付手段

各种延期支付的债权债务关系都可以由货币来衡量。例如，在贷款中到期必须偿还的数量是用货币单位来表示的，此时货币就是作为延期支付的标准。

【补充阅读材料13－2】 中国货币发展史

中国是世界上最早使用货币的国家之一，使用货币的历史长达五千年之久。中国古代货币在形成和发展的过程中先后经历了六次重大演变。

一、由自然货币向人工货币的演变

在中国的汉字中，凡与价值有关的字大都从“贝”。由此可见，贝是我国最早的货币。随着商品交换的迅速发展，货币需求量越来越大，海贝已无法满足人们的需求，人们开始用铜仿制海贝。铜贝的出现，是我国古代货币史上由自然货币向人工货币的一次重大演变。随着人工铸币的大量使用，海贝这种自然货币便慢慢退出了中国的货币舞台。

二、由杂乱形状向规范形状的演变

从商朝铜贝出现后到战国时期，我国的货币逐渐形成了以诸侯称雄割据为特色的四大体系，即：铲币、刀币、环钱、楚币（爰金、蚁鼻钱）。秦统一中国后，秦始皇于公元前 210 年颁布了中国最早的货币法"以秦币同天下之币"，规定在全国范围内通行秦国圆形方孔的半两钱。圆形方孔的秦半两钱在全国的通行，结束了我国古代货币形状各异、重量悬殊的杂乱状态，是我国古代货币史上由杂乱形状向规范形状的一次重大演变。秦半两钱确定下来的这种圆形方孔的形制一直延续到民国初期。

三、由地方铸币向中央铸币的演变

据《汉书·食货志》记载，刘邦建汉后，允民私铸钱币，豪绅富商和地方势力乘机大铸恶钱而牟利。文帝时"邓通大夫也，以铸钱财过王者"。元鼎四年（前 113），汉武帝收回了郡国铸币权，由中央统一铸造五铢钱，从此确定了由中央政府对钱币铸造、发行的统一管理，这是中国古代货币史上由地方铸币向中央铸币的一次重大演变。此后，历代铸币皆由中央直接经管。铸币权收归中央，对稳定各朝的政局和经济发展起了重要作用。

四、由文书重量向通宝、元宝的演变

秦汉以来所铸的钱币，通常在钱文中都明确标明钱的重量，如"半两"、"五铢"、"四铢"等等（二十四铢为一两）。唐高祖武德四年（621），李渊决心改革币制，废轻重不一的历代古钱，取"开辟新纪元"之意，统一铸造"开元通宝"钱。开元通宝一反秦汉旧制，钱文不书重量，是我国古代货币由文书重量向通宝、元宝的演变。开元通宝钱是我国最早的通宝钱。此后我国铜钱不再用钱文标重量，都以通宝、元宝相称，一直沿用到辛亥革命后的"民国通宝"。

五、由金属货币向纸币交子的演变

北宋时，由于铸钱的铜料紧缺，政府为弥补铜钱的不足，在一些地区大量铸造铁钱。据《宋史》记载，当时四川所铸铁钱一贯就重达 25.8 斤。在四川买一匹罗（丝织品），要付 130 斤重的铁钱。铁钱如此笨重不便，纸币交子就在四川地区应运而生。交子的出现，是我国古代货币史上由金属货币向纸币的一次重要演变。交子不但是我国最早的纸币，也是世界上最早的纸币。

六、由手工铸币向机制纸币的演变

清朝后期，随着国外先进科学技术的逐渐传入，光绪年间已开始在国外购买造币机器，用于制造银元、铜元。后来，广东开始用机器制造无孔当十铜元。因制造者获利丰厚，各省纷纷仿效。

清末机制货币的出现，是我国古代货币史上由手工铸币向机制货币的重要演变。从此，不但铸造货币的工艺发生了重大变化，而且使流通了两千多年的圆形方孔钱寿终正寝。

13.1.3　货币供给

货币供给是指一个国家在某一时点上所保持的不属于政府和银行的货币总量。那么，该如何衡量货币供给的数量？在不存在银行等金融机构的情况下，货币当局投放的硬币和纸币就是全部的货币供给，但在银行等金融机构出现后，货币形式发生了改变，不仅有硬币和纸币，还出现了银行货币。这样，在衡量货币供给时就需要把三种货币形式全部计算在内。

硬币：是流通中供人们零星使用的小额铸币，在日常生活中是不可缺少的。主要用于小额购买、打电话、买报纸和乘坐公共汽车等。

纸币：典型意义上的纸币是国家发行并强制流通的货币价值符号。纸币和硬币一起构成人们通常所说的现金。

银行货币：是指能以支票提取现金的被存于银行和其他金融机构的款项，也称为活期存款，银行货币主要以存款支票的形式出现。这种可以签发支票的活期存款，无须通过银行提取现金而是可以通过开出支票来直接媒介商品交换或是清偿到期债务，可以被用作一种无限制的交换媒介，所以具有和现金完全相同的作用。在美国等金融系统比较发达完善的国家，经济生活中的大多数交易不付现金，而是用支票偿付。支票使用十分方便，便于携带，可以挂失，又称“信用货币”，已成为当今的主要货币形式，使用量已占货币总使用量的90%以上，所以在货币中所占的比重非常大。

按照金融资产的流动性大小，货币供给可以划分为M_1、M_2、M_3和M_4等几个层次。不同国家对货币供给层次划分不同，以下为美国和日本的现行货币供给层次。

1. 美国现行货币供给层次

M_1＝现金＋活期存款＋其他支票存款＋旅行支票。

M_2＝M_1＋由商业银行发行隔夜回购协议（RP）＋隔夜欧洲美元存款＋货币市场互助基金股份（$MMMF$）＋在所有存款机构的储蓄和货币市场存款账户（$MMDA$）＋在所有机构的小额定期存款。

M_3＝M_2＋所有存款机构的大额定期存款＋定期回购协议和定期欧洲美元＋货币市场互助基金股份（机构）。

M_4＝M_3＋短期财政部证券＋商业票据＋储蓄债券＋银行承兑票据。

2. 日本现行货币供给层次

M_1＝现金＋活期存款（现金指银行券发行额和辅币之和减去金融机构库存现金后的余额；活期存款包括企业支票活期存款、活期储蓄存款、通知即付存款、特别存款和纳税准备金存款）。

M_2+CD＝M_1＋准货币＋可转让存单（准货币指活期存款以外的一切公私存款；CD是指可转让大额定期存单）。

M_3+CD＝M_2+CD＋邮政、农协、渔协、信用合作和劳动金库的存款以及货币信托和信托存款。此外，还有广义流动性＝“M_3+CD”＋回购协议债券、金融债券、国家债券、投资信托和外国债券。

M_1被认为是“狭义的货币供给”，除M_1外，其他各层被定义为“广义的货币供给”，广义的货币供给不能够直接用于开销，但由于它们较容易通过金融市场转化为现金，因此把它们列为货币供给的范畴。

13.1.4 金融机构

因为金融机构的出现，银行货币成为当前的主要货币形式，下面对金融机构详细介绍，金融机构包括三个部分，分别是金融市场、金融中介机构和中央银行。

1. 金融市场

金融市场的一个重要组成部分就是债券市场，债券市场是发行和买卖债券的场所。根据不同的标准，债券市场可分为不同的类别。最常见的分类是根据债券的运行过程和市场的基本功能，可将债券市场分为发行市场和流通市场。债券发行市场，又称一级市场，是发行单位出售新债券的市场。债券发行市场的作用是将政府、金融机构以及工商企业等为筹集资金向社会发行的债券，分散发行到投资者手中。债券流通市场，又称二级市场，指已发行债券买卖转让的市场。债券一经认购，即确立了一定期限的债权债务关系，但通过债券流通市场，投资者可以转让债权，把债券变现。债券发行市场和流通市场相辅相成，是互相依存的整体。发行市场是整个债券市场的源头，是债券流通市场的前提和基础。发达的流通市场是发行市场的重要支撑，流通市场的发达是发行市场扩大的必要条件。另外，根据债券发行地点的不同，债券市场可以划分为国内债券市场和国际债券市场。国内债券市场的发行者和发行地点同属一个国家，而国际债券市场的发行者和发行地点不属于同一个国家。

股票市场是金融市场的另外一个组成部分，根据市场的功能划分，股票市场同样可分为发行市场和流通市场。

发行市场是通过发行股票进行筹资活动的市场，一方面为资本的需求者提供筹集资金的渠道，另一方面为资本的供应者提供投资场所。发行市场是实现资本职能转化的场所，通过发行股票，把社会闲散资金转化为生产资本。股票发行市场也称为“一级市场”。

流通市场是已发行股票进行转让的市场，称“二级市场”。流通市场一方面为股票持有者提供随时变现的机会，另一方面又为新的投资者提供投资机会。与发行市场的一次性行为不同，在流通市场上股票可以不断地进行交易。

股票发行市场的规模决定了流通市场的规模，影响着流通市场的交易价格。没有发行市场，流通市场就成为无源之水、无本之木，在一定时期内，股票发行市场规模过小，容易使流通市场供需脱节，造成过度投机，股价上涨；发行节奏过快，股票供过于求，对流通市场形成压力，股价下跌，市场低迷，反过来影响发行市场的筹资。所以，发行市场和流通市场是相互依存、互为补充的整体。

【经济学小贴士 13-1】　股票交易所

股票场内交易市场是股票集中交易的场所，即股票交易所。有些国家最初的股票交易所是自发产生的，有些则是根据国家的有关法规注册登记设立或经批准设立的。今天的股票交易所有严密的组织、严格的管理，并有进行集中交易的固定场所。在许多国家，交易所是股票交易的唯一合法场所。在我国，1990年底，上海证券交易所正式成立，深圳证券交易所也开始试营业。

股票场外交易市场是在股票交易所以外的各证券交易机构柜台上进行的股票交易市场，所以也叫做柜台交易市场。随着通讯技术的发展，一些国家出现了有组织的并通过现代化通信与电脑网络进行交易的场外交易市场，如美国的全美证券商协会自动报价系统(NASDAQ)。由于我国的证券市场还不成熟，目前还不具备发展场外交易市场的条件。

2. 金融中介机构

金融中介机构主要由商业银行、共同基金和其他金融机构组成，商业银行的称呼源于早先向银行借款的人都经营商业，但后来工业、农业、建筑业、消费者也都日益依赖商业银行融通资金，故其客户遍及经济各部门，业务也多种多样，只是商业银行的旧称仍沿用至今。商业银行以追逐最大利益为目标，其主要业务是负债业务、资产业务和中间业务。负债业务主要是吸收存款，包括活期存款、定期存款和储蓄存款。资产业务主要是指放款和投资，放款业务是为企业提供短期贷款，包括票据贴现、抵押贷款等；投资业务就是购买有价证券以取得利息收入。中间业务是指代理客户办理支付事项和其他委托事项，从中收取手续费的业务。共同基金，是指基金公司依法设立，以发行股份方式募集资金，投资者以基金公司股东身份出现。它在结构上类似于一般的股份公司，但本身不从事实际运作，而将资产委托给基金管理公司管理运作，同时委托其他金融机构代为保管基金资产。其他金融机构有保险公司和信托公司等。

【经济学小贴士 13－2】 什么是期货市场

期货市场是买卖期货合约的市场。这种买卖是由转移价格波动风险的生产经营者和承受价格风险而获利的风险投资者参加的，在交易所内依法公平竞争而进行的，并且有保证金制度为保障。保证金制度的一个显著特征是用较少的钱做较大的买卖。保证金一般为合约值的5%～15%，与现货交易和股票投资相比较，投资者在期货市场上投资资金比其他投资要小得多，俗称“以小搏大”。期货交易的目的不是获得实物，而是回避价格风险或套利，一般不实现商品所有权的转移。期货市场的基本功能在于给生产经营者提供套期保值、回避价格风险的手段，以及通过公平、公开竞争形成公正的价格。

3. 中央银行

中央银行是一个国家的行政机关，其主要职能是借助各种工具执行国家的货币金融政策而不是在资金融通中经营获利。英国的中央银行是英格兰银行，日本的中央银行是日本银行，美国的中央银行是联邦储备银行，中国的中央银行则是中国人民银行。

一般认为，中央银行的职能主要有三种：一是发行的银行，垄断发行一国的法定货币，是一国通货的唯一来源，并负责管理全国的货币制度，控制货币供给与信用状况；二是银行的银行，接受并集中保管各商业银行缴存的存款准备金，在必要时向各银行提供贷款或再贴现以支持商业银行，还为各商业银行集中办理全国的结算业务并向其提供有关的金融信息；三是政府的银行，代理政府发行公债，代理国库，管理国家的外汇，代表政府与外国发生金融业务关系，制定和推行国家的货币金融政策，监管全国金融市场活动。

【经济学小贴士 13－3】 中国人民银行的主要职责

中国人民银行的主要职责为：

（一）起草有关法律和行政法规；完善有关金融机构运行规则；发布与履行职责有关的命令和规章。

（二）依法制定和执行货币政策。

（三）监督管理银行间同业拆借市场和银行间债券市场、外汇市场、黄金市场。

（四）防范和化解系统性金融风险，维护国家金融稳定。

（五）确定人民币汇率政策；维护合理的人民币汇率水平；实施外汇管理；持有、管理和经营国家外汇储备和黄金储备。

（六）发行人民币，管理人民币流通。

（七）经理国库。

（八）会同有关部门制定支付结算规则，维护支付、清算系统的正常运行。

（九）制定和组织实施金融业综合统计制度，负责数据汇总和宏观经济分析与预测。

（十）组织协调国家反洗钱工作，指导、部署金融业反洗钱工作，承担反洗钱的资金监测职责。

（十一）管理信贷征信业，推动建立社会信用体系。

（十二）作为国家的中央银行，从事有关国际金融活动。

（十三）按照有关规定从事金融业务活动。

（十四）承办国务院交办的其他事项。

13.2　存款创造与货币供给

中央银行发行了一定数量的货币后，货币供给数量是否就不会发生变化？答案是否定的。影响货币供给数量的因素很多，其中一个很重要的因素是法定准备金制度。

法定准备金制度就是中央银行为避免挤兑行为的出现，规定商业银行必须按一定比率将公众存入商业银行存款的一部分转存到中央银行，其余部分才可用于贷款或投资。在商业银行不仅有法定准备金，而且有为了自身运转和满足其他需要的超额准备金，两者之和就是存款准备金。这样，存款准备金包括两个部分：一是法定存款准备金，是按中央银行规定的比率转存到中央银行的公众存款；二是超额准备金，是指在扣除法定准备金之后，商业银行根据自身需要未将公众的剩余存款全部用于贷款或投资的部分。相应的，存款准备金率也包括两部分：法定准备金率和超额准备金率。例如，法定准备金率为10%，商业银行吸收了100万元的公众存款，其中10万元以法定准备金的形式转存中央银行，商业银行可以自行决定剩余90万元是否全部用于贷款或投资。一般来说，商业银行不会将90万元全部用于贷款或投资，而是留下10万元维持商业银行的正常运转和其他需要，那么，超额准备金率就是10%，存款准备金率就是两者之和20%。

*13.2.1　存款创造

设想两种极端形式：一是经济中不存在银行，货币供给量就等于政府发行的现金；二是法定准备金率为100%，所有银行都不能向外贷款，也不影响货币供给量。现在来看法定准备金制度是如何影响货币供给的。在法定准备金制度下，当中央银行新发行一笔货币并流入银行后，就意味着银行体系增加了一笔存款准备金，经过银行体系一连串的存款—贷款—再存款—再贷款……，即所谓的存款创造机制，由此引发的新增存款总额将是新增存款准备金的若干倍。下面举例说明商业银行存款创造的过程。假定不存在超额准备金，超额准备金率为零，法定准备金就是存款准备金，同时假定公众的所有收入都以活期存款的形式存入银行，公众手中不持有现金，使用存款支票交易，这两个假定有利于我们针对法定准备金进行分析，尤其是公众手中不持有现金，它保证了经济中所有货币都在银行中流通。再假定商业银行的法定准备金率为20%；商业银行甲最初吸收的活期存款为10 000元。那么，甲银行的存款准备金增加2 000元，不存在超额准备金，剩余存款全部用于贷款，贷款额为8 000元。得到贷款者又把这8 000元存入乙银行。乙银行增加活期存款8 000元，扣除准备金1 600元，增加贷款6 400元。得到贷款者把这6 400元存入丙银行，丙银行增加活期存款6 400元，扣除准备金1 280元，增加贷款5 120元。如此循环下去，存款创造过程见表13-1所示。

表 13-1　银行存款创造过程　　单位：元

商业银行	新存款	新贷款	新准备金
甲银行	10 000	8 000	2 000
乙银行	8 000	6 400	1 600
丙银行	6 400	5 120	1 280
……	……	……	……
合　计	50 000	40 000	10 000

由表 13-1 可知，最终各商业银行的活期存款总额由原来的 10 000 元变为

$$\begin{aligned}&10\,000+8\,000+6\,400+\cdots\\=&10\,000\times(1+0.8+0.64+\cdots)\\=&10\,000\times\frac{1}{1-0.8}\\=&10\,000\times5\\=&50\,000(\text{元})\end{aligned}$$

最终各商业银行的贷款总额由原来的 8 000 元变为

$$\begin{aligned}&8\,000+6\,400+5\,120+\cdots\\=&10\,000\times(0.8+0.64+0.512+\cdots)\\=&10\,000\times\frac{0.8}{1-0.8}\\=&10\,000\times4\\=&40\,000(\text{元})\end{aligned}$$

同时，各商业银行的准备金总额由原来的 2 000 元变为

$$\begin{aligned}&2\,000+1\,600+1\,280+\cdots\\=&2\,000\times(1+0.8+0.64+\cdots)\\=&2\,000\times\frac{1}{1-0.8}\\=&2\,000\times5\\=&10\,000(\text{元})\end{aligned}$$

如果以 R 代表期初活期存款，r_d 代表法定准备金率，D 表示整个银行体系活期存款总额，则上述过程可表示为

$$\begin{aligned}D&=R[1+(1-r_d)+(1-r_d)^2+(1-r_d)^3+\cdots]\\&=\frac{R}{1-(1-r_d)}=\frac{R}{r_d}\end{aligned}$$

即银行活期存款总额是初期活期存款的 $\frac{1}{r_d}$ 倍。$\frac{1}{r_d}$ 称为存款创造乘数，用 k_D 表示，它是法定存款准备金率的倒数，即 $k_D=\frac{1}{r_d}$。上例中 $r_d=20\%$，则存款创造乘数为 5，初始活期存款为

10 000 元，银行活期存款总额为 50 000 元。若 $r_d=10\%$，则存款创造乘数为 10，初始活期存款为 10 000 元，银行活期存款总额为 100 000 元。可见，较低的法定准备金率对应着一个较大的存款创造乘数，存款总额就较多；较高的法定准备金率则对应着一个较小的存款创造乘数，存款总额就较少。这是因为，r_d 的值越大，每一轮可用于贷款的金额越少，因而每一轮由存款创造的金额越小，从而各轮派生存款之和越小，所以乘数之值越小。这也就为中央银行控制货币供给提供了一个可能。中央银行提高或者降低法定准备金率就能控制商业银行创造活期存款的倍数，从而控制货币的供给。因此，一般人们把货币供给数量看成是由中央银行或政府的政策决定的。但也有经济学家对存款创造乘数提出批评，这是因为，如果法定存款准备金率为零，存款创造乘数就会无限大，只要在银行存入 1 元钱，存款就可以无限地创造下去，这在现实世界是根本不可能的，人们出于各种目的而需要持有现金，从银行贷出的货币也不会再全部存回银行，银行的法定准备金率也不可能为零，所以银行不可能创造出无穷大的货币供给。

有了以上认识，现在我们可以进一步放开假设。首先单独放开商业银行没有超额准备金的假设，就是说商业银行不仅有法定准备金，还有超额准备金，两者之和构成商业银行的存款准备金。由于商业银行持有超额准备金，银行用于贷款的资金就会减少，银行存款创造的能力就会削弱，从而引起存款创造乘数的变动。用 r_e 表示超额准备金率（r_e＝超额准备金/活期存款总额），则活期存款总额为 $D=\frac{R}{r_d+r_e}$，存款创造乘数相应的变为 $k_D=\frac{1}{r_d+r_e}$。接下来再单独放开公众不持有现金的假设，实际上，银行多数客户都有提取现金的行为。如果发生客户提取现金，并假设现金持有比率为 r_c（r_c＝持有现金/活期存款总额），那么存款总额为 $D=\frac{R}{r_d+r_c}$，存款创造乘数变为 $k_D=\frac{1}{r_d+r_c}$。

现在把两项假设同时放开，则银行存款创造乘数为 $k_D=\frac{1}{r_d+r_c+r_e}$。

13.2.2　货币供给和货币供给曲线

只有中央银行才能控制货币供给的数量。一般来说，中央银行发行的货币称作基础货币（又称高能货币），用 H 表示。它包括两部分：一是公众持有的现金；二是期初存入商业银行的活期存款。根据前面的分析，可对活期存款进行分解，期初活期存款一部分做存款准备金（法定准备金和超额准备金），一部分做贷款，放贷出去又变为公众持有的现金和活期存款，活期存款又可分解为存款准备金和贷款。这样不停地循环下去，贷款数每一期都在减少，直到为零，存款准备金总数一直在增加，最终存款准备金等于期初的活期存款数，那么，基础货币就是两个部分，包括公众持有的现金，用 C 表示，以及商业银行存款准备金，与期初活期存款额相等，也用 R 表示，即基础货币＝流通中的现金＋存款准备金，可用公式表示为

$$H=C+R \tag{13.1}$$

按 M_1 的统计口径，货币供给 M_1 等于流通中的现金加上活期存款之和。即

$$M_1=C+D \tag{13.2}$$

要注意的是，这里的 D 是存款创造之后的活期存款总和，与 R 表示的期初活期存款额是不

同的，将式(13.2)除以式(13.1)得

$$\frac{M_1}{H}=\frac{C+D}{C+R}$$

由 $C=r_cD$，$R=(r_d+r_c+r_e)D$，把两式代入上式，并且同除以活期存款总额 D，上式又可以表示为

$$M_1=H\cdot\frac{r_c+1}{r_d+r_e+r_c} \tag{13.3}$$

式(13.3)表示中央银行通过控制基础货币，从而能控制货币供给量(通过乘数作用)的机制。在这里，$\frac{M_1}{H}$即货币供给与基础货币之比称为货币创造乘数，用 k_M 表示。其计算公式为

$$k_M=\frac{M_1}{H}=\frac{r_c+1}{r_d+r_e+r_c}。$$

当然，在这个货币创造乘数的作用机制中并不是每一个因素中央银行都能控制，如公众持有现金额度和超额准备金等，这些因素取决于大量金融机构和成千上万名公众的行为决策。但总的来说，它们在某一特定时期还是比较稳定的，也就是说货币创造乘数还是相对稳定的，于是中央银行可通过控制基础货币来控制货币供应量。这样，货币供应量被认为是由政府政策(中央银行)决定的，所以货币供应量的大小与利率无关。因此，在利率—货币量坐标中，货币供给曲线是一条垂直线，如图 13－1 所示。它表示当货币供给量为 M_0 时，利率 i 的大小对货币供给量没有影响。

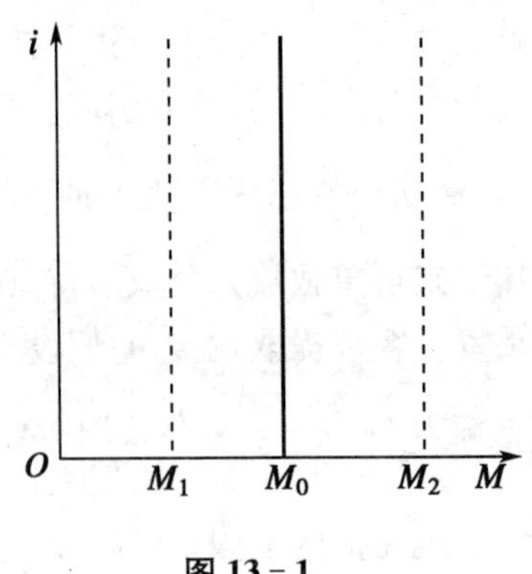

图 13－1

从图 13－1 还可看到，货币供给量受中央银行货币政策的影响。中央银行实行紧缩性的货币政策，减少货币供给时会导致货币供给曲线向左移动至 M_1；反之，中央银行实行扩张性的货币政策，增加货币供给则会导致货币供给曲线向右移动到 M_2。

货币供给量可以分为名义货币量与实际货币量。名义货币量是指不问货币的实际购买力如何而仅仅计算其票面价值的货币量。实际货币量是指用价格指数进行调整折算而得到的具有不变购买力的货币量。用 M、m、p 分别代表名义货币量、实际货币量和价格指数，则有如下关系：$m=\frac{M}{p}$。

*13.2.3 中央银行控制货币供给的途径

中央银行控制货币供给的途径除直接发行货币外，还有以下三种主要途径：

1. 公开市场业务

公开市场业务是指中央银行通过在公开市场买卖有价证券实现对货币供给的控制。当中央银行认为流通中的货币过多时，需要实行紧缩性的货币政策，中央银行会在证券市场卖出有价证券，公众买入有价证券后资金就流入中央银行；当中央银行认为流通中的货币过少

时，需要实行扩展性的货币政策，中央银行会在证券市场向公众买入有价证券，之后，资金从中央银行流向公众，增加流通中的货币供给。在开放式的经济中，中央银行买卖外汇也可作为公开市场业务控制货币供给。

2. 再贴现率

改变再贴现率也是中央银行控制货币供给的主要手段。商业银行在经营中，通过向持票人贴现，持有大量未到期的票据，商业银行在资金短缺时，可以使用这些未到期票据向中央银行要求再贴现，换取现金。由于再贴现率的存在，商业银行是否再贴现，主要看再贴现率的高低。如果再贴现率高，那么再贴现的成本就会高，商业银行很少贴现，现金从中央银行流入商业银行的就少，如果再贴现率低，那么贴现成本就会低，商业银行会增加贴现，流向商业银行的现金就多，最极端的情形，再贴现率为零，商业银行会把所有未到期票据向中央银行再贴现。

3. 法定准备金率

中央银行按照法律规定可以在一定的范围内调整法定准备金率。商业银行必须按照中央银行规定的准备金率提取准备金并将其存入中央银行，扣除准备金之后的存款才能贷放出去。如果中央银行提高法定准备金率，商业银行的信贷规模就缩小；相反，如果中央银行降低法定准备金率，商业银行的信贷规模就增大。这种可控制的法定准备金制度，使得中央银行能够控制商业银行所能创造的活期存款数量。因此，法定准备金率也就成为中央银行控制银行货币的重要手段。

中央银行通常使用公开市场业务控制货币供给，由于后两种使用起来对经济影响较大，因此使用较少。

【经济学小贴士 13－4】　中国公开市场业务

在多数发达国家，公开市场操作是中央银行吞吐基础货币，调节市场流动性的主要货币政策工具，通过中央银行与指定交易商进行有价证券和外汇交易，实现货币政策调控目标。中国公开市场操作包括人民币操作和外汇操作两部分。外汇公开市场操作 1994 年 3 月启动，人民币公开市场操作 1998 年 5 月 26 日恢复交易，规模逐步扩大。1999 年以来，公开市场操作已成为中国人民银行货币政策日常操作的重要工具，对于调控货币供应量、调节商业银行流动性水平、引导货币市场利率走势发挥了积极的作用。

中国人民银行从 1998 年开始建立公开市场业务一级交易商制度，选择了一批能够承担大额债券交易的商业银行作为公开市场业务的交易对象，目前公开市场业务一级交易商共包括 40 家商业银行。这些交易商可以运用国债、政策性金融债券等作为交易工具与中国人民银行开展公开市场业务。从交易品种看，中国人民银行公开市场业务债券交易主要包括回购交易、现券交易和发行中央银行票据。其中回购交易分为正回购和逆回购两种，正回购为中国人民银行向一级交易商卖出有价证券，并约定在未来特定日期买回有价证券的交易行为，正回购为央行从市场收回流动性的操作，正回购到期则为央行向市场投放流动性的操作；逆回购为中国人民银行向一级交易商购买有价证券，并约定在未来特定日期将有价证券卖给一级交易商的交易行为，逆回购为央行向市场上投放流动性的操作，逆回购到期则为央行从市场收回流动性的操作。现券交易分为现券买断和现券卖断两种，前者为央行直接从二级市场买入债券，一次性地投放基础货币；后者为央行直接卖出持有债券，一次性地回笼基础货币。中央银行票据即中国人民银行发行的短期债券，央行通过发行央行票据可以回笼基础货币，央行票据到期则体现为投放基础货币。

13.3 货币需求理论

13.3.1 货币需求及其成本

货币需求是指社会各个部门在既定的国民收入范围内能够或愿意以货币形式持有财富而形成的对货币的需要。人们对货币的需求是源于货币具有交易媒介、计价单位和价值储存手段的职能。

以货币形式持有财富需要承担一定的成本，即持有货币的成本。所谓的持币成本是指由于持有货币而不持有其他收益较高的资产或者投资所牺牲的利息和利润。个人或者家庭在一定时期内保存其财富的形式是多样且可以选择的，除了货币形式之外，还可以以股票、债券和储蓄账户等利息较高的生息资产或产生利润的实物资产的形式保持财富。人们持有货币而没有将货币投资于利息较高的生息资产时就会损失利息收入，这种利息损失就是持有货币的成本。例如，假设银行储蓄存款的年利息率为10%，若把1 000元人民币放在自己手中而没有存入银行，一年损失的利息是100元，则持有这1 000元人民币的成本就是100元。

货币需求可区分为名义货币需求和实际货币需求。货币需求是对实际货币量的需求或者说是对实际余额的需求。货币需求的本质之一就是人们关心的是他们所持有的货币量的购买力，即他们的现金余额所能购买到的商品和劳务，而不是关心自己所拥有的名义货币量。货币需求是实际余额需求意味着：当价格水平提高，其他实际变量，如利率、实际收入水平和实际财产未变时，实际货币需求也不变；在实际变量不变的情况下，名义货币需求与价格水平同比率变动。

13.3.2 凯恩斯的货币需求理论

按照凯恩斯的观点，作为价值尺度的货币具有两种职能：一是交换媒介或支付手段；二是价值储藏。货币需求就是人们宁愿牺牲持有生息资产（如各种有价证券）会取得的利息收入，而把不能生息的货币保留在身边。至于人们为什么宁愿持有不能生息的货币，是因为与其他资产形式相比，持有货币可以满足三种动机，即交易动机、预防动机和投机动机。

1. 交易动机

交易动机（The Transaction Motive）是指人们为了应付日常交易的需要而持有货币的动机。在商品社会中，个人或家庭一般是定期取得收入，但经常需要支出，例如家庭需要用货币购买日常生活必需品等，所以为了购买日常需要的生活资料，他们经常要在手边保留一定数量的货币。为了日常交易而持有货币，是因为人们的收入和支出并不是同时进行的。个人或者家庭的收入和支出的时间越是接近，为了交易的目的而平均留在身边的货币就越少。

由交易动机引起的货币需求量还与人们的收入水平密切相关。当人们的收入增加时，人们的消费水平会有所提高，消费量增大，从而人们满足日常交易所需的货币量也增加。由此可见，由交易动机所引发的货币需求是收入的增函数，随着收入的增加而增加。对货币的交易需求也容易受到持币成本的影响，也就是会受到利息率高低的影响。因为人们在确定交易所需保持的货币时，不仅需要考虑持有货币对便利交易的好处，也要考虑到持有货币会损失的利息。但是一般认为，家庭的货币交易需求量大致上不受利率波动的影响。因此，在一般情况下，利率对出于交易动机的货币需求影响较小，人们把交易需求看成是收入的函数而忽略利率的影响。

如上所述，出于交易动机的货币需求，虽然收入和支出的时间间隔因人而异，但是从全社会来看，总的时间间隔的平均数以及由此决定的货币流通速度取决于诸如支付习惯、社会经济的发展水平以及其他的制度性因素，因而在短期内可以看成是稳定的，所以我们在进行短期均衡分析时，一般把出于交易动机的货币需求视为收入水平的线性函数，两者具有固定比例关系。

2. 预防动机

预防动机(The Precautionary Motive)是人们为了预防意外的支付而持有货币的需求。即由于人们未来可能的收入和支出并不是完全确定的，为了应付日后不曾预料到的支出的增加(如生病的医疗费和有利的购买机会)或不曾预料到的收入延迟，人们需要在手边持有不能生息的货币，以备不时之需。出于预防动机的货币需求的数量，同交易动机的货币需求一样，主要取决于收入的多少，两者同方向变化。

因为货币的交易需求和预防需求都被认为是收入的函数，所以可以把两者结合起来进行考察。把两种货币需求统称交易货币需求，合起来用 L_1 表示，用 Y 表示收入，这种函数关系可写成：$L_1=L_1(Y)$。这个函数所强调的是交易货币需求是收入的函数，它同利率无关。如图 13－2 所示。

在货币需求—收入坐标图中交易货币需求曲线是一条过原点的射线。

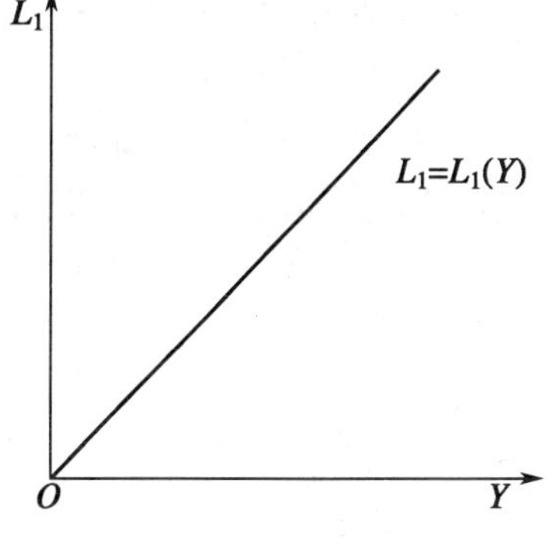

图 13－2　交易货币需求

3. 投机需求

人们之所以愿意持有不能生息的货币还因为持有货币可以供买卖投机性债券之用。投机动机(The Speculative Motive)是人们为了抓住有利的购买生息资产(如债券等有价证券)的机会而持有一部分货币的需求。凯恩斯认为，投机性货币需求取决于利率水平。一般而言，债券价格与利息率之间存在着一种反方向变动的关系，即：债券价格＝债券固定利息收益/市场利息率。显然，市场利率上升，债券价格下降；市场利率下降，债券价格上升。

如某种面值为 100 元，固定利息率为 5%的债券，在市场利息率为 5%时，其价格为 $100\times5\%\div5\%=100$(元)。当市场利息率上升为 6%时，这张债券的价格将变为 $100\times5\%\div6\%=83.33$(元)；而当市场利息率下降为 4%时，这张债券的价格将变为 $100\times5\%\div4\%=125$(元)。

正是利息率与证券价格之间的这种反方向的变动关系使得利息率对投机性的货币需求有了决定性的影响。凯恩斯指出，在任一时刻，人们心目中有着某种“标准”的利息率。如果市场利率高于“标准”的利息率，在这种场合下他认为市场利率将会下降，也就是债券的价格将会升高，于是他就会买进债券，以便日后利率下降、债券价格上涨时再卖出债券换回货币；反之，如果市场利率低于“标准”的利息率，在这种场合下他认为市场利率将会上升，也就是债券的价格将会下降，于是他就会卖出债券换回货币，以便日后利率上升、债券价格下跌时再买进债券。由此可见，出于投机动机的货币需求是利息率的减函数，较低的利率对应着一个较大的投机货币需求量，较高的利率则对应着一个较小的货币需求量。用 L_2 表示出于投机动机的货币需求，r 表示利息率，则上述函数关系可表示为：$L_2=L_2(r)$。投机性货币需求可用图 13-3 表示。

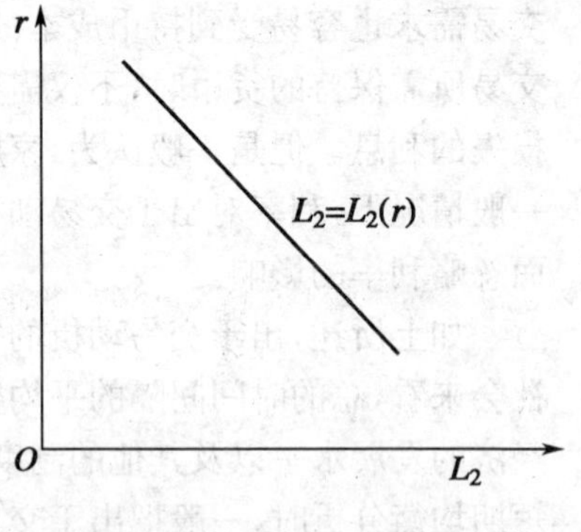

图 13-3　投机货币需求

4. 流动性陷阱

货币是流动性最大的资产，货币可随时作交易之用，随时应付不测之需，随时满足投机之需，因而人们持有货币的偏好称为流动性偏好。

当利率极低时，人们就会认为利率不会再下降，债券价格不会再上升，持有货币损失的利息不多，持有债券的风险却很大，在这种情况下人们就会抛出债券，换回货币，有多少货币就持有多少货币。这就是“流动性陷阱”(Liquidity Trap)或“凯恩斯陷阱”或“流动偏好陷阱”。

在“流动性陷阱”的情况下，投机性货币需求的利率弹性为无穷大，货币需求曲线在利率降到“流动性陷阱”时变成一条与横轴平行的直线。

5. 货币的总需求

综上所述，货币总需求 L 是交易性货币需求与投机性货币需求之和，货币的总需求函数可以表述为$L=L_1+L_2=L_1(Y)+L_2(r)$，同时由于交易性货币需求可简写为 $L_1=L_1(Y)=kY$，其中 k 为一常数，投机性货币需求可简写为 $L_2=L_2(r)=-hr$，其中 h 为一常数，负号表示投机货币需求与利率的反向关系，那么，货币总需求函数还可表示为：$L=L_1+L_2=kY-hr$。根据货币总需求函数可作出货币需求曲线，如图13-4。

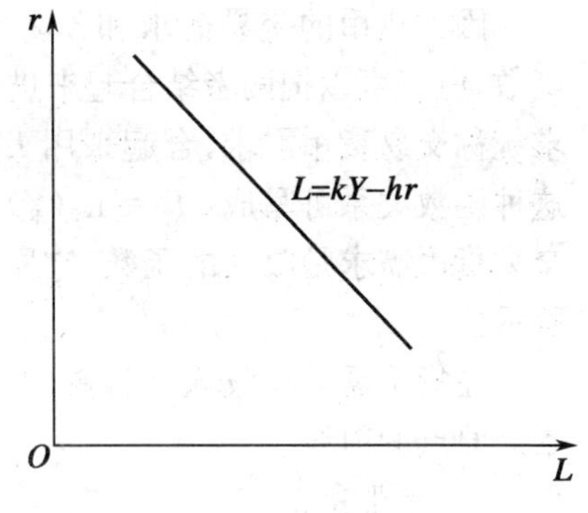

图 13-4　货币总需求

横轴 L 表示货币需求，纵轴 r 表示利率，说明这里收入 Y 当作外生变量，不影响货币需求曲线的形状，仅在收入变动时，货币需求曲线发生左右平行移动。进一步观察会发现，货币需求曲线的斜率为 $-h$。

13.3.3　其他的货币需求理论

货币需求理论一直是经济学关注的重点。如前所述，凯恩斯提出了投机动机的货币需求理论，这是凯恩斯对货币理论的一大贡献。同时，很多经济学家都提出过自己的货币需求理论，下面重点介绍货币数量论和平方根定律。

1. 货币数量论

货币数量论主要是指从 17 世纪的休谟开始后经李嘉图、约翰·穆勒到 20 世纪 30 年代以前的货币需求理论，包括费雪的交易方程式和庇古的剑桥方程式。

交易方程式又称“费雪方程式”，是美国经济学家费雪于 1911 年在《货币的购买力》一书中提出来的用于解释一般物价水平决定的方程式。交易方程式认为假定存款通货除外，一般物价水平取决于三个因素：流通中的货币数量、货币流通速度、商品交易数量。用公式表示为：$MV=PY$ 或 $P=\frac{MV}{Y}$。式中：M 代表流通中的货币数量；V 代表货币流通速度；Y 代表商品交易数量；P 代表一般物价水平。货币流通速度 V 是由公众的支付习惯、信用范围的大小、交通和通信的发达程度等制度上的因素决定的，这些因素是比较稳定的，因而 V 也是比较稳定的。商品的交易数量 Y 取决于影响生产者的因素，如自然资源、技术条件等，这些因素在短期内不会发生明显的变化，因而也可以假设商品交易数量在短期内是不变的。既然 V 比较稳定，Y 在短期内不变，那么一般物价水平 P 就必然由流通中的货币数量 M 决定。对此，费雪断言：在货币流通速度和商品交易数量不变的条件下，一般物价水平随流通中货币数量的变动而成正比例变动。由于把货币看成是购买力，强调的是货币作为交易工具的作用，所以交易方程式所阐述的货币数量论被称为“现金交易说”。

剑桥方程式是由英国经济学家庇古提出的用来解释马歇尔的现金余额货币数量说的方程式，即 $M=KPY$ 或 $KY=\frac{M}{P}$。式中：M 为人们手中愿意持有的货币量，也可看成是人们对货币的需求量；K 为保持在人们手中的货币量与国民收入之间的比率，实际上是货币流通速度的倒数 $\left(K=\frac{1}{V}\right)$；$P$ 为最终产品和劳务的平均价格；Y 是以货币计量的国民生产总值或国民收入；$M=KPY$ 时社会的货币供给与货币需求处于均衡状态。

庇古认为，K 和 Y 是比较稳定的，因此 P 的变化主要取决于 M 的变化。如果货币供应量增大，货币供给大于人们想保存的货币量，有了现金余额，人们会扩大支出，从而需求增加，物价上涨；反之，人们会缩小支出，从而需求减少，物价下跌。可见，人们保持在手边的现金余额的大小是决定物价水平的根本原因。庇古的剑桥方程式所阐述的现金余额数量说与费雪的现金交易型的货币数量说所表达的方式不一样，但两者所得出的结论是相同的，即物价水平取决于货币数量。

2. 平方根定律

美国经济学家鲍莫尔在“现金的交易需求：存货的理性分析”一文中，运用“存货理论”说明交易动机货币需求并不是如凯恩斯《就业利息和货币通论》所说的只取决于收入，它还取决于利息率的高低。所以，鲍莫尔发展了凯恩斯的交易性货币需求理论，他指出，交易性货币需求不仅是收入的函数，同时也是利率的函数。鲍莫尔认为，人们之所以持有货币是为了在交易时进行支付。如果持有的货币过少，就会在有交易需求时陷入困境，使交易无法正常进行。但是，持有货币会发生利息损失。因此，人们的交易性货币需求的持有量既要满足交易的需要，又要使持有货币所发生的利息损失为最小。这样，交易性货币的持有量就成为一种最优化行为。

人们在确定交易所需保存的货币时不仅要考虑到持有货币对便利交易的好处，也要考虑到持有货币会损失的利息。我们知道，家庭或者个人之所以为了交易的需要而持有一部分现金，是因为收入和支出不是同时进行的，总有一定的时间间隔。在收入和支出的间隔期间，人们手持现金虽然有方便交易的好处，但是牺牲了将其用于投资（买进证券或者存入银行）而得的利息，即所谓的持有货币必须承担的机会成本。另一方面，如果不持有货币，而是把货币存入银行，当需要现金时再去银行支取，这样利息成本降到了最小，但是到银行存款和取款需要付出交通费以及时间和精力等，甚至包括个人鞋子的磨损。正因为如此，也有人把这种取款的成本称为“磨鞋底的成本”。所以理性的个人或者家庭应该确定一个最优的取款次数或者说是确定一个最优的取款量，以使得在这一时期，为了交易需要持有货币所付出的取款成本和利息损失成本之和最小。

假设某人的收入为 Y，取款次数为 n，每次的取款成本是 C，利率为 r。根据上述假设，此人每次取款的数量为$\frac{Y}{n}$。还假设当他把所提出的款项均匀地用完后再去取款。此人每次取款数量为$\frac{Y}{n}$，所以在整个收入间隔期中，在其间各时段(如每周或者每旬)开始时的持有现金为$\frac{Y}{n}$，这样他每天的平均货币持有量为$\frac{Y}{2n}$。由于利息率为 r，则因为持有现金损失的利息收入为 $r\frac{Y}{2n}$。另外每次取款成本为 C，总取款成本为 nC。这样，总的持有现金的成本为 $TC=r\frac{Y}{2n}+nC$，持币成本最低的取款次数可通过数学方法得到，必要条件是其一阶导数为零，有

$$\bar{n}=\sqrt{\frac{rY}{2C}}$$

上式就是持币成本最低的取款次数的表达式。当收入、利率和每次取款成本确定时，就可得出最优取款次数。相应的持币成本最低的平均货币持有量为$\frac{Y}{2n}=\frac{Y}{2\bar{n}}=\sqrt{\frac{CY}{2r}}$。

这就是鲍莫尔最早提出的平方根定律。它表明，在其他条件既定时，国民收入水平越高，交易性货币需求就越多；反之，国民收入水平越低，交易性货币需求就越少。在其他条件不变的情况下，每天的利率水平越高，交易性货币需求也就越少。根据上述平方根公式，我们可以认为，按照理性微观经济主体的理性决策，人们为了交易的需要平均在身边保持的货币量取决于他们的收入和市场上的利息率。具体来说，人们出于交易动机而持有的货币的利率弹性是－0.5，即利率提高 1%，货币需求减少 0.5%；货币需求的收入弹性为 0.5，即收入提高 1%，货币需求增加 0.5%。

13.4 货币市场的均衡

13.4.1 货币市场的均衡过程

在任何市场，要想达到市场均衡就要保证供求一致。我们已经分析了货币市场的供给和需求，为分析货币市场均衡做了铺垫。可以肯定，货币市场的均衡是货币需求与货币供给两种力量共同作用的结果。在货币市场供求两种力量的作用下，必将有一特定的利息率，在该利息率水平上，货币需求数量恰好等于货币的供给数量。这种使得货币需求数量与货币供给数量相等的利息率，称为均衡利率。我们常说的市场利率就是由供求决定的均衡利率。由于货币供给是由中央银行决定的，不受利率的影响，货币供给曲线是一条垂直于横轴的直线，而货币需求和利率是反相关关系，货币需求曲线是一条负斜率曲线，两者的交点就是货币市场均衡点，对应的利率就是均衡利率，如图 13－5 所示。

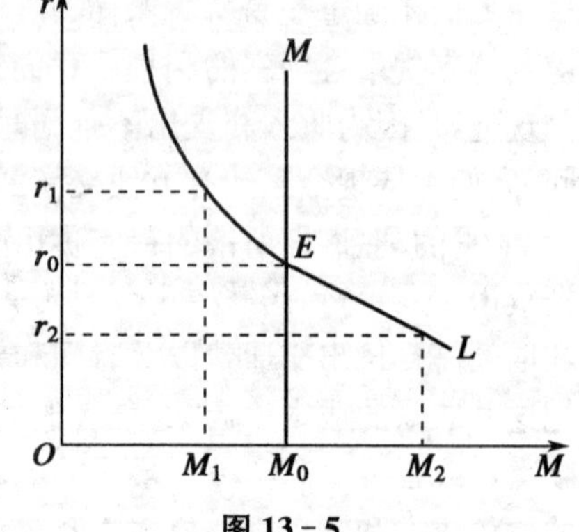

图 13－5

横轴表示货币数量 M,纵轴表示利率 r,货币需求曲线为 L,货币供给曲线为 M_0,相交于均衡点 E,均衡利率为 r_0,均衡货币量为 M_0。那么,货币市场是如何达到均衡的?如果货币供给超过货币需求,在图 13-5 中,货币需求数量为 M_1,小于 M_0,人们会感到持有的货币过多,就会用多余的货币买进债券。这样,债券价格上涨,利率由 r_1 下降,从而引起货币需求增加,直到与货币供给相等为止。如果货币需求超过货币供给,在图 13-5 中,货币需求数量为 M_2,大于 M_0,人们会感到持有的货币过少,就会卖出债券换回货币。这样,债券价格下降,利率由 r_2 上升,从而引起货币需求的减少,直到与货币供给相等为止。这就是货币市场均衡的过程。

13.4.2 货币需求和货币供给对市场均衡的影响

货币市场均衡是由供求双方共同决定的,现在我们来单独考察货币需求对货币市场均衡的影响,如图 13-6 所示。

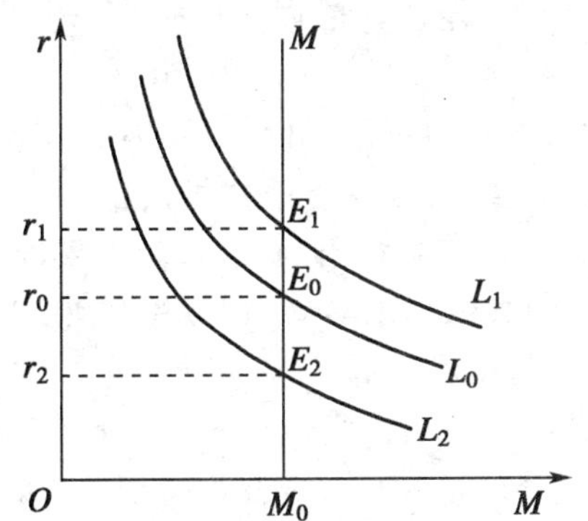

图 13-6 货币需求对货币市场均衡的影响

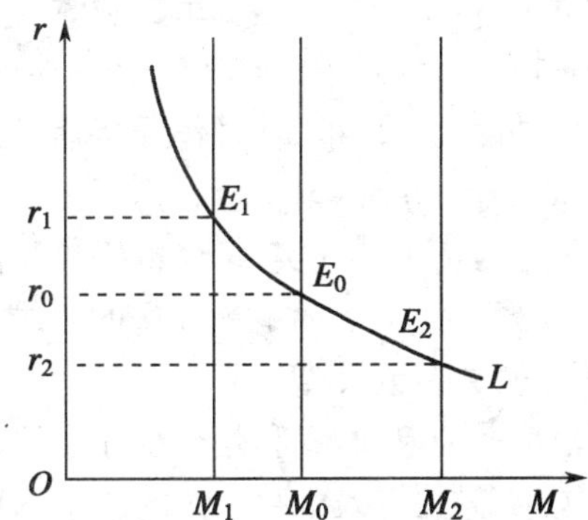

图 13-7 货币供给对货币市场均衡的影响

横轴表示货币数量 M,纵轴表示利率 r,货币供给为 M_0,货币需求曲线为 L_0,货币供给曲线与货币需求曲线交于 E_0,均衡利率为 r_0,均衡货币数量为 M_0。这时,由于收入增加等原因,货币需求曲线由 L_0 移向 L_1,与货币供给曲线交于新的均衡点 E_1,对应的均衡利率为 r_1,货币均衡数量不变;相反,由于收入下降等原因,货币需求曲线由 L_0 移向 L_2,与货币供给曲线交于新的均衡点 E_2,对应的均衡利率为 r_2,均衡货币数量未发生变化。接着来单独分析货币供给对货币市场的影响,如图 13-7 所示。

横轴表示货币数量,纵轴表示利率,货币需求曲线为 L,货币供给曲线为 M_0,均衡点为 E_0,均衡利率为 r_0,均衡货币数量为 M_0。当中央银行认为货币供给过多时,中央银行通过公开市场业务等三种途径吸收货币数量,使货币供给由 M_0 减至 M_1,这时,均衡点变为 E_1,均衡利率升至 r_1,均衡货币数量为 M_1;当中央银行认为货币供给过少时,通过公开市场业务等增加市场的货币供给量,使货币供给由 M_0 变为 M_2,则均衡利率下降至 r_2,均衡货币数量为 M_2。通过以上分析,我们看到货币需求曲线的变动仅对利率产生影响,而对均衡货币数量没有影响,货币供给曲线发生变动对利率和均衡货币数量都有影响。由于货币供给是被中央银行控制的,在执行政府的货币政策时,改变货币供给更容易,也更有效。中央银行可以利用货币市场自动趋于均衡的调节机制,通过增加或减少货币供给量来控制货币市场,实现对经济的干预。

如果中央银行减少货币供给，在初始的均衡利率下，货币供给量小于货币需求量。货币市场的自动均衡机制会引导人们出售债券，引起债券价格下跌，利率上升，减少货币需求，使货币需求量减少到与货币供给量相等，达到新的均衡。如果中央银行增加货币供给，在初始的均衡利率下，货币供给量大于货币需求量。货币市场的自动均衡机制会引导人们用货币购买债券，引起债券价格上升，利率下降，货币需求增加，使货币需求量增加到与货币供给量相等，达到新的均衡。

案例 13-1 货币和价格的决定

价格指的是一单位的商品能够卖多少钱，或者一单位货币能够买多少单位产品。价格反映的是产品和货币之间的关系，它的一端连接产品，一端连接货币。要知道价格怎样决定，首先要知道货币是什么，以及货币和价格之间的关系。

货币是以物为对象的一般化要求权，它不是一般等价物。货币和货币的载体是分离的，货币是货币，货币的载体是货币的载体，它们不是相同的东西。把货币看成是一般等价物的人可能是把货币和货币的载体混为一谈的结果。货币载体可以为货币提供信用，也可以不为货币提供信用。以纸、符号作为货币的载体，它们不能为货币提供信用，因而有人认为纸币是价值符号。相反，以黄金作为货币的载体，由于黄金可以为货币提供信用，因而认为黄金才是真正的货币。其实，黄金也好，纸、符号也好，它们都是货币的载体，而不是货币本身。货币永远是货币，它永远是一般化的要求权。货币的载体则不一样，它今天是纸，明天是符号，昨天则是黄金或贝壳。

货币是一种权利，权利是客观存在的，只要存在权利就有可能存在货币。权利是不对称的人的关系，只要有人就存在人的关系，只要存在人的不对称关系就存在权利。权利有质和量两个方面，权利的质文明一点讲是人之间不对称的关系，野蛮一点讲就是人对人的压迫与统治。权利的量是指权利的大小，权利的大小由什么决定的呢？由权利的供给和需求决定吗？供给和需求是属于分配领域的东西。权利从来是抢来的，不是分配来的，没有实力，谁会分配权利给你。毛主席说"枪杆子里面出政权"，这是非常正确的。权利的量由人的需要决定，死人没有需要，所以，没有人去统治死人。当人有安全的需要，就有保护你安全的权利，听话就安全，不听话就不安全，黑社会就是这样获得权利的。

货币作为一般化的要求权，它的量同样是由人的需要决定的。就货币的流通范围而言，如果把货币流通范围的人集合的话，货币的量为零，因为在不考虑黄金和外汇的情况下，贷款永远等于存款加现金。如果把使用货币的人看成是一个人，这时此人的左口袋是存款和现金，右口袋是贷款，左右口袋一合并，货币就是零了。人的需要决定货币的量是以影子货币为基础的，穷人再需要货币，他也无法得到货币。而影子货币又是用影子价格计算产品而得到的货币量，影子货币一方面和影子价格有关系，另一方面和产品的数量有关系。影子价格和价格有相同的一面，我们是不是会循环论证呢？当然不会，因为影子价格是初始状态任意给定的价格，至于非初始状态下的影子价格则是前期的价格，价格的变化会引起影子价格的变化。由于初始状态的影子价格是任意给定的，我们可以一直往前追索，直到不矛盾为止。

货币是由影子货币转换而来的，影子货币转换为货币的过程就是具体的要求权一般化为一般化要求权的结果。货币的流向由集合人的需求级次决定，集合人需求级次越高的产品价格越高，集合人需求级次越低的产品价格越低。比如房子和牙膏，房子集合人需求级次高，它就比牙膏贵很多。就生产房子和牙膏而言，生产房子的需求级次高于生产牙膏的需求级次，因为造一栋房子的人肯定要比造一盒牙膏的人多，在人既定的情况下，造房子对人的需求级次高于造牙膏的需求级次。

价格由集合人的需求级次决定，集合人需求级次高的产品价格就高，集合人需求级次低的产品价格就低。集合人的需求级次是变化的，今天高的集合人的需求级次明天可能变低。集合人需求级次的变化，必然会引起价格的变化。集合人需求级次可以是人的平均需求级次，也可以不是集合人平均的需求级次。在分配均匀的情况下，集合人的需求级次就是集合人平均的需求级次，在分配不公的情况下，集合人的需求级次由少数人的需求级次决定。集合人的需求级次可以由少数人决定，是因为人的需求可以分为基本需求和派生需求。比如一个三口之家有一套三居室的房子就够了，可是，这家因为有钱，他们买了十套三居室的房子，这十套房子里，有一套是基本需求，另外九套是派生需求。而有些人因为没有钱，他们一套房子也买不起。显然，能够买多套房子人的需求级次决定集合人的需求级次。有人为了欺骗大众，鼓吹需求是真实的。其实，基本需求是真实的，派生需求从来就没有真实过。这些人忘了基本的逻辑，那就是产品既是满足人需要的物品，也是吸收货币的工具。可能有人认为集合人的需求级次决定产品的价格，就是多数人决定产品的价格，这是不对的。在市场经济条件下，从来就是少数人决定产品的价格，不然，人们凭什么去投机，又凭什么进行资本运作。

需求级次决定产品的价格，它既体现在生产领域，也体现在分配领域。在市场经济条件下，由于广泛使用货币，生产的过程就是分配的过程，这时决定价格的是需求级次，是生产者对劳动力的需求级次。由于生产者少，劳动力多，生产者对劳动力的需求级次比较低。生产者需求级次决定劳动力价格为 P。在分配领域，分配产品的人多，决定集合分配者需求级次的是有钱的那部分人，这部分人很可能就是生产者，集合的生产者由于分配的是他们自己的产品，他们自然会将产品的价格提高。

价格的决定，表面上是所谓的供求，实际上是集合人的需求级次。需求的基础是需要，决定价格的最终力量是人的需要级次。由于有需要的人不一定有钱，有钱的人可以有派生需求，因此决定价格的直接力量是货币。货币可以来自于生产领域，也可以来自于分配领域。当一个国家的货币大部分来自于分配领域时，这个国家的经济危机就已经不远了。

思考题：

1. 货币和价格之间是什么关系？
2. 价格由什么决定？

案例 13-2 利率变化对投资的影响

西方经济理论界与货币管理当局都把利率视为衡量经济运行状况的一个重要指标和调节经济运行的重要手段。

自 20 世纪 30 年代大萧条以来，控制利率水平在西方货币政策体系中曾一度占有举足轻重的地位。例如，在整个 20 世纪 50 年代和 60 年代，美国政府采取低利率政策刺激投资，扩大生产规模，使美国经济在二战以后的二十多年里对经济的发展确实起到了积极的促进作用，实际年均国民生产总值(GNP)增长率都在 4%左右。日本从低利率政策中获得的好处更大,企业大量利用低利率贷款,减少了利息负担,降低了企业的产品成本,增加了企业利润,促进了企业投资,加速了工业发展。日本的低利率政策对日本投资的迅速增长、工业的高速发展和进出口贸易的开展都发挥了重大作用。

从20世纪70年代起,西方各国国际收支极度不平衡,并发生了普遍性的通货膨胀,与此同时,国内经济逐渐停滞,形成了可怕的"滞胀"局面。为了缓和经济危机,西方各国相继转向推行高利率政策。以压缩投资,抑制通货膨胀,取得了极大成效。英国的通货膨胀率从1975年的24.2%下降到1982年的8.6%,再继续下降到1988年的3.8%。日本的通货膨胀率也从1974年的24.3%逐渐下降到1988年的0.5%。由此可见,利率的变动对投资规模乃至整个经济活动的影响是巨大的。

思考题:

1. 试说明利率的高低对投资乃至整个经济的影响有哪些作用。

2. 结合我国的利率形成机制谈一谈利率市场化的实施障碍。

强化练习题

一、单项选择题

1. 当利率降得很低时,人们购买债券的风险(　　)。

A. 将变得很小　　B. 将变得很大

C. 可能变大,也可能变小　　D. 不变

2. 如果其他因素既定不变,利率降低,将引起货币的(　　)。

A. 交易需求量增加　　B. 投机需求量增加

C. 投机需求量减少　　D. 交易需求量减少

3. 假定其他因素既定不变,在非凯恩斯陷阱中,货币供给增加时,(　　)。

A. 利率将上升　　B. 利率将下降

C. 利率不变　　D. 利率可能下降也可能上升

4. 假定其他因素既定不变,在凯恩斯陷阱中,货币供给增加时,(　　)。

A. 利率将上升　　B. 利率将下降

C. 利率不变　　D. 利率可能下降也可能上升

二、计算题

假定中央银行初始投放货币为100万元,居民现金持有比率为10%,商业银行法定准备金率为10%,超额准备金率为5%,请计算最终货币供给量为多少。

第14章　国民收入决定理论(二)

本章学习目标

- 理解产品市场均衡和货币市场均衡的含义；
- 掌握 IS - LM 模型；
- 掌握总供给曲线；
- 总需求—总供给模型。

在国民收入决定模型中，我们可以看到基本的宏观经济政策，总需求不足时，政府可以采取四种方式拉动总需求，分别是刺激消费、刺激投资、增加政府购买和减少税收。总需求过多时，政府同样可以采取四种方式抑制总需求，分别是抑制消费、抑制投资、减少政府购买和增加税收。在分析了货币市场之后，本章将会在同时考虑产品市场和货币市场的基础上阐述宏观经济政策。

14.1　产品市场的均衡：IS 曲线

14.1.1　产品市场的均衡条件及 IS 曲线

所谓产品市场的均衡是指产品市场上总供给与总需求相等，这在国民收入决定模型中已经体现出来，本节就是在此基础上建立 IS 曲线。在国民收入决定模型中，为了研究的方便，投资作为给定的常数分析，本节恢复了投资的本来面目，投资是利率的反函数，投资函数为 $I=I_0-dr$，这是建立 IS 曲线的关键一步。前面已指出，两部门模型中总需求等于总供给是指 $C+I=C+S$，两边同时减去消费，均衡的条件变为 $I=S$。假定消费函数为 $C=C_0+cY$，则储蓄函数为 $S=Y-C=Y-C_0-cY=-C_0+(1-c)Y$。已知投资函数为 $I=I_0-dr$，根据均衡条件有：$I=I_0-dr=-C_0+(1-c)Y=S$。由此可得均衡收入公式

$$Y=\frac{C_0+I_0-dr}{1-c}$$

上式就是 IS 曲线代数表达式。从上式可以看到，IS 曲线表示在产品市场达到均衡(即 $I=S$)时利率和国民收入之间的关系。或者说，IS 曲线是表明这样一条曲线，在它上面的每一点，利率与国民收入的组合是不同的，但是投资都等于储蓄。即要使产品市场保持均衡，储蓄等于投资，则均衡的国民收入与利率之间存在着反方向变化的关系。例如，假定投资函数为 $I=1\,000-200r$，消费函数为 $C=600+0.8Y$，储蓄函数为 $S=Y-C=-600+0.2Y$。这

样 IS 曲线代数表达式为 $Y=\frac{C_0+I_0-dr}{1-c}=8\,000-1\,000r$。当 $r=1$ 时,$Y=7\,000$;$r=5$ 时,$Y=3\,000$等等。

据此在坐标轴中就可以得到 IS 曲线,如图 14-1 所示。

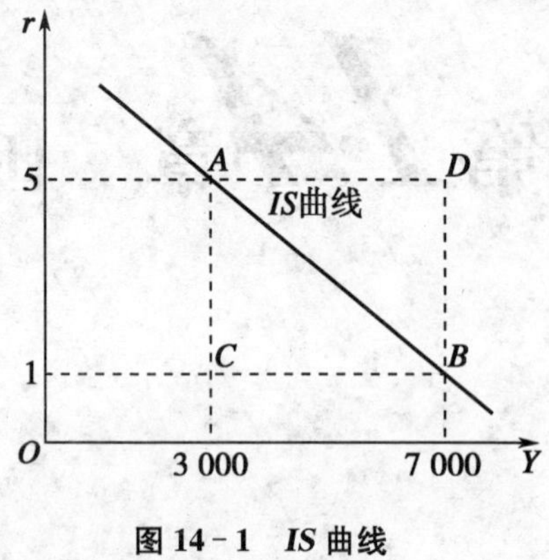

图 14-1 IS 曲线

以纵轴代表利率,以横轴代表收入,仅找两点就可得到一条反映利率和收入间相互关系的 IS 曲线。当$r=1$,$Y=7\,000$ 时,在图形中对应 B 点,当 $r=5$,$Y=3\,000$ 时,在图形中对应 A 点,将这两点连接得到的曲线就是 IS 曲线,在这条曲线上任何一点都代表一定的利率和收入的组合,在这样的组合下,投资和储蓄都是相等的,即 $I=S$,从而产品市场是均衡的,因此这条曲线称为 IS 曲线。要注意,在分析 IS 曲线时,具有以下几方面的假设:① 投资与利率呈反方向变动,投资量是利率的减函数;② 在两部门国民收入决定中,产品市场的平衡要求投资等于储蓄;③ 储蓄是国民收入的函数,一般来说,两者同方向变化。

从以上分析可知,要使储蓄和投资相等,就必须要有高利率和少的国民收入的组合,或者是低的利率与多的国民收入的组合。其内在的经济逻辑是,利率下降,投资增加,总需求增加,国民收入增加,储蓄也增加;反之,利率上升,投资减少,总需求下降,国民收入减少,储蓄也减少。产品市场的均衡条件为投资等于储蓄,而只有在 IS 曲线上的利率和收入组合才能满足这一条件。但是,这并不意味着经济中的每一时期收入和利率的实际组合必定位于 IS 曲线之上,若不在 IS 曲线上面,投资就不等于储蓄,则产品市场存在着不均衡。如图 14-1中 C 和 D 两点的收入和利率组合就是两个非均衡点。就 C 点来看,它所对应的收入是 3 000,利率是 1,收入为 3 000 时在函数 $S=Y-C=-600+0.2Y$ 下产生储蓄为 0,而在利率为 1 时在投资函数 $I=1\,000-200r$ 下产生的投资为 800,显然,在 C 点投资大于储蓄。再看 D 点,它所对应的收入是 7 000,利率是 5,收入为 7 000 时在函数 $S=Y-C=-600+0.2Y$下产生的储蓄为 800,而在利率为 5 时在投资函数 $I=1\,000-200r$ 下产生的投资为 0,显然,在 D 点投资小于储蓄。由此可知,凡是位于 IS 曲线左下方的收入和利率的组合都是投资大于储蓄的非均衡组合,凡是位于 IS 曲线右上方的收入和利率的组合都是投资小于储蓄的非均衡组合,只有位于 IS 曲线上的利率和收入组合才是投资等于储蓄的均衡组合。两边同时加上消费,C 点就表示在产品市场总需求大于总供给,D 点表示在产品市场总供给大于总需求。

14.1.2 IS 曲线的斜率

如果知道了一个经济的储蓄函数和投资函数,就不难求得 IS 曲线。从 IS 曲线代数表达式中可以看到,IS 曲线的斜率的大小,或者说倾斜的程度,取决于投资函数和储蓄函数的斜率。具体来说,投资曲线或储蓄曲线的斜率越小,IS 曲线的斜率也越小,即 IS 曲线越平坦;反之则相反。具体来说,在两部门经济中,IS 曲线的代数表达式为

$$Y=\frac{C_0+I_0-dr}{1-c}$$

上式可化为

$$r=\frac{C_0+I_0}{d}-\frac{1-c}{d}Y$$

上式就是自变量和因变量转换的 IS 曲线代数表达式。因为 IS 曲线图形上的纵轴代表利率,而横轴代表收入,上式中 Y 前面的系数$\frac{1-c}{d}$就是 IS 曲线的斜率。显然,IS 曲线的斜率既取决于 c,也取决于 d。

c 是边际消费倾向,如果 c 较大,IS 曲线的斜率也会较小。这是因为,c 较大,意味着支出乘数较大,从而当利率变动引起投资变动时收入会以较大幅度变动,因而 IS 曲线就较平缓。即当边际消费倾向 c 较大时,就是边际储蓄倾向较小,储蓄曲线较平缓,因而 IS 曲线也较平缓。

d 是投资需求对于利率变动的反应程度,它表示利率变动一定幅度时投资变动的程度。如果 d 的值较大,即投资对于利率变化比较敏感,IS 曲线的斜率就较小,即 IS 曲线较平缓。这是因为,投资对利率较敏感时,利率的较小变动就会引起投资较大的变化,进而引起收入较大的变动,反映在 IS 曲线上是利率较小变动就要求有收入较大变动与之配合,才能使产品市场均衡。

在三部门经济中,由于存在税收和政府支出,消费成为可支配收入的函数,即 $C=C_0+c(1-t)Y$,于是上述 IS 曲线的斜率就要相应的变为$\frac{1-c(1-t)}{d}$。在这种情况下,IS 曲线的斜率除了和 d 及 c 有关外,还和税率 t 的大小有关。当 d 和 c 一定时,税率 t 越小,IS 曲线越平缓;t 越大,IS 曲线会越陡峭。这是因为在边际消费倾向一定时,税率越小,乘数会越大;税率越大,乘数会越小。

14.1.3　IS 曲线的移动

1. 投资的变动

如果投资的边际效率(收益)上升,则在同样的利率条件下,投资增加,总需求增加,国民收入增加,使得储蓄增加,与投资相等,从而 IS 曲线向右上方平行移动;反之亦然。如图 14－2所示,纵轴表示利率 r,横轴表示收入 Y,产品市场的原始均衡为 IS_1,同样利率 r_0 条件下,投资增加,总需求增加,国民收入由 Y_1 增加到 Y_2,储蓄也相应增加,与投资增加相一致,重新达到产品市场均衡 IS_2。

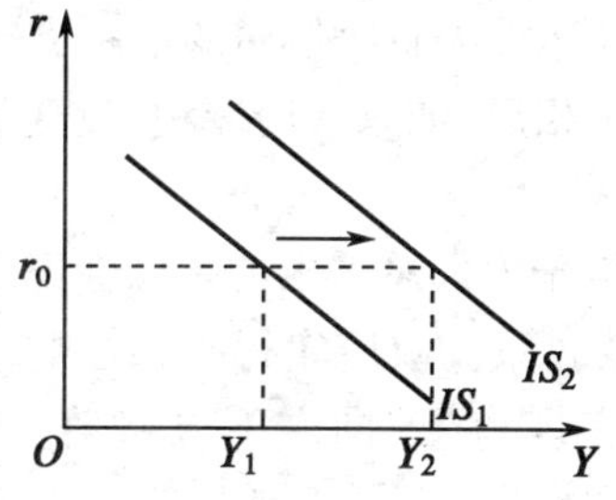

同样的利率条件下,投资增加,IS 曲线向右上方平行移动

图 14－2

2. 储蓄的变动

如果国民边际储蓄倾向变小(或边际消费倾向变大),则相同的国民收入水平下,储蓄下降,投资与储蓄要相等,达到产品市场均衡,必须利率上升,从而 IS 曲线向右上方平行移动;反之亦然。如图 14-3 所示,纵轴为利率 r,横轴为收入 Y,原始产品市场均衡为 IS_1,当收入为 Y_1,利率为 r_1 时,储蓄下降,为了维持产品市场均衡,投资也必须下降。由于投资是利率的反函数,利率上升至 r_2,投资就会与储蓄同步下降,重新实现产品市场均衡 IS_2。

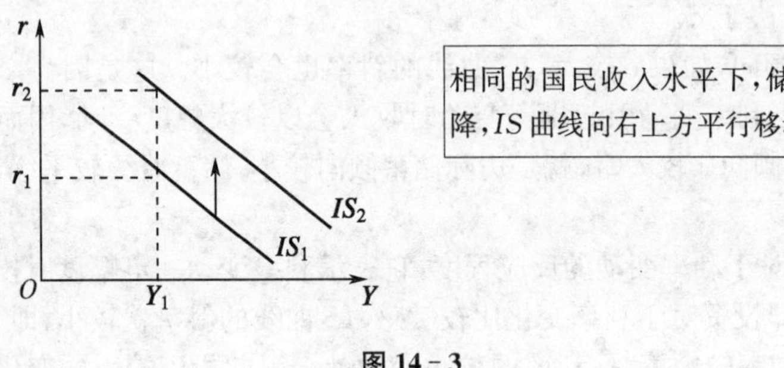

图 14-3

3. 政府收支变动

图 14-2 和图 14-3 中 IS 曲线的移动,只是考虑两部门经济中产品市场均衡的情况。在三部门经济中,IS 曲线同样是根据国民收入均衡的条件(总需求等于总供给)推导出来的。在三部门模型中,总需求增加了政府购买,总供给增加了税收,这里再次强调企业购买家庭的生产要素进行生产,为实现利润最大,购买的要素全部用来生产,总供给就是全部要素的价值,即家庭获得的总收入,总供给与总收入必然恒等。而在出现政府部门后,家庭的总收入就划分为三个部分,分别是消费、储蓄和税收。因此三部门模型中,国民收入均衡条件变为 $C+I+G=C+S+T$,两边减去消费 C 得到 $I+G=S+T$。因此,不仅投资曲线 I 和储蓄曲线 S 移动会使 IS 曲线移动,而且 I、G、S、T 中任何一条曲线的移动或几条曲线同时移动,都会引起 IS 曲线移动。如果考虑到开放经济情况,则引起 IS 曲线移动的因素还要包括进出口的变动。总之,一切自发支出量的变动都会使 IS 曲线移动。具体而言,增加政府购买性支出,在自发支出量变动的作用中等于增加投资支出,即增加总需求,国民收入增加,储蓄相应增加,因此会使 IS 曲线向右平行移动;相反,减少政府支出,则会使 IS 曲线向左移动。政府增加一笔税收,则会使 IS 曲线向左移动。这是因为,一笔税收的增加,如果是增加了企业的负担,则会使投资相应减少,于是这笔增税无疑是减少投资需求,即减少总需求,减少国民收入,储蓄相应减少,从而会使 IS 曲线向左移动。同样,一笔税收的增加,如果是增加了居民个人的负担,则会使他们的可支配收入减少,从而使他们的消费支出相应减少,同样是减少总需求,从而也会使 IS 曲线向左移动。相反,如果政府减税,就变为增加总需求,则会使 IS 曲线右移。

经济学家通常认为,增加政府支出和减税都属于增加总需求的扩张性财政政策,而减少政府支出和增税都属于降低总需求的紧缩性财政政策。政府实行扩张性财政政策,就表现为 IS 向右上方移动;实行紧缩性财政政策,就表现为 IS 向左下方移动。后面会有详细分析。

14.2　货币市场的均衡：*LM* 曲线

14.2.1　货币市场的均衡条件及 *LM* 曲线

LM 曲线表示在货币市场达到均衡(即 $L=M$)时，利率和国民收入之间的关系。或者说，*LM* 曲线是表明这样一条曲线，在它上面的每一点，利率与国民收入的组合是不同的，但是货币供给都等于货币需求。上一章已经说过，利率是由货币市场上的供给和需求的均衡决定的，而货币的供给量是由货币当局所控制的，即由代表政府的中央银行所控制。因而假定它是一个外生变量。在货币供给量既定情况下，为了维持货币市场的均衡，任何货币需求的变动都会引起其他货币需求的变动。假定 m 代表货币供给量，则货币市场的均衡就是

$$m=L=L_1(Y)+L_2(r)=kY-hr$$

从这个等式中可知，当 m 为一定量时，为了维持货币市场均衡，L_1 增加时 L_2 必须减少，或者 L_1 减少时 L_2 必须增加，否则不能保持货币市场的均衡。前面已提到，L_1 是货币的交易需求(由交易动机和预防动机引起)，它随收入的增加而增加。L_2 是货币的投机需求，它随利率的上升而减少。因此，国民收入增加使货币交易需求增加时利率必须相应提高，从而使货币投机需求减少，才能维持货币市场的均衡。反之，收入减少时，利率必须相应下降，否则货币市场就不能保持均衡。

当 m 给定时，$m=kY-hr$ 的公式可表示为满足货币市场的均衡条件的收入 Y 与利率 r 的函数关系，这一关系的图形称为 *LM* 曲线。由于货币市场均衡时 $m=kY-hr$，其中 m、k 和 h 都是外生变量，因此 *LM* 曲线的代数表达式可表示为

$$Y=\frac{hr}{k}+\frac{m}{k}$$

或

$$r=\frac{m}{h}+\frac{k}{h}Y$$

这两个公式都是表示 *LM* 曲线的代数表达式。现在举例来说明 *LM* 曲线。假定对货币的交易需求函数 $L_1=L_1(Y)=200+0.6Y$，对货币的投机需求函数 $L_2=L_2(r)=1\ 500-300r$，货币供给量 $m=2\ 000$，则货币市场均衡时，代数表达式 $m=L_1(Y)+L_2(r)$ 变为 $2\ 000=200+0.6Y+1\ 500-300r$，得 $Y=500+500r$ 或 $r=0.002Y-1$。其中，当 $r=1$ 时，$Y=1\ 000$；当 $r=4$ 时，$Y=2\ 500$，等等。

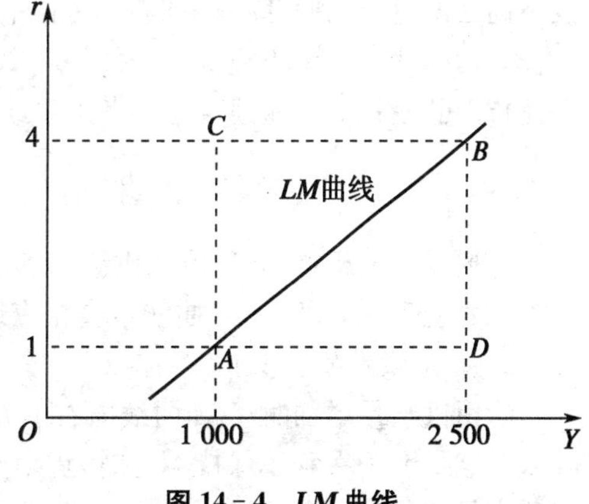

图 14-4　*LM* 曲线

据此可作出 *LM* 曲线，如图 14-4 所示。

其中，横坐标表示收入，纵坐标表示利率。由于此曲线代表的是一线性方程，是直线，因此，只要在利率—收入空间找到两点就可得到 *LM* 曲线。当利率 r 为 1，收入 Y 为 1 000 时，在空间对应 A 点；当利率 r 为 4，收入 Y 为 2 500 时，在

空间对应 B 点。连接两点就是 LM 曲线。之所以称为 LM 曲线，是因为此线上任一点都代表一定利率和收入的组合，在这样的组合下，货币需求与供给都是相等的，亦即货币市场是均衡的。需要指出的是，在分析 LM 曲线时，具有以下几方面的假设：① 利率与货币的投资需求呈反方向变动；② 货币的交易需求和预防的需求是国民收入的函数；③ 货币的供给由中央银行外生决定，在一定时期内为既定的常数。

同样，货币市场也会出现不均衡的情况。当利率与收入组合不在 LM 曲线上时，货币供给就不等于货币需求。图 14-4 中 C 和 D 两点就不在 LM 曲线上，这两点的利率与收入组合就不能保证货币市场均衡。就 C 点看，它所对应的利率与收入组合为 4 和 1 000，利率为 4 在货币投机需求函数 $L_2=L_2(r)=1\,500-300r$ 下产生的投机货币需求为 300，收入为1 000 在货币交易需求函数 $L_1=L_1(Y)=200+0.6Y$ 下产生的货币交易需求为 800，货币供给为 1 500。显然，$L_1+L_2<m$，即货币需求小于货币供给。再看 D 点，它所对应的利率与收入组合为 1 和 2 500，利率为 1 在货币投机需求函数 $L_2=L_2(r)=1\,500-300r$ 下产生的投机货币需求为 1 400，收入为 2 500 在货币交易需求函数 $L_1=L_1(Y)=200+0.6Y$ 下产生的货币交易需求为 1 700，货币供给为 1 500。显然，$L_1+L_2>m$，即货币需求大于货币供给。

由此可知，凡位于 LM 曲线左上方的利率与收入组合，都与 C 点相同，货币市场中货币需求小于货币供给；反之，凡位于 LM 曲线右下方的利率与收入组合，都与 D 点相同，货币市场中货币需求大于货币供给。只有在 LM 曲线上的组合点，才使货币需求等于货币供给，即货币市场均衡。

14.2.2 LM 曲线的斜率

LM 曲线的斜率取决于货币的投机需求曲线和交易需求曲线的斜率，实际上也就是取决于 $r=\frac{k}{h}Y-\frac{m}{h}$ 中的 k 和 h 之值，这一公式是 LM 曲线的代数表达式，而 $\frac{k}{h}$ 是 LM 曲线的斜率。显然，当 h 为定值时，k 越大，即货币需求对收入变动的敏感度越高，则 $\frac{k}{h}$ 就越大，于是 LM 曲线越陡峭。另一方面，当 k 为定值时，h 越大，货币需求对利率的敏感度越高，则 $\frac{k}{h}$ 就越小，于是 LM 曲线越平缓。西方学者认为，货币的交易需求函数一般比较稳定，因此，LM 曲线的斜率主要取决于货币的投机需求函数。出于投机动机的货币需求是利率的减函数。前面说过，当利率降得很低时，货币的投机需求将成为无限的，这就是“凯恩斯陷阱”或“流动偏好陷阱”。由于在这一极低的利率水平上(如说 1%)货币投机需求量已成为无限的，因此货币的投机需求曲线成为一条水平线，这会使 LM 也成为水平的。

14.2.3 LM 曲线的移动

根据以上分析可知，货币的供给和货币的需求决定了 LM 曲线，因此货币的供给和货币的需求发生变化，那么 LM 曲线也会相应地变动。

1. 货币供给发生变化

货币供给量增加时，LM 曲线向右下方移动，表明在相同利率水平上会形成更多的国民收入。这是因为在利率保持不变时，货币的投机需求也保持不变；只有增加国民收入，带动货币交易和预防需求的增加，使得货币需求增加量与货币供给增加量一致，维持货币市场均衡;或者在国民收入不变时,货币的交易需求和预防需求不变,增加的货币供给被货币投机需求所消化,为了使货币投机需求增加,利率必须下降,利率下降,才能维持货币市场均衡。如图 14－5 所示,初始货币市场均衡为 LM_1 曲线,利率为 r_1,对应收入为 Y_1,当货币供给增加,利率为 r_1 不变时,为了维持货币市场均衡,国民收入由 Y_1 变为 Y_2,在其他利率水平上,国民收入同样会增加,最终货币市场均衡达到 LM_2。

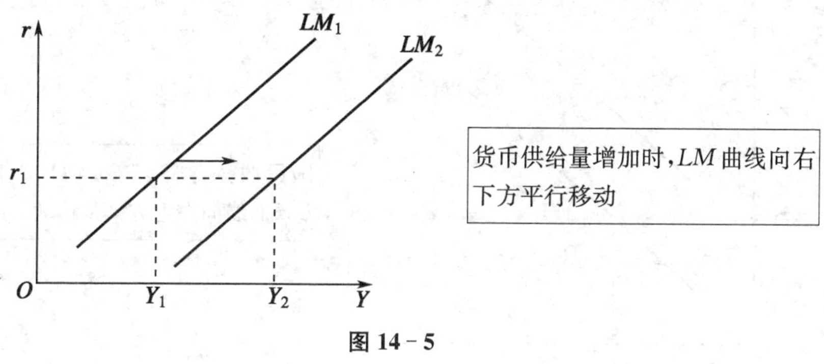

图 14－5

2. 货币需求发生变化

当货币供给量不变,而货币需求发生变化,LM 曲线该如何变化呢？货币需求增加,LM 曲线向左上方平行移动,反之亦然。这是因为,当国民收入不变时,为了维持货币市场均衡,只有通过提高利率降低投机货币需求,以保证和货币供给相一致。如图 14－6 所示,货币市场初始均衡为 LM_1,利率为 r_1,对应国民收入为 Y_1。当货币需求增加时,国民收入 Y_1 不变,利率上升至 r_2,降低投机货币需求,以维持货币市场均衡,在其他国民收入水平,同样要提高利率,这样,LM_1 曲线移至 LM_2 曲线。

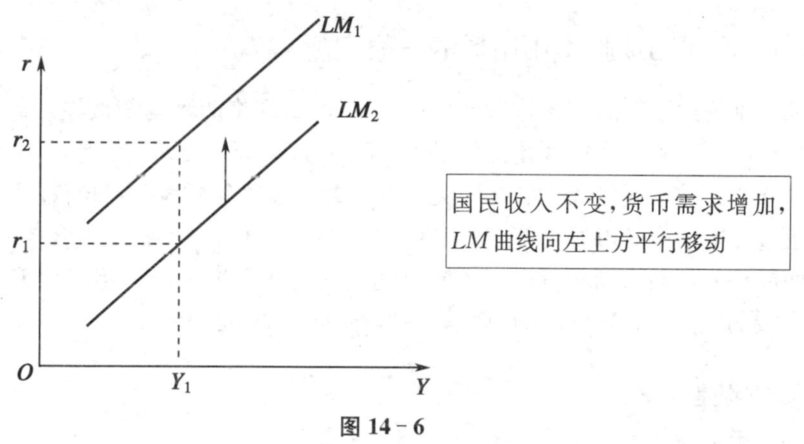

图 14－6

由于没有考虑价格水平,前面提到的货币供给仅是名义货币供给,名义货币供给除以价格水平就可得到实际货币供给。很明显,当价格水平 $P=1$ 时,或者说不变时,名义货币供给就可以代表实际货币供给,因为 $m=\frac{M}{P}=M$。可是,如果价格水平不等于 1,或者说变动时,名义货币供给就不能代表实际货币供给。$P>1$ 时,货币的实际供给小于名义供给;$P<1$ 时,货币的实际供给大于名义供给。因此,当名义货币供量不变时,价格水平如果下降,意味着实际货币供给增加,这会使 LM 曲线向右下方移动。相反,如果价格水平上升,意味着实

际货币供给下降，LM 曲线向左上方移动。如图 14－7 所示，初始货币市场均衡为 LM_1，当名义货币供给不变，价格水平上升，实际货币供给减少，在国民收入 Y_1 不变时，交易动机货币需求不变，只有将利率 r_1 提高至 r_2，降低投机动机货币需求，以减少总的货币需求，维持货币市场均衡，在其他国民收入水平，同样要提高利率，LM 曲线从 LM_1 移至 LM_2。

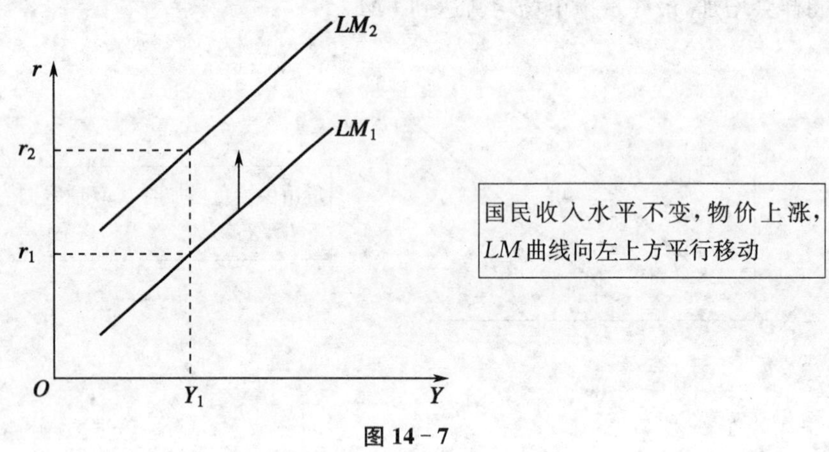

图 14－7

使 LM 曲线移动的因素中，特别要重视货币供给量变动的因素。因为货币供给量是国家货币当局可以根据需要来调整的，通过这种调整来调节利率和国民收入，正是货币政策的内容。

14.3 产品市场与货币市场的同时均衡：IS－LM 模型

14.3.1 产品市场和货币市场的一般均衡

前面已分别阐述了产品市场均衡和货币市场均衡，现将两种均衡放在一起考察，当经济中同时实现产品市场和货币市场均衡就是 IS－LM 模型，IS－LM 模型是反映产品市场和货币市场同时均衡条件下国民收入和利率关系的模型。上述分析表明，只有在 IS 曲线上的利率与收入组合才能使产品市场均衡，只有在 LM 曲线上的利率和收入组合才能使货币市场均衡。因而能够使产品市场和货币市场同时达到均衡的利率和收入组合只能产生于 IS 曲线与 LM 曲线的交点上，这个交点也就是下列两个联立方程的解。

IS 曲线方程是
$$Y=\frac{C_0+I_0-dr}{1-c}$$

LM 曲线方程是
$$Y=\frac{hr}{k}+\frac{m}{k}$$

在 IS 曲线方程中，自发性消费 C_0 和自发性投资 I_0 以及参数 d 和 c 都是外生变量，在 LM 曲线方程中，由于货币供给量以及参数 k 和 h 被假定为既定，因此，在这个二元方程组中，变量只有利率 r 和收入 Y，解出这个方程组就可得到 r 和 Y 的一般解，即产品市场和货币市场同时均衡点。

举例说明，假定投资函数为 $I=100-20r$，消费函数为 $C=60+0.8Y$，即储蓄函数为

$S=Y-C=-60+0.2Y$。这样,IS 代数表达式为 $Y=\frac{C_0+I_0-dr}{1-c}=800-100r$。假定对货币的交易需求函数 $L_1=L_1(Y)=200+0.6Y$,对货币的投机需求函数 $L_2=L_2(r)=1\ 500-300r$,货币供给量 $m=2\ 000$,则货币市场均衡时,代数表达式 $m=L_1(Y)+L_2(r)$ 变为 $2\ 000=200+0.6Y+1\ 500-300r$,得 $Y=500+500r$ 或 $r=0.002Y-1$。联立 IS 和 LM 两个方程组,求解得 $Y=750$,$r=0.5$,这说明在产品市场和货币市场均衡时收入为 750,利率为 0.5。

在收入为 750,利率为 0.5 时,产品市场和货币市场是否同时实现了均衡?我们可以用上面给出的函数进行验证。投资为 $I=100-20r=90$,储蓄为 $S=Y-C=-60+0.2Y=90$,投资和储蓄相等,因而实现了产品市场均衡。同样,货币的交易需求为 $L_1=L_1(Y)=200+0.6Y=650$,货币的投机需求为 $L_2=L_2(r)=1\ 500-300r=1\ 350$,总的货币需求为 2 000,正好等于货币供给量,因而实现了货币市场均衡。

产品市场和货币市场的同时均衡还可以用图 14-8 表示。图中,横坐标表示收入,纵坐标表示利率。IS 与 LM 相交于 E 点,表示在 E 点,产品市场与货币市场都处于均衡状态。

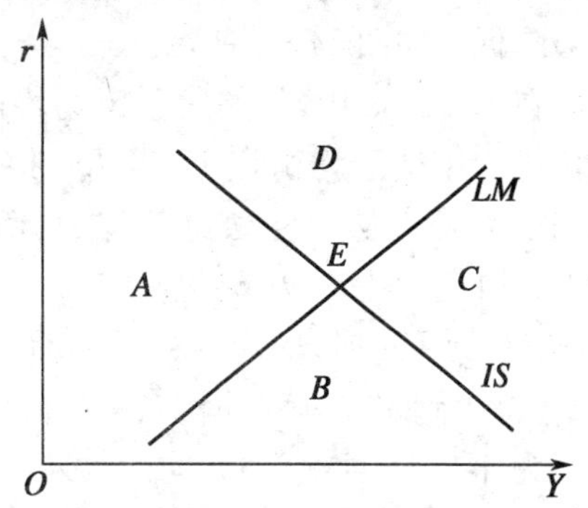

图 14-8　产品市场和货币市场的一般均衡

如前所述,利率与收入的组合凡在 IS 曲线左下方的,投资大于储蓄,即在产品市场总需求大于总供给;凡在 IS 曲线右上方的,投资小于储蓄,即在产品市场总供给大于总需求。凡在 LM 曲线左上方的,表示在货币市场货币需求小于货币供给;凡在 LM 曲线右下方的,则表示在货币市场货币需求大于货币供给。因此,从图 14-8 中可看到,IS 曲线和 LM 曲线把坐标平面分成四个区域,在这四个区域中都存在产品市场和货币市场的非均衡状态。其中 A 所在区域,在产品市场投资大于储蓄,利率有上升的压力,在货币市场货币需求小于货币供给,利率有下降的压力;B 所在区域,在产品市场投资大于储蓄,在货币市场货币需求大于货币供给,利率同时有上升的压力;C 所在区域,在产品市场投资小于储蓄,利率有下降的压力,在货币市场货币需求大于货币供给,利率有上升的压力;D 所在区域,在产品市场投资小于储蓄,在货币市场货币需求小于货币供给,利率同时有下降的压力。

各个区域中存在的各种不同组合的 IS 和 LM 非均衡状态会得到调整,IS 不均衡会导致收入变动:投资大于储蓄会导致收入上升,投资小于储蓄会导致收入下降;LM 不均衡会导致利率变动:货币需求大于货币供给会导致利率上升,货币需求小于货币供给会导致利率下降。这种调整最终都会趋向均衡利率和均衡收入。例如,在图 14-8 中,假定实际收入与利率的组合发生于 B 点,既不在 IS 曲线上,也不在 LM 曲线上。B 点所在区域中,一方面投资大于储蓄,从而收入会上升;另一方面货币需求大于货币供给,从而利率会上升。这两方面调整的共同结果是引起收入和利率的组合向均衡点调整,这种调整直到 E 点才会停止。

*14.3.2　曲线移动对均衡点的影响

IS 曲线与 LM 曲线的交点就是均衡点,均衡点同时实现了收入均衡和利率均衡。但均衡点不是固定不变的,均衡收入和均衡利率会随着 IS 曲线与 LM 曲线的移动而变动。

前面已经分析，当投资函数、储蓄函数或者政府收支发生变化时，IS 曲线会发生移动，而当货币需求或者货币供给量等发生变动时，LM 曲线也会发生移动。无论是 IS 曲线发生移动，还是 LM 曲线发生移动，或者是两者同时移动，都会使均衡收入和均衡利率发生变动。

1. *IS 曲线移动对均衡收入和均衡利率变动的影响*

在 LM 曲线不变，IS 曲线发生移动的情况下，均衡收入和均衡利率会随着 IS 曲线发生同方向的变化。这就是说，在 IS 曲线右移时，均衡收入会增加，均衡利率会提高；在 IS 曲线左移时，均衡收入会减少，均衡利率会降低。如图 14－9 所示。

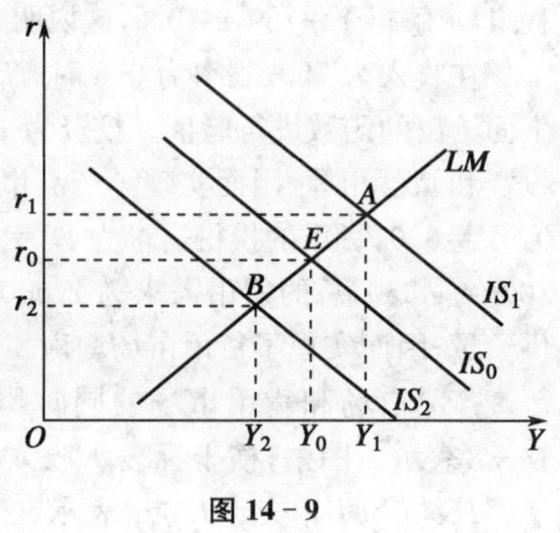

图 14－9

在图 14－9 中，初始货币市场均衡 LM 和产品市场均衡 IS_0 交于均衡点 E，当 IS 曲线从 IS_0 增加到 IS_1 时，均衡点从 E 移动到 A 点，均衡收入从 Y_0 增加到 Y_1，均衡利率则从 r_0 提高到 r_1。而当 IS 曲线从 IS_0 减少到 IS_2 时，均衡点从 E 移动到 B 点，均衡收入从 Y_0 减少到 Y_2，均衡利率则从 r_0 降低到 r_2。

为什么 IS 曲线右移，均衡收入会增加，均衡利率会提高呢？这是由于 IS 曲线右移，主要是因为投资增加、政府支出增加或者政府税收减少，这会使总需求增加，进而使收入增加。收入增加会使货币的交易需求 L_1 增加，在货币供给量 m 不变的情况下（因为假定 LM 曲线不变）货币的投机需求 L_2 必须减少。由于投机货币需求和利率是反函数关系，这只有在利率上升的情况下才有可能。因此，IS 曲线右移，伴随的是均衡收入的增加和均衡利率的提高。相反，同样的原因，在 IS 曲线左移时，均衡收入和均衡利率都会下降。

2. *LM 曲线移动对均衡收入和均衡利率变动的影响*

在 IS 曲线不变，LM 曲线发生移动的情况下，均衡收入会随着 LM 曲线发生同方向的变化，均衡利率则会随着 LM 曲线发生反方向变化。这就是说，在 LM 曲线右移时，均衡收入会增加，均衡利率会降低；在 LM 曲线左移时，均衡收入会减少，均衡利率则会提高。如图 14－10 所示。

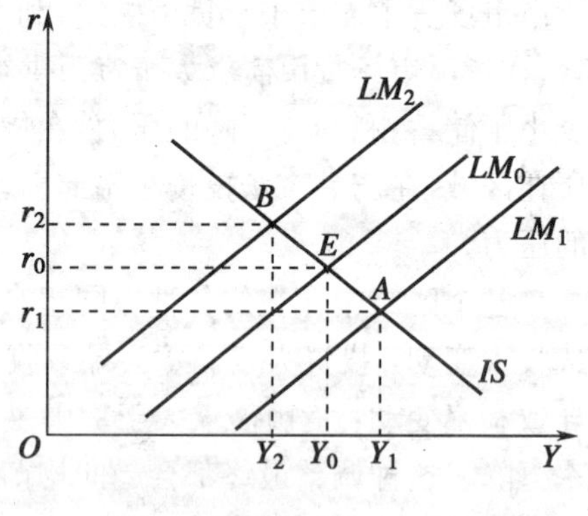

图 14－10

在图 14－10 中，初始货币市场均衡 LM_0 和产品市场均衡 IS 交于 E 点，均衡收入为 Y_0，均衡利率为 r_0。当 LM 曲线从 LM_0 增加到 LM_1 时，均衡点从 E 点移动到 A 点，均衡收入从 Y_0 增加到 Y_1，均衡利率则从 r_0 降低到 r_1。而当 LM 曲线从 LM_0 减少到 LM_2 时，均衡点从 E 点移动到 B 点，均衡收入从 Y_0 减少到 Y_2，均衡利率则从 r_0 提高到 r_2。为什么 LM 曲线右移，均衡收入会增加，均衡利率会降低呢？这是因为 LM 曲线右移，主要是由于货币供给增加，货币供给增加使货币市场出现不均衡，表现为货币供给大于货币需求。这会使人们感到手中持有的货币大于自己需要的货币，从而买入债券，在债券供给不变时，使债券价格提高，即利率下降。利率下降则会使投资增加，总需求增加会使收入增加。因此，LM 曲线右移，伴随的是均衡利率的降低和均衡收入的增加。相反,同样的原因,在 LM 曲线左移时,均衡收入降低和均衡利率提高。

【经济学小贴士 14-1】 IS-LM 模型简介

IS-LM 曲线是凯恩斯之后,英国经济学家希克斯与美国经济学家汉森共同研究如何协调货币政策与财政政策的相互配合所得到的图形,这个曲线又被称为希克斯—汉森图形。后凯恩斯经济学派的主要代表人物、美国著名经济学家萨缪尔森针对这一曲线曾给予一定的评价,他指出:“希克斯-汉森图形不仅仅把财政政策和货币政策结合起来,把收入决定论和货币论结合起来。此外,它还提供了一个关于 M 的流通速度的肯定而普遍适用的理论,从而有助于把货币主义和凯恩斯主义的宏观经济理论综合起来。因此,货币主义者的再度革命的问题变成为关于 IS 和 LM 的形状的问题。”在这段评价的脚注中,萨缪尔森又特别补充道:“希克斯-汉森图形并不能简洁地描绘凯恩斯后的宏观经济学的全貌。该图形未能真正显示出庇古效应。”

14.4 总需求—总供给模型

在前面讨论国民收入决定的分析中,均假设总供给是可以适应总需求的增加而增加,因而社会总价格水平保持不变。但是在现实生活中,总供给不能够无限增加,物价水平也在不断地变化,并且在产品市场和货币市场之外,现实经济中还存在着劳动市场,这些因素都会影响到国民收入的决定。因此,本节将拓展前面的分析,将上述这些因素纳入总需求—总供给模型来讨论国民收入是如何决定的。

14.4.1 总需求曲线

1. 总需求曲线

总需求(Aggregate Demand)是指整个经济社会在每一价格水平(这里的价格水平指的是社会总价格水平,而不是指某一种具体商品的价格)上对产品和劳务的需求总量。社会总需求决定了社会总支出水平,因此通常用社会总支出水平来衡量总需求。在一个对外开放的经济社会中,经济主体包括居民、厂商、政府和国外,各自的支出分别为消费需求、投资需求、政府购买需求和净出口需求。如果用 AD 代表总需求、C 代表消费需求、I 代表投资需求、G 代表政府购买需求、$X-M$ 代表净出口需求,则 $AD=C+I+G+X-M$。由此可以画出总需求曲线。所谓总需求曲线是表明产品市场与货币市场同时达到均衡时总需求与价格水平之间的关系。如图 14-11 所示。

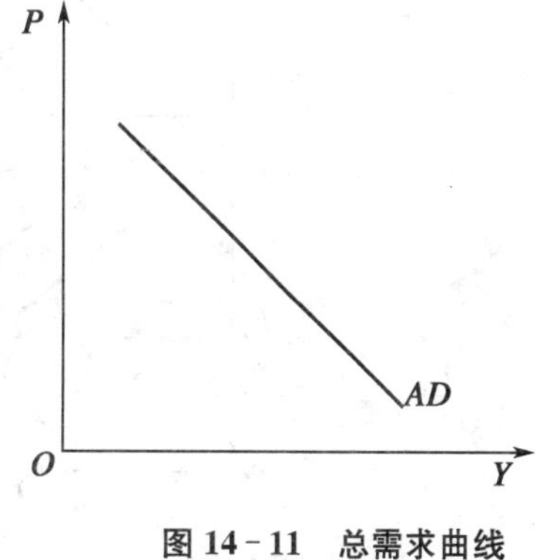

图 14-11　总需求曲线

2. 总需求曲线形成的原因分析

总需求曲线之所以向右上方倾斜是因为在货币供给量不变时价格下降,导致 LM 曲线向右下方移动,市场的利率下降,投资水平增加,国民收入增加;反之亦然。如图 14-12 所示，当价格到 P_1 时，LM 曲线为 LM_1，产品市场和货币市场同时均衡的国民收入为 Y_1；当市场价格下降到 P_2 时，LM 曲线向右下方移动，移至 LM_2，产品市场和货币市场同时均衡的国民收入增加为 Y_2；即价格下降，国民收入增加。

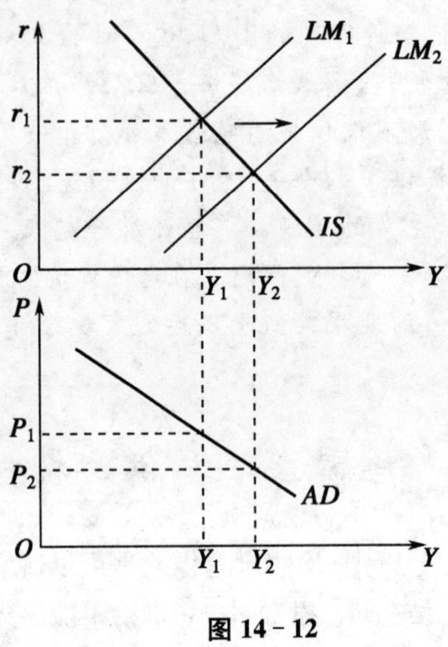

图 14-12

3. 总需求曲线的移动

当投资增加或储蓄减少，导致 IS 曲线向右上方移动，总需求曲线向右上方平行移动。如图 14-13 所示。

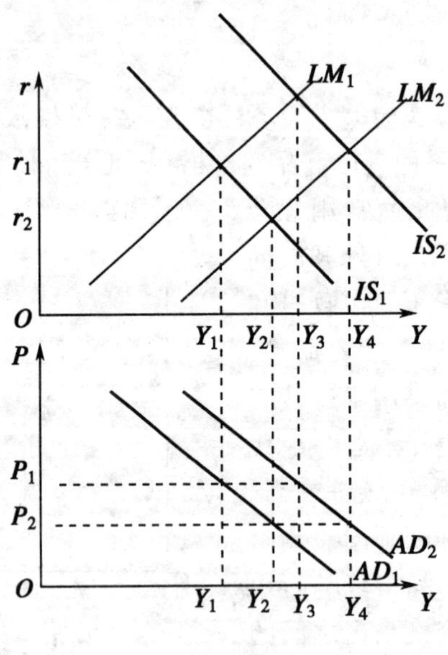

图 14-13

14.4.2　总供给曲线

1. 总供给曲线

总供给是经济社会在每一价格水平上提供的产品和劳务的总量。总供给取决于资源利用的情况，在不同资源利用的情况下，总供给与价格水平之间的关系是不同的，我们可以利用总供给曲线来加以说明。所谓总供给曲线是表明产品市场和货币市场同时达到均衡时，总供给与价格水平之间关系的曲线。如图 14－14 所示。

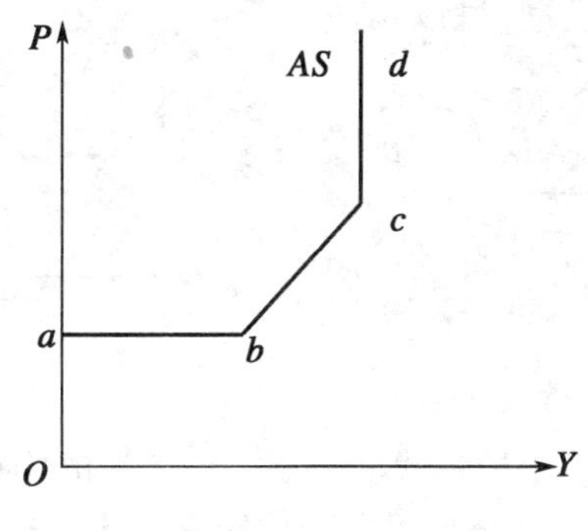

图 14－14　总供给曲线

(1) 未充分就业的总供给曲线——ab 线，平行于横坐标，表明价格水平不变，总供给不断增加。

由于资源没有得到充分，在价格不变的情况下，可以增加总供给。

(2) 短期总供给曲线——bc 线，向右上方倾斜的曲线，表明总供给与价格成同方向变化。

由于资源接近于充分利用，产量增加导致生产要素价格上升，成本增加，最终使价格水平上升。这种情况是短期的，同时又是经常出现的，因此称为"短期总供给曲线"或"正常的总供给曲线"。

(3) 长期总供给曲线——cd 线，垂直于横轴，表明价格变动，总供给量不变。

这是因为资源已经得到充分利用，总供给量已无法增加，这是一种长期趋势。所以，这条曲线称为"长期总供给曲线"。

2. 总供给曲线的移动

凯恩斯主义供给曲线存在有两个前提条件：一是货币工资和价格均具有向下的刚性，即只会上升不会下降；二是时间较短，即使不存在刚性工资和价格，工资和价格也没有足够的时间来进行调整。长期总供给曲线存在也有两个前提条件：一是货币工资和价格可以迅速或立即自行调节，使用的实际工资处于充分就业的水平；二是在长期中，即使货币工资和价格不能迅速或立即自行调节，工资和价格也有足够的时间来进行调整，使得实际工资处于充分就业状态。从现实经济运行来看，很难具备"凯恩斯主义供给曲线"和"长期总供给曲线"存在的前提条件，因此，这两条总供给曲线是两种极端情况。

但短期总供给曲线是可以变动的，在价格不变的情况下，影响短期总供给的因素主要包括技术进步因素和资源供给因素两个方面。在价格不变的情况下，生产技术提高了，同样的资源供给会有更大的产出水平，因此，总供给增加，总供给曲线向左下方移动；在价格和生产技术不变的情况下，资源供给增加也会产生更高的产出水平，因此，总供给增加，总供给曲线向左下方移动,反之,如果资源供给减少,则总产出水平下降,即总供给减少,总供给曲线向右上方移动。

14.4.3 总需求—总供给模型

1. 总需求—总供给模型

总供给—总需求模型是将总需求曲线和总供给曲线结合在一起来说明均衡国民收入与均衡的价格水平如何决定的一个模型,可以用图14-15来说明总需求—总供给模型。

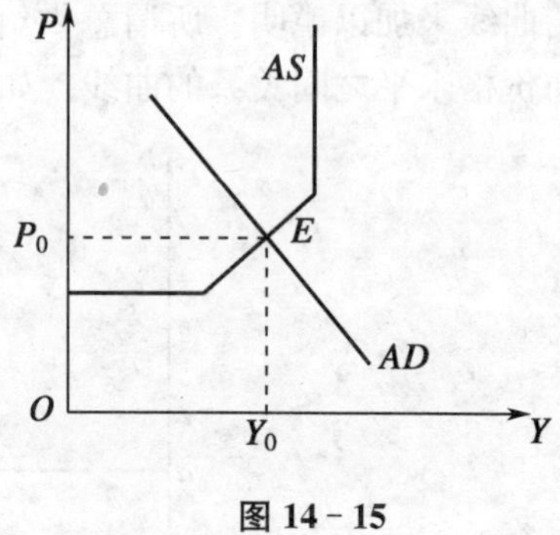

图 14-15

在图14-15中,总需求曲线 AD 与总供给曲线 AS 相交于 E,此时总需求等于总供给,国民经济处于均衡状态,E 点对应的 Y_0 即为均衡国民收入,均衡的价格水平为 P_0。

与IS-LM模型不同的是,总需求—总供给模型综合考虑了产品市场、货币市场和劳动市场三个市场的均衡,同时也分析了国外对于本国的需求情况(即净出口 $X-M$ 部分),因而更加接近现代宏观经济体系的实际运行情况,对于一个对外开放的国家的经济运行状况也更有解释能力。

2. 总需求曲线的变动对均衡国民收入和价格的影响

由于总供给曲线由三个部分组成,所以利用总需求—总供给模型分析总需求变动对国民收入和价格水平的影响时,必须考虑到总供给曲线的不同情况,依据总供给曲线的不同情况,可以将其分成三种情况:

(1) 未充分就业的总供给曲线

此时经济运行一般处于萧条时期。经济萧条时期是指实际国民收入水平低于潜在国民收入的时期,此时大量的资源闲置,因而此时总供给曲线的形态是一条水平直线,即前文所说的凯恩斯主义总供给曲线,如图14-16所示。由于有多余的资源,因而总需求的增加不会引起价格水平的增加,只会使国民收入水平增加。

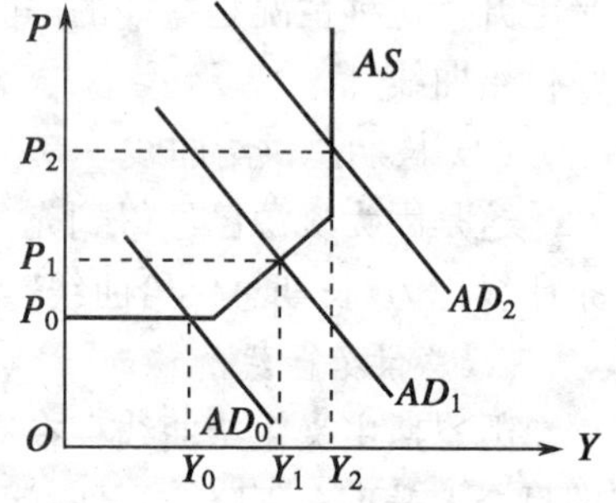

图 14-16 总需求曲线的变动对均衡国民收入和价格的影响

(2) 短期总供给曲线

即短期总供给曲线阶段。在这种总供给曲线时,总需求的增加会使国民收入增加,价格水平也上升;总需求的减少会使国民收入减少,价格水平也会下降。也就是说,总需求的变动引起国民收入与价格水平的同方向变动。如图14-16所示。

(3) 长期总供给曲线

即长期总供给曲线阶段。由于资源已得到了充分利用,总供给曲线为一条垂直于横轴的直线,所以总需求的增加只会使价格水平上升,而国民收入不会变动;同样,总需求的减少也只会使价格水平下降,而国民收入不会变动。即总需求的变动会引起价格水平的同方向变动,而不会引起国民收入的变动。如图14-16所示。

综合上面的三种情况,总需求变动会对国民收入和价格水平产生如下影响:当总供给曲线处于水平阶段时(凯恩斯主义总供给曲线),总需求变动不会引起价格水平的变动,总需求增加会导致国民收入增加,总需求减少会导致国民收入减少;当总供给曲线处于向右上方倾斜阶段时(短期总供给曲线阶段),总需求增加会导致国民收入和价格水平同时上升,总需求下降会导致国民收入和价格水平同时下降;当总供给曲线处于垂直阶段时(长期总供给曲线),总需求变动不会引起国民收入变动,总需求增加,价格水平增加,总需求下降,价格水平下降。

3. 短期总供给变动对均衡国民收入和价格的影响

凯恩斯主义总供给曲线和长期总供给曲线是两种极端情况,现实经济中较常见的是短期总供给曲线,因此,在讨论总供给变动对国民收入和价格水平的影响时通常只讨论短期总供给变动的情况。

短期总供给是会变动的,这种变动同样会影响国民收入与价格水平。在总需求不变时总供给的增加,即产量的增加会使国民收入增加,价格水平下降;而总供给的减少,即产量的减少会使国民收入减少,价格水平上升。可用图14-17来说明这种情况。

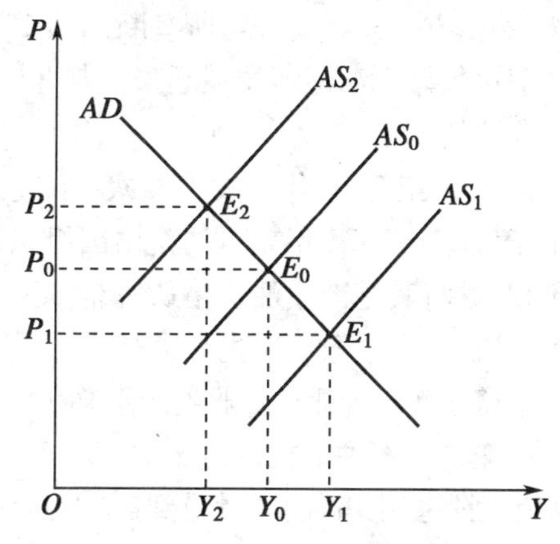

图14-17　短期总供给变动的影响

在图14-17中,AS_0与AD相交于E_0,决定了国民收入水平为Y_0,价格水平为P_0。当总供给增加时,总供给曲线由AS_0移动到AS_1,AS_1与AD相交于E_1,决定了国民收入为Y_1,价格水平为P_1,这表明由于总供给的增加,国民收入由Y_0增加到了Y_1,而价格水平由P_0下降到P_1。当总供给减少时,总供给曲线由AS_0移动到AS_2,AS_2与AD相交于E_2,决定了国民收入为Y_2,价格水平为P_2,这表明由于总供给的减少,国民收入由Y_0减少到了Y_2,而价格水平由P_0上升到P_2。

国民收入决定理论是宏观经济学的核心,它为分析各种宏观经济问题提供了一种重要的分析工具。国民收入决定理论对于失业、通货膨胀、经济周期和经济增长等问题均具有较强的分析价值,以下各章将一一给予详细介绍。

案例14-1　日本经济衰退的总需求分析

20世纪90年代,日本经济在多年迅速增长和极度繁荣之后经历了长期衰退。由于日本经济的长期增长以及日本企业采用终身雇佣制等因素,日本历史上的失业率是极低的,但这次失业率却从1990年的2%上升到1998年的4%。在1990年以前的20年中,日本的工业生产翻了一番,但1998年和1990年的GDP仍然一样,实际GDP停滞,有时甚至还下降。

在政府治理持续性经济衰退过程中,日本经济出现了典型的零利率、负退货的经济局面。1995年9月,为了促进经济复苏,日本中央银行采取了把贴现率降到0.5%的超低利率政策;1999年2月,中央银行为进一步减轻企业利率负担和刺激国内消费,在维持贴现率不变的情况下,将短期利率从0.25%降到0.15%;同年3月以后,日本央行大规模发行超出市场需求的货币,促使市场利率基本降到零。同期,日本的消费物价指数自1999年第三季度开始低于上年同期水平,1999年全年物价水平与上年持平,2000年负增长0.4%,2001年负增长0.9%。

造成日本经济衰退的原因：一是消费支出减少。这部分归因于股票价格的大幅度下降。二是投资支出减少。这部分归因于银行系统出现的“信用危机”。三是上述两个需求的减少使得总需求不足。同时，我们观察到，在日本经济中，表现为经济产出减少，同时利率降低。事实说明，衰退的主要原因是*IS*曲线的紧缩性移动。

思考题：

查阅相关资料，详细说明日本经济衰退的原因。

案例14-2 石油危机与滞胀

在20世纪的前几十年里，中东地区的石油资源一直被美孚、埃克森、壳牌等人称“七姊妹”的西方七大石油公司所垄断。从1945年起，中东各国逐渐掌握了本国的石油资源，各国经济也依靠石油逐渐发展起来。与此同时，中东国家也开始利用西方对石油的依赖，将石油作为武器使用。

20世纪70年代爆发了两次石油危机，给世界经济带来了巨大冲击。第一次石油危机发生于1973～1974年。石油输出国组织(OPEC)的阿拉伯成员国当年12月宣布收回原油标价权，并将其基准原油价格从每桶3.011美元提高到10.651美元，使油价猛然上涨了两倍多，从而触发了第二次世界大战之后最严重的全球经济危机。在这场危机中，美国的工业生产下降了14%，日本工业生产下降了20%以上，所有工业化国家的经济增长都明显放慢。

第二次石油危机发生于1979～1980年。1978年底，世界第二大石油出口国伊朗的政局发生剧烈变化，石油产量受到影响，从每天580万桶降到100万桶以下，打破了当时全球原油市场上供求关系的脆弱平衡。油价在1979年开始暴涨，从每桶13美元猛增至34美元，导致了第二次石油危机的出现。受石油价格上升影响，美国经济受到剧烈的供给冲击，造成高通货膨胀和高失业率并存的滞胀局面。此次危机成为20世纪70年代末西方全面经济衰退的一个主要诱因。

思考题：

1. 石油危机如何导致总供给的紧缩？20世纪70年代美国经济的滞胀与石油危机有何必然联系？

2. 结合目前油价上涨情况，谈谈我国应如何应对？

强化练习题

一、单项选择题

1. 在其他因素不变，利率的降低，将引起货币的(　　)。

A. 投机需求量减少　　B. 投机需求量增加

C. 交易需求量增加　　D. 交易需求量减少

2. 在其他因素不变，通常在货币供给增加时(　　)。

A. 利率将上升　　B. 利率将下降　　C. 利率不变　　D. 不确定

3. 在其他因素不变，当投资对利率变动的反应程度提高时，*IS*曲线将(　　)。

A. 平行向右移动　　B. 平行向左移动　　C. 更加陡峭　　D. 更加平坦

4. 在其他因素不变，当自发性投资增加时，*IS*曲线将(　　)。

A. 平行向右移动　　B. 平行向左移动　　C. 更加陡峭　　D. 更加平坦

5. 在其他因素不变，当货币的投机需求对利率变动的反应程度提高时，*LM* 曲线将(　　)。

A. 平行向右移动　　B. 平行向左移动　　C. 更加陡峭　　D. 更加平坦

6. 在其他因素不变，当货币供给量增加时，*LM* 曲线将(　　)。

A. 平行向右移动　　B. 平行向左移动　　C. 更加陡峭　　D. 更加平坦

7. 在其他因素不变时，根据本章所学投资函数，利率的上升将使投资量(　　)。

A. 增加　　B. 减少　　C. 不变　　D. 不确定

8. 利率和收入的组合点出现在 *IS* 曲线右上方和 *LM* 曲线的左上方的区域中，则表示(　　)。

A. 投资大于储蓄，货币需求大于货币供给　　B. 投资大于储蓄，货币需求小于货币供给

C. 投资小于储蓄，货币需求大于货币供给　　D. 投资小于储蓄，货币需求小于货币供给

9. 利率和收入的组合点出现在 *IS* 曲线左下方和 *LM* 曲线右下方的区域中，则表示(　　)。

A. 投资大于储蓄，货币需求大于货币供给　　B. 投资大于储蓄，货币需求小于货币供给

C. 投资小于储蓄，货币需求大于货币供给　　D. 投资小于储蓄，货币需求小于货币供给

10. 总需求曲线向右上方平行移动的原因是(　　)。

A. 政府支出的减少　　B. 货币供给量的增加　　C. 私人投资减少

11. 长期总供给曲线显示了(　　)。

A. 资源已得到充分利用　　B. 资源接近充分利用　　C. 资源未充分利用

12. 凯恩斯主义总供给曲线是一条(　　)。

A. 向右上方倾斜的直线　　B. 垂直与横轴的直线　　C. 水平的直线

二、计算题

1. 在两部门模型中，投资函数为 $I=300-4r$，储蓄函数为 $S=-100+0.2Y$。求 *IS* 曲线的方程。

2. 假定货币供给量 $M=400$，货币需求函数 $L=0.1Y-5r$。求 *LM* 曲线的方程。

3. 在两部门模型中，消费函数为 $C=100+0.8Y$，投资函数为 $I=100-2r$，货币供给 $M=100$，货币需求函数 $L=0.2Y-2r$。求：

(1) *IS* 曲线的方程与 *LM* 曲线的方程；

(2) 商品市场和货币市场同时均衡时的收入和利率。

4. 假设货币需求 $L=0.2Y-10r$，货币供给 $M=200$，消费 $C=60+0.8Y_d$，税收 $T=100$，投资 $I=150$，政府支出 $G=100$，求：

(1) *IS* 和 *LM* 方程、均衡收入、利率和投资；

(2) 政府支出从 100 增加到 140 时，收入、利率和投资会有什么变化?

第15章　失业与通货膨胀理论

本章学习目标

- 掌握失业的定义和分类；
- 理解失业的相关理论；
- 掌握通货膨胀的定义和分类；
- 理解菲利普斯曲线的相关理论。

15.1　失业理论

15.1.1　失业与充分就业的含义

1. 失业的定义及计量

失业(Unemployment)是指在一定年龄阶段有劳动能力的人在某一时间内没有职业或工作时间没有达到规定标准并且正在寻找有报酬工作时所处的状态。在美国，失业者是指那些失去工作，而且属于以下三种情况之一者：第一，寻找工作达四周的人；第二，暂时被解雇正在等待恢复工作的人；第三，正等待在四周之内到新工作岗位报到的人。

各国统计失业的方法也不相同。在美国是由劳工统计局采用抽样调查方法，通过与55 000户进行详谈而估计出失业数字，并在每个月的第一个星期五发表前一个月的失业率估计数字。

失业状况计量标准有两个：失业率和失业人数。在计量失业前，首先要明确两个概念：劳动力人口和劳动力参与率。在人口总数中，只有一部分是劳动年龄人口。世界上大多数国家把16～65周岁的人口确定为劳动年龄人口，我国则规定男16～60周岁，女16～55周岁为劳动年龄人口。劳动年龄人口中一部分是非劳动人口，包括以下几部分：① 军人；② 在校学生；③ 退休和丧失劳动能力的人、服刑犯人等；④ 不愿工作的人员；⑤ 在家庭农场和家庭企业每周工作少于15小时的人员。这说明任何国家的劳动适龄人口都会有部分不能算作劳动力人口，劳动力人口是指就业人数和失业人数之和，而劳动力参与率是劳动力人口和劳动年龄人口的比值。那么，失业率是指失业人口占劳动力人口的比重。要注意，这里劳动力人口和劳动年龄人口是有严格区分的。

除了失业率之外还可以用其他指标来反映失业与就业状况。

就业增长率(Accession Rate)，或称雇用率(Hiring Rate)，指某一时期内增雇的职工人数在就业总人数中所占的百分比，它表明了就业增长或失业减少的情况。

离职率(Separation Rate)，或称解雇率(Layoff Rate)，指某一时期内退职、解雇以及退休的总人数在就业总人数中所占的百分比，它表明了就业减少或失业增加的情况。

由于劳动流动性大，这两个比率都较高。从美国来看，这两个比率每月都在3%以上。这两个指标还可以反映经济周期的状况，就业增长率提高表明经济正走向繁荣，离职率提高表明经济已走向衰退。因此，在研究经济周期状况时很重视这两个指标。

失业持续时间(Duration of Spells of Unemployment)，指失业者连续失业的时间。这一指标可以反映劳动力流动情况，即失业变动情况。在失业率既定的情况下，失业持续时间越短，说明劳动力流动越大，即流入与流出失业池的速度越快。

2. 失业的种类

一般来说，按失业的原因大体可以把失业分为以下几种类型：

(1) 自愿性失业。自愿性失业是指在现行工资和劳动条件下，劳动者不愿意接受工作而引起的失业。

(2) 摩擦性失业。摩擦性失业是指因信息传递的不完善或劳动者正常流动过程产生的失业。或者由于人们在不同的地区，职业和生命周期的不同阶段不停地变换工作而引起的失业。摩擦性失业包括三种失业，分别是求职性失业、失职性失业和寻找性失业。其中求职性失业是指不满意现有工作，离职寻找更理想工作造成的失业；失职性失业是指被解聘，被迫寻找新的工作所造成的失业；寻找性失业是指新进入劳动力队伍，暂时没有找到工作造成的失业。

自愿性失业与摩擦性失业在任何时期都存在，但一般来说，自愿性失业与摩擦性失业的存在与充分就业不矛盾。

(3) 结构性失业。结构性失业是指由于经济结构的变化，劳动力的供给和需求在职业、技能、产业、地区分布等方面的不协调所引起的失业。经常表现为失业与职位空缺并存，这是因为失业者没有合适的技能或居住地点不当，因此无法填补职位空缺。主要包括技能性失业、技术性失业和季节性失业三种。其中技能性失业是指劳动力技能不适合经济结构、地区结构和性别结构的变动而引起的失业；技术性失业是指由于技术进步而引起的失业；季节性失业是指由于某些行业对劳动的需求在不同季节会发生增减而导致的失业，比如农业工人在收获期充分就业，但一年中却有几个月无事可做。由于结构性失业是不可避免的，因此，结构性失业不影响充分就业率。

(4) 周期性失业。周期性失业又称需求不足的失业，也就是凯恩斯所说的非自愿失业。它是指由于总需求不足而引起的短期失业。凯恩斯用紧缩性缺口来说明周期性失业产生的原因。前面章节已讲过，紧缩性缺口是指实际总需求小于充分就业的总需求时，实际总需求与充分就业总需求之间的差额。凯恩斯把总需求分为消费需求和投资需求。认为决定消费需求的因素是 Y 和 MPC；决定投资需求的因素是预期的未来利润率与利息率水平。他以 MPC 递减规律来说明消费需求不足的原因。用资本边际效率递减规律说明投资需求不足。消费需求与投资需求的不足造成了总需求的不足，从而引起了周期性失业。

3. 充分就业和自然失业率

充分就业是指克服了周期性失业的一种就业状态，实现充分就业时还存在失业，但此时的失业为自然失业。自然失业包括前面提到的自愿性失业、摩擦性失业和结构性失业。充分就业本意是指所有的人力、物力、财力都已得到充分利用的一种经济状态。但西方经济学中特别强调人力资源的作用，他们认为任何经济活动都是人和其他各种生产要素相互结合，共同发生作用的结果，因此他们推论只要人有了工作，也就意味着其他各种生产要素得到了充分利用，从这个意义上说充分就业是指想要工作的劳动者找到按现行货币工资率付酬的工作不是太困难的一种经济状况。西方经济学家认为，充分就业概念必须排除自愿性失业、摩擦性失业和结构性失业，因为这些失业在经济中是不可避免的。因此，充分就业并不是指百分之百的就业。在美国4%的失业率一般是作为临时性失业的正常比率，也是对充分就业来说可以容忍的最高失业水平。

充分就业水平上的失业率，通常称为自然失业率，这一概念最早是由货币主义的主要代表人物弗里德曼提出来的。他认为自然失业率是指在没有货币因素干扰的情况下，让劳工(劳动力)市场和商品市场的自发供求力量发挥作用时所应有的处于均衡状态的失业率。在弗里德曼看来只要对劳工市场的工作加以改进，比如使劳动力有较大的流动性，减少寻找工作的时间，提供职位空缺的信息，以及排除劳工和产品市场的垄断，那么一切有工作技能而且愿意工作的人迟早都会得到就业机会，而一切缺乏就业技能不被雇主所需要的人，不管生产量如何变动，他们也不会得到就业机会。

【经济学小贴士 15-1】 我国2007年就业状况

根据国家统计局统计显示：2007年年末全国就业人员76 990万人，比上年末增加590万人。其中城镇就业人员29 350万人，净增加1 040万人，新增加1 204万人。年末城镇登记失业率为4.0%，比上年末下降0.1个百分点。这里包括农村的隐性失业，隐性失业多由经济学家估算得出，一般认为农村隐性失业人数在1亿左右。

15.1.2 失业理论

1. 古典失业理论

古典经济学认为，资本主义制度可以通过市场机制的自动调节解决各种矛盾，因此经济社会中不存在失业，充分就业是一个始终存在的倾向。

前面章节讲到的“萨伊定律”认为经济中一种产品的生产(供给)总会造成对其他产品的需求，商品的供给会为自己制造需求，因此，经济中的总供给与总需求必然是相等的。这样，资本主义社会就不会出现生产过剩的经济危机，这就是著名的“萨伊定律”。这也就排除了经济中出现周期性失业的可能，即凯恩斯认为的总需求不足造成的失业。

古典经济学家还认为，与充分就业有关的另一个问题是工资的决定。他们认为工资取决于两个原则：① 工资等于劳动的边际产量；② 单位时间工资的边际效用等于闲暇的边际效用。按照前者，工人劳动的边际产量是递减的，因此，随着就业人数的增加，工资减少而利润增加。这样，企业家为了获得更多的利润而愿意增雇工人直至充分就业为止。按照后者，当劳动的供给增加从而工资下降，工资的边际效用小于闲暇的边际效用，劳动的供给与需求才达到均衡，因此工资的变动也必然使劳动的供求达到均衡，充分就业是一种始终存在的倾向。

但是，自从英国1825年发生第一次经济危机之后西方社会经常存在大量失业的现象，古典经济学又如何解释呢？庇古认为这些失业属于摩擦失业和自愿失业的范畴，而不是真正的失业，只是生产过程中局部的、暂时的失调，而不是真正的对劳动力需求的不足，因而这些失业的存在并不能否认社会常态是充分就业。

2. 凯恩斯的失业理论

凯恩斯的失业理论称为有效需求不足失业论，它在现代西方经济学中占统治地位。凯恩斯经济学的基础是有效需求理论。他用有效需求不足理论来说明失业，并在此基础上提出解决失业问题的方法，以达到社会的"充分就业"。

凯恩斯完全接受了古典经济学关于"摩擦失业"和"自愿失业"的理论，但是他认为除了这种"自愿失业"和"摩擦失业"之外，还存在着大量的"非自愿失业"。凯恩斯认为这种非自愿失业的产生主要是由于社会有效需求不足。由于三大心理规律的存在，导致有效需求不足，当企业生产的产品无法全部被消费者吸收时企业就会缩减生产，解雇工人；相反，当消费者不仅购买了企业当年的全部产出，而且吸收了企业的正常存货，说明市场中总需求大于总供给，企业就会扩大生产，增雇工人；只有在企业当年全部产出被消费者购买，而正常存货又没有发生变动时，企业才会既不扩大生产又不缩小生产，既不增雇工人又不解雇工人。这时总需求和总供给相等，它决定了就业工人的人数，即决定了整个社会的总就业量。

综上所述，凯恩斯认为，由于资本主义社会所存在的上述三大基本心理规律，导致了投资需求与消费需求的不足。因此，在资本主义社会，有效需求是不足的，失业的存在便是必然的。

既然有效需求不足是失业产生的根源，因此，凯恩斯认为，只要国家积极干预经济，设法刺激"有效需求"，就可能消除失业，实现充分就业。他提出的主要措施：一是刺激私人投资，为个人消费的扩大创造条件；二是促进国家投资，主张国家调节利息率和实行"可控制的通货膨胀"，以刺激私人投资，增加流通中的货币量以促进生产的扩大和商品供给的增加，还强调扩大军事开支对增加国家投资、减少失业所起的积极作用。

3. 隐性失业理论

隐性失业在发展中国家是最常见的一种失业，隐性失业是指表面上有工作，实际上对生产并没有作出贡献的人，即生产中存在有"职"无"工"的人。这种情况大多发生在衰退时期，由于企业开工不足，即使未被解雇的工人也无法有效地使用，甚至在繁荣时期，过分膨胀的就业也会出现机构臃肿的现象。隐性失业也可指在自然经济环境里被掩盖的失业，这种情况主要表现在发展中国家。当经济中减少就业人数而产量仍没有下降时，就存在着隐性失业。许多经济学家认为，不发达国家失业的特点之一就是"隐性失业"。因为在这些国家，人口压力问题是发生在货币工资经济发展之前的自给经济环境中的。由于大家庭制度的存在，许多家庭成员依靠有限的土地产品在低于自给的水平下也可以生存下去，许多在工资体系下本来要挨饿的人受亲属的资助而处于隐性失业状态。尤其是发展中国家的农业部门存在着严重的隐性失业。

4. 工资刚性理论

工资刚性理论是最新发展起来的失业理论。工资刚性是指工资对外部环境的变化反应迟钝，不能灵敏地对劳动供求关系的变化作出及时调整。工资率具有向下刚性或黏性的特征，失业率并不会随劳动需求的变动作出充分调整。西方经济学理论认为，在劳动力市场中，工资应像所有其他商品一样，由劳动力供求关系决定，劳动力需求量大工资就高，反之工资就低。然而，当需求曲线向左移动时，工资不能下降到新的均衡工资水平，这就是工资刚性。尽管到目前为止，工资的刚性仍是现代经济学中最难解的谜团，但通常认为，工会、合同与政府最低工资法规限制了工资的波动。同时，公司经理不喜欢降低工资还由于降低工资会使优秀员工失去积极性甚至跳槽。刚性是指没有弹性,因此工资刚性就是说雇员在接受了一个层次的工资以后,即使物价下调,通货紧缩,也不能让这些人接受低水平的工资,就是说只能上不能下。具体而言,对工资刚性存在的原因有以下几种主要解释:

(1) 劳动工资合同阻止了工资率降低。在一些行业中,企业为了留住人才,往往可能签订长期的对员工较有利的工资合同。这些合同通常附加工资随生活费上涨而增加的条款,在经济衰退时期,工资率并不随之削减。尽管宏观上看合同签订是彼此错开的,每个月都会有新的合同产生,但相对固定的合同期的确减缓了工资率调整的进程。虽然工会合同说法不能完全解释工资刚性,不过在一些行业中仍可看作是影响工资率相对稳定的重要因素。

(2) 刚性是由工资管理费用引起的,又叫"菜单成本"。每次调整工资薪金,甚至附加福利发生变化时,先前的报酬协定也会随之变动。一些人会感到这种变动不公正,另一些人则会抱怨方法不合理,从而引发不满情绪。为了避免这样的调整不当对职工士气会产生负面影响,企业会尽可能少的变动工资。

(3) 隐含合同论(Implicit Contract)。这种理论认为,除正式合同外,雇主与雇员之间可能达成工资率相对固定,不随经济波动调整的默契。这种默契称为隐含合同,有别于正式合同。据说,工人一般是回避风险的,愿意为一个可支付稳定工资的厂商工作。隐含合同意味着工资率将不随劳动市场供求波动而变化。在经济不景气时,公司可能支付给工人高于市场一般水平的工资。作为回报,在经济高涨时,工人也只能留在该企业,接受低于其他公司的工资率。

(4) 工会的作用。在发达国家几乎每个行业都存在工会,工会的作用就是代表工人与企业领导谈判,而且现在工会的力量很强大,致使企业在经济不景气时,解雇工人和削减工资都要同工会谈判,可想而知,这样的谈判都很困难,甚至持续很长时间。

(5) 政府的作用。作为一个国家的政府,不可能像经济学家一样完全理性的对待失业,政府所要考虑的除了经济增长等问题外,还要综合全面考虑一个国家的国计民生,制定最低工资率就是为了保障工人的生活水平不至于因为经济衰退而下降。

(6) "内部人—外部人"理论(Insider-outsider Theory)。所谓"内部人"是指那些在特定企业工作的人,而"外部人"是那些想到该企业工作的人。这种理论认为,每个企业都需要一支受过特殊培训的劳动力队伍,而对新雇员(外部人)的培训通常是由在职工人(内部人)来完成的。在职工人担心培训了新工人,他们与企业讨价还价时地位就降低了,因而并不愿意与企业持合作态度。另一方面,如果企业对新雇员实行低工资,经培训后的雇员就可能被出高工资的企业"挖走"。因此,企业只能通过向新老雇员支付相同的报酬来解决这一矛盾。由此,"内部人—外部人"理论就解释了为什么存在较高失业率情形下,企业仍给新雇员支付较高工资的现象。

(7) 效率工资理论(Efficiency-wage Theory)。效率工资理论认为企业存在将工资水平保持在市场出清水平之上以提高生产率的动机,这是真实工资的刚性。高工资之所以导致高生产率,是因为工人更加健康,士气更加旺盛,或把事情办糟的可能性更小,优秀的工人不大可能辞职去寻找新的工作,或者是因为高工资可以吸引更加出色的工人。

【经济学小贴士 15-2】 针对工资刚性企业该如何做?

在国外,人事经理往往会采取这样的体制,工资不频繁变动,绝大多数工人以相同的幅度升工资,绝大多数企业对工资与薪金实行的是有管理的浮动。企业首先规定付酬标准,这些工资标准通常在一年左右是固定的，调整它们的时候，几乎所有其他种类的付酬标准都会相应的变动，而不管技能或工种的市场条件如何。选定这种决定工资和薪金的办法之后，企业很少能有充分调整的余地，即使在发现某个领域出现短缺或过剩的时候。除极端情况之外，当劳动力市场处于不均衡状态时，企业往往不是调整工资水平，而是重新规定空缺职位的最低资格要求。对于经济学家来说，这种体制也许是非效率的，但这种方法节约了宝贵的管理时间，有助于在企业内形成一种公正平等的气氛。而且，招收更有活力的雇员或调整对雇员的资格要求，可能会比仅仅为雇用几个新雇员而打乱企业工资结构更加合算。

15.1.3 失业的影响

失业问题比劳动力短缺问题对经济产生的不利影响更大。一是失业会直接造成劳动力资源的浪费和社会损失；二是从社会方面来看，失业的不利影响也是巨大的，失业不但使失业者及其家属的收入和消费水平下降，还会给人们的心理造成巨大的创伤，影响社会安定团结。

失业对于社会和个人都会产生不利影响。这里我们主要讨论失业对经济产生的不利影响，即由于失业存在而引起的产量减少。表明失业与产量之间关系的是“奥肯定理”。

美国经济学家奥肯 20 世纪 60 年代在美国总统经济顾问委员会工作期间提出了一条经验规律用以说明失业率与实际国民收入增长率之间的关系。奥肯发现，随着经济从萧条中逐渐恢复，产出增加的比例大于就业增加的比例。这种失业与国民收入之间的关系，后来被称为“奥肯定理”。奥肯定理可用公式表达为

$$u=\bar{\mu}-\alpha\left(\frac{y-\bar{y}}{\bar{y}}\right)$$

式中：u 为实际失业率；$\bar{\mu}$ 为自然失业率；y 为实际 GNP；$\bar{y}$ 为潜在 GNP；α 为参数，表示失业率与实际 GNP 变动之间的程度。该式稍作修改可用来说明失业率与实际 GNP 增长率之间的关系：

$$u_t-u_{t-1}=-\alpha(y_t-y_{t-1})$$

式中，下标分别代表第 t 年与第 $t-1$ 年的失业率和实际 GNP 增长率。上式说明失业率与实际 GNP 增长率之间反方向变动，即失业率下降，实际 GNP 增长率增加。奥肯当时对美国经济的估算 α 值为 2.5～3 左右，即实际失业率增加 1%，实际 GNP 增长率将下降 2.5%～3%。当经济趋于充分就业时，这一关系要弱得多，α 值只有 0.76。经济学家认为，α 值仅是一个经验性的估计值，考察的年份不同，失业的类型不同，α 值将有所不同。除失业率分析外，奥肯定理还可用来估算潜在 GNP，并为计算实际 GNP 与潜在 GNP 之间的“缺口”提供了一种方法。

理解“奥肯定理”应注意以下几点：

(1) 它表明了失业率与实际国民收入增长率之间是反方向变动的关系。

(2) 失业率与实际国民收入增长率之间的关系只是一个平均数，是根据经验统计资料得出来的。在不同的时期并不是完全相同的。

(3) 奥肯定理主要适用于没有实现充分就业情况，即失业是周期性失业的失业率。

【补充阅读材料 15-1】 转型时期应对我国失业问题面临的矛盾

我国的现实国情和“本土化特征”决定了在解决转型时期的失业问题时，不可避免地要遇到如下几对矛盾：

1. 失业理论的滞后与失业问题日益严峻之间的矛盾

当前，我国在失业理论方面的研究相对滞后，主要表现为：受传统观念束缚，人们对劳动力商品属性、劳动力市场、劳动要素配置、就业、失业、再就业等基本概念的认识模棱两可，含混不清；虽然理论界对转型时期我国失业理论和就业问题进行了一定程度的分析与思考，但是并未形成理论上的突破，更别说建立真正意义上的“理论体系”了。可以说，从某种程度来看，失业理论目前在我国还是一个空白与盲点。然而，现实情况却是随着改革向纵深推进和经济结构的战略性调整，我国的失业问题日益严峻，失业规模逐步扩大，失业层面不断加宽，治理失业的难度更加明显。由此，失业理论的滞后与现实问题的严峻之间形成强烈反差与对比，这应当引起理论界的高度关注。

2. 政府管制壁垒与劳动力市场化之间的矛盾

在传统计划经济体制下，实行的是“大一统”式的刚性就业制度，劳动力一般是不能自由流动的，只能通过计划调配。尤其是不同所有制之间劳动力的流动更是壁垒森严。在不同行业、企业、事业、行政部门之间的劳动力流动不仅要受到国家规定的政策和条例的限制，而且还要受到许多部门和单位自行制定的“土政策”的限制。

进入转型时期，市场化取向的改革目标决定了我们必须建立较为完善的劳动力市场，通过市场机制来对劳动要素和人力资源进行合理有效的配置。而目前我们在国有企事业单位、公共事业部门实行的人事制度、劳动管理制度明显滞后于就业体制改革步伐，这对于我国劳动力市场的培育和发展是极为不利的。

3. 二元经济结构下农村和城市两个“市场”的非对称性或劳动力单向转移的矛盾

中国作为一个发展中国家，有着其他发展中国家共同具有的一个典型特征，即“二元经济结构”。在这种二元经济结构下，中国的市场化是与工业化联系在一起的，面临着市场化与工业化的双重转型。与一般发展中国家不同，我国的城乡二元结构并非主要取决于经济发展因素，而是明显受到体制和人为因素的制约。我们不仅存在着发展经济学描述的“现代的”与“传统的”二元经济结构，而且还存在着与这一经济结构交错在一起的“二元社会结构”。户籍制度以及相关的社会福利制度造就了整个社会“农业”和“非农业”的人口结构，它在实际上使农村和占70%以上的农村人口被排斥在了现代工业文明之外。

农业生产方式的转化是以人口城市化为标志和动力的，而在二元经济社会结构条件下，由于农业人口向非农领域转移的速率缓慢。一方面，城市经济不仅难以有效带动农村发展，而且其自身的结构升级也受到严重制约；另一方面，在人多地少的尖锐矛盾中，农业生产效率的提高与农业产业化、市场化始终难有大的突破。因此形成了二元经济结构下农村和城市两个“市场”的非对称性或劳动力的单向转移，即大量农村剩余劳动力涌向城市，而这种转移是与经济转型同步发生的。这就意味着，当农村剩余劳动力大量地向城市中的工业涌来时，工业中对劳动力的需求已经由于其本身开始进入内涵发展阶段并主要依靠技术进步来实现增长而逐步下降了。换言之，农村剩余劳动力向工业的转移是与工业中技术、资本对劳动力的排挤同时发生的。这种农村剩余劳动力转移与经济转型的同步化，无疑加剧了我国失业问题的严峻性和复杂性。

4. 全方位对外开放与国内大量劳动力被“拒之门外”之间的矛盾

我国正式加入世贸组织，标志着我国的对外开放进入一个新阶段，随之而来的是国外商品的大举进入，我国面临着进口扩张的极大压力，国内那些竞争力不强的行业和企业将会受到较大冲击，失业人数趋于增加。

与此不对称的是，由于国外劳务市场并未对外承诺“全方位开放”，因此我国国内大量剩余劳动力相应地被拒之门外，这种开放经济条件下产生的对我国劳动力市场的“非对称”冲击应当引起我们的高度关注与思考。

5. 人口自然增长与经济增速减缓之间的矛盾

作为世界上人口最多的国家，长期实行“计划生育”的基本国策已使我国人口过快增长的势头得到基本控制，但是由于人口基数大，每年净增人口数仍在 1 500 万～1 400 万之间，这使我国原本沉重的人口包袱更加沉重。而作为世界第一人口大国，我国劳动力数量同样也是世界第一，并且增长速度一直很快。据统计，2000 年我国劳动力数量为 6.77 亿人左右，比 1995 年净增 4 800 万人，年均增加 960 万人，到 2010 年将达到 7.52 亿人左右，比 2000 年净增 7 500 万人，年均增加 750 万人。

然而，当前我国经济发展阶段的一个显著特征是，经济增长速度已从高速扩张转向近年来的自发收缩态势，经济增速明显减缓。而我国失业问题的日益突出和就业压力的不断加大，又对保持持续快速的经济增长提出了渴求。这就要求我们在制定宏观经济政策时，必须把经济增长与解决就业二者结合起来考虑。

15.2　通货膨胀理论

15.2.1　通货膨胀的界定、衡量与种类

1. 通货膨胀的界定

在一个经济中的大多数商品或劳务的价格连续在一段时间内普遍上涨时，宏观经济学称这种经济经历为通货膨胀。在西方经济学中，对通货膨胀无论怎样界定，一般来说，总是同物价上涨和货币贬值联系在一起的，通货膨胀的必然结果是物价上涨，货币购买力下降。因此，通货膨胀可以通过以下几方面界定：

(1) 物价上涨是指一般物价水平的普遍上涨。所谓一般物价水平是指包括所有商品和劳务价格在内的总物价水平，某些单独商品的价格上涨并不是通货膨胀。因为一些单个商品价格上涨，而另一些商品的价格可能下降，两者相互抵消，只有各种商品和劳务的价格普遍上升才会使货币的购买力降低，而且是在一国广大范围内发生而非个别地方发生的现象。

(2) 物价上涨的形式可以是公开的，也可以是隐蔽的。如通过降低产品质量、凭证供应等价格管制措施，表面上看来物价并未上涨，但如果放松价格管制，物价就会普遍上涨，因此这是一种隐蔽性通货膨胀。

(3) 理解通货膨胀的含义还有时间维度问题。一个季节的物价上涨 2%可以不算通货膨胀，但如继续上升到一年为 8%，显然是通货膨胀。假如某一季度的物价上升 2%，而下一季度却退回去了，则前一季度能算通货膨胀吗？当然不能。通货膨胀必然是指总物价水平“不断地”或“持续地”上涨，季节性、偶然性或暂时性的价格上涨都不能称为通货膨胀。

2. 通货膨胀的衡量

一般用物价指数衡量各个国家的通货膨胀水平，常用的物价指数有消费物价指数(CPI)、批发物价指数(WPI)和GDP折算指数(IPD)三种。其中，消费物价指数是衡量城市家庭和个人各时期消费价格平均变化程度；批发物价指数是衡量各时期批发市场商品价格平均变化程度；GDP折算指数是衡量一国经济在不同时期生产最终产品价格总水平变化程度。

需要注意的是，三种不同的物价指数在衡量通货膨胀时各有优缺点。批发物价指数与产品出厂价格紧密相关，而且代表的规格、品种范围较广，所以持有成本推进通货膨胀理论的经济学家认为批发物价指数最适合于测量通货膨胀。消费物价指数反映了消费者所付出价格的变动情况，是市场稳定与否的标志，所以较多的经济学家倾向于以消费物价指数的变动为依据来表示是否存在通货膨胀，如它显著上升则为通货膨胀，显著下降则为通货紧缩。即使如此，有时仍会夸大了价格指数上涨对货币购买力的影响。这至少有以下三种理由：一是消费物价指数通常反映不出商品质量的改进；二是消费物价指数无法计算出新产量推广对消费者福利的增进；三是消费物价指数是按一个典型的城市家庭预算所预订的若干市场商品计算出来的。它不能计量消费者如何在某种商品价格上涨时改用价格较低的替代品，所以消费物价指数的变动不一定就能正确反映消费者货币购买力的变动，也就不一定能适当反映通货膨胀的程度。正因为消费物价指数有上述缺点，近年来不少经济学家宁愿采用国内生产总值折算指数为依据。这个指数是以一定年度的物价为100算出来的，其优点是包括GDP中所有最终产品和服务项目，比较全面，因而也就能正确表明一国的通货膨胀程度。

具体而言，为了比较准确的衡量通货膨胀，物价指数的计算一般采用以下基本公式：

$$P(t) = 100\sum_{i=1}^{n} g_i \frac{P_i(t)}{P_i(t-1)}$$

$$\sum_{i=1}^{n} g_i = 1$$

式中：$P(t)$为第t期的一般物价水平；$P_i(t)$是第i种商品在t期的价格；$P_i(t-1)$是第i种商品在$t-1$期的价格；g_i为权数；基期($t-1$期)的价格水平为100。其中权数的认定分为拉氏物价指数和帕氏物价指数两种，拉氏物价指数将权数定义为

$$g_i = \frac{P_i(t-1)Q_i(t-1)}{\sum_{i=1}^{n} P_i(t-1)Q_i(t-1)}$$

式中，分母$\sum_{i=1}^{n} P_i(t-1)Q_i(t-1)$代表在基期的所有商品上的名义支出总额，分子$P_i(t-1)Q_i(t-1)$代表第$i$种商品在基期的名义支出额，故上式表示基期某种商品的名义支出在所有商品名义支出额中所占的比重。将上式带入物价指数就可得到拉氏物价指数，该指数反映了基期所购买的全部商品支出总额在一定时期内的相对变化情况，所以又称为“基期加权价格指数”。

帕氏物价指数与拉氏物价指数不同，采用报告期的商品作为权数，而不采用基期的商品

作为权数。帕氏物价指数将加权指数定义为

$$g_i=\frac{P_i(t-1)Q_i(t)}{\sum_{i=1}^{n}P_i(t-1)Q_i(t)}$$

将上式带入物价指数的公式就可得到帕氏物价指数。帕氏指数主要采用报告期数据，也称为“现期加权价格指数”。帕氏指数计算中考虑了与基期相比较的报告期中商品需求结构的变化，但它有可能对价格已经相对上升的商品所分析的权数过小，而对价格已经相对下降商品的权数过大，使测算结果比实际物价上涨率要低。此外，该指数也未能纠正不同时期商品的可比较问题，将基期并不存在的新产品也包括在计算公式中。

【经济学小贴士 15－3】　我国 2007 年物价变动情况

根据国家统计局统计资料显示：2007 年居民消费价格比上年上涨 4.8%，其中食品价格上涨 12.3%。商品零售价格上涨 3.8%。固定资产投资价格上涨 3.9%。工业品出厂价格上涨 3.1%，其中生产资料价格上涨 3.2%，生活资料价格上涨 2.8%。原材料、燃料、动力购进价格上涨 4.4%。农产品生产价格上涨 18.5%。70 个大中城市房屋销售价格上涨 7.6%，其中新建商品住宅价格上涨 8.2%，二手住宅价格上涨 7.4%，房屋租赁价格上涨 2.6%。

3. 通货膨胀的分类

通货膨胀的分类方法较多，不同的经济学家按照不同的划分标准将通货膨胀分为不同类别。

(1) 按照通货膨胀的严重程度，可将其分为五类：

① 爬行通货膨胀。年通货膨胀率为 1%～3%。经济学家一般认为适度的通货膨胀对经济发展和国民收入增加都有着积极的刺激作用，并且将它看作实现充分就业的必要条件。因此又称最佳通货膨胀。

② 温和通货膨胀。年通货膨胀率为 3%～6%。目前许多国家都存在着这种温和型的通货膨胀。它是一个危险信号，如不高度重视就有可能加速。

③ 严重通货膨胀。年通货膨胀率为 6%～9%。这是比较危险的通货膨胀率，如果政府不采取必要手段抑制通货膨胀，通货膨胀率就有可能加速。

④ 奔腾的通货膨胀。年通货膨胀率在两位数以上，即一般物价水平上涨幅度为 10%以上，100%以下。对于这种通货膨胀，政府必须采取强有力的政策措施加以控制，以免对一国经济和人民生活造成不利影响。

⑤ 恶性通货膨胀。物价上涨呈加速趋势，平均通胀率超过三位数，严重时会导致货币体系和国民经济崩溃，即一般物价的年上涨率为 100%以上的通货膨胀。发生这种通货膨胀时，物价持续飞涨，货币体系崩溃，正常经济秩序遭到破坏，经济濒于瓦解。这种类型的通货膨胀通常很少发生。

(2) 按照不同商品的价格变动来划分，通货膨胀有平衡的通货膨胀和不平衡的通货膨胀之分。在平衡的通货膨胀中，所有的商品价格按同样比例上升；而在不平衡的通货膨胀过程中，不同商品种类的价格上涨幅度是不一样的。

(3) 按照人们对价格变动预料的程度划分，通货膨胀又分为未预料到的通货膨胀和预料到的通货膨胀两种类型。未预料到的通货膨胀往往由某些突然的原因所引起，人们对价格上涨的幅度不能预知或不能完全预知。预料到的通货膨胀是由于已知的原因所引起,并且通货膨胀的幅度为人们所预知。

(4) 按经济运行的市场化程度或通货膨胀的表现形式划分,可分为以下两类。

① 公开性通货膨胀。又称开放性通货膨胀或物价型通货膨胀。它是指在市场机制充分运行条件下通货膨胀以物价上涨的形式公开表现出来。

② 抑制性通货膨胀或短缺性通货膨胀。它是指政府对价格进行某种形式的控制,使得物价同市场供求脱离关系。过度需求不会引起物价水平的上涨,或物价上涨有限而不足以反映过度需求的真实水平。在这种类型的通货膨胀中,通货膨胀不是以物价上涨而是以商品短缺和供应紧张等形式表现出来。

15.2.2 通货膨胀的成因

西方经济学家始终从供给与需求两方面出发来看待通货膨胀和物价上涨的原因,因此在西方经济学中主要的通货膨胀理论分为需求论与供给论两大派,即通常所说的"需求拉动论"和"成本推动论"。后来又出现了用需求与供给同时解释通货膨胀产生原因的混合通货膨胀理论,以及结构性通货膨胀理论。

1. 需求拉动型通货膨胀

需求拉动型通货膨胀是指社会总需求增长过快所引起的一般价格水平的普遍而持续的上涨。需求拉动通货膨胀论是西方经济学比较重要的一种理论,这一理论认为通货膨胀是由总需求的过度增长所引起的。即因为物品和劳务的需求超过按现行价格可以得到的供给,引起一般物价水平的上涨。换句话说,当消费者、企业和政府的总开支超过可得到的总供给时,需求拉动的通货膨胀就会发生。

凯恩斯主义学派根据凯恩斯的有效需求原理和流动性偏好理论,认为货币数量的增加不会直接影响物价,而是首先使利率降低,从而投资增加;投资增加通过乘数作用,又使消费增加;随着投资与消费的增加,社会总需求便增加。凯恩斯学派进一步认为,社会总需求的增加是否会引起物价上涨和通货膨胀,还需视供给的情况而定。这里会出现三种情况:一是如果社会上存在着丰富的还没有被利用的资源和大量失业,总供给弹性很大,这时即使货币量增加使总需求提高,生产也可以扩大,因而物价不会上涨。二是在经济扩张到了一定阶段,在有些资源和技术变得稀少的情况下,这时生产扩大会使工资和边际成本增加,物价水平将上涨。但由于这时生产仍然有所扩大,致使物价上涨幅度小于货币数量的增加幅度。这时货币量的增加将部分地引起生产和就业的增加,同时部分地引起物价上涨。简单而言,在社会总需求中,无论是消费、投资增加还是政府支出或净出口的增加,都能使需求增加,都能引起通货膨胀。

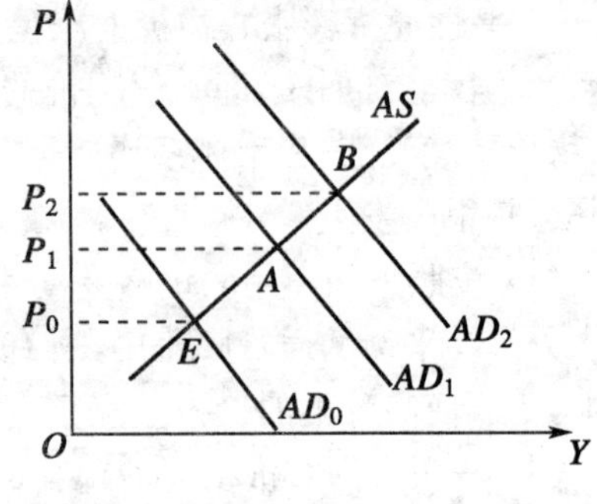

图 15-1

如图 15-1 所示,纵轴表示物价水平,横轴表示国民收入。最初社会总供给和总需求相交于 E 点,物价水平为 P_0,当总需求增加时,由 AD_0 增加至 AD_1,均衡点由 E 点移至 A 点,物价水平由 P_0 上升至 P_1。当总需求增加至 AD_2 时,均衡点由 A 点移至 B 点,物价水平进而上升至 P_2,这就是"需求拉动”通货膨胀。

2. 成本推动型通货膨胀

成本推动型通货膨胀是指由于供给方面成本的提高所引起的价格水平普遍而持续的上涨。这种理论认为，通货膨胀根源于供给或成本方面，即使总需求保持不变，但因生产成本增加，物价也被推动而上涨。成本推进通货膨胀论又可以进一步分为两类：

(1) 工资推进通货膨胀论。这一理论认为，物价上涨的原因在于工资率的提高超过了劳动生产率的增长。经济学家认为，在不完全竞争的劳动市场上，由于存在着力量强大的工会，工会可以通过各种形式提高劳动市场的工资水平，并使工资的增长率超过生产的增长率。由于工资提高，引起产品成本增加，从而导致物价上涨。如此循环往复，就造成了工资—物价的螺旋上升，引起“成本推进”的通货膨胀。

(2) 利润推进通货膨胀论。这一理论认为通货膨胀产生的原因在于不完全竞争。在不完全竞争市场上，垄断企业利用其能操纵市场价格的能力，通过削减产量从而导致价格的上涨而形成通货膨胀。

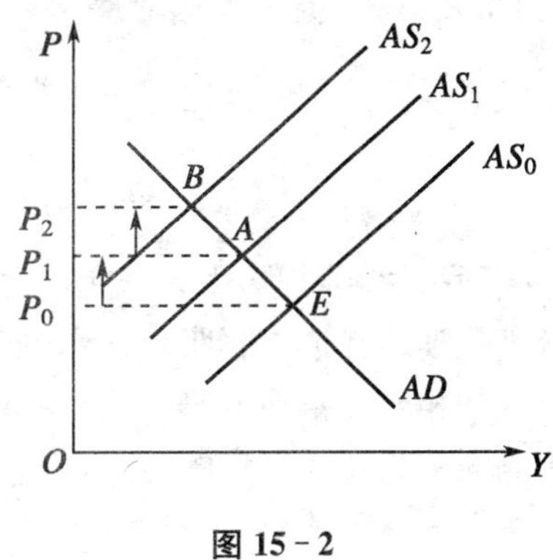

图 15-2

如图 15-2 所示，纵轴表示物价水平，横轴表示国民收入。初始总供给和总需求交于均衡点 E，初始物价水平为 P_0，当成本增加，总供给曲线向左上移至 AS_1，总供给与总需求的均衡点由 E 点移至 A 点，物价水平由 P_0 上升到 P_1。当成本继续增加，总供给曲线继续向左上移至 AS_2，总供给与总需求的均衡点由 A 点移至 B 点，物价水平由 P_1 上升到 P_2，这就是“成本推动”通货膨胀。

3. 需求拉动和成本推动混合型通货膨胀

经济学家认为，在现实经济生活中，纯粹由需求拉动或成本推进所引起的通货膨胀并不常见。长期以来，现实的通货膨胀大都是需求与供给两方面的因素共同作用的结果，即所谓“拉中有推，推中有拉”。通货膨胀过程可能从一般的过度需求开始，过度需求引起物价上涨，从而促使工会要求提高工资，这样成本推动力量就会发生作用。另一方面，通货膨胀也可以从成本推进开始，如在工会压力下提高工资，会为了追逐利润减少供给，但如果不存在需求和货币收入水平的提高，这种类型的通货膨胀将不会长久持续下去。因为在这种条件下，工资上升意味着产量减少和失业的增加，终止成本推进的通货膨胀。因此，纯粹需求拉动的通货膨胀是不存在的，纯粹的成本推进也不可能产生持续的通货膨胀过程。在现实经济中大量存在的是需求与供给同时发生作用的混合型通货膨胀。假设需求拉动在先，其后是成本推动，如图 15-3所示，纵轴表示物价水平，横轴表示国民收入。初始总供给和总需求交于均衡点 E，初始物价水平为 P_0，总需求首先上升，均衡点由 E 点移至 A 点，物价水平也由 P_0 升至 P_1。接着成本推动，将

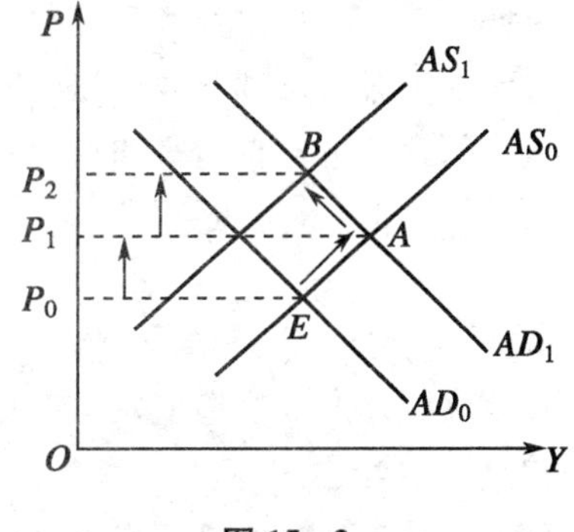

图 15-3

均衡点由 A 点移至 B 点，物价水平由 P_1 上升至 P_2，这就是混合型通货膨胀。

4. 结构型通货膨胀

结构型通货膨胀是在供求基本平衡条件下，由于个别关键性商品供求比例失调，或者由于经济部门发展不平衡而引起的通货膨胀。这种理论认为通货膨胀起因不在于需求增加或成本上升，而在于经济结构本身所具有的特点。社会可能从不同角度划分成许多部门，各个部门提高劳动生产率的速度各不相同。那些能够大量应用最新技术成果的部门劳动生产率提高得比较快，在其中工作的劳动者工资也增加得较快。但其他部门的工人要求按“公平原则”也提高工资，并形成巨大的社会压力，于是那些劳动生产率提高较慢，甚至没有提高的部门的劳动者工资也跟着提高了。这就使社会的货币增长率高于劳动生产率的增长率，从而形成通货膨胀。

15.2.3 通货膨胀的影响

世界各国经济发展实证分析表明，通货膨胀所带来的效应总是弊大于利，下面从三个方面说明。

1. 通货膨胀与就业和产出

一般来说，通货膨胀有可能在短期内刺激生产，扩大就业，但是其前提是通货膨胀未被充分地预期。在通货膨胀未被充分预期的情况下，生产者可能将物价的总体上涨误解为自己产品的相对价格的上涨，进而在下期增加投资，扩大产量；同时，工人可能将自己名义工资的提高误解为实际工资的上涨，进而增加自己的消费支出，使社会总需求增加。但是这种虚假的繁荣显然无法持久，当生产者发现所有商品的价格普遍上涨之后他便没有扩大生产的积极性了；而工人意识到由于通货膨胀，自己的实际工资不仅没有上涨，反而下降之后，他也就不会有动力去增加消费支出了。因此，通货膨胀所带来的产出量和就业量的增加是暂时的。

2. 通货膨胀与财富和收入的再分配

通货膨胀对财富和收入的再分配的影响是显而易见的。物价的上涨意味着以货币计算的债务的实际购买力的下降，从而使债务人减少了实际的债务负担，而对债权人构成了实际的损失。例如，一年前借 1 000 元买了台电视机，由于物价上涨较快，现今的 1 000 元只能买台收音机，相当于借了台电视机，还了台收音机。这相当于通货膨胀将一部分财富从债权人手中转移到了债务人手中。许多经济学家指出，这种财富再分配效应有助于解释为什么政府总是倾向于发行过多的货币，因为政府由于发行了巨额的国债往往是一个巨大的债务人，当价格水平上升时，政府还本付息的实际负担就会减轻。在通货膨胀条件下，不仅债权人和债务人之间存在着这种财富的再分配，任何有固定支付合同的双方之间都可能发生这种财富的再分配。但是，当通货膨胀被充分预期到时，这种再分配效应在一定程度上就可以被消除。

3. 通货膨胀与效率损失

通货膨胀之所以会造成效率的损失，主要原因是它会引起相对价格的扭曲，从而使资源无法得到有效配置。

(1) 在高通货膨胀的条件下，持有现金的成本将大大上升。由于持有现金是没有任何收益的，如果通货膨胀率为 10%，则意味着持有现金的实际收益率下降 10%。例如，持有

100 元现金，当通货膨胀率为 10%时，持有现金的购买力仅为 90 元。因此，公众会觉得“现金烫手”，从而将不遗余力地将现金转化为实物资产或名义收益率已随通货膨胀率上升的存款和债券。同时，企业将花费大量的成本来进行“现金管理”，以尽可能地避免在自己的账户上保存过多的现金余额。

(2) 在高通货膨胀的条件下，名义利率往往不能随通货膨胀率的上升而进行充分调整，因而人们的储蓄积极性将受到打击。虽然经济学家费雪曾指出，预期通货膨胀率的上升会引起名义利率的上升，即“费雪效应”，但事实上这种调整往往是不充分的。而且，许多国家都不同程度地存在对利率的管制，因而利率的上升往往是受到很多限制的，因此在通货膨胀较为严重时，实际利率往往下降，甚至会出现负利率的情况。在这种情况下，人们就会增加当前的消费，减少储蓄，从而使投资者无法得到足够的资金来源。

(3) 在许多国家，价格并不是完全放开的，政府往往对某些关系国计民生的行业进行物价管制。这样，在通货膨胀条件下，那些价格放开的行业的产品价格上涨，利润丰厚，吸引了大量资金，而受政府价格管制较严的行业得不到发展，甚至出现萎缩。

(4) 在高通货膨胀环境中，各种商品的相对价格不断变化，企业和消费者将无法应对，难以作出正确的投资决策和消费决策。突出的一点是，由于通货膨胀使得未来的不确定性增大，风险增大，企业为避免风险，往往从生产周期较长的产业转向生产周期较短的产业；同时，经济中的各种短期行为和投机行为盛行。这显然不利于经济的长期发展。

此外，通货膨胀还会造成税收负担的扭曲，许多国家实行的是累进税，在发生通货膨胀时，企业和个人将因为名义收入的上升而承担较高的税率，显然这种税收负担的加重会对企业生产和工人劳动量的供给产生负面影响。

总之，由于通货膨胀造成了相对价格的混乱和扭曲，削弱了价格作为一种信号机制来反映资源的相对稀缺程度、引导资源配置的功能，从而不可避免地带来效率的损失。

4. 对国际收支的影响

发生通货膨胀的国家，国内市场商品价格上涨，出口商品价格也上涨，从而影响出口商品在国际市场上的竞争力，导致出口减少。同时，通货膨胀使国内商品价格提高，进口商品相对于国内商品而言价格降低，从而进口增加，致使国际收支状况恶化。

15.3　失业和通货膨胀的关系

经济学中公认的宏观经济政策四大目标分别是经济增长、充分就业、物价稳定和国际收支平衡。本章详细介绍了充分就业和物价稳定的相关内容，那么，失业和通货膨胀在经济学中有什么关系？这就是本节所要解决的问题。

15.3.1　菲利普斯曲线

经济学中用来解释失业和通货膨胀的相关关系最常用的工具就是菲利普斯曲线，菲利普斯曲线首先是由英国经济学家菲利普斯提出的，他在收集和研究了英国 1861～1957 年的有关资料后，发现名义工资率变动与失业率之间具有稳定的负相关关系。后来，萨缪尔森和索洛在 1960 年发表的《达到并维持稳定的价格水平问题：反通货膨胀政策的分析》一文中对菲利普斯曲线作出了重要发展。首先，原来的菲利普斯曲线是表示失业率与货币工资率之间交替关系的。萨缪尔森和索洛则用这条曲线来表示失业率与通货膨胀率之间的交替关系。这是因为，决定价格的原则是成本加值法，即在成本的基础之上加一个固定比率的利润。在短期中，工资是唯一的成本时，工资增加也就会相应的提高价格水平，这样，工资和价格水平之间就有一种固定比率的关系，从而就可以用通货膨胀率来代替工资率。这种由于工资率增加而引起的通货膨胀就是以前所分析的成本推进的通货膨胀。其次，他们使菲利普斯曲线成为决策的工具。这就是说，由于失业率与通货膨胀率之间存在交替关系，所以在进行决策时就可以以高失业率换取低通货膨胀率，也可以以高通货膨胀率换取低失业率。决策者可以运用菲利普斯曲线相机抉择。换句话说，菲利普斯曲线表明低失业率和低通货膨胀率不可兼得。正如他们所说的，决策人所面临的是"一个在不同失业水平和价格决定之间的选择菜单"。这样，就使菲利普斯曲线得到了广泛运用。

由于萨缪尔森和索洛的这两点重要发展，菲利普斯曲线成为分析失业与通货膨胀之间的关系，并进行政策选择的重要工具，从而也就成为宏观经济学中一个十分重要的概念。

菲利普斯曲线是表示通货膨胀率与失业率之间相互关系的曲线。菲利普斯曲线表明失业率与通货膨胀率存在负相关关系：失业率越低，通货膨胀率越高；失业率越高，通货膨胀率越低。

如图 15-4 所示，纵轴表示通货膨胀率，横轴表示失业率，图中负斜率曲线即菲利普斯曲线，用 *PC* 表示，表明随着通货膨胀率的下降，失业率会上升，或者，失业率下降，通货膨胀率会上升。还应注意到，通货膨胀率为零时失业率为 U_0。

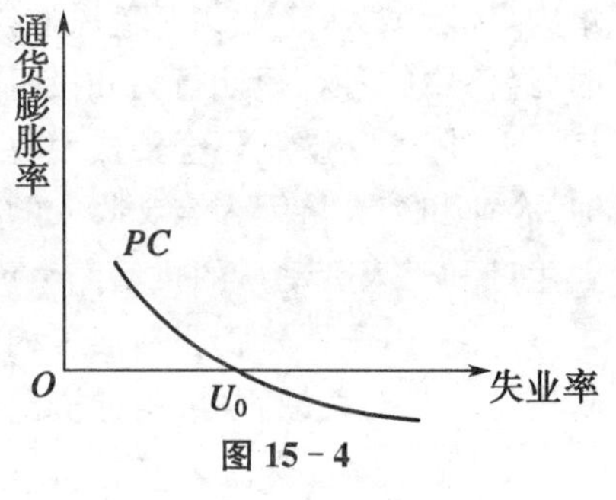

图 15-4

菲利普斯曲线在一定条件下（短期）可以成为政府制定政策的依据，即作为制定失业率与通货膨胀率的合理政策参考值，与其他的失业率和通货膨胀率相比，可使政府目标达到最优。

菲利普斯曲线向右上方移动又被称为菲利普斯曲线的恶化，即在移动后的菲利普斯曲线上降低相同的失业率需要更大的提高通货膨胀率为代价。从上述分析看，每一次政府对失业率偏离自然失业率的调整，都会为下一次调整制造更大的调整障碍，形成通货膨胀率积累不断增高的现象。政府只能在短期内以较高的通货膨胀率为代价使失业率降至自然失业率以下，而从长期看，这种调整只能使通货膨胀加速，而不能使失业率长久地保持在低于自然失业率水平上。

*15.3.2 菲利普斯曲线的新进展

菲利普斯曲线的出现为经济学家分析失业和通货膨胀提供了有效支持，并且为政府进行宏观决策提供了依据。但在 20 世纪 70 年代西方资本主义国家普遍出现了经济增长停滞、失业增加和通货膨胀同时存在，这与菲利普斯曲线的高失业和高通货膨胀不可能同时存在的结论相矛盾。针对这种变化，货币主义学派把预期引入菲利普斯曲线，把菲利普斯曲线分为短期菲利普斯曲线和长期菲利普斯曲线。在短期中，劳动者对价格预期是既定的，无法调整的。当通货膨胀率超过预期的通货膨胀率时，劳动者也无法要求增加工资，生产者的利润由于通货膨胀的发生而增加，生产者扩大生产，创造了新的就业，从而失业减少；反之亦然。因此，通货膨胀与失业率是反方向变化的。在长期中，预期的通货膨胀率是可以调整的，因此通货膨胀率的变化对劳动者的实际工资没有影响，对生产者的利润也没有影响，所以不会导致生产者调整投资，因而对就业没有影响。所以，通货膨胀与失业无关。

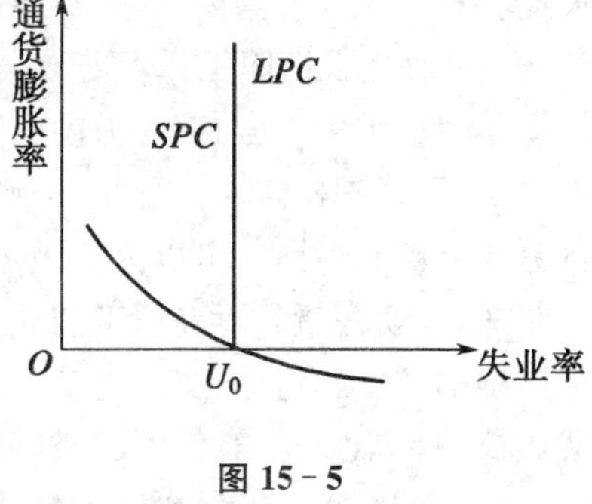

图 15-5

如图15-5所示，纵轴为通货膨胀率，横轴为失业率，短期内菲利普斯曲线表现为一条负斜率曲线，通货膨胀率和失业率是此消彼长的关系；而在长期，通货膨胀率和失业率却不相关，通货膨胀率不管如何改变，失业率始终维持在U_0。

把菲利普斯曲线分为长期和短期后，政府的宏观经济政策的效果也发生变化。通过短期菲利普斯曲线可知，政府为了降低失业率，可以采取增加政府购买和减少税收的方式增加总需求，企业为了满足增加的总需求就会雇用更多的工人，增加产出，这样就降低了失业率，但同时，由于总需求增加，物价就会上涨，通货膨胀也会发生。或者，政府为了抑制通货膨胀，就要通过相反的方式减少总需求，但这样一来，企业的供给无法被完全吸收，企业就会解雇工人，降低产出。短期菲利普斯曲线为政府宏观决策提供了理论支持。长期菲利普斯曲线却表明政府的宏观经济政策在短期是有效的，但在长期，政府宏观经济政策无效，而且物价始终呈现上涨趋势。

案例15-1 如何有效降低我国失业率

解决就业问题，既要在扩大就业上下工夫，也要努力控制失业人数的过快增长和失业率的攀升。如何对失业的源头进行调控，把失业造成的影响控制在社会可承受的范围之内，请听专家国家发改委经济所副所长杨宜勇、中国人民大学研究生翁仁木撰文评说。

失业率是判断市场经济运行状况的一个重要经济指标，过高的失业率对经济发展和社会稳定都会产生严重影响。因此，很多市场经济国家都将控制适度的失业率作为政府决策的重要目标之一。我国劳动力资源丰富，而自然资源相对贫乏，经济不够发达，就业问题必然是一个十分重要的社会经济问题。特别是处于经济转轨时期，原来的“全部就业”政策已经被“充分就业”所替代，因此这就涉及一个问题，即努力降低失业率，使之不会影响社会稳定和经济持续增长。

这个问题可以通过制定失业警戒线来预警。失业警戒线的确定要重点考虑两个方面，即宏观经济状况和失业者结构性因素。首先，增加就业与经济增长是同方向的，经济增长速度快，劳动力需求大，失业率就会下降；反之，失业率就会上升。其次，失业保险的范围和水平、失业人员的地区构成、失业人员所在城镇的规模结构、失业人员的时间构成以及失业人员的年龄和素质构成等作为失业者结构性因素影响了失业警戒线水平的确定，比如失业保险的覆盖面广、保险水平高，失业警戒线可以相对高一些，不会影响到社会稳定。但是我国目前正处于经济体制转换的特殊时期，许多因素对失业警戒线的影响尚未呈现出规律性的反应，我国前若干年的失业登记资料也不能准确、全面地反映劳动力的失业状况。因此，失业警戒线的提出应该从我国具体情况出发。

失业警戒线确立的最终目的是让政府对当前就业形势有一个参照系，并能采取措施降低失业率，维持社会稳定。政府应该实施积极的就业政策，并在以下几个方面要有所作为：

(1) 加强失业监测。对重点地区(如辽宁、黑龙江、陕西、湖北等省)、重点行业(如纺织、机械、煤炭等)的失业状况加强监测,重点对失业时间、失业者家庭状况调查统计,掌握长期失业者和多人失业家庭的数量,及时采取针对性较强的应急措施。

(2) 成立下岗职工托管委员会,统一接受管理,培训下岗职工。国有企业改革最不彻底的就是劳动用工制度,劳动力没有进入劳动力市场,下岗是必须付出的代价。目前在下岗职工中,由于管理松懈,有不少人未必没有工作或劳动收入,"下岗职工"成了一种身份,有些是自愿或半自愿下岗。可以由各级劳动部门成立下岗职工托管委员会,按地域托管,而不是按行业托管,彻底斩断下岗职工与企业、行业的关系,这一做法有利于国企改革。在东西德合并过程中,对国有企业实行为期四年的托管,实践证明,这种做法既保护了被裁减人员的再就业权益,又对裁员有较大的激励作用,最后真正领社会救济的人数极少。

(3) 鼓励第三产业和民营企业发展,调整劳动力就业结构。西方发达国家服务业占GDP比重能达到70%~80%,而我国只有30%多。因此,在我国目前经济发展水平下,第三产业尤其是传统服务业如商贸和餐饮等仍需要大力发展。另外,要积极开发社区服务业的就业岗位,支持各地旅游业的发展。民营企业市场意识比较强,并且更多地集中在劳动密集型产业上,有利于吸纳下岗职工和农村剩余劳动力,因此要创造更多条件让充满活力的民营企业发展。

(4) 加强职业教育和再就业培训。充分利用全社会现有的教育资源,适应劳动力市场变化和产业结构调整的需要,组织开展多层次、多形式的就业和再就业培训,提高劳动者的技能。特别是增强再就业培训的针对性、实用性和有效性,使更多的下岗失业人员通过培训打开再就业的通道。对从事技术性工作的劳动者开展的技能培训,应与推行和规范国家职业资格证书制度相结合。考虑到大学生失业问题,教育主管部门可以督促学校开展多方面的就业前培训和指导。

(5) 改善农村劳动力转移的外部环境。要促进跨地区的劳务协作和对外劳务输出,提供劳动力需求信息,引导农村剩余劳动力有序流动。对"农民工"权益问题要妥善解决,避免社会出现混乱。

思考题:

1. 解决失业问题为什么尤为重要?
2. 如何有效降低我国失业率?

案例 15-2　1993~1994 年我国典型的通货膨胀

1994 年我国的经济增长率为 11%,工业总产值达到 42 572.7 亿元。但 1994 年的通货膨胀率也是历史上最高的:全国商品零售物价指数涨幅高达 27.1%,居民消费价格指数涨幅高达 24.1%。

从货币投放量来看,我国 1994 年的货币投放并未超过经济增长所需要的数量。全年国家银行贷款余额为 31.9 亿元,比上年增长 19.5%,1994 年末市场货币流通量约为 7 270 亿元,比上年增长 24%,与年工业总产值增长率 21.35%的增幅相差不大。但是,1992 年流通中的货币量比上年增长了 36.4%,1993 年则增长了 35.3%,两年的增长率均高于经济增长与物价上涨幅度之和。它们累积起来的影响滞后到 1994 年,最终导致零售物价和居民生活费用的上涨。

另外，当时正值我国价格改革之际，主要农产品收购价格和石油、煤炭等生产资料价格有明显提高。这本是对计划经济中不合理定价方式的调整，但在客观上提高了企业的生产成本。随后，中央又出台了税制改革和汇率并轨以及国家机关、事业单位的工资改革，企业也进行了工资套改，这些都加重了各个企业的成本负担，最终造成物价上涨。

从投资需求看，20 世纪 90 年代初以来也开始呈现明显的膨胀。1985 年，全社会的固定资产投资为 2 543 亿元，1990 年增至 4 451 亿元，1993 年猛增至 11 829 亿元，1994 年竟达 16 000亿元。就固定资产投资率来说，1993 年已高达 39.7%，1994 年增速虽略有回落，但也仍然高达 36.5%。投资结构本身也不够合理，主要表现在：农业投入连年下降，工业投入连年猛增；高速增长的工业投入与消费需求严重脱节，产品供给超过了市场需求，造成生产能力过剩，其中尤以耐用品最为突出。生产过剩的结果必然是商业库存迅速增加。与此同时，国有企业亏损严重，到 1994 年末亏损面已超过 40%。由于企业亏损过多，财政收入减少，支出大增，导致赤字。全国财政赤字硬预算赤字 1988 年为 78.55 亿元，1994 年为 700 亿元；软预算赤字 1988 年为 349 亿元，1993 年突破了 1 000 亿元。由于财政赤字越来越严重，政府不是向银行大量透支，就是大量发行国债，无论怎样做，都会促成大量的货币发行，引发通货膨胀。

思考题：

1. 总结我国 1993～1994 年的通货膨胀成因，你认为采取什么措施治理通货膨胀效果好？

2. 如果货币供应量不变，通货膨胀会一直持续下去吗？

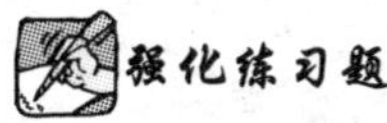

单项选择题

1. 需求拉动的通货膨胀(　　)。

A. 通常用于描述某种供给因素所引起的价格波动

B. 通常用于描述某种总需求的增长所引起的价格波动

C. 表示经济制度已调整过的预期通货膨胀率

D. 以上都不是

2. 中央银行提高利率会达到(　　)效果。

A. 提高通货膨胀率，降低失业率　　B. 提高通货膨胀率，提高失业率

C. 降低通货膨胀率，降低失业率　　D. 降低通货膨胀率，提高失业率

3. 减少政府购买的政策主要是用来对付(　　)。

A. 需求拉动的通货膨胀　　B. 成本推进的通货膨胀

C. 需求结构型通货膨胀　　D. 成本结构型通货膨胀

4. 由于经济萧条而形成的失业属于(　　)。

A. 摩擦性失业　　B. 季节性失业　　C. 周期性失业　　D. 永久性失业

5. 某人由于收音机行业被电视机行业取代而失去工作，这种失业属于(　　)。

A. 摩擦性失业　　B. 技术性失业　　C. 周期性失业　　D. 技能性失业

6. 某人由于刚刚进入劳动力队伍尚未找到工作，这是属于(　　)。

A. 摩擦性失业　　B. 结构性失业　　C. 周期性失业　　D. 永久性失业

7. 下列不属于失业人员的是(　　)。

A. 调动工作的间隙在家休养者　　B. 军人

C. 季节工　D. 对薪水不满意待业在家的大学毕业生

8. 自然失业率(　　)。

A. 是经济处于潜在产出水平时的失业率　B. 依赖于价格水平

C. 恒为零　D. 是没有摩擦性失业时的失业率

9. 菲利普斯曲线说明(　　)。

A. 通货膨胀不影响经济　B. 通货膨胀是由失业引起的

C. 短期内,通货膨胀与失业率之间呈负相关　D. 长期内,通货膨胀与失业率之间呈正相关

10. "滞涨"理论用菲利普斯曲线表示即(　　)。

A. 一条垂直于横轴的菲利普斯曲线　B. 一条长期存在的斜率为正的直线

C. 短期菲利普斯曲线的不断外移　D. 一条不规则曲线

11. 长期菲利普斯曲线说明(　　)。

A. 政府需求管理政策无效　B. 政府需求管理政策只在一定范围内有效

C. 经济主体存在货币幻觉　D. 自然失业率可以变动

12. 最有可能从通货膨胀中受损的是(　　)。

A. 纳税人　B. 债务人

C. 借款人　D. 财产所有者

第16章 经济增长和经济周期理论

本章学习目标

- 了解经济周期的分类及相关理论；
- 掌握哈罗德—多马模型和新古典经济增长模型；
- 理解经济增长和经济周期的含义。

16.1 经济增长概述

16.1.1 经济增长的含义

经济增长一般是指某国在一定时期内，生产商品与提供劳务潜在能力的扩大，或者商品与劳务的增加，通常用国民生产总值来衡量。美国经济学家库兹涅茨认为经济增长可以定义为给居民提供种类日益繁多的经济产品的能力长期上升，这种不断增长的能力是建立在先进技术以及所需要的制度和思想意识之相应的调整的基础上的。库兹涅茨的定义包含了三层含义：

(1) 经济增长首先表现在经济总量的增长，即商品和服务总量的增加，也就是国民生产总值的增加。这种增加不仅包含总量上的增加，也包含了人均 GNP 指标的增长。

(2) 技术进步在经济增长中非常重要，是实现经济增长的必要条件，即经济增长是建立在技术不断进步的基础上。

(3) 经济增长的充分条件是制度与思想意识的相应调整，即社会制度与意识形态的某种变革是经济增长的前提。

从以上定义可知：经济增长不同于经济发展，经济增长研究的是一个国家如何实现国内生产总值增加的问题；而经济发展涵盖的范围比经济增长要广，不仅有国内生产总值的增加，还涉及社会制度的改良等一系列的问题，例如，经济发展研究的是发展中国家如何由不发达向发达过渡的问题。

衡量经济增长，不仅要看其所达到的水平，而且要看其增长速度，因此最重要的增长指标是经济增长率。我们常以国内生产总值的增长率作为经济增长率，若设某年国内生产总值为 Y，一年中其增量为 ΔY，则经济增长率 G 为 $G=\Delta Y/Y$。

16.1.2 经济增长的源泉

通常经济学认为经济增长的主要源泉是资本和劳动的增加以及技术进步。首先，资本包括物质资本和人力资本两种，物质资本又称有形资本，是指设备、厂房和存货等；人力资本又称无形资本，是指体现在劳动者身上的投资，如劳动者的文化技术水平和健康状况等。经济增长理论主要是从资本—劳动比、人均资本量、资本—产出比和储蓄与资本积累等相关理论范畴来分析探讨资本在经济中的影响和贡献作用。其次，劳动包括劳动数量的增加（人口增加、就业率增加和劳动时间增加）和劳动质量的提高（劳动效率和劳动技能等）。一般来说，在经济增长的开始阶段，人口增长率较高，这时主要依靠劳动力数量的增加来推动经济增长。当经济增长到了一定阶段后，人口增长率下降，劳动工时缩短，这时就要通过提高劳动力的质量推动经济增长，这是一个经济增长的普遍规律。最后，技术进步包括生产率的提高和资源配置的改善以及规模经济和知识进展。其中生产率的提高是指用同样的资源可以生产出更多的产品；资源配置的改善是指要素配置的改善，即各种要素从低生产率部门转移到高生产率部门中，各要素的这种转移，提高了生产率；规模经济是指由于企业规模扩大而引起的成本下降与收益增加，企业规模的扩大，使采用新技术与最先进的设备成为可能，并能采用新的生产方法，从而提高了生产率；知识的进展包括科学技术、管理科学的发展及其在生产中的运用，新工业的发明与采用等，是技术进步中最重要的内容，根据美国经济学家丹尼森计算，技术进步引起的生产率提高中有60%左右要归功于知识的进展。

16.1.3 经济增长理论的发展与现状

自从经济学问世以来，对经济增长问题的研究就受到理论界的高度关注。有关经济增长的理论研究可以划分为两个阶段：古典阶段和凯恩斯主义阶段。

古典阶段的代表人物是亚当·斯密、大卫·李嘉图和斯图亚特。亚当·斯密认为经济增长的途径主要有两个：分工可以提高劳动生产率以及通过劳动人数和资本的增加也可提高劳动生产率。大卫·李嘉图着重强调资本积累在经济增长中的重要性，集中分析了储蓄、资本积累和经济增长之间的相互关系。斯图亚特则提出了经典的“生产三要素”是经济增长基本因素的命题，三要素即劳动、资本和土地。

凯恩斯主义的现代增长理论分为四个时期，不同时期有不同的代表人物及理论，具体而言：

第一个时期(20世纪50年代)的代表人物主要有哈罗德、多马、R·索洛、J·托宾、P·萨谬尔森、琼·罗宾逊和卡尔多等。这一时期主要是建立各种经济增长模型，探讨经济长期稳定发展的途径。

第二个时期(20世纪60年代)的代表人物有肯德里克和丹尼森等。这一时期主要是对影响经济增长的各种因素进行定量分析，寻求促进经济增长的途径。

第三个时期(20世纪70年代)的代表人物有麦多斯和福雷斯特尔等。这一时期研究了经济增长的极限问题。

第四时期(20世纪80年代至今)的主要代表人物有罗默和卢卡斯等。在这一时期，新经济增长理论逐渐成为主流经济学。

此外，美国经济学家W·罗斯托关于经济增长阶段的研究、美国经济学家库兹涅茨关于经济增长统计资料的整理分析和关于社会经济制度与经济增长关系的研究在经济增长理论中也有相当大的影响。

【经济学小贴士 16-1】　为什么富国生活水平高?

当你在世界各国旅行时,你会看到生活水平的巨大差别。在美国、日本或德国这样的富国,平均每人的收入是印度、印度尼西亚这样的穷国平均每人收入的十几倍。这种巨大的收入差异反映在生活质量的巨大差异上。富国有更多的汽车,更多的电话、电视机,更好的营养,更安全的住房,更好的医疗以及更长的预期寿命。

即使在一个国家内,生活水平也随着时间推移而发生了巨大变化。在美国,过去一个世纪以来,按人均实际 GDP 衡量的平均收入每年增长 2%左右。虽然 2%看起来并不多,但这种增长率意味着平均收入每 35 年翻一番。由于这种增长,今天的平均收入是一个世纪以前的 8 倍左右。因此,普通美国人享有比他们的父母、祖父母高得多的经济繁荣。

用什么来解释这些呢?富国怎样才能确保自己的高生活水平呢?穷国应该采取什么政策加快经济增长,以便加入发达国家的行列呢?这些问题是宏观经济学中最重要的问题。我们应该分三步进行研究:第一,要考察人均实际 GDP 的国际数据,使我们对世界各国生活水平程度与增长的差别大小有一个大体的了解。第二,考察生产率的作用,生产率是一个工人每小时生产的物品与劳务量。特别是要说明一国的生活水平是由其工人的生产率决定的,而且,要考虑决定一国生产率的因素。第三,要考虑生产率和一国采取的经济政策之间的关系。

16.2　经济增长理论

通过上节的学习,可以发现经济增长是最受关注的经济问题之一,本节将重点介绍一些在经济增长理论中影响较大的理论。

16.2.1　哈罗德—多马模型

英国经济学家哈罗德和美国经济学家多马分别于 1939 年和 1946 年在他们各自的论著中研究了长期内一国经济稳定增长的问题,并提出了相似的经济增长模型,经济学中统称哈罗德—多马模型。

由于现实经济环境的复杂性,一般经济学理论为了研究方便,都会先简化环境,假设前提,哈罗德—多马模型的假设前提如下:① 全社会只生产一种产品,即所有要素仅生产一种产品;② 生产过程中只使用两种生产要素,即劳动 L 和资本 K;③ 生产规模收益不变,即生产任何一单位产品所需要的资本和劳动的数量都是固定不变的;④ 劳动和资本不能互相替代,因此资本产出比率不变;⑤ 不存在技术进步,也不存在资本折旧问题。

有了以上的前提假设,就可以建立经济增长模型。哈罗德—多马经济增长模型为 $G=\frac{s}{V}$。式中,s 是储蓄率,表示社会的储蓄 S 占产出量或国民收入总量 Y 的比重,即 $s=\frac{S}{Y}$;V 是资本产出比率,表示生产一单位产品所需要的资本,即 $V=\frac{K}{Y}$;G 是经济增长率,即 $G=\frac{\Delta Y}{Y}$。

显然,假设一国储蓄率为10%,资本产出比率是2,那么,该国的经济增长率为$G=\frac{s}{V}=\frac{10\%}{2}=5\%$。

实际增长率、合意增长率和自然增长率,这三个增长率在哈罗德—多马模型中具有非常重要的意义。实际增长率是指实际发生的增长率,它等于实际储蓄率s除以实际的资本产量比率V,即$G_A=\frac{s}{V}$。合意增长率又称为有保证的增长率,是指能产生使企业家感到满意的经济增长率。它等于合意的储蓄率s_d(符合居民意愿的储蓄需求)除以合意的资本产出比率V_r(符合企业家意愿的资本产出比率),即$G_W=\frac{s_d}{V_r}$。自然增长率是指现有人口、资源和技术水平条件下所允许达到的最大增长率,通常用G_n表示。

如果实际增长率大于合意增长率,意味着当初企业家过于保守,投资过少,于是企业家们追加投资,使经济短期出现膨胀。反之,实际增长率小于合意增长率,意味着当初企业家过于乐观,投资过多,于是企业家们减少投资,使经济短期出现停滞。

如果合意增长率小于自然增长率,意味着当初企业家过于保守,投资过少,于是企业家们会长期追加投资,使经济长期繁荣。反之,合意增长率大于自然增长率,意味着当初企业家过于乐观,投资过多,于是企业家们长期减少投资,使经济长期停滞。于是,要使经济持续稳定增长,就要使实际增长率等于合意增长率等于自然增长率。

16.2.2 新古典经济增长模型

同样,新古典经济增长模型也具有基本假设,假设前提为:① 全社会只生产一种产品;② 生产过程中只使用两种生产要素,即劳动L和资本K;③ 生产规模收益不变;④ 劳动和资本可以互相替代,因此资本产出比率可变。要注意,这点是与哈罗德—多马模型不同的。

有了以上假设,可以建立经济增长模型。新古典经济增长模型认为经济中存在一个投入产出技术关系的生产函数,他们选择了符合边际生产力递减和规模报酬不变假设的柯布—道格拉斯生产函数作为分析的起点,其公式为

$$Y = AK^{\alpha}L^{1-\alpha}$$

首先,我们看假定技术水平不变的经济增长模型。我们知道,在不考虑技术进步作用的情况下,产量的增加取决于资本投入量和劳动投入量的增加。产量不受其他要素的影响。

设MPP_K和MPP_L分别表示资本K和劳动L的边际生产力,即$MPP_K=\frac{dY}{dK}=A\alpha K^{\alpha-1}L^{1-\alpha}$,$MPP_L=\frac{dY}{dL}=A(1-\alpha)K^{\alpha}L^{-\alpha}$。

那么产量的增量$\Delta Y=MPP_K\times\Delta K+MPP_L\times\Delta L$。于是经济增长率$G=\frac{\Delta Y}{Y}=\frac{MPP_K}{Y}\times\Delta K+\frac{MPP_L}{Y}\times\Delta L=\alpha\frac{\Delta K}{K}+(1-\alpha)\frac{\Delta L}{L}$,说明经济增长率是资本存量增长率和劳动力增长率

的加权平均数。

其次,再看技术进步条件下的经济增长模型。假设技术进步是独立于劳动和资本的一个因素,用$\frac{\Delta A}{A}$表示技术进步率,即技术进步所带来的经济增长率,于是 $G=\frac{\Delta Y}{Y}=\alpha\frac{\Delta K}{K}+(1-\alpha)\frac{\Delta L}{L}+\frac{\Delta A}{A}$。

该公式表明国民收入增长不仅取决于资本增长率、劳动力增长率、资本和劳动对国民收入增长的贡献,而且还取决于技术进步。

最后,再看经典的索洛经济增长模型。根据假设,经济中存在一个规模报酬不变的生产函数: $Y=f(K,L)$。对该函数用集约化的形式表示出来,即两边同时除以劳动,得$\frac{Y}{L}=f\left(\frac{K}{L},\frac{L}{L}\right)=f\left(\frac{K}{L}\right)$。我们再令$\frac{Y}{L}=y$表示按人口(或劳动力)平均的产量,$\frac{K}{L}=k$表示按人口(或劳动力)平均的资本,于是$\frac{Y}{L}=f\left(\frac{K}{L}\right)$变成了 $y=f(k)$(称为集约化形式的生产函数)。

把时间因素考虑进去,即 K 和 L 都是时间的函数,对 k 求时间 t 的导数,得$\frac{dk}{dt}=\frac{d(K/L)}{dt}=\frac{\frac{dK}{dt}L-K\frac{dL}{dt}}{L^2}$。令 $k^*=\frac{dk}{dt}=\delta k$,即为资本折旧,$\delta$ 为资本折旧率;$K^*=\frac{dK}{dt}$为资本增长量;$L^*=\frac{dL}{dt}$劳动增长量;$n=\frac{L^*}{L}$为人口增长率。于是有 $k^*=\frac{K^*}{L}-nk$ 或$\frac{K^*}{L}=k^*+nk$。

又由于资本增量就是投资,即 $K^*=I$,所以有$\frac{K^*}{L}=\frac{I}{L}$,即$\frac{K}{L}=k^*+nk$。又有均衡 $Y=C+I=C+S$,于是有$\frac{Y-C}{L}=\frac{S}{L}=k^*+nk$。而 $S=sY$,$s\frac{Y}{L}=sf(k)=k^*+nk$,即 $k^*=sf(k)-nk$。

索洛增长模型表明的基本含义是:人均资本拥有量的变化率 k^* 取决于人均储蓄率 $sf(k)$和按照既定的资本劳动比配备每一新增长人口所需资本量 nk 之间的差额。

索洛增长模型 $k^*=sf(k)-nk$ 还表明另一个含义。一个社会中的人均储蓄率 $sf(k)$有两个用途:一是用于人均资本拥有量的增加量 k^*,即为每个人配备更多的资本装备,称为“资本的深化”;二是用于为每一新增人口提供平均的资本装备 nk,称为“资本的广化”。换句话说,经济中的全部储蓄转化为投资后,一部分用于提高人均资本拥有量(资本的深化),另一部分则用于为新增人口提供平均数量的资本装备(资本的广化)。

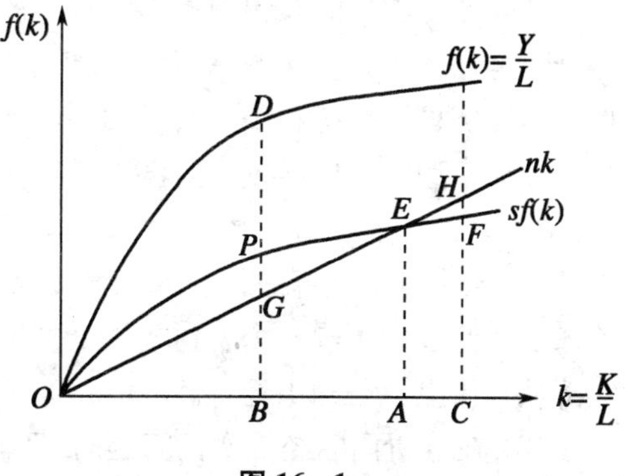

图 16 - 1

如图 16 - 1 所示,横轴为人均资本拥有量 $k=\frac{K}{L}$,纵轴为人均收入 $f(k)$。集约生产函数曲线 $f(k)=\frac{Y}{L}$表明随着人均资本拥有量的增加而增加,人均产量即人均收入 $f(k)$也相应增加。人均储蓄曲线 $sf(k)$ 位于人均收入曲线 $f(k)$ 的下方，因为储蓄只是收入的一部分。

当人均资本拥有量 k 为 OB，则此时的人均收入为 BD，人均储蓄为 BP。这部分人均储蓄一部分用于装备每一新增人口即资本广化的 BG，一部分用于人均资本拥有量即资本深化的 GP。这意味着 k 将提高，于是导致 $f(k)$ 增加，因此，B 点将右移到 A 点。A 点资本的深化等于零，全部的人均储蓄都被用于资本的广化，经济达到均衡。反之亦然。

*16.3　新经济增长理论

20 世纪 80 年代以来，经济增长理论取得了重大进展，最突出的特点是：① 增长理论与发展理论逐渐融合；② 国家干预、市场机制与经济增长的关系取得了进展，新古典学派的传统在增长问题研究中成为主流；③ 新经济增长理论逐渐成为主流经济学。其杰出贡献就是：经济增长模型中技术因素的内在化。在原来的经济增长模型中，技术被作为一种外在因素或自变量，它对经济增长的影响被作为一种剩余，即在经济增长中扣除劳动与资本所作出的贡献而外剩余的部分就是技术进步的贡献。

16.3.1　罗默的新经济增长论

罗默增长模型是一个收益递增模型，这是因为把知识积累看作经济增长的一个独立因素，特殊的知识和专业化的人力资本是经济增长最重要的源泉，它们自身不仅能形成递增的收益，还能使投入的劳动和资本也产生递增的收益，从而使整个经济的规模收益是递增的。这与其他经济增长模型显著不同。公式表现为

$$Q_i = F(K_i K X_i)$$

式中：Q_i 表示 i 厂商的产量；F 表示所有厂商的连续微分生产函数；K_i 表示 i 厂商生产的专业化知识；K 表示所有厂商都可以使用的一般知识；X_i 表示 i 厂商的物质资本和劳动等追加生产要素投入的总和。

在罗默模型中，知识不再是一个外在的独立因素和变量，而是直接作用于经济增长的内在因素和变量。知识可分为一般知识和专业化知识，一般知识可使全社会获得规模经济效益；专业化知识会给个别厂商带来超额利润，进而成为个别厂商研究与开发资金的来源，促进了技术进步，它与投资相互促进。

作为独立因素的知识积累不仅自身产生递增收益，还使其他要素的收益递增，扩展所及还会使全社会的收益递增。因此，知识的积累不仅可以实现社会总产出的规模收益递增，而且还是经济长期均衡和稳定增长的保证和源泉。

罗默模型的提出不仅为经济增长理论的研究开阔了视野，而且具有一定的实证检验意义，主要分为两个方面：

(1) 当今世界上某些大国把资源的 50%左右用在研究与开发方面，这一现象充分说明了知识已经成为影响一个公司或一个国家经济增长率快慢高低的关键因素，也就是说，现代经济从本质上就是知识经济。

(2) 在分析国际经济增长问题时，罗默认为知识和积累率的高低和由此带来的要素收益率的差距是各国经济增长率与人均收入存在巨大差别的主要原因，技术进步与资本积累

有明显正相关。从世界范围看,国际贸易可以加快知识积累,提高世界总产出水平。对穷国来说,通过国际贸易可以引进其他国家的新技术来提高本国的劳动生产率,引进新技术还可以把节约的用于研究与开发的资源用于其他方面,这样,一方面可以促进穷国经济迅速发展,另一方面也可以缩小同富国的差距。所以,引进新技术是穷国迅速走上富国之路的重要途径之一。

16.3.2　卢卡斯新经济增长论

1988年卢卡斯提出了一个专业化的人力资本增长模型,即卢卡斯模型,其特点就是把经济增长中的技术进步具体化,将其体现在生产中的一般知识上,表现为劳动者劳动技能的人力资本。

(1) 卢卡斯在模型中把资本划分为物质资本与人力资本,把劳动划分为原始劳动与专业的人力资本。同时,卢卡斯把人力资本又具体化为全社会共同拥有的一般知识形式的人力资本和表现为劳动者劳动技能的专业化的人力资本。

卢卡斯认为,只有专业化的、特殊的、表现为劳动者劳动技能的人力资本才是经济增长的真正源泉,是推动经济增长的重要动力。

(2) 人力资本效应可分为内在效应与外在效应,内在效应是通过正规与非正规教育形成的,它体现在高人力资本可以产生收益递增,并获得高收入;外在效应是在实际工作中边学边干,获得经验而形成的人力资本带来的,表现为资本与其他要素的收益递增。

卢卡斯强调,在某种生产中所需要的专业化人力资本是增加产量的决定因素,人力资本增长率高的国家人均收入增长率也高。正是各国人力资本的差异导致了各国在经济增长率和人均收入方面的差异。

(3) "学中干"与"干中学"。卢卡斯认为,形成人力资本除了接受正式教育或脱离生产岗位到学校学习外,还可以不离开生产岗位,通过师傅带徒弟或在工作中边干边学的方式。这也为发展中国家积累人力资本提供了一个新思路:发展对外贸易,引进高科技产品,而后通过直接操作新设备或消费新产品等方式在实践中积累经验,学习掌握新技术。

卢卡斯还认为,由于人力资本积累率的提高可以促使资本收益率递增,因此,一个国家要吸收与引进国际资本,就必须采取各项政策措施与法律保障来提高人力资本积累率。

16.3.3　斯科特的新经济增长论

英国经济学家莫里斯·斯科特(M. PG. Scott)提供了一个资本投资决定技术进步的模型。该模型的特点是:

(1) 发扬并继承了新剑桥学派对新古典经济增长模型的批评。斯科特认为运用总量生产函数的主要难题在于资本总量是不可加总的,而且是不可测量的,建议用新增投资总量与产出关系作为替代。同罗默新经济增长论一样,斯科特也认为技术进步是影响经济增长的主要因素,但他强调技术进步的作用与投资不能分开,并可用投资数量来测量。

(2) 斯科特认为,经济增长率主要取决于资本投资率和劳动生产率的增长率。同罗默等人的理论一样,斯科特也认为经济增长的关键是技术进步,知识与技术对劳动力的质量和劳动生产效率都有重要影响;斯科特却反对罗默、卢卡斯等人过分强调技术进步、知识积累和人力资本对经济增长的作用并将其与资本积累割裂开来的做法,认为技术进步与投资是一体的,而不是单独的力量。

(3) 斯科特强调,资本投资是技术进步的源泉,是经济增长的决定性因素。现今世界上的发展中国家通过国际贸易可以吸收先进技术和人力资本,从而减少失误、少走弯路,形成一种特殊的赶超效应,加快本国经济的发展步伐。

【经济学小贴士 16-2】 世界主要国家和地区经济增长率(%)

来自世界银行的报告,2000 年至 2002 年世界主要国家和地区经济增长率(%)如下:

	2000 年	2001 年	2002 年
世　界	4.5	2.1	2.8
高收入国家	3.5	0.7	1.5
美　国	3.8	0.3	2.3
欧元区	3.7	1.5	0.8
日　本	2.1	−0.3	0.0
发展中国家	5.2	2.9	2.8
东亚和太平洋地区	7.0	5.5	6.3
欧洲和中亚	6.6	2.3	3.6
拉美和加勒比地区	3.7	0.4	−1.1
中东和北非	4.2	3.2	2.5
南　亚	4.8	4.4	4.6
撒哈拉以南非洲	3.2	2.9	2.5

16.4 经济周期概述

1825 年,英国爆发了资本主义历史上的第一次生产过剩性经济危机,以后每隔 10 年左右就有一次这样的危机。法国经济学家朱格拉提出,危机并不是一种独立的现象,而是经济周期性波动中的一个阶段。从那以后,经济周期就成为宏观经济学的研究主题之一。

16.4.1 经济周期的定义及阶段

经济周期是指总体经济活动的扩张和收缩交替反复出现的过程。经济周期也称经济循环或商业循环,是指资本主义市场经济生产和再生产过程中周期性出现的经济扩张与经济紧缩交替更迭循环往复的一种现象。关于经济周期的定义,经济学家从不同角度出发,出现各种不同的定义,最为典型的是美国经济学家米契尔对经济周期所下的定义。美国经济学家米契尔在《衡量经济周期》一书中给经济周期下了一个经典的定义:“经济周期主要是按商业企业来组织活动的国家的总体经济活动中所发生的扩张,随之而来的同样普遍的衰退和与下一个周期的扩张阶段相连的复苏所组成;这种变化的顺序反复出现,但并不是定时的;经济周期的持续时间在一年以上到十年或十二年;它们不再分为具有接近自己的振幅的类似特征的更短的周期。”这个定义得到经济学界的公认,并被美国研究经济周期的权威机构——国民经济研究所——作为确定经济周期顶峰与谷底的标准。

在经济分析中，每一个经济周期划分为四个阶段——繁荣、衰退、萧条和复苏，如图 16-2 所示。其中繁荣与萧条是两个主要阶段，是人们重点关注的，而衰退与复苏是两个过渡性阶段。经济周期的四个阶段各有自己的特点。

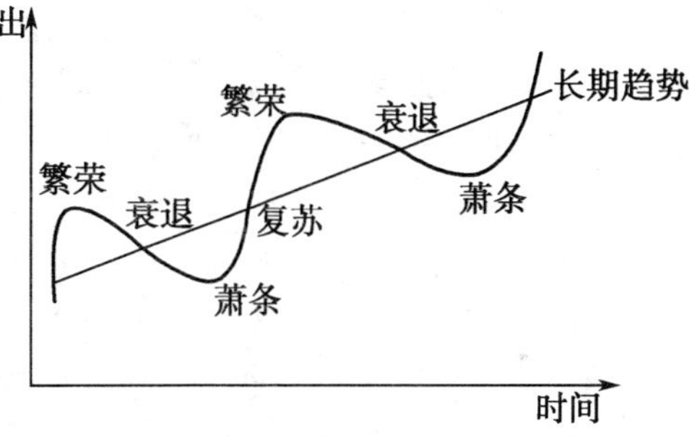

图 16-2

（1）繁荣阶段是国民收入与经济活动高于正常水平的一个阶段。其特征为生产迅速增加，投资增加，信用扩张，价格水平上升，就业增加，公众对未来乐观。繁荣的最高点称为顶峰，当经济达到了顶峰，就业与产量水平达到最高，但证券与商品的价格开始下跌，存货水平较高，公众的情绪正由乐观转为悲观，这是繁荣的极盛时期，也是由繁荣转向衰退的开始。

（2）萧条阶段是国民收入与经济活动低于正常水平的一个阶段。其特征为生产急剧减少，投资减少，信用紧缩，价格水平下跌，失业严重，公众对未来悲观。萧条的最低点称为谷底，当经济到达谷底，就业与产量跌至最低，但证券与商品的价格开始回升，存货减少，公众的情绪正由悲观转为乐观，这是萧条的最严重时期，也是由萧条转向复苏的开始。

（3）衰退阶段是从繁荣到萧条的过渡时期，这时经济开始从顶峰下降，但仍未低于正常水平。一旦低于正常水平，经济就进入萧条阶段。

（4）复苏阶段是从萧条到繁荣的过渡时期，这时经济开始从谷底回升，但仍未达到正常水平。一旦高于正常水平，经济就进入繁荣阶段。

16.4.2　经济周期的分类

根据经济周期时间的长短，可分为以下几种周期：

1. 基钦周期，又称短周期

1923 年，英国经济学家基钦在《经济因素中的周期与趋势》中研究了 1890～1922 年间英国与美国的物价、银行结算、利率等指标，认为经济周期实际上有主要周期与次要周期两种。主要周期即中周期；次要周期为 3～4 年一次的短周期，又称基钦周期。

2. 朱格拉周期，又称中周期

1860 年法国经济学家朱格拉在他的《论法国、英国和美国的商业危机及其发生周期》一书中提出危机或恐慌并不是一种独立的现象，而是经济中周期性波动的三个连续阶段（繁荣、危机、清算）中的一个，这三个阶段反复出现形成周期现象。他对较长时期的工业经济周期进行了研究，并根据生产、就业人数、物价等指标，确定了经济中平均每一个周期为 9～10 年。这就是中周期，又称为朱格拉周期。

3. 康德拉季耶夫周期，又称长周期或长波

1925 年，俄国经济学家康德拉季耶夫在《经济生活中的长期波动》中研究了美国、英国、法国和其他一些国家长期的时间序列资料，认为资本主义社会有一种为期 50～60 年，平均长度为 54 年左右的长期波动。这就是长周期，又称康德拉季耶夫周期。

4. 库兹涅茨周期

1930 年,美国经济学家 S·库兹涅茨在《生产和价格的长期运动》中提出了存在一种与房屋建筑业相关的经济周期,这种周期长度在 15～25 年之间,平均长度为 20 年左右。这也是一种长周期,称为库兹涅茨周期或建筑业周期。

5. 熊彼特周期

奥地利经济学家 J·熊彼特在 1939 年出版的两大卷《经济周期》第一卷中,对朱格拉周期、基钦周期和康德拉季耶夫周期进行了综合分析,认为每一个长周期包括六个中周期,每一个中周期包括三个短周期。短周期约为 40 个月,中周期约为 9～10 年,长周期为 48～60 年。他以重大的创新为标志,划分了三个长周期。第一个长周期从 18 世纪 80 年代到 1842 年,是“产业革命时期”;第二个长周期从 1842 年到 1897 年,是“蒸汽和钢铁时期”;第三个长周期从 1897 年以后,是“电气、化学和汽车时期”。在每个长周期中仍有中等创新所引起的波动,这就形成若干个中周期。在每个中周期中还有小创新所引起的波动,这就形成若干个短周期。

16.4.3 经济周期产生的原因

1. 外生经济周期理论与内生经济周期理论

传统经济周期理论分为外生经济周期理论与内生经济周期理论。外生经济周期理论认为经济周期的根源在于经济之外的某些因素的变动。内生经济周期理论在经济体系之内寻找经济周期自发地运动的因素。这种理论并不否认外生因素对经济的冲击作用,但它强调经济中这种周期性的波动是由经济体系内的因素引起的,因此,每一次繁荣都为下一次萧条创造了条件。这些经济体系内的因素自发地运动就引起了周期性波动。

2. 纯货币信用过度论

这种理论认为,经济周期的形成原因是由于货币信用过度扩张。该理论的主要代表是货币学派的人物,如弗里德曼和霍特里等。他们认为,经济周期变化的主要原因在于货币因素,在于货币需求与供给之间的不协调。在他们看来,货币的需求相对稳定,而货币的供给则表现出不稳定。现代货币信用制度由于法定准备金率的规定很容易产生货币的乘数效应。随着货币信用的扩大,总需求上升,产品生产增加,形成繁荣。一旦信用扩张过度,银行为了避免风险而紧缩货币。紧缩货币使需求急剧下降,但此时供给已经创造出来,供给调整赶不上需求的调整,衰退和危机也就不可避免。由此得出结论,经济周期是货币剧烈增减的结果。既然货币数量增减是经济周期的唯一原因,那么经济周期也应该唯一由货币信用政策来消除。在纯货币信用过度论看来,中央银行执行旨在调整货币供给的货币政策加剧了原本不稳定的货币供给的波动,他们主张运用单一货币规则,即货币供给量变动与国民收入水平保持某一比例,以此来达到抹平波动的目的。

3. 投资过度理论

投资过度理论认为投资过大,从而生产资料生产过多是经济周期的根本原因。持这种观点的经济学家主要是哈耶克、米塞斯、卡塞尔和威克塞尔等。投资过度论认为,货币市场决定市场利息率,而资本的供求一致决定自然利息率。当市场利息率低于自然利息率时企业就会有超额利润,企业竞相扩大投资,引起投资品价格上涨及整个物价水平的普遍上升,这样就更加刺激了用于投资品生产的投资,它给投资品供给者带来收入,从而引起消费增加，形成经济活动的扩张。只要市场利息率低于自然利息率，这种经济的扩张就会继续下去；反之，若市场利息率高于自然利息率，企业就会因得不到正常利润而亏损，从而减少投资，投资品价格下跌，投资品供给者减少投资品供应，投资品供给者收入减少，又引起消费萎缩，使整个经济活动收缩。由此可见，在资本市场的货币利息率和实际利息率分离的作用下，若投资品的需求相对于消费品增加时，生产就会从资本化程度较低的方式向较高方式转化，引起扩张；反之，生产由资本化程度较高的方式向较低的方式转化，就引起经济收缩。这种结构转化可能产生于纯粹的货币膨胀和信用扩张，也可能产生于新发明、新市场开辟等因素，这些因素是引起经济周期的原因。基于上述分析，威克塞尔、哈耶克等人提出了使货币保持中性，使货币对价格形式和生产的资本化程度不发生影响，以此克服周期波动。为此，他们主张必须使货币总流通量保持固定不变，使一切价格都完全伸缩自如，一切长期契约都建立在对未来价格变动的准确预测的基础上，从而避免与资本的实际供求相背离的信用扩张和收缩。

4. 创新理论

这是一种用技术创新来解释经济周期的理论，由熊彼特提出，属于外生经济周期理论。熊彼特经济周期理论是以技术创新为基础，研究经济周期运动的理论。熊彼特认为分析经济周期可分为“纯模式”或“二阶段模式”分析和“四阶段模式”分析两个步骤，前者是排除了外来因素干扰的纯理论分析，后者的分析以现实资本主义经济生活为基础。在“纯模式”中，熊彼特假定：在“创新”之前经济处于静态均衡，企业的支出等于收入，没有利息和利润。但是，由于经济发展中生产要素的重组，企业家为获得超额利润（新产品价格与生产要素价格之间的价值差额）而努力创新，当创新浪潮出现时，社会上对银行信用和对生产资料的需求扩大，从而引起经济高涨。当创新扩展时，竞争使商品价格趋于下跌，盈利机会减少，银行信用收缩，于是经济从繁荣转入衰退。如此循环往复。在“四阶段模式”分析中，熊彼特认为，现实资本主义经济运行中存在着“繁荣”、“衰退”、“萧条”和“复苏”四个阶段。创新浪潮不止一次，“第一次浪潮”中“创新”引起对生产资料需求和银行信贷的扩张，同时引起新工厂的建立和新设备的增产。这时一般又会伴随着对消费品需求的增长，在物价普遍上涨的情况下，社会出现许多投资机会，出现了投机。此即“第二次浪潮”。“第二次浪潮”中许多投资机会与本部门的“创新”无关，信用扩张只是为一般企业和投机活动提供资金。因此，“第二次浪潮”中就已包含了失误和过度投资行为，并且它不可能有自动调整走向新均衡的能力。当经济中出现收缩而引起衰退时，不能直接导致新的均衡阶段——萧条，这个阶段不仅投资活动趋于消失，而且还会引起破坏。萧条发生后，“第二次浪潮”的反应逐渐消除，进入恢复调整阶段——复苏。从复苏进入繁荣又需有一次创新浪潮。

5. 消费不足理论

这种理论把经济危机及萧条产生的原因归于消费不足。该理论早期的代表人物是马尔萨斯和西斯蒙第。现代经济学中，凯恩斯和罗宾逊夫人等的理论也不同程度地接受了这一思想。“消费不足论”认为，经济危机和萧条的原因是社会对消费品的需求赶不上消费品的生产。产生这一问题的更主要根源是储蓄过度。由于储蓄过度，而社会又不能将储蓄有效地转化为投资，结果是产品供给过剩，价格下跌，失业增加，从而生产萎缩。例如，在西斯蒙第和马尔萨斯看来，资本主义生产方式势必造成资本积累过快，而劳动者收入不足。由于边际消费倾向和资本家的边际消费倾向不同，所以，一方面工人的消费不足，另一方面资本家的生产增长过快，结果使需求相对缺乏形成商品的普遍过剩。根据上述理论，消除消费不足，从而解决危机问题的思路有两种（这两种政策主张出自对立的派别，但对周期原因的看法相近）。一种政策主张是通过调节收入分配，从而调整消费，使之形成较大的需求；另一种政策主张则是通过调节投资，从而吸收过度的储蓄，使经济处于平衡发展。

6. 心理周期理论

这种理论强调心理预期对经济周期各个阶段形成的决定作用，主要代表人物是英国经济学家庇古和凯恩斯。他们认为预期对人们的经济行为有决定性的影响，乐观与悲观预期的交替引起了经济周期中繁荣与萧条的交替。当任何一种原因刺激了投资活动，引起高涨后，人们对未来的预期的乐观程度一般总超过合理的经济考虑下应有的程度，这就导致过多的投资，形成经济过度繁荣。而当这种过度乐观的情绪所造成的错误被觉察以后，又会变成不合理的过分悲观的预期，由此过度减少投资，引起经济萧条。凯恩斯认为，萧条的产生是由于资本边际效率的突然崩溃，而造成这种崩溃的正是人们对未来的悲观预期。因为这种理论强调了引起人们预期过分悲观或乐观的原因仍然是经济因素，所以，应该属于内生经济周期理论。

7. 太阳黑子理论

这种理论用太阳黑子来解释经济周期，由英国经济学家杰文斯父子提出并加以论证，主要代表人物是美国的经济学家杰文斯、穆尔等。这种理论认为，太阳黑子这一自然因素的周期性变化引起地球气候的变化，从而引起农业收成的变动。农业部门的减产，引起与之相关的工业、商业等部门的收缩，从而引起整个经济的萧条。太阳黑子的出现是有规律的，大概每 10 年左右出现一次，从而经济周期也差不多每 10 年左右爆发一次，这两种周期大体相符。

8. 政治因素论

这种理论将经济周期的根源归于政府对通货膨胀采取的周期性制止政策，主要代表人物是波兰经济学家卡莱斯基。该理论认为，经济周期与政策的稳定和经济政策的行为紧密相关。政府为了维持较高的经济增长速度，往往扩大总需求，从而导致通货膨胀。政府制止通货膨胀的唯一方法是人为地制造一次衰退。当经济出现衰退后，政府在人民的压力下又不得不再次执行充分就业政策，结果又推动了新的高涨，也就不可避免地会出现第二次人为衰退。

16.5 乘数—加速原理

在经济周期的解释中，比较重要的理论是乘数—加速原理。凯恩斯在简单的国民收入模型中，只分析了投资的乘数作用，而忽视了收入变化对投资的影响。因此，要对整体经济活动及其变化进行全面分析，必须用加速原理予以补充。加速原理主要说明收入或消费需求的变动引起投资变动的过程。假设不存在闲置未用的过剩的生产能力和既定的资本—产出比，产品需求增加引致产品生产扩大，为了增加产量，就需要增加资本存量，有新增投资。即收入或消费需求的变动会导致投资的多倍变动。

加速原理的含义主要包括：

(1) 投资并不是产量（收入）绝对量的函数，而是产量变动率的函数。即投资变动取决于产量的变动率,如果产量的增加逐期保持不变,则投资总额也不变。

(2) 投资变动率的幅度大于产量(收入)变动率的幅度。即如果产量发生微小的变化,则会引起投资出现较大幅度的变化。

(3) 若要保持增长率不至于下降,产量必须持续按一定比例增长。因为一旦产量的增长率变慢,投资增长率就会停止或下降。即使产量的绝对数没有减少,只是相对地放慢了增长速度,也可能引起投资缩减。

(4) 加速数和乘数一样都从两个方向产生作用。当产量增加时,投资加速增长;当产量停止增长或下降时,投资将加速减少。

(5) 要使加速原理正常发挥作用,其前提之一便是要全部消除过剩的生产能力。

加速原理是根据现代化大生产大量应用固定资产的技术特点,说明收入或消费变动与投资变动之间关系的理论。收入增加,消费也增加,消费品的需求增大势必导致对投资品需求的增加。因此,加速原理的基本观点在于投资是收入(或消费需求)的函数,收入或产量的增加将引起投资的多倍增加。总体来说,加速原理运用的关键概念主要有两个:一个是资本—产出比。它是指生产1单位产品所需要的资本量。一般假定它在一定时期内保持不变。另一个是加速数。它是指增加1单位产量所需要增加的资本量,即资本增量与产量增量之比。

加速原理是对乘数原理的补充,这样能全面地解释经济波动的原因。加速数在一定程度上反映了现代化大生产中固定资产比重较大的技术特点,有一定的实际意义。但也应看到,加速原理中有些假设和前提条件不符合现实,如产量变动同投资之间具有严格的固定关系、社会上不存在闲置的生产能力等。

根据乘数—加速数模型,在乘数作用下,投资变动会导致收入的多倍变动;在加速数作用下,收入(或消费需求)的变动又会引起投资的多倍变动。正是这种双重作用导致了经济的周期性波动。

假设由于新发明(或新技术)的出现使投资增加,投资的增加会通过乘数的作用引起收入的多倍增加。如果边际消费倾向不变,当收入增加时,人们会购买更多的商品,从而使全社会的商品销售量增加。通过加速数的作用,商品销售量的增加会促使投资以更快的速度增加,而投资的增加又导致国民收入增加,从而使销售量再次上升。如此循环往复,国民收入不断扩大,社会便处于经济周期的扩张阶段。

但是,社会的可用资源总是有限的,收入的增加会遇到资源的限制。这时,经济达到顶峰,收入不再增加,商品销售量也不再增长。根据加速原理,净投资将下降为零。由于投资下降,收入减少,从而销售量也减少。于是,投资会进一步减少,投资减少又导致国民收入的进一步下降。这样,在国民收入持续下降的过程中,社会将处于经济周期的衰退阶段。

国民收入的持续下降最终将使经济处于周期的谷底阶段。此时,总投资为零。部分企业感到有必要更新设备,进行重置投资。随着投资的增加,收入又开始回升。上升的国民收入通过加速数的作用又一次使经济进入扩张阶段。于是,新的经济周期又即将开始。

【经济学小贴士16-3】 20世纪30、40年代的经济波动

20世纪30年代初的经济灾难称为大萧条,而且是美国历史上最大的经济下滑。从1929年到1933年,实际GDP减少了27%,失业率从3%增加到25%。同时,在这四年中,物价水平下降了22%。在这一时期,许多国家也经历了类似的产量与物价下降。经济史学家一直在争论大萧条的原因,但大多数解释集中在总需求的大幅度减少上。

许多经济学家主要抱怨货币供给的减少:从1929年到1933年,货币供给减少了28%。另一些经济学家提出了总需求崩溃的其他理由。例如,在这一时期股票价格下降了90%左右,减少了家庭财富,从而也减少了消费者支出。此外,银行的问题也阻止了一些企业获得他们想为投资项目进行筹资,这就压抑了投资支出。当然,在大萧条时期,所有这些因素共同发生作用紧缩了总需求。

第二个重大时期是20世纪40年代初的经济繁荣,这是容易解释的。这次事件显而易见的原因是二战。随着美国在海外进行战争,联邦政府不得不把更多资源用于军事。从1939年到1944年,政府的物品与劳务购买几乎增加了5倍。总需求这种巨大扩张几乎使经济中物品与劳务的生产翻了一番,并使物价水平上升了20%,失业率从1939年的17%下降到1944年的1%——美国历史上最低的失业水平。

案例16-1 中国经济周期波动呈现良性大变形

中国社会科学院发布的2008年《经济蓝皮书》指出,中国经济持续高增长的趋势尚未结束,还在延续之中。在中国以往历次经济周期中,上升阶段一般只有短短的一两年,而本轮经济周期的上升阶段到2007年底已持续8年,即从2000年到2007年中国经济已连续8年在8%~11%左右的适度增长区间内平稳较快地运行。这表明中国经济周期波动出现了新的波动形态,或者说出现了良性大变形,即经济周期波动的上升阶段大大延长,经济在上升通道内持续平稳地高位运行。《蓝皮书》指出,中国经济周期波动之所以出现良性大变形,原因是多方面的。从供给层面看,在社会主义市场经济体制下,市场机制的引入及其在资源配置中发挥的重要的基础性作用,给经济的供给面增添了生机和活力,市场供求格局发生了历史性的根本变化,这有利于延长经济周期的上升阶段,支撑经济在适度高位持续运行。改革开放以来,劳动力流动、就业结构变化以及由此带来的劳动生产率的提高使经济的供给面大大改善和提高,而且大量的农民工以及城镇中的下岗再就业人员等的劳动力成本很低,使城镇中广大低收入者的收入水平相对较低,其购买力也较低。这样,一般商品供大于求,使物价保持在低稳水平,这也从一个角度解释了本轮经济周期中"高增长、低通胀"现象。

从需求层面看,近些年来,中国经济发展进入了工业化、城市化加快阶段,消费结构和产业结构在相互促进中实现升级,而消费结构的升级和相应的产业结构的升级,是中国本轮经济周期上升阶段的重要推动力。

从政策层面看,中国宏观调控改变了以往在中国经济全面过热之后再进行调控的措施,而是及时调控、不断调控,这有利于防止中国经济出现大起大落现象,从而也有利于经济周期上升阶段的延长。

新中国成立后,从1953年起开始大规模的工业化建设,到2007年,GDP增长率的波动共经历了10个周期。

思考题:

查阅资料,用所学理论说明我国自1978年以来宏观经济的波动。

案例16-2 中国经济增长的源泉和限制条件

20世纪80年代,中国经济增长主要来自经济改革带来的制度创新,以土地承包制为核心的农业改革释放出巨大的生产力。结果是 1980～1990 年中国农业年均增长率高达 5.9%，是世界同期平均农业增长率 2.7%的 1 倍多。但这种制度效率在 80 年代后期开始减弱。1990～1999 年间农业年均增长速度下降到 4.3%。中国经济整体增长速度也相应放慢，从 1984 年的 13%下降到 1989 年的 3.4%。

20 世纪 90 年代以来，高投资需求成为中国经济增长的主要动力。1978 年财政盈余 10 亿元，1990 年财政赤字 574 亿元。1990～1999 年国内投资总额年均增长 12.8%，是世界同期平均投资增长 2.9%的 4 倍多。同时，国外资本开始大量流入，外国直接投资从 1990 年的 34 亿美元增加到 1998 年的 437 亿美元，外债总额从 553 亿美元增加到 1 545 亿美元。生产要素流入最多的工业部门得到快速增长，从 1980～1990 年平均增长 11.1%增加到 1990～1999 年的 14.4%。

伴随着中国经济的迅速增长，环境恶化趋势也在加剧。从 1985～2000 年，我国 GDP 增长了 72.6%，同一时间段里，全国工业废气的排放总量增长 63%。黑色金属、有色金属、水泥、电力等行业都是近年来的增长亮点，但是同时又是污染密集型产业。以 2002 年为例，在我国工业废气排放中，电力、有色金属冶炼、黑色金属冶炼、以水泥制造为主的非金属矿物制造业四类工业排放的废气所占的比重为 75.8%，在工业废水排放总量中，来自黑色金属冶炼、电力、化学原料制品、造纸业四个行业排放的比重占 50.2%。从全国来看，2002 年全国监测的 555 个市(县)中，出现酸雨的市(县)达 279 个，占统计城市数的 50.3%。其中，有五个城市酸雨出现的频率高达 90%，形成名副其实的十雨九酸现象。国内的七大水系近一半河段严重污染，同时，近年来近岸海域水质趋于恶化，赤潮频繁发生。生态环境的恶化给农业生产带来了越来越明显的副作用，给农民收入造成很大影响。

中国加入 WTO 后，国际社会对我国农产品的环保要求大幅提高，环境污染必将影响我国农产品的出口，这可能导致农民收入增长缓慢以及城乡居民收入差距的拉大，从而在更深层次上影响到我国整体经济的发展。有关统计数据显示，城乡居民的收入差距在不断扩大之中，1978 年城镇居民的收入为农村居民纯收入的 2.57 倍，而到了 2001 年则为2.89倍。如果考虑到农民收入的统计数据可能存在一定的水分，而城市居民还享有农民无法享受到的多种福利，如福利住房、公费医疗、单位发放的实物收入等，那么差距将会更大。

思考题：

1. 面对严重的环境污染，我国目前能采取哪些措施？经济增长和环境保护两者是否是鱼和熊掌不能兼得？

2. 你认为本案例中提到的经济增长源泉在 21 世纪是否会继续存在？中国新的一轮经济增长应该依靠哪些因素来实现？

强化练习题

一、单项选择题

1. 经济周期主要反映在(　　)变化上？

A. 就业　　B. 物价　　C. 产出　　D. 货币供给

2. 下列关于经济波动的叙述中，(　　)是正确的。

A. 经济波动在其衰退阶段是总需求和经济活动下降的时期，表现为 GDP 的下降

B. 在一定时期内，经济波动是围绕着长期经济增长趋势而上下波动的

C. 乘数作用导致总产出减少，加速作用导致总产出减少，乘数和加速数的交织作用造成经济的周期性

波动

D. 如果政府不加以政策调控，经济波动将无限地扩张与收缩

3. 根据经济统计资料，下列受经济周期性波动影响最大的是（　　）。

A. 资本品的生产　　B. 农产品的生产

C. 日用消费品的生产　　D. 所有产品

4. 投资增加意味着（　　）。

A. 总需求的增加　　B. 厂商生产能力的提高

C. 资本的增加　　D. 以上各项都对

5. 下列说法符合加速原理的是（　　）。

A. 投资变动引起国民收入数倍变动　　B. 消费支出随着投资变动而数倍变动

C. 投资变动引起国民收入增长率数倍变动　　D. 消费需求变动将最终引起投资数倍变动

6. 加速原理发生作用的条件是（　　）。

A. 国民收入或消费支出持续增长　　B. 经济活动由衰退转向扩张

C. 经济中生产能力已被充分利用，没有剩余　　D. 任何时候均可

7. 凯恩斯学派认为之所以会发生周期性波动，是因为（　　）。

A. 乘数作用　　B. 加速数作用

C. 乘数和加速数交互作用　　D. 外部经济因素变动

8. 在乘数加速数的作用下，当经济趋于扩张时，国民收入增加将因（　　）而放慢。

A. 加速系数下降　　B. 边际消费趋向提高

C. 失业的存在　　D. 充分就业

9. 乘数原理和加速数原理的关系是（　　）。

A. 前者说明国民收入的决定，后者说明投资的决定

B. 两者都说明投资决定

C. 前者解释经济如何走向繁荣，后者是解释经济怎样陷入萧条

D. 只有乘数作用时国民收入变动比乘数、加速数作用相结合时的变动要更大一些

10. 判断经济增长的标志是（　　）。

A. 失业率的下降　　B. 先进技术的广泛运用

C. 社会生产能力的不断提高　　D. 生活水平的提高

第17章　宏观经济政策

本章学习目标

- 掌握财政政策、货币政策的应用；
- 掌握宏观经济政策的目标及工具；
- 理解财政政策和货币政策的相互配合。

宏观经济政策是建立在宏观经济理论基础上，通过运用财政政策、货币政策来调节、控制宏观经济变量以达到预期目的。本章基于对宏观经济理论的认识，全面介绍宏观经济政策。

17.1　宏观经济政策概述

17.1.1　宏观经济政策目标

宏观经济政策(Macro-Economic Policy)是指国家或政府有意识、有计划地运用一定的政策工具，调节控制宏观经济的运行，以达到一定的政策目标。

1. 宏观经济政策目标

经济学家认为，宏观经济政策应该同时达到四个目标：充分就业、物价稳定、经济增长、国际收支平衡。

(1) 充分就业。充分就业是指包含劳动在内的一切生产要素都以愿意接受的价格参与生产活动的状态。充分就业包含两种含义：一是指除了摩擦失业和自愿失业之外，所有愿意接受各种现行工资的人都能找到工作的一种经济状态，即消除了非自愿失业就是充分就业。二是指包括劳动在内的各种生产要素，都按其愿意接受的价格，全部用于生产的一种经济状态，即所有资源都得到充分利用。失业意味着稀缺资源的浪费或闲置，从而使经济总产出下降，社会总福利受损。因此，失业的成本是巨大的，降低失业率，实现充分就业就常常成为西方宏观经济政策的首要目标。

(2) 物价稳定。物价稳定是指物价总水平的稳定。一般用价格指数来衡量一般价格水平的变化。价格稳定不是指每种商品价格的固定不变，也不是指价格总水平的固定不变，而是指价格指数的相对稳定。价格指数又分为消费物价指数(CPI)，批发物价指数(PPI)和国民生产总值折算指数(GNP Deflator)三种。物价稳定并不是通货膨胀率为零，而是允许保持一个低而稳定的通货膨胀率。所谓低，就是通货膨胀率在1%～3%之间；所谓稳定，是指在相当时期内能使通货膨胀率维持在大致相等的水平上。这种通货膨胀率能为社会所接受,对经济也不会产生不利影响。

(3) 经济增长。经济增长是指在一个特定时期内经济社会所生产的人均产量和人均收入的持续增长。它包括:一是维持一个高经济增长率;二是培育一个经济持续增长的能力。一般认为,经济增长与就业目标是一致的。经济增长通常用一定时期内实际国民生产总值年均增长率来衡量。经济增长会增加社会福利,但并不是增长率越高越好。这是因为经济增长一方面要受到各种资源条件的限制,不可能无限地增长,尤其是对于经济已相当发达的国家来说更是如此;另一方面,经济增长也要付出代价,如造成环境污染、引起各种社会问题等。因此,经济增长就是实现与本国具体情况相符的适度增长率。

(4) 国际收支平衡。国际收支平衡具体分为静态平衡与动态平衡、自主平衡与被动平衡。静态平衡,是指一国在一年的年末,国际收支不存在顺差也不存在逆差;动态平衡,不强调一年的国际收支平衡,而是以经济实际运行可能实现的计划期为平衡周期,保持计划期内的国际收支均衡。自主平衡,是指由自主性交易即基于商业动机,为追求利润或其他利益而独立发生的交易实现的收支平衡;被动平衡,是指通过补偿性交易即一国货币当局为弥补自主性交易的不平衡,采取调节性交易而达到的收支平衡。国际收支平衡的目标要求做到汇率稳定,外汇储备有所增加,进出口平衡。国际收支平衡不是消极地使一国在国际收支账户上经常收支和资本收支相抵,也不是消极地防止汇率变动、外汇储备变动,而是使一国外汇储备有所增加。适度增加外汇储备被认为是改善国际收支的基本标志。同时,一国国际收支状况不仅反映了这个国家的对外经济交往情况,还反映出该国经济的稳定程度。

2. 宏观经济目标之间的关系

以上四大目标相互之间既存在互补关系,也有交替关系。互补关系是指一个目标的实现对另一个目标的实现有促进作用。如为了实现充分就业水平,就要维护必要的经济增长。交替关系是指一个目标的实现对另一个有排斥作用。如物价稳定与充分就业之间就存在两难选择。为了实现充分就业,必须刺激总需求,扩大就业量,这一般要实施扩张性的财政和货币政策,由此就会引起物价水平的上升。而为了抑制通货膨胀,就必须紧缩财政和货币,由此又会引起失业率的上升。如经济增长与物价稳定之间也存在着相互排斥的关系,因为在经济增长过程中,通货膨胀是难以避免的。再如国内均衡与国际均衡之间存在着交替关系。这里的国内均衡是指充分就业和物价稳定,而国际均衡是指国际收支平衡。为了实现国内均衡,就可能降低本国产品在国际市场上的竞争力,从而不利于国际收支平衡。为了实现国际收支平衡,又可能不利于实现充分就业和稳定物价的目标。

由此,在制定经济政策时,必须对经济政策目标进行价值判断,权衡轻重缓急和利弊得失,确定目标的实现顺序和目标指数高低,同时使各个目标能有最佳的匹配组合,使所选择和确定的目标体系成为一个和谐的有机整体。

17.1.2 宏观经济政策工具

宏观经济政策工具是用来达到政策目标的手段。在宏观经济政策工具中,常用的有需求管理、供给管理、国际经济政策。

1. 需求管理

需求管理是指通过调节总需求来达到一定政策目标的宏观经济政策工具,它包括财政政策和货币政策。需求管理政策是以凯恩斯的总需求分析理论为基础制定的，是凯恩斯主义所重视的政策工具。

需求管理是要通过对总需求的调节，实现总需求等于总供给，达到既无失业又无通货膨胀的目标。它的基本政策有实现充分就业政策和保证物价稳定政策两个方面。在有效需求不足的情况下，也就是总需求小于总供给时，政府应采取扩张性的政策措施，刺激总需求增长，克服经济萧条，实现充分就业；在有效需求过度增长的情况下，也就是总需求大于总供给时，政府应采取紧缩性的政策措施，抑制总需求，以克服因需求过度扩张而造成的通货膨胀。

2. 供给管理

供给学派理论的核心是把注意力从需求转向供给。供给管理是通过对总供给的调节来达到一定的政策目标。在短期内影响供给的主要因素是生产成本，特别是生产成本中的工资成本。在长期内影响供给的主要因素是生产能力，即经济潜力的增长。供给管理政策具体包括控制工资与物价的收入政策、指数化政策、人力政策和经济增长政策。

(1) 收入政策。收入政策是指通过限制工资收入增长率从而限制物价上涨率的政策，因此也称为工资和物价管理政策。之所以对收入进行管理，是因为通货膨胀有时是由成本(工资)推进所造成的。收入政策的目的就是制止通货膨胀，它有以下三种形式：一是工资与物价指导线。根据劳动生产率和其他因素的变动，规定工资和物价上涨的限度，其中主要是规定工资增长率。企业和工会都要根据这一指导线来确定工资增长率，企业也必须据此确定产品的价格变动幅度，如果违反，则以税收形式以示惩戒。二是工资和物价的冻结，即政府采用法律和行政手段禁止在一定时期内提高工资与物价，这些措施一般是在特殊时期采用，在严重通货膨胀时也会采用。三是税收刺激政策，即以税收来控制增长。

(2) 指数化政策。指数化政策是指定期地根据通货膨胀率来调整各种收入的名义价值，以使其实际价值保持不变。主要有：一是工资指数化；二是税收指数化，即根据物价指数自动调整个人收入调节税等。

(3) 人力政策。又称就业政策。是一种旨在改善劳动市场结构，以减少失业的政策。主要有：一是人力资本投资。由政府或有关机构向劳动者投资，以提高劳动者的文化技术水平与身体素质，适应劳动力市场的需要。二是完善劳动市场。政府应该不断完善和增加各类就业介绍机构，为劳动的供求双方提供迅速、准确而完全的信息，使劳动者找到满意的工作，企业也能得到所需的员工。三是协助工人进行流动。劳动者在地区、行业和部门之间的流动有利于劳动的合理配置与劳动者人尽其才，也能减少由于劳动力的地区结构和劳动力的流动困难等原因而造成的失业。对工人流动的协助包括提供充分的信息、必要的物质帮助与鼓励。

(4) 经济增长政策。主要有：一是增加劳动力的数量和质量。增加劳动力数量的方法包括提高人口出生率、鼓励移民入境等；提高劳动力质量的方法有增加人力资本投资。二是资本积累。资本的积累主要来源于储蓄，可以通过减少税收、提高利率等途径来鼓励人们储蓄。三是技术进步。技术进步在现代经济增长中起着越来越重要的作用，因此，促进技术进步成为各国经济政策的重点。四是计划化和平衡增长。现代经济中各部门之间协调的增长是经济本身所要求的，国家的计划与协调要通过间接方式来实现。

3. 国际经济政策

国际经济政策是对国际经济关系的调节。现实中每一个国家的经济都是开放的，各国经济之间存在着日益密切的往来与相互影响。一国的宏观经济政策目标中有国际经济关系的内容(即国际收支平衡)，其他目标的实现不仅有赖于国内经济政策，而且也有赖于国际经济政策。因此，在宏观经济政策中也应该包括国际经济政策。

17.1.3 宏观经济政策的理论基础

宏观经济政策的理论基础是凯恩斯主义的经济学的总需求决定国民收入的理论，即IS-LM模型。该模型说明了商品市场和货币市场同时达到均衡时利息率和国民收入是如何决定的，并且指出了模型中的IS曲线和LM曲线的位置变动会对均衡的利息率水平和国民收入水平产生何种影响。该模型是分析财政政策和货币政策效应的工具。

在*LM*曲线的不同区域，财政政策和货币政策的有效性有着很大的不同。*LM*曲线可以呈现水平、递增和垂直三种形式。据此，可以把*LM*曲线划分为凯恩斯区域(萧条区域)、中间区域和古典主义区域。如图17-1所示。

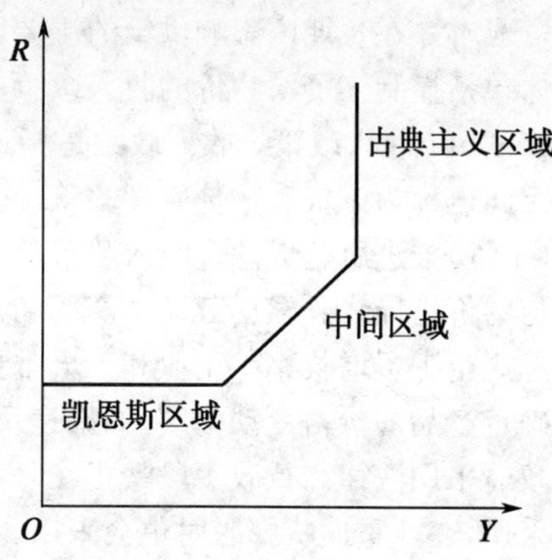

图17-1 *LM*曲线的三个区域

图17-1中，在凯恩斯区域，*IS*变动对国民收入影响最大，而*LM*变动对国民收入没有影响，因而财政政策有效，货币政策无效；在古典主义区域，*IS*变动只影响利息率，不影响均衡国民收入，而*LM*变动则对国民收入产生最大影响，因而货币政策有效，财政政策无效；在中间区域，财政政策和货币政策都影响均衡国民收入和利息率，财政政策和货币政策均有效。

【经济学小贴士17-1】 需求学派政策和供应学派政策

需求学派政策是一些影响国内需求和吸收量的总增长水平或总增长率的措施，这些政策包括与传统的宏观经济政策相联系的整套财政、货币和国内信贷措施。虽然这些政策也影响生产和供应，但是这些影响比较抽象，所以对这些主要影响总吸收量的政策最好称之为“注重需求”的政策。

供应学派政策的目的，是要在保持国内需求的一定水平上增加国内经济所供应的货物和劳务的数量。这种注重供应的政策从广义上可分为两类：第一类是这样一些政策，它们的目的是提高像资本和劳力这样的生产要素在相互竞争的用途之间使用和分配效益，以增加当前的产值。这类政策包括那些减少由于价格僵硬不变、垄断、税收、补贴和贸易限制造成的经济失调现象的措施。第二类包括那些目的在于提高生产能力的长期增长率的政策。在这个类别里包括一些刺激国内储蓄和投资的措施。同样重要的还有一些目的在于增加外国储蓄流入量的政策，不管这种外国储蓄是以私人贷款、外国直接投资还是以增加开发援助的形式流入的。这两类供应学派政策显然是相互关联的，因为那些增加当前产值的政策本身可能导致储蓄和投资的流量增加，并且提高生产能力的增长率。

17.2 财政政策

17.2.1 财政政策的内容与运用

1. 财政政策的内容

宏观财政政策是国家调控经济，实现政策目标最主要的政策工具之一。所谓财政政策(Fiscal Policy)，是指政府为提高就业水平，减轻经济波动，防止通货膨胀，实现稳定增长而采取的税收、借债水平和政府支出的政策，即政府为了实现其宏观经济政策目标而对其收入和支出水平所作出的决策。

财政政策的主要内容包括政府支出与税收。政府支出包括政府公共工程支出、政府购买，以及转移支付。政府税收主要是个人所得税、公司所得税和其他税收。

(1) 政府支出体系

① 政府支出内容。主要包括：社会福利支出；退伍军人的福利支出；国家防务和安全支出；债务利息支出；教育和职业训练支出；公共卫生和保健支出；科学技术研究费用；交通、公路、机场、港口和住宅支出；自然资源的环境保护支出；国际交往与国际事务支出。

② 政府支出方式。主要有政府购买和政府转移支付。政府购买是指政府对商品和劳务的购买，其特点是以取得商品和劳务作为有偿支出。它是一种实质性的支出，可以使经济资源的利用从私人部门转到公共部门。由于政府购买有着商品和劳务的实际交易，因而直接形成社会需求和社会购买力，是国民收入的一个组成部分，作为计入GDP的四大需求项目(消费、投资、政府购买和出口余额)之一。

政府转移支付是指政府单方面的、无偿的资金支付。包括社会保障、社会福利支出、政府对农业的补贴以及债务利息支出、捐赠支出等，其特点是不以取得商品和劳务作为报偿的支付。它是货币性支出，是通过政府把一部分人的收入转给另一部分人，整个社会的收入总量并没有变化，变化的仅是收入总量在社会成员之间的分配比例。正是由于政府转移支付只是资金使用权的转移，并没有相应的商品和劳务的交换发生这个特点，因此它不能计入GDP，不能算作国民收入的组成部分。

(2) 政府收入体系

政府的收入主体上来源于税收和公债两个部分。税收是政府收入中最主要的部分，它是国家为了实现其职能按照法律预先规定的标准，强制地、无偿地取得财政收入的一种手段。各国的税收通常由许多具体的税种组成，且依据不同的标准可以对税收进行不同的分类。

① 按照课税对象的性质，可将税收分为财产税、所得税和流转税三大类。财产税是对不动产或房地产即土地和土地上的建筑物等所征收的税，主要包括财产税、遗产税、赠与税等。所得税是指对个人或公司的收入征收的税，例如个人的工薪收入和股票债券存款等资产的收入，公司的利润税。所得税是大多数西方国家的主体税种。因此，所得税税率或税收的变动对经济活动会产生重大影响。流转税则是对流通中的商品和劳务买卖的总额征税，它包括增值税、消费税、营业税、关税等。流转税是目前我国最大的税类。

② 按税收能否转嫁，又可分为直接税和间接税两种。直接税是直接征收的，不能再转嫁给别人的税，如财产税、所得税和人头税。间接税是间接地向最终消费者征收的作为生产商和销售商的原来纳税人能最终转嫁给最终消费者的税，如消费税、营业税和进口税。

③ 按照收入中被扣除的比例，税收可以分为累退税、累进税和比例税三种。累退税是指税率随征税对象数量增加而递减的一种税，即收入越大，税率越低。累进税是税率随征税对象数量的增加而递增的一种税，即课税对象数额越大，税率也越高，上述的财产税和所得税一般是累进税。比例税是税率不随征税对象数量的变动而变动的一种税，即按固定比率从收入中征税，多适用于流转税，如财产税、营业税和大部分关税一般属于比例税。

政府支出的主要来源是税收。政府当年的税收和支出之间的差额叫做预算余额（Budget Balance）。预算余额为零叫做预算平衡（Balanced Budget），为正数叫做预算盈余，为负数叫做预算赤字。如果政府增加支出而没有相应的增加税收，或者减少税收而没有相应的减少支出，这种做法叫做赤字财政（Deficit Financed）。当政府发生预算赤字时，就可以通过发行公债向公众借钱或增发货币来弥补。

2. 财政政策的运用

(1) 财政政策的运用

财政政策就是要运用政府开支与税收来调节经济。具体来说，第一，在经济萧条时期，总需求小于总供给，经济中存在失业，政府就要通过扩张性的财政政策进行调节，包括增加政府支出与减税。减税可以增加企业和居民的可支配收入，从而增加消费和投资；政府支出的增加则直接刺激总需求，从而可能使经济走出萧条。第二，在经济繁荣时期，总需求大于总供给，经济中存在通货膨胀，政府则要通过紧缩性的财政政策来压抑总需求，以实现物价稳定。紧缩性的财政政策包括减少政府支出与增税。减少政府支出则直接使总需求下降；征税可以减少居民和企业的消费和投资。扩张性财政政策和紧缩性财政政策的政策目标和特点可通过表 17-1 来反映。

表 17-1　财政政策的目标和特点

政策目标	政策特点	财政收入政策	财政支出政策
实现充分就业	扩张性财政政策	减少政府税收	增加政府支出
抑制通货膨胀	紧缩性财政政策	增加政府税收	减少政府支出

(2) 酌情使用的财政政策

酌情使用的财政政策是政府根据经济形势的分析，主动采用的增减政府收支的决策。例如，当认为总需求非常低，即出现经济衰退时，政府应削减税收、降低税率、增加支出或双管齐下以刺激总需求。反之，当认为总需求非常高，即出现通货膨胀时，政府应增加税收或减少支出以抑制总需求。前者称为扩张性（膨胀性）财政政策，后者称为紧缩性财政政策。究竟什么时候采取扩张性财政政策，什么时候采取紧缩性财政政策，应由政府对经济发展的形势加以分析权衡，斟酌使用。它是凯恩斯主义的需求管理的内容。凯恩斯分析的是需求不足型的萧条经济，因此他认为调节经济的重点应放在总需求的管理方面，使总需求适应总供给。当总需求小于总供给，出现衰退和失业时，政府应采取扩张性财政措施以刺激经济；当总需求大于总供给出现通货膨胀时，政府应采取紧缩性财政措施以抑制总需求。

但是，在采用以上财政政策过程中会遇到许多制约因素影响其作用的发挥。主要有：一是时滞。认清经济形势、做出决策、实施财政政策都需要一定的时间，因此，财政政策往往不能起到很好的作用。二是不确定性。实行财政政策时，政府主要面临的问题是乘数大小难以准确确定，以及从采取财政政策到实现预定目标之间的时间难以准确预测。三是外在的不可预测的随机因素的干扰，也可能导致财政政策达不到预期效果。四是“挤出效应”的存在。政府增加支出会使私人投资支出减少，从而使财政政策的效果也减小。

17.2.2　内在稳定器

1. 内在稳定器(自动稳定器)

内在稳定器(Built-in Stabilizers)是指财政制度本身所具有的能够调节经济波动，维持经济稳定发展的作用。也就是说经济系统本身存在的一种能够减少各种干扰对国民收入冲击的机制，能够在经济繁荣时期自动抑制膨胀，在经济衰退时期自动减轻萧条，无须政府采取任何行动。

内在稳定器的作用特点表现在：当国民收入下降时，它会自动地引起政府支出的增加和税收的减少，从而阻止国民收入进一步下降；当国民收入增加时，它又会自动地引起政府支出的减少和税收的增加，从而避免经济的过度膨胀。

2. 内在稳定器的功能

(1) 累进税制度。当经济繁荣时，随着生产扩大、就业增加，人们的收入也随之增加，而通过累进的所得税所征收的税额也自动地以更快的速度增加，税收以更快的速度增加意味着人们的可支配收入的增幅相对较小，从而使消费和总需求增幅也相对较小，最终起到遏制总需求扩张和经济过热的作用。当经济衰退时，国民产出水平下降，个人收入和公司利润普遍下降，在税率不变的条件下，政府税收会自动减少，留给人们的可支配收入也会自动地减少一些，使消费和总需求也自动地少下降一些，从而起到缓解经济衰退的作用。

因此，在税率既定不变的条件下，税收随经济周期自动地同方向变化，税收的这种自动变化与政府在经济繁荣时期应当增税、在经济衰退时期应当减税的意图正好吻合，因而它是经济体系内有助于稳定经济的自动稳定因素。

(2) 政府转移支付制度。同税收的作用一样，政府转移支付有助于稳定可支配收入，从而有助于稳定在总支出中占很大比重的消费支出。大家知道，政府转移支付包括政府的失业救济和其他社会福利支出。按照失业救济制度，人们被解雇后，在没有找到工作以前可以领取一定期限的救济金，另外，政府也对穷人进行救济。这些福利支出对经济具有稳定作用。当经济出现衰退与萧条时，由于失业人数增加，穷人增多，符合救济条件的人数增多，失业救济和其他社会福利支出就会相应增加，从而间接地抑制人们的可支配收入的下降，进而抑制消费需求的下降。当经济繁荣时，由于失业人数减少和穷人减少，福利支出额也自行减少，从而抑制可支配收入和消费的增长。

(3) 农产品价格维持制度。经济萧条时，国民收入下降，农产品价格下降，政府按照支持价格收购农产品，可使农民的收入和消费维持在一定水平；经济繁荣时，国民收入上升，农产品价格上升，政府减少对农产品的支持并抛售农产品，限制农产品价格的上升，抑制了农民收入的增长，减少了总需求。农产品价格维持制度有助于减轻经济波动，故认为是稳定器之一。

总之，政府税收和转移支付的自动变化，农产品价格维持制度，都是财政制度的内在稳定器，是政府稳定经济的第一道防线，它在轻微的经济萧条和通货膨胀中往往起着良好的稳定作用。但是，当经济发生严重的萧条和通货膨胀时，它不但不能使经济回复到没有通货膨胀充分就业状态，而且还会起到阻碍作用。例如，当经济陷入严重萧条时，政府采取措施促使经济回升，但是当国民收入增加时，税收趋于增加，转移支付却减少，使经济回升的速度减缓，这时内在稳定器的变化都与政府的需要背道而驰。所以，在关键时期还是要靠财政货币政策的干预，内在稳定器只能起到配套作用。

17.2.3 赤字财政政策与公债

1. 凯恩斯主义经济学家主张运用赤字财政政策的理由

(1) 在经济萧条时期，财政政策是增加政府支出，减少政府税收，这样就必然出现财政赤字。凯恩斯认为，财政政策应该为实现充分就业服务，因此必须放弃财政收支平衡的旧信条，实行赤字财政政策。

(2) 凯恩斯主义经济学家认为，赤字财政政策不仅是必要的，而且是可能的。① 债务人是国家，债权人是公众，国家与公众的根本利益是一致的；② 政府的政权是稳定的，这就保证了债务的偿还是有保证的，不会引起信用危机；③ 债务用于发展经济，使政府有能力偿还债务，弥补赤字。

(3) 政府实行赤字财政政策是通过发行公债来进行的。公债直接卖给中央银行，而不是直接卖给公众。

2. 公债政策

公债(National Debt)是指政府的举债行为。它一般与财政赤字相联系，当年的公债与同期财政赤字相等，而累积的公债则等于历年的财政赤字再减去财政结余。公债的持有者有：银行部门持有、私人持有、公司持有和国外持有。政府公债政策的益处是：

(1) 有利于政治上的稳定。特别是财政支出大幅度增加时，如果大幅度地提高税率来弥补赤字，往往会引起纳税人的普遍不满，以致影响整个社会的稳定。如果以借债的形式筹措资金，人们是比较容易接受的。

(2) 有助于将项目受益者和纳税人联系在一起。政府用大量财政支出所举办的公共工程，如公路、水利工程、学校等，受益者可能要分布或延续到几代人中去，如果用大量征税的办法来支付这些建设项目的费用，结果是把整个费用重担都压到了项目建设时期那些纳税人身上，真正的或大多数受益者反而没有负担任何费用。如果采用举债的办法，可在短期内筹措大量资金，使这些公共项目尽快上马，然后再从税收中将这些资金收回来，使这些项目所需资金更多地负担到其受益人身上。

(3) 有助于刺激经济。增加税收，公众的收入降低，会对经济产生紧缩的作用。而公债与税收不同，它是政府暂时将公众手中的部分钱借走，对经济是有刺激作用的。

【经济学小贴士 17-2】 稳健财政政策的基本含义

(1) 稳健财政政策要配合宏观调控，不给经济带来扩张性的影响。针对 2003 年以来我国部分行业出现的投资过热，中央银行采取了提高法定存款准备金率、提高利率等一系列手段控制银行信贷的过快增长，迄今为止宏观调控已经取得明显效果，但是宏观调控的微观基础并不稳固。为了巩固宏观调控的基础，稳健财政政策要适当控制和减少长期建设国债和财政赤字的规模，避免给经济带来扩张性的效应。

(2) 稳健财政政策要突出其结构调整功能。与西方发达国家的宏观调控政策一般是总量控制不一样，在我国经济转型的背景下，宏观调控政策要为我国的经济体制改革和经济的长期持续稳定发展创造良好的宏观经济环境，因此，我国的宏观调控政策既包括总量控制又包括结构调整。

(3) 稳健财政政策意味着要抓住财政收入增长加快的有利时机进一步推进税制改革，加大农业税减免力度。我国政府今年已经积极酝酿和推行税制改革、完善操作方案以及积极推进出口退税机制改革。

(4) 稳健财政政策要加强财政支出结构的调整力度，从支持经济增长转变为促进经济结构优化和经济社会协调发展。过去我国的财政支出过多注重支持经济增长，而在经济社会协调发展方面欠债很多。在稳健的财政政策框架下要调整国债资金使用方向，更多地注重财政资金在社会保障制度建设方面的投入，加大对社会性基础设施建设的支持，重点转向农村、医疗卫生、教育、环保等方面。要按照公共财政理论及政策框架确立我国的公共财政制度，使财政功能由经济建设型转为公共服务型，从而实现社会经济和谐稳定地发展。

17.3　货币政策

货币政策的根本目标是帮助经济达到无通货膨胀、充分就业条件下的总产出水平。通过改变经济中的货币供给，货币政策帮助稳定总产出、就业和价格水平。

17.3.1　凯恩斯主义的货币政策

1. 货币政策概述

货币政策(Monetary Policy)是指中央银行通过对货币供给量的调节来调节利息率，再通过利息率的变动来影响总需求。所以，凯恩斯主义货币政策的直接目标是利息率，最终目标是总需求变动。凯恩斯主义之所以认为货币量可以调节利息率，是以人们的财富只有货币与债券这两种形式的假设为前提的。它与财政政策的不同之处在于：财政政策是直接影响社会总需求的规模，中间不需要任何变量；而货币政策则是通过货币当局货币供给量的变化来调节利率进而间接地调节总需求，因而货币政策是间接地发挥作用的。

2. 货币政策的工具

在凯恩斯主义的货币政策中，中央银行一般通过公开市场业务，调整再贴现率和改变法定存款准备金这三种主要的货币政策工具来改变货币供给量，以达到宏观经济调控的目标。

(1) 公开市场业务。由于公开市场业务在调节基础货币时具有主动性、微调性和前瞻性等特点，因此，它是目前各国中央银行控制货币供给量最重要也是最常用的工具。所谓公开市场业务(Open Market Operation)是指中央银行在金融市场上公开买卖政府债券，以控制货币供给和利率的政策行为。中央银行在金融市场上公开买进或卖出政府债券，通过扩大或缩减商业银行存款准备金，从而导致货币供给量的增减和利率的变化，最终决定物价和就业水平。

公开市场业务过程大致如下：当经济过热时，即中央银行认为市场上货币供给量过多，出现通货膨胀，便在公开市场上出售政府债券，承购政府债券的既可能是各商业银行，也可能是个人或公司。当商业银行购买政府债券后，准备金会减少，可以贷款的数量也减少。通过货币乘数的作用，整个社会的货币供给量将会倍数减少。反之，如果经济萧条时，市场上出现银根紧缩，这时中央银行可在公开市场上买进政府债券，商业银行通过政府的购买增加了准备金，个人或公司出售债券所得现金也会存入银行。这样，各商业银行的准备金即可增加，银行的贷款能力也可以扩大，再通过货币乘数的作用，整个市场的货币供给量倍数增加。同时，中央银行买卖政府债券的行为也会引起债券市场上需求和供给的变化，进而会影响到债券价格和市场利率。有价证券市场是一个竞争性市场，其证券价格由供求双方决定。当中央银行购买证券时，证券的需求就增加，证券的价格也随之上升，从而利率下降，利率的下降又会使投资和消费需求上升，从而刺激经济，增加国民收入。反之亦然。因此，中央银行可以通过公开市场业务来增加或减少货币供给量，以实现宏观经济调控的目的。

(2) 调整再贴现率。贴现和再贴现是商业银行和中央银行的业务活动之一，一般商业银行的贴现是指客户将所持有的未到期票据，因急需使用资金，而将这些票据出售给商业银行，兑现现款以获得短期融资的行为。商业银行在用现金购进未到期票据时，可按该票据到期值的一定百分比作为利息预先扣除，这个百分比就叫做贴现率。商业银行在将贴现后的票据保持到票据规定的时间向票据原发行单位自然兑现。但商业银行若因储备金临时不足等原因急需现金时，则商业银行可以将这些已贴现但仍未到期的票据售给中央银行，请求再贴现。中央银行作为银行的银行，有义务帮助解决银行的流动性的职责。这样，中央银行从商业银行手中买进已贴现了的但仍未到期的银行票据的活动就称为再贴现，并且在再贴现时同样要预先扣除一定百分比的利息作为代价，这种利息就叫做中央银行对商业银行的贴现率，即再贴现率。这就是再贴现率的本意。但在当前美国，商业银行主要不再用商业票据而是用政府债券作为担保向中央银行借款。所以，现在都把中央银行给商业银行及其他金融机构的借款称为“贴现”，相应的放款利率都称为“贴现率”。

中央银行通过变动再贴现率可以调节货币供给量。若中央银行感到市场上银根紧缩，货币供给量不足时，便可以降低再贴现率，商业银行向中央银行的“贴现”就会增加，从而使商业银行的准备金增加，可贷出去的现金增加，在货币乘数的作用下使整个社会货币供给量倍数增加。反之，若市场上银根松弛，货币供给量过多，中央银行可以提高再贴现率，商业银行就会减少向中央银行的“贴现”，于是商业银行的准备金减少，可贷出去的现金也减少，通过货币乘数的作用，社会上的货币供给量将倍数减少。

中央银行调整贴现率对货币供给量的影响不是很大，实际上中央银行调整贴现率更多的是表达自己的意图，而不是发挥调整贴现率对货币供给量的直接影响。

(3) 调整法定存款准备金率。中央银行有权在一定范围内调整法定准备金率，从而影响货币供给量。在经济萧条时，为刺激经济复苏，中央银行可以降低法定准备金率。在商业银行不保留超额储备的条件下，法定准备金率的下降将给商业银行带来多余的储备，使它们得以增加贷款。这样，商业银行的存款和贷款将发生一轮一轮的增加，导致货币供给量的增加。货币供给量的增加又会降低利率，从而刺激投资的增加，最终引起国民收入水平的倍数增加。反之，在经济过热时，中央银行可用提高法定准备金率的方法减少货币供给，以抑制投资增长，减轻通货膨胀的压力。

在以上三大主要货币政策工具中，从理论上说，调整法定准备金率是中央银行调整货币供给最简单的办法。但由于法定准备金率的变动在短期内会导致较大幅度的货币扩张或收缩，引起宏观经济活动的震动，其作用十分猛烈，所以这一政策手段在实践中很少使用。调整再贴现率政策除了上述所讲的期限短等限制外，还有它在实行过程中比较被动的缺点。这是因为中央银行可以通过降低贴现率使商业银行来借款，但它不能强迫商业银行来借款。若商业银行不向中央银行借款，或借款数量很小，则贴现率政策执行效果就不明显。尽管再贴现率政策对银行的影响较小，但实施再贴现率政策的意义却很重大，这是因为实施再贴现率政策是利率变化和信贷松紧的信号。一般来说，在贴现率变化以后，银行的利率也随之改变。

公开市场业务与上述两项政策工具相比有下述优点。一是公开市场业务可以按任何规模进行，中央银行既可以大量也可以小量买卖政府债券，使货币供给量发生较大的或迅速的变化。二是公开市场业务比较主动和灵活，且可以连续进行。在公开市场业务中，中央银行可根据经济情况的需要自由决定有价证券的数量、时间和方向，即使中央银行有时会出现某些政策失误，也可以及时纠正。三是公开市场业务还可以比较准确地预测出其对货币供给的影响。一旦买进或卖出一定数量金额的证券，就可以根据货币乘数估计出货币供给量增加或减少了多少。基于上述原因，公开市场业务就成为中央银行控制货币供给量最重要、最常用的工具。

除了上述三种调节货币供给量的主要工具外，中央银行还有其他一些次要的货币政策工具。例如道义上的劝告、控制利息率的上限以及“垫头规定”的局部控制等。

3. 货币政策的运用

(1) 在经济萧条时，$AD<AS$。为了刺激 AD，就要采用扩张性的货币政策。即在公开市场买进有价证券，降低贴现率并放松贴现条件，降低准备金率等。扩张性货币政策可以提高货币供给量，降低利息率，刺激总需求增长。

(2) 在经济繁荣时，$AD>AS$。为了抑制 AD，就要采用紧缩性的货币政策。即在公开市场卖出有价证券，提高贴现率并严格贴现条件，提高准备金率等。紧缩性的货币政策可以减少货币供给量，提高利息率，抑制总需求增长。

17.3.2　货币主义的货币政策

货币主义是20世纪50～60年代在美国出现的一个经济学流派，亦称货币学派，其创始人为美国芝加哥大学教授弗里德曼。货币学派在理论上和政策主张方面强调货币供应量的变动，是引起经济活动和物价水平发生变动的根本的和起支配作用的原因。人们的财富具有多种形式：货币、债券、股票、住宅、珠宝、耐用消费品等。

货币主义学派理论主要由现代货币数量论和自然率假说构成。

现代货币数量论：货币主义学派把货币作为影响经济的最重要因素，认为物价水平或名义收入水平是货币需求与货币供应均衡的结果。但货币供应由法律和货币当局的政策决定，是外生的。因此，货币数量论主要研究货币需求的决定。弗里德曼说：“货币数量论首先是货币需求理论，而不是关于产量、货币收入或价格水平的理论。”

自然率假说：货币主义学派认为私人经济具有内在的有效性和稳定性，国家干预会破坏其稳定性。这种内在的有效性和稳定性称为“自然率假说”。它认为自由市场经济具有内在的动态平衡机制，外生力量只能产生短期影响，而不能影响其长期均衡。

其他主要论点：一是货币数量变动导致了货币收入的短期波动；二是货币数量在长

期只影响价格和货币收入，不影响实际收入和就业量，因此通货膨胀归根到底是一种货币现象；三是货币供给量在短期影响实际国民收入和就业量。

第二次世界大战后，美英等发达资本主义国家长期推行凯恩斯主义扩大有效需求的管理政策，虽然在刺激生产发展、延缓经济危机等方面起了一定作用，但同时却引起了持续的通货膨胀。

弗里德曼从20世纪50年代起，以制止通货膨胀和反对国家干预经济为口号，向凯恩斯主义的理论和政策主张提出挑战。他在1956年发表《货币数量论——一个重新表述》一文，对传统的货币数量说作了新的论述，为货币主义奠定了理论基础。

此后，弗里德曼和他的同事们在理论细节方面不断进行琢磨补充，并且利用美国有关国民收入和货币金融的统计资料进行了大量的经济计量学方面的工作，为他的主要理论观点提供论据。

20世纪60年代末以来，美国的通货膨胀日益剧烈，特别是1973～1974年在所有发达资本主义国家出现的剧烈的物价上涨与高失业率同时并存的"滞胀"现象，凯恩斯主义理论对此无法作出解释，更难提出对付这一进退维谷处境的对策，于是货币主义开始流行起来，并对美英等国的经济政策产生了重要影响。货币主义的代表人物有美国的哈伯格、布伦纳、安德森和英国的莱德勒、帕金等人。

货币主义认为引起名义国民收入发生变化的主要原因，在于货币当局决定的货币供应量的变化。假如货币供应量的变化会引起货币流通速度的反方向变化，那么货币供应量的变化对于物价和产量会发生什么影响将是不确定的、无法预测的。

弗里德曼突出强调货币需求函数是稳定的函数，正在于尽可能缩小货币流通速度发生变化的可能性及其对产量和物价可能产生的影响，以便在货币供应量与名义国民收入之间建立起一种确定的可以作出理论预测的因果关系。

在短期内，货币供应量的变化主要影响产量，部分影响物价。但在长期内，产出量完全是由非货币因素（如劳动和资本的数量，资源和技术状况等）决定的，货币供应只决定物价水平。

弗里德曼强烈反对国家干预经济，主张实行一种"单一规则"的货币政策。这就把货币存量作为唯一的政策工具，由政府公开宣布一个在长期内固定不变的货币增长率，这个增长率（如每年增长3%～5%）应该是在保证物价水平稳定不变的条件下与预计的实际国民收入在长期内应有的平均增长率相一致。

凯恩斯主义货币政策与货币主义货币政策的对比见表17-2所示。

表17-2　凯恩斯主义货币政策与货币主义货币政策的对比

对比内容	凯恩斯主义货币政策	货币主义货币政策
目　　标	通过利率调节总需求	通过控制货币量实现物价稳定
机　　制	货币量→利率→总需求	货币量→物价
手　　段	公开市场业务、再贴现率、准备金率	单一规则的货币政策

17.3.3　财政—货币政策的相互配合

1. 宏观经济政策的选择

究竟选择哪一种政策更有利呢，这涉及许多因素。这里我们以扩张性财政政策与扩张性货币政策为例，来分析两者对社会经济产生不同的影响来说明这一问题。

从 IS－LM 模型的分析中我们可以看出，扩张性的财政政策和货币政策都可以扩大总需求，增加国民收入，但它们对利率的作用方向却不同。扩张性财政政策会使利率水平上升，而扩张性货币政策会使利率水平下降。正是由于两者对利率作用的方向不同，从而导致总需求内部结构不同。

在 IS－LM 模型中，扩张性货币政策使 *LM* 曲线向右移动，使国民收入水平上升和利率水平下降，随着国民收入的增加，人们的可支配收入上升，消费需求也相应增加。同时，由于利率水平下降也有利于投资需求的增加，尤其是与利率关系密切的住房投资更是如此，因此，扩张性货币政策会使总需求中的消费需求和投资需求增加。

上述两种政策对社会经济的影响见表 17－3 所示。

表 17－3　财政政策与货币政策的影响

<table>
<tr><th colspan="2">政策工具</th><th>国民收入</th><th>利率</th><th>消费</th><th>投资</th></tr>
<tr><td colspan="2">扩张性货币政策</td><td>增加</td><td>下降</td><td>增加</td><td>增加</td></tr>
<tr><td rowspan="4">扩张性财政政策</td><td>1. 增加政府购买支出</td><td>增加</td><td>提高</td><td>增加</td><td>减少</td></tr>
<tr><td>2. 减税</td><td>增加</td><td>提高</td><td>增加</td><td>减少</td></tr>
<tr><td>3. 增加转移支付</td><td>增加</td><td>提高</td><td>增加</td><td>减少</td></tr>
<tr><td>4. 投资津贴</td><td>增加</td><td>提高</td><td>增加</td><td>增加</td></tr>
</table>

从表 17－3 中可见，由于不同的政策对社会总需求的影响不同，因此，决策者在决定选择哪种政策时，首先要考虑产生社会总需求不足的主要原因是什么，然后对症下药，以促使经济回升。

2. 两种政策的混合使用

(1) 当经济萧条时可以把扩张性财政政策与扩张性货币政策混合使用，这样能更有力地刺激经济。扩张性财政政策使总需求增加但提高了利率水平，采用扩张性货币政策就可以抑制利率的上升，以消除或减少扩张性财政政策的挤出效应，使总需求增加。

(2) 当经济出现严重通货膨胀时，可实行“双紧”组合，即采用紧缩性财政政策与紧缩性货币政策来降低需求，控制通货膨胀。一方面采用紧缩性的财政政策，从需求方面抑制了通货膨胀；另一方面采用紧缩性货币政策，从货币供给量方面控制通货膨胀。由于紧缩性财政政策在抑制总需求的同时会使利率下降，而紧缩性货币政策使利率上升，从而不会使利率的下降起到刺激总需求的作用。

(3) 当经济萧条但又不太严重时，可采用扩张性财政政策与紧缩性货币政策相混合。这样做是在刺激总需求的同时又能抑制通货膨胀，这种混合的结果往往是对增加总需求作用不确定，但却使利率上升。

(4) 当经济中出现通货膨胀但不太严重时，可采用紧缩性财政政策与扩张性货币政策相配合。一方面用紧缩性财政政策压缩总需求，另一方面用扩张性货币政策降低利率，刺激投资，以免财政过度紧缩而引起衰退。

应用IS－LM模型，可以分析宏观经济政策各种混合使用的政策效应，见表17－4所示。

表17－4　财政政策和货币政策混合使用的政策效应

政策混合	产出	利率
扩张性财政政策和紧缩性货币政策	不确定	上升
紧缩性财政政策和紧缩性货币政策	减少	不确定
紧缩性财政政策和扩张性货币政策	不确定	下降
扩张性财政政策和扩张性货币政策	增加	不确定

总之，财政政策与货币政策必须相互配合，不能互相冲突。两种政策的目标都是实现既无失业又无通货膨胀的经济运行状态。

【补充阅读材料17－1】　谁要为经济萧条负责

确定一次萧条开始的时间是一件非常讲究技巧的事情，可能引致重要的政治后果。回顾最近的1980～1982年和1990～1991年的两次经济下滑，我们可以看到这一点。

萧条的典型定义是GDP连续两个季度没有增长，套用这个定义，20世纪80年代早期发生了两次萧条。一次始于1980年1月，同年7月结束；另一次则开始于1981年7月，次年11月结束。许多经济学家将这两次萧条合并为一次下滑趋势，中间出现停滞现象，相当多的政治争论围绕这一事实展开。如果将两次萧条看作是一次，这次超级萧条应该开始于卡特总统的任职期内，另一方面，如果认定是两次的话，很多人就可以将萧条归结为里根总统上任后实施的新预算政策。

事实上，两位总统很可能都不是导致80年代初期经济萧条的主要原因。主要原因包括1979年伊朗政府垮台以后油价上升以及联邦储备局打击通货膨胀的决定，哪怕这可能同时打击经济。

10年以后，另一次萧条导致了新的政治争论，这次的问题不在于这一次或是两次萧条，而是萧条究竟是什么时候开始的。1991年4月，国家经济研究局的一个委员会选择1990年7月作为萧条的开端，政府解释这次萧条是由萨达姆·侯赛因在1990年8月入侵科威特，油价因此飙升几个月而引起的。这种解释暗示布什总统没有能够防止萧条。但是萨达姆·侯赛因直到8月才入侵科威特，当国家经济研究局将7月作为萧条的开端后，这说明经济在科威特入侵以前已经在退步，因此，布什政府的政策应该成为谴责目标。

案例17－1　政府增加政治支出　大选因素刺激亚洲经济增长

2004年是亚洲的大选年，印度、印尼、日本、马来西亚、菲律宾、斯里兰卡、韩国以及中国的香港和台湾地区都将举行大选，数量创下历史纪录。这9个国家和地区的总人口达到16亿，占全球总人口的25%。此间经济学家认为，这些国家和地区的政府为保住政权，在选举年将会增加政府支出和避免提高利率，这将有助于刺激企业获利与经济成长。

2004年5月10日举行总统大选的菲律宾，全国最大的电视广播网ABS－CBN可望因候选人购买政治广告而大大增加利润。在印尼，候选人以赠送速食面、茶包、果汁和香烟的手段来拉拢选民，使烟草、食品等商品的销路非常看好。

据渣打银行雅加达分行的经济学家艾奇森估计，全球第四人口大国印尼花在 4 月 5 日举行国会大选和 7 月 5 日首度直选总统的“政治支出”，可能高达 10 亿美元。

据报道，印度国会下议院和四个省议会的 9 500 名议员候选人，竞选支出估计也会高达 10 亿美元，这是 1999 年竞选时的三倍。印度选举将持续四天，部分候选人不惜租用飞机进行宣传拉票活动。印度首家低成本飞机业公司——狄堪公司总经理戈平纳斯称：“我们的订单排满整个选举季节，如果我们再多 20 架直升机就好了。”

韩国选民在 4 月 15 日投票选举国会议员。韩国最大的制纸业生产商韩松纸业公司总经理金振曼表示：“每逢选举，用于竞选传单和海报的纸张便会需求大增。”

为了刺激经济增长，亚洲的中央银行在选举期间都避免提高利率，政府也会扩大公共支出。例如，韩国央行 3 月 10 日宣布将利率维持在 3.75%的历史最低水平；印度政府 2004 年 1 月宣布移动电话、航空、电脑、药品等行业减税，金额高达 23 亿美元；在马来西亚，政府在 3 月 21 日全国大选前，向政府公务员发放 1.05 亿美元的奖金。

印尼最大零售商 Matahari Putra Prima 公司的投资者关系部主任高钟健表示：“部分流入经济体系的选举资金将直接转换成消费者支出增长。”不过，此间经济学家认为，在这种增长效应过后，菲律宾和亚洲一些国家和地区可能因赤字扩大推动利率上扬，进而使经济增长速度放缓。新加坡摩根大通银行资深经济学家马力克称：“选举对市场而言是短期利多，政府方面必须当心对财政造成压力。”

思考题：

1. 本案例主要说明了哪些问题？

2. 各国采取扩张性财政政策的目的是什么？

案例 17-2　IS-LM 模型与我国宏观经济政策选择

人们通常运用 IS-LM 模型来分析宏观经济政策的效力，并以该模型所体现的经济思想作为政府宏观经济政策选择的理论依据。但我国宏观经济学的实践表明，以 IS-LM 模型为依据的扩张性宏观经济政策尤其是扩张性货币政策并没有取得预期效果。

IS-LM 模型的形状取决于 *IS* 曲线和 *LM* 曲线的斜率。以我国投资的利率弹性对 *IS* 曲线斜率的影响来看，由于市场经济体制在我国还没有完全确立，政府在企业投资中还起着一定的作用，企业自身还不能自觉地按市场经济规则办事，这必然导致企业投资对利率的反应没有一般市场经济国家敏感，从而导致我国的 *IS* 曲线比一般市场经济国家的 *IS* 曲线陡峭。从边际消费倾向变化对 *IS* 曲线的影响来看，储蓄的超常增长，表明我国的边际消费倾向已经远远低于在目前收入水平应具有的水平，收入与消费之间已出现了严重的失衡，这种失衡必然导致我国的 *IS* 曲线比在正常情况下陡峭。那么，我国的 *LM* 曲线的斜率如何呢？首先，我国正处于新旧体制交替的过程中，我国居民对货币的预防性需求急剧膨胀，从而打破了收入与消费之间的稳定关系，使我国货币交易需求的收入弹性不再稳定，导致 *LM* 曲线不断趋向平坦。其次，从货币投机需求的利率弹性对我国 *LM* 曲线斜率的影响来看，由于我国目前金融市场、资本市场尚不十分完善，广大居民缺乏多种投资渠道，利率的变化对人们的投机性货币需求影响并不大，投机需求的利率弹性较小，其对 *LM* 曲线的影响是使 *LM* 曲线比较陡峭。

由以上分析,可以得出以下结论:

(1) 在进行政策选择时,必须考虑政策的有效性和确定性。在一定的经济形势下,一些政策比另一些政策更加有效,一些政策的影响比另一些政策的影响具有更大的确定性。在我国目前状况下,*IS* 曲线陡峭,*LM* 曲线平坦,这时,财政政策效果十分有效,货币政策效果有限。近几年,利率连续下调对消费和投资的刺激十分有限已经告诉我们,目前条件下,货币政策充分发挥作用的环境并不存在,继续下调利率很难取得预期效果。因此,在运用扩张性经济政策以刺激需求时,应把重点放在财政政策上。

在运用扩张性财政政策时,必须注意不同措施的效果。由于悲观预期的存在,居民的预防性货币需求无限膨胀,企业对未来利润率的预期也比较悲观,试图通过增加居民(尤其是收入较高阶层居民)收入以扩大消费需求,通过降低利率以扩大投资需求的愿望在实践中具有很大的不确定性,很可能由于公众的不配合使这些政策的作用受到限制。而政府购买和直接投资的效果则是十分确定的,因此,在政策措施选择上,应加大政府开支和用于失业、养老等方面的转移支付和直接投资。基于此,我们认为政府通过举办公共工程以刺激需求的政策是明智的,而在通过增加居民收入以刺激消费上,应把重点放在增加边际消费倾向较高的低收入阶层身上。

(2) 在进行政策选择时,应考虑政策的效力与市场完善程度的关系。宏观经济政策作用的发挥取决于市场经济制度的完善程度,在制度尚不完善的条件下,货币政策的作用自然受到限制;而财政政策是通过税收和政府支出的变化直接影响经济的运行,尤其是政府支出的变化带有强烈的行政色彩,对市场制度的要求没有货币政策那么高。因此,在市场制度尚不十分完善的情况下,扩张性政策的作用应主要通过财政政策来实现。

财政政策之所以比货币政策更容易发挥作用,是由我国现阶段经济体制和财政政策本身的特点决定的。我们在强调本身带有行政色彩的财政政策作用时,应该谨防片面夸大行政手段的作用,防止出现旧体制、旧的管理方法的复归。更不能因为一些经济手段暂时的失灵而否认其作用,为倒退寻找理论依据。

(3) 货币政策的重点应放在为其充分发挥作用创造制度环境上。目前我国 *LM* 曲线的形状表明,希望通过降低利率以刺激投资和消费的货币政策注定不会有多大作用。在这种情况下,人们很容易回到老路上去,即希望通过直接增加或减少货币供给量来达到一定的宏观经济目标,这种带有明显行政色彩的货币政策是我们以前常用的。如果说在经济"软着陆"时期,行政性的货币政策曾经起过很大作用的话,那么在经济萧条时期,行政性的扩张货币政策很可能是一剂毒药,这样做的后果是非常严重的,极易酿成严重的金融危机。我国金融机构存在的严重问题和东南亚金融危机已经使我们清醒地认识到了这一点。目前,我国货币政策的重点不在于扩张本身(因为间接的扩张效果有限,直接的扩张可能酿成灾难性后果。),而在于完善金融市场、资本市场及需要银行介入的再分配制度和消费制度,为货币政策充分发挥作用创造良好的制度环境。

在市场机制发育不完善的条件下,宏观经济政策的实行不仅要服务于宏观经济管理的目标,而且要肩负起塑造市场体系的重任,以减少政策实施的制约因素。在目前至未来一个相当长的时期内,重建宏观经济运行环境比宏观经济政策实施更为重要。只有建立起完善的市场体系,才能找到渐进地实现宏观调控目标的途径。

思考题：

就我国目前的宏观经济形势而言，应该采取什么样的财政政策和货币政策？

案例 17-3　宽松货币政策刺激内需　推动英国经济增长

2001 年英国全年经济增长率为 2.2%，虽然略低于预算设定的 2.25%～2.75%的增长目标，但是在西方主要工业国家中的增长幅度仍属最高。这种情况一改以前历次全球性衰退中英国经济总是最差的历史，使英国人在发达国家中感觉良好。

回顾 2001 年英国的经济运行情况，显而易见，在维持经济增长的投资、出口和内需三驾马车中，旺盛的内需是减缓英国经济降速的主要支撑因素。房地产市场一直是英国经济中的一个亮点，20 世纪 90 年代以来一直处于上升势头，2001 年这个市场进入了新一轮上涨周期，全年平均上涨幅度达到 10%。英国的零售业也强劲不衰，物价指数平稳。2001 年最后 4 个月，英国许多零售部门都达到月增长 15%或高于 15%的水平。特别是耐用消费品如汽车，销售量超过 1989 年 230 万辆的高峰，达到 240 万辆。

这些得益于英国央行 2001 年实施的宽松货币政策。2001 年，在通货膨胀率较低的背景下，英国央行连续 7 次降息，把利率从 6%调低到 4%，不足 1990 年(15%)的三分之一，为 38 年来的最低水平。基本利率的连续下调，延缓了制造业的衰退速度，支持了脆弱的股市信心，更大大刺激了各类消费信贷，从而有效地刺激了人们的消费热情。在英国消费信贷门槛较低的前提下，各个商业金融机构为争取客户展开激烈竞争，2001 年下半年，一些信贷银行甚至实行零利率，信用卡消费成为主要购物手段，不论是大超市，还是小店铺，80%以上的零售商店都可以用信用卡购物，既方便消费，也刺激消费。

低失业率是托起消费热情的又一个重要因素。去年英国的就业机会一直在不断增加，虽然制造业的工作机会减少了，但服务业和其他部门就业机会增多，从而弥补了制造业失去的就业岗位。

思考题：

1. 这个案例说明了哪些问题？

2. 英国的货币政策为什么能够起到很好的效果？

强化练习题

一、单项选择题

1. 宏观经济政策的目标是(　　)。

A. 充分就业和物价稳定

B. 物价稳定和经济增长

C. 同时实现充分就业、物价稳定、经济增长和国际收支平衡

2. 根据需求管理的原理，应该抑制总需求的条件是(　　)。

A. 总需求大于总供给　　B. 总需求等于总供给　　C. 总需求小于总供给

3. 在以下三种政策工具中，属于需求管理的是(　　)。

A. 收入政策　　B. 人力政策　　C. 货币政策

4. 当经济中存在失业时，应该采取的财政政策工具是(　　)。

A. 增加政府支出　　B. 提高个人所得税　　C. 提高公司所得税

5. 属于紧缩性财政政策工具的是(　　)。

A. 减少政府支出和增加税收

B. 减少政府支出和减少税收

C. 增加政府支出和减少税收

6. 紧缩性货币政策的运用会导致(　　)。

A. 减少货币供给量,降低利息率

B. 增加货币供给量,提高利息率

C. 减少货币供给量,提高利息率

二、判断题

(　　)1. 不同的政策工具可以达到相同的政策目标。

(　　)2. 凯恩斯主义所重视的政策工具是需求管理。

(　　)3. 需求管理包括财政政策和货币政策。

(　　)4. 扩张性的财政政策包括增加政府支出和增税。

(　　)5. 内在稳定器有自发地稳定经济的作用,但其作用是十分有限的,并不能代替财政政策的运用。

(　　)6. 收入政策以控制工资增长率为中心,其目的在于制止成本推动的通货膨胀。

三、分析题

如何分析宏观经济政策目标之间的关系?